EURO DEBT CRISIS
AND ITS SPILLOVER EFFECTS

欧债危机及其溢出效应

——国际金融前沿问题研究(2012)

主编　冯润祥

学林出版社

图书在版编目(CIP)数据

欧债危机及其溢出效应：国际金融前沿问题研究：2012 / 冯润祥主编. —上海：学林出版社，2013.4

ISBN 978-7-5486-0513-3

Ⅰ.①欧… Ⅱ.①冯… Ⅲ.①金融危机—研究—欧洲 Ⅳ.①F835.059

中国版本图书馆 CIP 数据核字(2013)第 065158 号

欧债危机及其溢出效应

国际金融前沿问题研究(2012)

主　　编—— 冯润祥

责任编辑—— 齐　力

特约编辑—— 刘益民

封面设计—— 周剑峰

出　　版—— 上海世纪出版股份有限公司 学林出版社
地址：上海钦州南路81号　电话/传真：64515005

发　　行—— 中国图书进出口上海公司
地址：上海市广中路88号　电话：36357888

排　　版—— 南京展望文化发展有限公司

字　　数—— 55万

书　　号—— ISBN 978-7-5486-0513-3/F · 32

本书编委会

主　编：冯润祥

副主编：孟　捷　潘琼琦　王世俊　李玉青
刘孜群　冈　崎

编　委：王凡平　卢蕾蕾　刘长青　刘　薇
吴色那　张　勤　李良松　邵勉也
陆　屹　陈苏燕　陈　松　陈　华
周　萍　郑朝亮　钟晓青　章　曦
蔡　筠

前言

2012年，欧洲主权债务危机一波三折，发达经济体在缓慢复苏中艰难前行，新兴市场经济体也面临经济放缓、汇率大幅波动、资本流动压力加大等一系列挑战。中国人民银行上海总部国际部工作人员针对当年国际金融重点和热点题目，撰写了大量的研究报告。基于沟通交流并汇总研究成果的需要，我们将相关资料筛选并编辑成册。

本书内容涵盖欧洲债务危机发生、发展及应对，亚太和新兴经济体研究，国际金融市场监测分析，以及国际金融观点摘编等。本书还收编了2012年度本部门承担的重点课题的研究成果，并纳入了日本银行金融局工作人员与我部合作撰写的调研报告。

中国人民银行上海总部和各部门领导对相关工作给予了积极的关心，中国外汇交易中心对本书的出版也给予大力支持，在此一并感谢。由于研究人员知识有限，错误和纰漏在所难免，敬请指正。

中国人民银行上海总部国际部

2012年12月31日

目 录

第一部分

欧债危机研究

危机前瞻

欧债危机的最新进展、走势及应对

2009 年末开始的欧洲主权债务危机逐步发展，并成为全球经济增长最大的不确定因素。目前，欧元区各国希望通过多方面合作和共同努力来摆脱困境，但其面临的困难和阻力重重。欧债危机走势如何，已成为全球关注的焦点。

一、欧债危机最新进展

2012 年以来，欧洲主权债务危机发展历程可归纳为：逐步趋稳，然后重新进入新一轮动荡。2011 年底，欧债危机出现由重债五国向欧元区核心国家蔓延的趋势。当年 11 月，意大利 10 年期国债收益率升至 7.48%，为 1997 年以来最高纪录。同期，法国 10 年期国债收益率攀升至 3.81%，与德国同期国债收益率之差扩大至 204 个基点，创下欧元面世以来最高纪录。12 月 9 日，鉴于欧债危机形势日益严重，欧盟除英国之外的其他 26 个成员国决定提前一年启动欧元区永久性救助机制即欧洲稳定机制（ESM），并同意另立"财政契约"。欧洲中央银行也一直维持基准利率、边际贷款利率和存款利率不变，分别为 1%、1.75%和 0.25%，且推出了两轮长期再融资操作（LTRO），向市场注入了大量流动性。2012 年 2 月 13 日，希腊与欧盟和国际货币基金组织（IMF）达成了总额为 1 300 亿欧元的第二轮救援贷款协议。在各方共同努力下，欧洲主权债务危机逐步趋于缓和。重债成员国的国债发行利率和国债收益率明显下降，欧洲银行同业拆借利率也持续下降，比 2011 年 12 月初的约 100 个基点，下降了 60 个基点左右。欧洲股市也出现回暖信号，2012 年一季度末，STOXX50 指数、DAX 指数比年初分别上涨了近 25%和 40%。

然而好景不长，2012 年 5 月以来，随着欧元区国家陆续进入选举季，左派以及各种极端政治势力崛起，欧债危机不确定性增加，重新进入动荡期。5 月 6 日，法国推行"中左路线"的奥朗德当选总统。他主张就新财政条约进行重新谈判，并积极推动欧洲央行职能从防止通胀转向兼顾经济增长，这与德国的想法明显相悖，给欧盟未来的政策增添了变数。同一天，希腊大选结果公布，希腊左翼激进联盟党由政坛无名小卒一跃成为第二大党。由于左翼激进联盟党强烈反对希腊政府与欧盟及国际货币基金组织达成的紧缩协议，拒绝与支持紧缩政策的第一大党新民主党及第三大党泛希腊社会主义运动党合作，导致大选前三名政党组阁先后失败。希腊被迫于 6 月 17 日再次举行大选。虽然 6 月份大选后希腊顺利组成了亲紧缩政策的新内阁，但是5月份希腊组阁僵局已极大地损害了市场对于欧元的信心。此外，意大利、西班牙等欧盟成员国也多次公开对德国主导的欧盟救助政策表示不满，这也给欧元区能否团结一致共渡难关增添了疑问。另外，5月以来，西班牙国内经济持续低迷，银行业脆弱性急剧上升，也造成了市场对于危机的悲观情绪加深。受以上种种因素影响，欧洲重债国家的国债收益率再次飙升。与1季度末相比，西班牙短期国债发行利率上升了100个基点，意大利10年期国债收益率也上涨了近60个基点，西班牙、意大利的5年期主权信用违约互换息差也分别上升了82和64个基点。主要欧洲股市出现下跌，欧元对美元汇率重回“1.3”关口下方。

6月底，由于欧债危机再次恶化，在各方压力之下，德国坚持以紧缩应对危机的立场开始松动，逐步转为有条件支持发行“欧元共同债券”(Euro Common Bond)。6月28日，德国财长

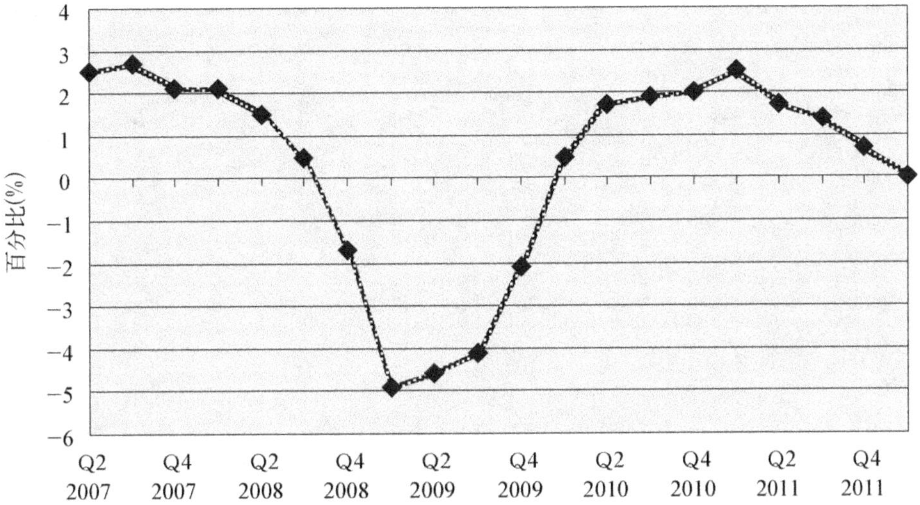

图1　欧元区17国GDP增长率

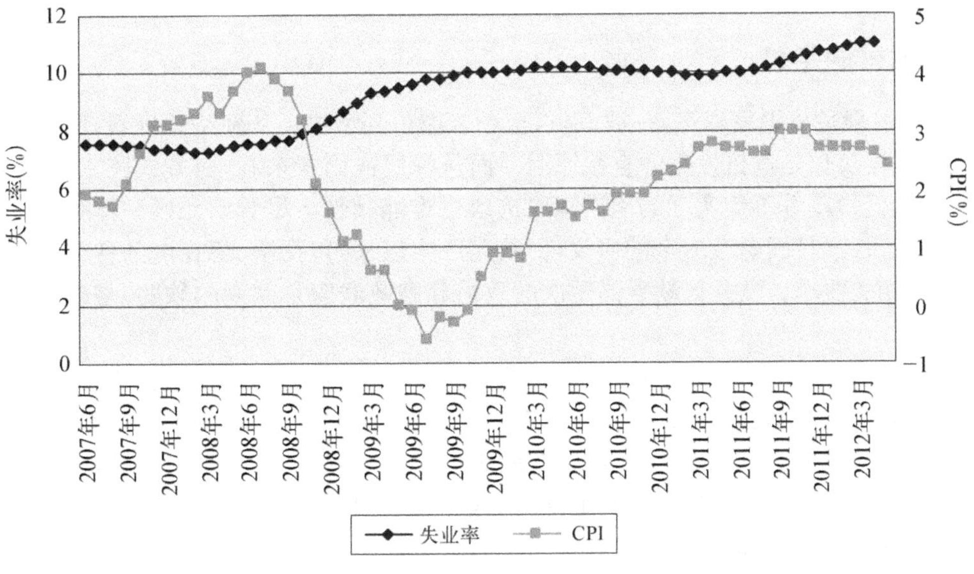

图2　欧元区17国失业率与CPI走势

朔伊布勒表示，德国可能将比预期更早地采取行动，接受共同承担欧元区债务的建议，并支持旨在解决欧元区部分成员国严重融资问题的短期措施。他表示，一旦其政府确信，欧盟对各国财政政策实行统一监管的趋势不可逆转，就可能接受某种形式的债务共担。6 月 28—29 日欧盟第二十次峰会召开，欧洲理事会主席范佩龙宣布，欧盟领导人已就总额为 1 200 亿欧元的"一揽子"刺激经济增长计划达成一致，并就单一金融机构监管机制和欧元区永久性救助基金的优先清偿地位达成多项一致。各国领导人同意由欧洲稳定机制（ESM）直接提供贷款来帮助银行进行资本重整，并同意欧元区援助基金可用来稳定债券市场，而不会迫使遵循欧盟预算规定的国家采取更多的财政紧缩措施或进行经济改革。受此影响，全球股市大涨，欧元对美元汇率也大幅回升，截至 6 月 30 日已升至 1.266 6 美元。

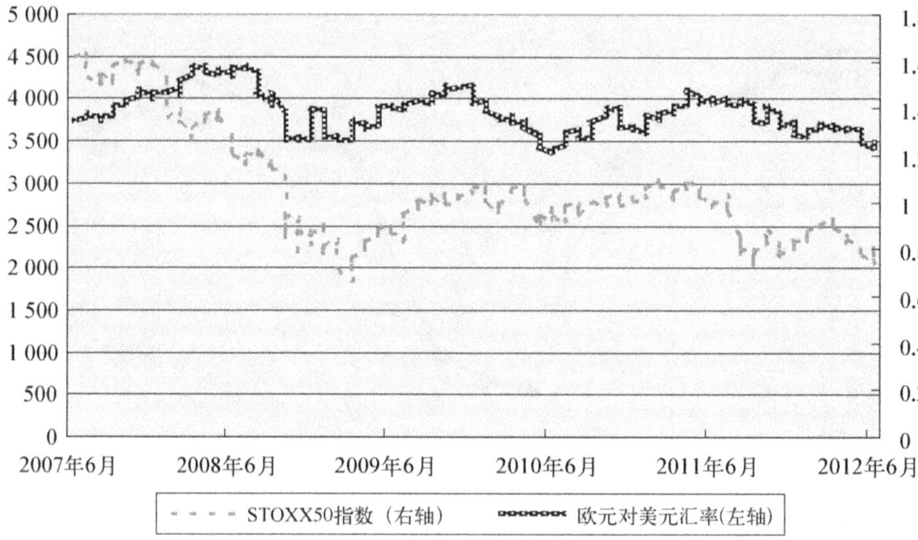

图 3　欧元汇率与 STOXX50 走势

二、欧债危机的走势

2009 年欧债危机爆发以来，一波三折，至今未能得到解决。从经济角度看，欧元区成员国寅吃卯粮，过度负债是危机发生的直接原因。而从深层次因素来看，西方式民主政治中，政客利用高福利、低税率等不切实际的承诺骗取选票也难辞其咎。尽管欧元区一体化的相关文件中一直有关于各成员国财政赤字的协议，但欧元产生以来，包括法、德在内的各成员国并未能很好地遵守相关要求。欧元区缺乏高层次的政治和财政联盟是欧元的软肋，是欧债危机产生的重要根源。

欧债危机最终解决存在三个路径，一是欧元区协同作出强有力的承诺，通过发行"欧元共同债券"共同担负起相关债务，并着手建立有共同货币、统一财政机制的联邦制。该途径将从根本上消除欧债危机形成的根源，但面临的困难也最大，因而是最乐观的一种估计，短期内很难实现。二是欧盟以及欧洲央行不断地推出零散的、短期的、针对具体问题的救助措施，以延缓危机，为各国解决主权债务危机争取时间。但由于该路径没有致力于建立强有力的长效稳定机制，很难从根本上改变欧元联盟的内在缺陷。各种临时性救助措施也只是向债务危机国家提供流动性，并没有提升其偿还能力，所以其违约已成为大概率事件。三是部分重债国家如希腊、西班牙等脱离欧元区，剩余国家成立核心欧元区。这是各方最不愿意看到的一种结局。但如果重债国家得不到欧盟及欧洲央行的及时救助而出现无序违约，欧元区分裂或将成为现实。由于当初设计的加入欧元区的机制不可逆转，这一路径将给欧洲乃至全球经济造成巨大损失。

为应对欧债危机，当前欧盟正致力于协调税负政策；继续对高赤字国家实施压力以使其改善财政状况；进一步提高欧洲金融稳定基金的金额；增加欧洲央行购买欧元区债券的额度；进一步寻求国际支持等。但从欧洲当前的政治氛围看，短期内建立一劳永逸的长期稳定机制困难重重，而各方也不想看到部分成员国退出欧元区，欧元区核心国家肯定会设法避免欧元崩溃。预计未来一段时间，欧盟和欧洲央行依然只会根据危机的发展作出部分调整与改革，采取"拖延"战术，等待转机。而建立更加统一和稳固的欧元联盟的任务，将会留给今后的欧洲政治家去完成。在欧元区成员国建立稳固的政治、财政联盟之前，欧债危机将以脉冲的形式，隔段时间就对金融市场造成困扰，此期间的欧元也将逐步沦落为二流的国际货币。

三、欧债危机的应对思考

种种迹象表明，欧洲主权债务危机已有长期化的趋势，并成为未来全球经济增长中最重要的不确定因素。受欧债危机影响，主要发达国家货币政策在未来较长一段时间内将保持较为宽松的态势，全球经济也将保持低速复苏，并且有再次出现衰退的可能。在这样的大背景下，中国应做好以下三方面的应对：

(1) 保持货币政策的灵活性。一方面要坚持房地产调控不放松，另一方面也要防止紧缩过度造成经济硬着陆。在实施稳健的货币政策时应对全球经济要有前瞻性，防止外部经济萧条与国内政策紧缩形成共振。

(2) 加强对欧元区投资机会与风险的研究。主动拉长对欧洲投资的周期，分次、分批购买相关欧元资产，做好欧元区资产价格在较长时间内不出现大幅反弹的准备。

(3) 利用欧债危机持续发酵、全球经济增长乏力这一有利时机，大力推进人民币在境外的使用，加快人民币走出去步伐，通过提高人民币的国际地位，化解国内外汇储备不断增长所带来的压力与困难。

（刘长青）

欧元区银行真的远离流动性之忧了吗?

自2011年年末欧洲央行及其他主要央行联手干预市场以来，欧元区银行流动性状况大幅改善。近期流动性指标显示，随着市场信心逐渐恢复，批发市场正慢慢解冻，加之欧洲央行3年期长期再融资操作提供的流动性已可以满足2012—2014年期间因债券到期所需再融资需求，欧元区银行流动性危机似乎正渐行渐远。但是，银行将获得的流动性囤积欧洲央行以及意大利、西班牙银行可能用从欧洲央行低成本融资购买本国国债的行为，使得市场对流动性紧张状况以及主权/银行风险能否实现从恶性循环转为良性循环仍存疑虑。所以，市场流动性前景仍充满不确定性。

一、得益于欧洲央行大量注入流动性，欧元区银行流动性状况大幅改善

国际清算银行2012年一季度报告显示，欧元区银行的融资条件和融资成本均大幅改善(见图1、图2)，并且其时间点与欧洲央行启动3年期长期再融资操作以及全球主要央行联手降低美元融资成本的市场干预相吻合。2011年末，受欧债危机影响，欧洲的美元流动性一度极度短缺，加之标普下调全球主要大型银行评级的影响，投资者对金融体系流动性担忧加剧。为缓解金融市场压力，11月30日，美联储、欧洲央行、英格兰银行、日本银行、加拿大银行和瑞士央行共同宣布，于12月5日下调美元流动性互换费率50个基点，同时各国将建立临时双边互换安排来提供流动性，新的货币互换额度将持续到2013年2月1日。市场对全球主要央行的联合行动反应积极。接着，欧洲央行于12月8日决定，下调基准利率25个基点，至1.00%

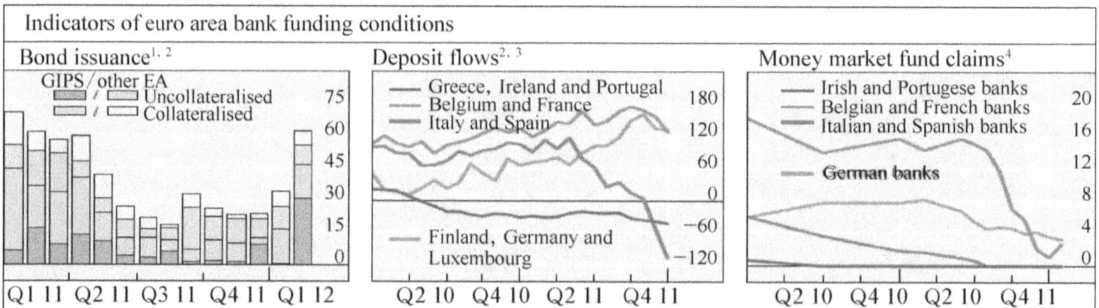

[1] Issuance by either Greek, Irish, Italian, Portuguese or Spanish (GIIPS) banks or other euro area (EA) banks. Collateralised debt is mainty covered bonds, but also includes smaller amounts of other bonds and asset-backed securities. Feburary 2012 data are preliminary. [2] In billions of eurso. [3] Cumulated inflows of deposits from households and private non-financial companies over the preceding 12 months. [4] Claims on euro area banks of the 10 largest US prime money market funds: as a percentage of their assets under management. At end−2011, these 10 funds held $644 billion of assets and all US prime money market funds held $1.44 trillion of assets.

Sources: ECB; Dealogic, Fitch Ratings; BIS calculations. Graph 1

图1 欧元区银行的融资条件

资料来源：国际清算银行2012年一季度报告。

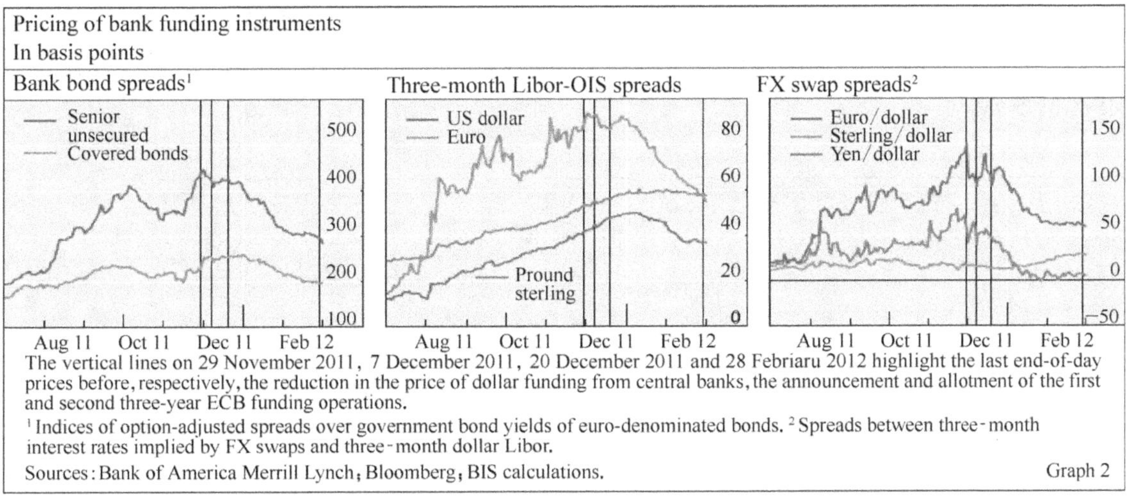

图 2　欧元区银行融资工具成本

资料来源：国际清算银行 2012 年一季度报告。

的历史低位。并于 12 月 20 日启动了 3 年期长期再融资操作(LTRO)，并放宽了抵押品标准，以 1%的较低利率向市场注入 4 890 亿欧元流动性，市场融资成本应声回落。2012 年 2 月 28 日，欧洲央行通过第二次 3 年期 LTRO 又向市场注入了 5 300 亿欧元的流动性，金融市场流动性紧张状况得到大幅改善。

二、欧元区重债国银行流动性虽有改善，但仍处于高风险区

首先，从融资条件看，希腊、爱尔兰和葡萄牙的银行自 2010 年二季度开始一直遭受存款外逃的困扰，意大利和西班牙虽然于 2011 年二季度才出现银行存款外逃现象，但所受的冲击程度更为严重。而且，重债国零售存款成本也处于上升趋势(见图 5 和表 1)。此外，上述重债国银行的批发融资条件也不容乐观，美国 10 大主要货币市场基金 2010 年以来一直在削减相应债权，并于 2011 年下半年出现净流出。而且，摩根·斯丹利的近期报告显示，自 2012 年年初至 2 月初，欧洲银行已经发行了 630 亿欧元的高级信用证券，发行量超过 2011 年下半年的发行总量，但发债银行主要来自主权评级为 AAA 级的核心国。

表 1　意大利银行存款利率变动情况(利率%)

	所有存款	政府机构存款	金融公司存款	非金融公司存款	生产性居民存款	消费性居民存款
2010 年 12 月	0.4	1.01	0.76	0.59	0.23	0.26
2011 年 9 月	0.66	1.64	1.45	1.03	0.33	0.4

资料来源：欧央行。

其次，虽然欧元区银行的总体融资成本大幅下降，但重债国的主权 CDS 及银行 CDS 仍处于高位(见图 3、图 4)，说明其银行仍面临较高的融资成本压力。再者，从欧元区银行利用欧洲央行长期再融资操作(LTRO)和“存款工具”(deposit facility)的情况看(见图 6)，重债国银行是 LTRO 工具的最大使用者，他们从欧洲央行获得了大量流动性，而欧洲央行“存款

工具”项随 LTRO 操作急剧膨胀的原因，却是因为欧元区其他核心国银行在央行存款大幅上升所致。这说明核心国银行流动性远好于重债国银行，并推动了欧元区银行整体流动性状况的改善。

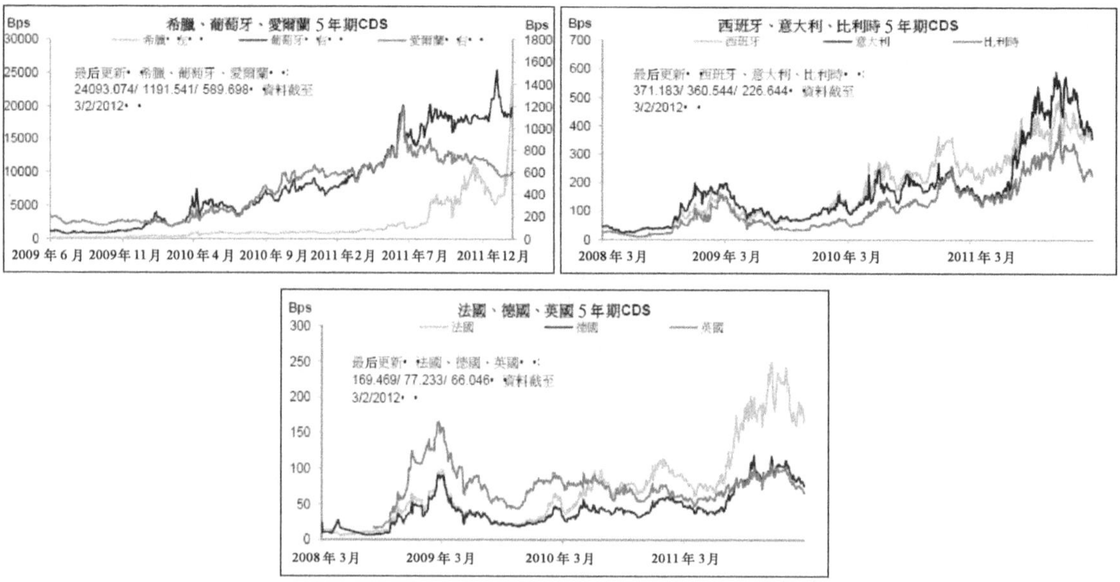

图 3　欧元区国家主权 CDS

资料来源：奕丰(iFAST)金融研究部。

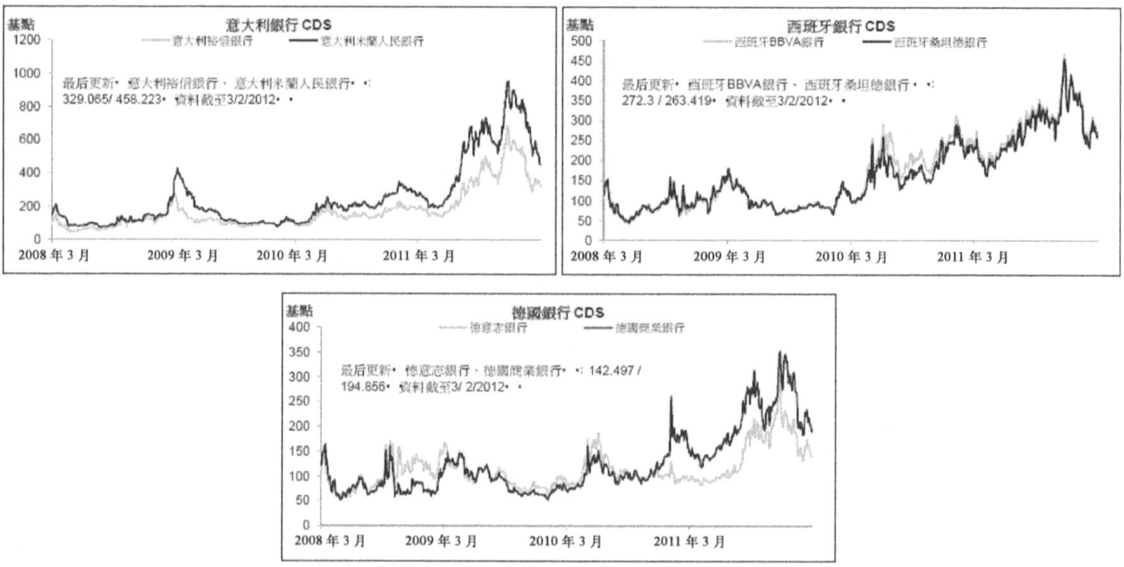

图 4　欧元区国家的银行 CDS

资料来源：奕丰(iFAST)金融研究部。

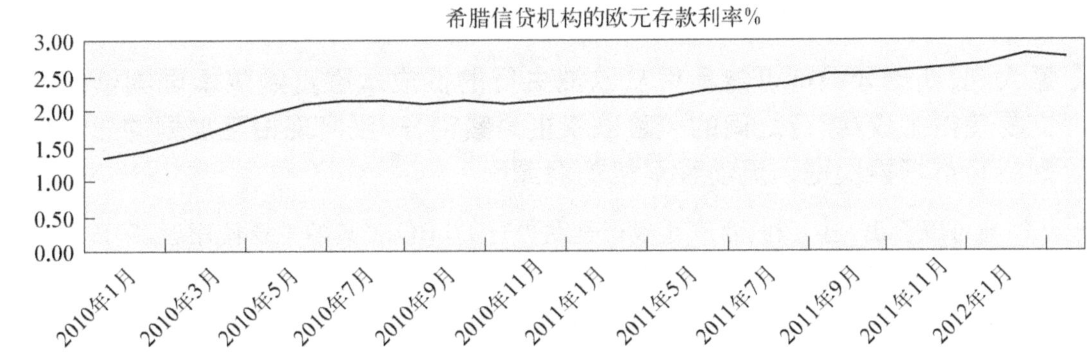

图 5

资料来源：欧洲央行。

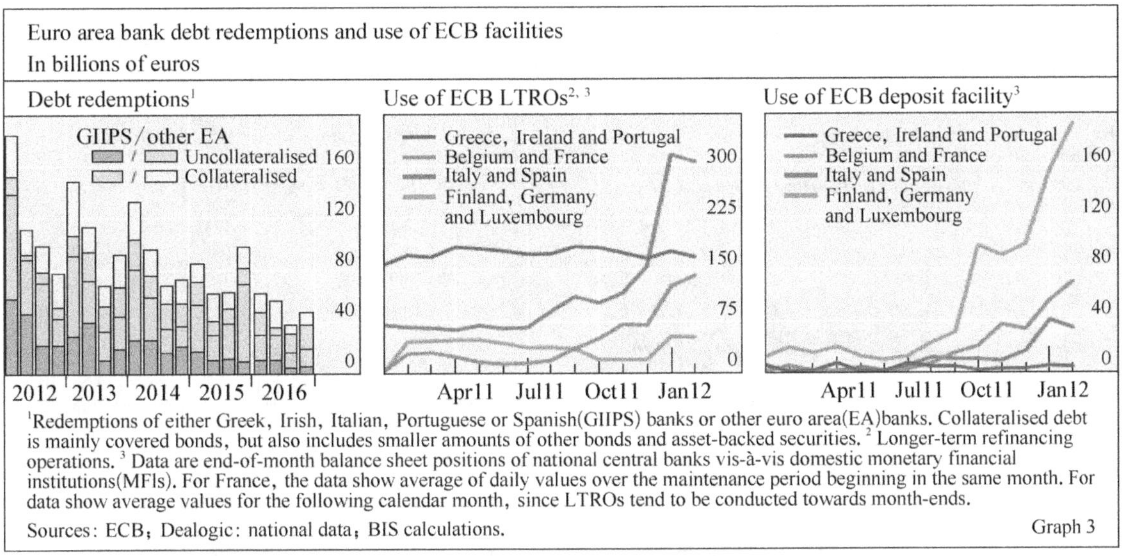

图 6　欧元区银行使用欧洲央行 LTRO 以及存款工具的情况

资料来源：国际清算银行 2012 年一季度报告。

三、大量流动性注入与欧洲央行"存款工具"项大幅增长相对应，引发市场对银行囤积现金的担忧

欧洲央行两次大规模流动性注入均伴随着银行在该行存款的大幅增长。2011 年底第一次 3 年期 LTRO 操作后，欧洲央行"存款工具"项急剧膨胀，达到 4 500 亿欧元，创历史新高，此后一直维持在该水平。2012 年 2 月底第二次 3 年期 LTRO 进一步推升欧洲央行"存款工具"项达到7 769亿欧元，新增的约 3 000 亿欧元几乎与新注入的可用流动性相当(注入的 5 300 亿欧元流动性中剔除到期再融资的资金后大约为 3 100 亿欧元)。欧洲央行"存款工具"仅支付 0.25%的利息，反映出银行宁可将大量流动性囤积于欧洲央行，也不愿到银行间等市场赚取较高的收益，说明市场紧张状态犹存。此外，第二次 3 年期 LTRO 操作吸引了更多的金融机构参与，从第一次的 523 家机构上升至 800 家机构，融资金额较彭博新闻调查的预测中值 4 700 亿欧元高出约 600 亿欧元，显示出对欧洲央行低成本资金的依赖度上升，也从另一个侧面反映

出市场功能仍未得到较好恢复。

四、意大利、西班牙银行可能利用从欧洲央行的低成本融资购买本国国债的套利交易使得主权/银行之间的风险联系更为紧密，一旦出现相互加剧的恶性循环则会将市场再次拖入流动性危机的泥潭

从图 6 可以看出，意大利、西班牙银行是欧央行 LTRO 工具的主要使用者，2012 年 2 月 28 日最近一次的 3 年期 LTRO 操作也显示意大利、西班牙银行仍是该工具的最大使用者，分别约申请了 1 300 亿欧元和 1 000 亿欧元的流动性，约占总融资额的 25%和 19%。从理论上讲，如果意大利、西班牙银行利用利率仅为 1%的低成本融资购买收益率高达约 6%的本国国债，则可以获得较高的收益。此外，考虑到本国国债收益率与其银行融资成本紧密相关，购买国债拉低收益率有利于降低银行的市场融资成本，而且两者还能形成良性循环。再者，国债收益率下降将推升银行所持国债的盯市价格，从而有助于银行资产负债表、资本充足水平以及流动性水平的改善。正是基于这种主权/银行风险“良性循环”的可能，有关数据显示自 2011 年

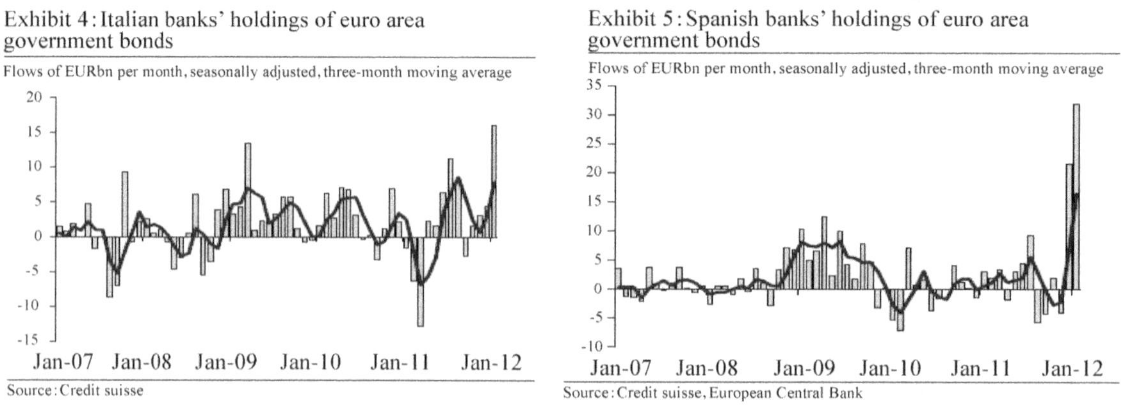

图 7　意大利银行和西班牙银行所持欧元区国家主权债的变动情况

资料来源：Credit Suisse。

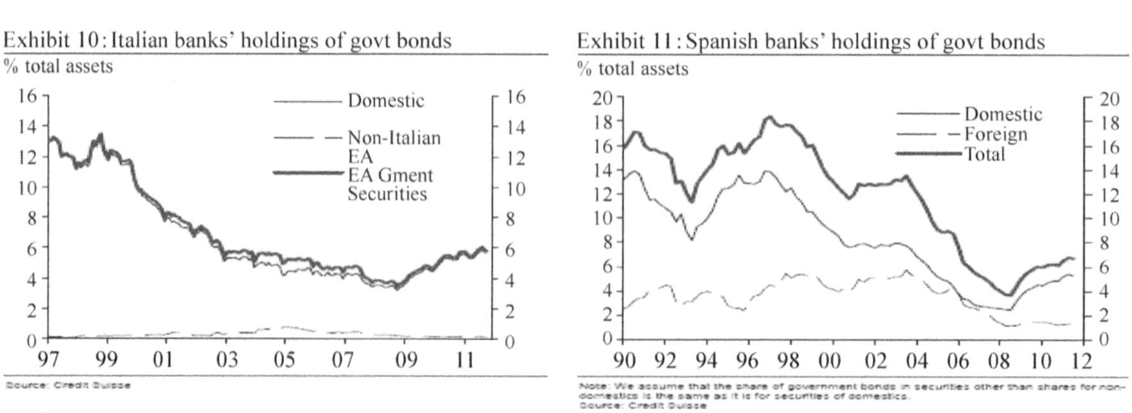

图 8　意大利银行和西班牙银行所持主权债占总资产比重的变动情况

资料来源：Credit Suisse。

底以来意大利、西班牙银行较大幅度增持了本国国债。

但欧债危机的演进也表明，主权/银行风险也会出现相互加剧的恶性循环。虽然希腊第二轮救助方案的通过帮助欧债危机形势有所好转，但市场对希腊能否真正实施所达成的财政紧缩方案，其经济能否经受住紧缩所造成的冲击，仍持怀疑态度，加之"防火墙"机制尚未有效建立，在当前市场的脆弱情绪下，任何不确定性事件都可能再次引发主权风险大幅上升，从而推升银行风险，并陷入两者相互加剧的恶性循环漩涡。

综之，央行的市场干预行动在改善欧元区银行整体流动性上取得了初步成效，但市场信心的根本改善仍主要取决于重债国财政重整和结构性改革的进展，及其银行经营和风险状况的实质性好转。因此央行干预为重债国走出危机赢得了时间，但其最终成效却仍待进一步观察。

（李玉青）

欧洲银行流动性风险及其影响

自2011年10月底以来，欧洲主权债务危机由欧元区边缘国家向核心国家蔓延，对欧洲银行业造成了负面影响。一系列不佳的数据表明，在欧债危机阴霾笼罩下，问题已经从主权债务扩散到欧洲的银行业。欧洲银行业陷入资本缺口扩大、流动性紧缺的困境。如果欧债危机转化为银行危机，将对实体经济造成严重影响。

一、资本缺口扩大，流动性紧缺

1. 欧洲银行资本缺口风险扩大

2011年12月，经欧盟委员会通过，欧盟经济与财政部长委员会（ECOFIN① Council）确认，欧洲银行管理局（EBA②）发布一项正式建议，就各家银行的资本机构调整提出了补充资本要求。根据EBA数据，欧洲银行业需要补充1 147亿欧元资金以满足新的最低资本监管要求。这一数据超出了两个月之前预估的1 060亿欧元。

2. 资本缺口风险从边缘国家向核心国家蔓延

EBA关于欧洲银行业需要筹资数据的前后差距主要来自德国银行业。EBA最新估计德国银行业资本缺口为131亿欧元，其中德国商业银行（Commerzbank AG）资本缺口为53亿欧元，均远高于此前估计的52亿欧元和29亿欧元。

3. 央行注资回流央行，同业拆借资金日益困难

2011年12月，欧洲央行（ECB）决定以3年期低息向欧洲银行体系注资5 000亿欧元。但是，部分资金又回流央行，这使欧洲央行注入流动性的举措受到影响。

欧元区银行之间互相拆借或给企业放贷的意愿较低。商业银行在欧洲央行的隔夜存款屡创新高，增加到4 640亿欧元。

4. 流动性依然趋紧，市场融资渠道受堵

自2011年10月以来，欧债危机再度升级。希腊、爱尔兰、葡萄牙等国国债收益率继续攀升。公开市场是银行融资的重要途径。由于陷入债务危机，欧元区国家的国债发售一度比较困难。在这个背景下，银行业通过资本市场和公开市场取得融资出现困难。

二、陷入流动性紧缺的原因

欧洲银行业陷入流动性风险的原因很多。

1. 银行核心资本不足，补充资本提高了资金需求

欧洲银行管理局的压力测试结果表明，为满足9%的一级核心资本要求，欧洲银行业需要

---

① ECOFIN：Economics and Finance Ministers（欧盟经济财政部长会议）.

② EBA：European Banking Authority.

注入 1 147 亿欧元。EBA 对欧洲 12 个国家 65 家银行进行了评估,其中 31 家银行存在资本缺口。

按国别计算,银行业资本缺口较大的国家有:

西班牙银行业资本缺口 261.71 亿欧元,意大利 153.65 亿欧元,德国 131.07 亿欧元,法国 73.24 亿欧元,葡萄牙 72.70 亿欧元,比利时 63.13 亿欧元,奥地利 39.23 亿欧元。这些资本缺口需要大量资金注入。

2. 欧债危机升级,银行资产质量下降

欧元区成立后,鉴于当时国债风险较低、流动性高,是央行公开市场操作和再贴现的主要票据,欧洲许多银行大量持有政府债券。随着欧洲金融系统之间互相合作与融合,成员国之间的风险敞口逐渐放大。其中,法国银行对希腊、爱尔兰、葡萄牙、西班牙和意大利的风险敞口达到 6 000 亿欧元。

在欧债危机影响下,过去的优质资产变成不良资产,导致银行资产质量下降,不良贷款率问题凸显,而资产质量提高需要资金的注入。这使欧洲银行系统在面临危机时更加脆弱。

3. 主权信用评级调降,银行融资成本高企

标普(Standard & Poor's)、穆迪(Moody's)、惠誉(Fitch)三大信用评级机构先后下调了欧元区有关国家主权债务和银行信用评级,这对欧元区金融业造成负面影响。

由于对欧洲经济前景的信心不断下降,欧洲银行业在市场的融资成本也不断提高。主权信用评级是商业银行信用风险的重要影响因素。如果主权信用出现风险,将减少商业银行从政府获得的融资收益,增加银行批发融资成本,并将提高银行未来信用评级再度被调降的可能性。

4. 资产负债表恶化,盈利能力下降

危机迅速蔓延到欧洲各个银行,威胁着银行体系的稳定。首先,主权债务减记使银行资产负债表严重恶化。其次,随着欧洲经济持续衰退,与经济紧密相关的银行业面临盈利能力下降。

三、欧洲银行业补充资本金、化解流动性风险的前景

目前,欧元区银行急需筹集资金,用以弥补已经深受影响的资产负债表,化解流动性风险。对于欧洲银行业来说,当前的情势不容乐观,甚至可能愈加严峻,补充资本金、化解流动性风险存在诸多不确定性。

1. 自身筹资能力不足

在政府注资存在不确定性、EFSF[①] 扩大救助能力缺少实施细节、欧洲以外的救助资金难以落实的情况下,欧洲银行业可能被迫通过部分国有化来筹集资金。

2. 欧债危机压力不减

随着欧洲国家主权债务和银行信用评级遭降级,国债收益率大幅攀升并超过警戒线,欧债危机可能面临再度升级。这使欧洲银行业面临流动性趋紧,资金压力逐步增加,资金缺口扩大,融资成本进一步加大,前景不容乐观。

3. 银行业的惜贷行为影响经济复苏

鉴于欧元区银行业资本缺口扩大、资金持续紧张,欧洲央行投入流动性。但由于经济状况

① EFSF:欧洲金融稳定基金。

不佳，各家银行普遍实行信贷紧缩政策，部分银行为了保证资金安全，倾向于把资金存在央行，而信贷紧缩会影响并延缓欧元区经济的复苏，如此形成恶性循环。

4. 债务减记将使持债银行蒙受巨额减记损失

主权债务大幅减记对欧洲银行业的资产负债表产生重大影响。希腊债务在 2011 年减记 50%后，2012 年 1 月 17 日再次减记 38%，这使持有大量希腊国债的欧洲银行蒙受巨额减记损失。法国巴黎银行、德国第二大银行德国商业银行都因此出现业绩大幅下滑。

5. 欧元区成员国意见分歧增加了不确定性因素

德法等国在解决欧债问题的思路和对策上出现分歧，将对解决欧债问题和缓解欧洲银行业面临的困境产生负面影响。作为欧元区的核心国家，德国和法国对如何消除欧债危机有着不同想法。德国主张通过经济改革从财政机制上解决问题，法国希望通过 EFSF 和欧洲稳定机制（ESM）筹资以填补到期债务的窟窿。

6. 欧洲主权债务和银行信用评级将面临进一步调降压力

随着欧债危机、银行业流动性风险的进一步深化，不仅欧洲边缘国家，连欧元区核心国家也深受影响。近期，经济前景疲弱，法国国债收益率上升，对其主权评级造成负面影响，法国 3A 评级可能难以维持。这样，德国也将会面临降级的压力。目前德国 3A 信用评级短期较为安全，但未来将面临被下调的风险。

四、欧洲银行业流动性问题的缓解途径

如果欧债危机恶化，就会使欧洲银行业资金更为缺乏，这将增加欧洲经济复苏的不确定性。欧洲主权债务危机可能会扰乱借贷市场，使企业融资和债务再融资变得更加困难。目前，欧元区一些指标虽然有所好转，预计将在 2012 年有所复苏，但是增长幅度有限。

1. 欧洲将进一步寻求海外资金来源

欧元区财长需要尽快完成希腊第二轮援助计划，而对于希腊等国的救助计划需要大量资金。鉴于区域内资金有限，IMF 救助计划的资金来源迟迟未定，不排除欧洲国家直接寻求包括新兴市场经济体在内的国家提出资金援助要求的可能。

2. 欧洲央行可能会继续通过提供流动性来支持欧元区的银行

就目前来看，流动性依然趋紧，欧洲银行业对 ECB 短期资金的依赖性仍在增大。鉴于欧元区经济存在陷入衰退的可能，在 IMF 和海外援助未定之前，欧洲央行将不得不继续通过提供流动性来支持欧元区银行，计划在 2012 年 2 月为金融机构提供 3 年期资金。

3. 部分欧洲商业银行可能通过回购业务改善资产状况

一些有条件的商业银行可能会回购部分由银行自己发行、被计入银行资本的债券。由于这些债券的交易价格通常低于面值，回购这些债券可能会有效改善银行的资产状况。

4. 相关政府通过还债协议和救助计划缓解流动性风险

为避免无序违约，希腊政府正在与民间债权人就换债进行磋商以确定换债协议以及 1 300 亿欧元救助计划。如果该计划得以实施，将实现债务延期，达到暂时缓解流动性紧张的风险。投资者在希腊债务磋商结果出来前将保持谨慎。希腊等国政府将面临更大压力。

5. 欧盟向成员国注资以提振就业率和经济

近期，为提振就业率和经济增长欧盟委员会宣布向欧盟成员国注资 820 亿欧元。法国提

出一系列改善就业、提高竞争力的措施。然而，鉴于希腊及意大利等国家负债过多，风险已经蔓延至欧元区核心国家，欧盟的注资计划并不能从根本上解决市场流动性紧张的问题。而信心缺失，经济下滑，就业率下降等诸多问题也不是短时期内可以解决的。

6. 促成多边金融问题的解决

在欧债危机的不断恶化的形势下，一些长期争议的多边金融协议在消除有关方面的担忧后得以通过。未来，欧债危机和欧洲银行业危机将迫使欧盟加快步伐，扫清障碍，就更多的金融问题达成协议。

目前，欧元区财政状况、欧元区银行资本缺口问题略有缓和，但还难以乐观。欧洲央行的措施暂时避免了严重融资危机的发生。但是用债券购买计划来救助欧元区问题国家的措施无法长期持续。不能排除欧债危机和欧元区银行流动性问题再度恶化的可能。

为应对目前的情况，恢复并稳定市场信心，各成员国政府、欧盟与欧洲央行应承担起解决问题的责任：采取必要的改革措施，从源头上化解危机，必须对一系列现有制度进行改革，制定现实的自救计划，缩减政府开支，改善财政状况，提振市场投资者信心，吸引资本回流，从而解决银行业资本缺口的问题；加强并完善各方协调机制，妥善解决有关争议问题；加强金融监管，稳定欧元，在继续完善欧洲央行的紧急贷款机制的同时，开辟新的融资途径，鼓励海外援助，以满足商业银行必要的融资需求；尽快解决银行惜贷、部分资金回流央行的问题；加快建立自己的评级机构，以避免评级过度扭曲金融市场，推波助澜。

五、欧洲银行业流动性问题对中国的影响与启示

（一）欧洲银行业流动性问题对中国的影响

一是欧洲资金撤走的风险。在欧洲银行业流动性问题未解决的情况下，作为合作伙伴的欧洲金融机构可能从中国企业或银行部分撤资或出售持有的股份。如果欧债危机延续，国际投资市场可能出现波动，欧洲金融机构撤资或减持股份可能对包括香港在内的国内市场造成影响。

二是中国将面临长期低利率的国际环境。在银行业流动性风险持续、欧洲经济放缓、欧债危机前景和自身未来经济复苏均不明朗的情况下，欧元区、美国、英国在制定货币政策时均偏于悲观，将维持量化宽松政策。中国将面临长期低利率的国际环境，需要对此做好充分准备。

三是对中国与欧洲经贸的影响。欧债危机对欧洲银行业产生较大影响。如果债务危机不能及时得到缓解，欧元区银行资本缺口进一步加大，将可能转变为银行业的危机，对社会经济造成严重负面影响。作为欧洲重要的经济贸易伙伴，我国对欧贸易将受到影响。

（二）欧洲经济金融困境对中国等新兴经济体的启示

各国需密切关注欧洲金融机构撤资或减持股份对国内市场的影响；是否保持宽松的货币政策，还要视自身经济发展和地区差异而定；欧债危机和银行业困境也带来了投资机遇，适当参与救助将促进我国银行业国际化进程；需要考虑如何扩大新兴市场之间经济金融联系，减少对欧美需求的依赖，同时鼓励内需以实现内外贸易平衡发展，使产业结构布局趋向合理，投资消费均衡健康，经济增长与债务负担趋于平衡。

（邵勉也）

国际货币基金组织的融资平台作用能挽救欧债危机吗？

近期国际货币基金组织（IMF）在各种场合呼吁为欧债危机的种子基金[①]注资。1月18日，IMF官员表示，未来可能需要额外5 000亿至6 000亿美元的资金帮助对抗欧债危机，因而希望在近期召开的G20财长会议上寻求巴西、中国及石油输出国等资金来源的支持。除非IMF改变目前充当融资平台的作用，否则其能否“对症下药”则成疑问。

一、目前IMF在欧债危机中只扮演融资平台角色

过去几个月以来，IMF一直在寻求增加融资来源。IMF主席拉加德（Christine Lagarde）警告称，在欧债危机不断发酵的情况下，IMF现有的资金实力严重不足，潜在的融资需求正大幅增加。她在1月17日参与执行董事会讨论后声明，为衡量IMF是否有足够资源充分履行职责，为维护全球稳定充分发挥建设性作用，理事会重审了有关现有基金资金是否充足的报告，并决定继续研究增加IMF融资来源的方式。由此可见，到目前为止，在应对欧债危机过程中，IMF只扮演融资平台角色，并期望借助其多边机构的优势，在所有成员国和全球范围内为欧洲债务危机国家近期的到期债务筹措资金，以保证“大而不能倒”的银行不“被”债务危机国家所违约。

二、IMF充当的现有角色可能最终无助于欧债危机

众所周知，欧洲各国扭曲的财政体制以及全球大银行的自我膨胀倾向共同酿成了此次欧债危机，因此解决欧债危机的方式和手段，必须具有针对性和合理性。IMF的职能是维护全球的经济稳定。要发挥稳定的作用，其手段和方式必须“对症下药”，不可“病急”就乱投医。从目前看，IMF仅仅维持“大而不能倒”的银行不被违约，既不是解救欧债危机的正确之道，也维持不了全球稳定，只是治标不治本。该方案没有触及欧债危机形成的核心原因——欧盟财政体制不健全以及全球大银行过度扩张问题。如按照IMF现有的思路，欧元区将难以摆脱当前“借债——还债——再借债——再还债”的恶性循环。要从根本上协助欧洲解决欧债危机，IMF必须转变思路和角色定位。

三、IMF应从欧债危机成因入手，由融资者转为债务重组的组织者

首先，IMF应协助欧盟理顺现有的财政体制问题，建立“减赤”硬约束。目前，尽管欧盟由

① 种子基金原指专门投资处于创业初期阶段的企业的投资基金，当企业成长起来后，种子基金将退出。此处指，向欧盟计划中为解决欧债危机而设立的特殊目的载体（SPV）而注入的资金。

于英国的反对没有达成财政体制改革的一致意见，但欧元区至少已面对了现实。欧元区各国的财政削减政策和财政一体化的改革虽然举步维艰但毕竟已展开行动，动手切除这个体制“毒瘤”。该努力短期看可以防止债务规模的继续扩大，如果成功的话，长期而言，将防止危机蔓延侵蚀货币联盟的基础，避免欧元解体带来全球更大的震荡。因此，IMF应调动资源协助欧洲实现财政政策一体化，并将整顿财政纪律作为救助的前提条件，堵住债务危机产生的最大漏洞。

其次，IMF还应对欧债危机的另一始作俑者——国际大银行采取措施。国际大银行既是庞大的欧债持有者，更是欧洲债务各国债务融资工具的发行人。衍生债务工具的创造为欧债发行提供了便利，同时也造成了国际大银行“大而不能倒”的事实。要限制这些银行潜在的巨大系统性风险，IMF应停止饮鸩止渴式地为危机国家注资，从而维护大银行利益的行为。短期内，IMF应该扮演1998年长期投资资本公司(LTMC)投资俄罗斯国债失败破产时美联储的角色，组织长期投资资本公司的主要债权银行，进行豁免债务的债务重组，避免因俄罗斯国家违约而引发银行危机。中期看，IMF应着手推动将有关国家高风险大银行拆分成低风险规模相对较小的银行，从而降低全球金融体系发生“大而不能倒”式危机的可能。

只有一方面阻止欧债继续借债还债累计更大规模的债务风险，另一方面分拆“大而不能倒”的大银行，降低银行系统风险，国际社会才可能从根本上解决欧债危机问题。因此，IMF应该迅速调整其角色定位，由融资平台转换成为大银行债务重组的组织者。如不及时调整角色，确保欧洲“减赤”和“减债”同时进行，未来IMF再多的注资也无异于去填无底洞，浪费时间与资源。

（刘长青）

欧洲银行业的现状、问题及危机影响

从2011年3季度开始，随着欧债危机发展，欧洲银行评级被调低，危机已开始蔓延至银行业。目前，欧洲国家正努力摆脱欧债危机的困扰，而欧洲银行业问题是欧债危机中亟待解决的重要难题之一。

一、欧洲各国银行业的现状

(一) 部分银行评级遭下调

自去年9月起，标普、穆迪、惠誉三大信用评级机构先后下调了欧洲部分银行的信用评级，这对欧洲银行业造成了负面影响。

欧洲部分银行评级情况

时　　间	评级机构	评　级　情　况
2011年9月14日	穆迪	将法国兴业银行债券和存款评级从"Aa2"下调至"Aa3"，法国农业信贷银行评级从"Aa1"调至"Aa2"。
2011年9月21日	标普	下调7家意大利银行长期评级，评级展望为"负面"；另8家意大利银行评级展望从"稳定"下调至"负面"。
2011年9月23日	穆迪	将8家希腊银行的长期存款和高级债信用评级下调两个级别。
2011年10月7日	穆迪	下调了葡萄牙6家银行及12家英国金融机构的评级。
2011年10月11日	标普	下调Santander、BBVA等10家西班牙银行的信贷评级，并将其中4家的展望下调至"负面"。
2011年10月11日	惠誉	下调Santander等西班牙六大银行的信贷评级。
2011年10月13日	惠誉	下调瑞士银行、英国莱斯银行、苏格兰皇家银行信用评级，将瑞士信贷、德意志银行、巴克莱银行、巴黎银行、法国农业信贷银行、法国兴业银行等多家银行评级列入负面观察名单。
2011年10月14日	惠誉	将丹麦银行列入可能下调信用评级的观察名单。
2011年10月15日	标普	将法国巴黎银行长期信贷评级由"AA"下调至"AA－"。
2011年10月18日	标普	再度宣布下调24家意大利银行及金融机构信用评级。
2012年3月28日	穆迪	下调5家葡萄牙银行评级，认为葡经济前景疲软将使银行业本地资产质量和盈利能力下降。

资料来源：根据路透、彭博、道琼斯报道整理。

(二) 银行业盈利欠佳

1. 利润大幅减少

欧洲银行业业绩自去年第三季度呈现大幅下滑后，第四季度表现仍然不佳。近期，欧洲各大银行陆续公布了2011年财报，数据显示：瑞士银行2011年全年利润42亿瑞郎，较2010年减少30亿瑞郎，四季度利润仅3.93亿瑞郎，远低于2010年同期的16.6亿瑞郎；丹麦银行[①]2011年净利润2.32亿欧元，同比下降53%；德意志银行第四季度净利润仅1.86亿欧元。

业内人士认为，在欧洲银行业中，瑞士银行、德意志银行的业绩[②]还算表现可以，其他大部分欧洲银行去年业绩均不如它们。

2. 业绩出现亏损

2011年，法国巴黎银行营业收入423.84亿欧元，同比下降3.4%。德意志银行全年收入呈现前高后低态势。英国苏格兰皇家银行全年净亏损20亿英镑。法国农业信贷银行全年亏损14.7亿欧元，是自2001年上市以来首次出现年度亏损。德克夏银行亏损116亿欧元。

(三) 银行业裁减人员

在业绩不佳、利润下降的背景下，银行业无法实现预期目标。为防范风险继续扩大，银行会限制资产负债规模的扩张，贷款意愿也出现较大幅度降低，并着手收缩业务，裁减人员。

因盈利状况欠佳，瑞士银行今年2月宣布拟在亚太区裁员。丹麦银行计划在未来三年精简2千个职位，并减少营业网点。苏格兰皇家银行正被英国政府强制性削减全球性业务。

受危机影响，法国农业信贷银行在去年11月公布计划裁员约1千人。此前，已有法国巴黎银行、瑞信、巴克莱等多家欧洲银行宣布裁员计划以降低成本。据市场人士统计，2011年前11个月欧洲银行业裁员已经突破7万人。

(四) 银行业前景不容乐观

鉴于欧洲经济和金融环境存在较大不确定性，欧洲银行业2012年业绩不容乐观。随着经济停滞、衰退，企业银行业务和投资银行业务都会受到影响，一季度业绩将低于2011年第四季度。瑞士银行对2012年也作出了负面展望。苏格兰皇家银行表示，该行对今年业绩仍持谨慎看法。

二、欧洲银行业的主要问题

(一) 资本金不足

2011年下半年欧洲银行业管理局(EBA[③])压力测试[④]结果表明，为满足9%一级核心资本要求，欧洲银行业需注资弥补资本缺口。被评估的12个国家65家银行中，31家存在资本缺口。据12月EBA发布的信息，欧洲银行业的资本缺口为1 146.85亿欧元。

资本缺口主要集中在“欧猪5国”(GIIPS[⑤])和德国、法国、比利时。其中，希腊占26.2%，

---

① 丹麦银行财报显示，截至2011年12月31日核心资本金率和资本充足率分别为16%和17.9%。

② 2011年，德意志银行核心一级资本率为9.5%，传统银行业务实现创记录的收益，全球固定收益市场份额第一，美国固定收益市场份额第一，全球大宗经纪业务排名第一，欧洲、中东和非洲地区企业金融收入第一。

③ EBA：European Banking Authority

④ 2010年上半年，EBA曾进行过一次压力测试，由于未考虑主权债务违约的可能性，且忽略了银行业系统性风险，测试结果过于乐观，向市场发出了错误信息。

⑤ GIIPS：希腊、爱尔兰、意大利、葡萄牙、西班牙5国。

西班牙占 22.8%，意大利占 13.4%，德国占 11.4%，法国占 6.4%，葡萄牙占 6.1%，比利时占 5.5%。

根据 EBA 在 2011 年 12 月 8 日发布的《银行再资本化计划结果》[①]，为实现资本水平达到各国监管机构的要求，EBA 要求各家银行在 2012 年 1 月提交计划，并于 6 月达到缓冲要求。

（二）主权债务风险较大

1. 主权风险敞口较大

欧债危机对欧洲银行影响加剧，其主要原因是欧洲银行业的主权风险敞口较大。EBA 发布的《银行再资本化计划结果》显示：1）银行对 GIIPS 主权风险敞口总额[②]为 5 110 亿欧元。其中，西班牙占 32%，意大利占 31%，德国占 11%，法国占 9%，葡萄牙、比利时各占 5%。2）在非直接的主权风险敞口（CDS）方面，约 90%的 GIIPS 防御性操作是由非 GIIPS 国家的银行销售的。其中，英国占 44%，德国占 31%，法国占 15%，意大利占 8%，西班牙、奥地利各占 1%。

2011 年 10 月，德克夏银行因持有大量欧元区国家政府债券，债务风险敞口达 200 多亿欧元，成为欧债危机爆发以来首家濒临倒闭并接受救助的欧洲银行。

2. 银行违约风险上升

受欧债危机影响，欧洲多数银行股价自去年 8 月以来大幅下降，违约风险也大幅攀升。根据 2012 年 1 月 IMF《全球金融稳定报告》（GFSR），随着危机从欧洲边缘国家蔓延至核心国家，许多国家主权债收益上升，息差扩大。去年末，欧元区 2/3 以上主权债信用违约互换（CDS）息差已超 200 基点。去年 9 月，只有不到 1/2 的主权债 CDS 息差超过 200 个基点。

3. 资产减记造成银行亏损

一些欧洲银行去年出现亏损是因为持有希腊等欧元区高负债成员国主权债券和银行业债券而导致资产减记。

2011 年财报显示，欧洲银行因所持希腊主权债务减记造成损失，其中英国苏格兰皇家银行因减记损失 11 亿英镑，法国农业信贷银行损失 23.78 亿欧元，德克夏银行受损 34 亿欧元，法国兴业银行损失 8.9 亿欧元，法国人民储蓄银行（BPCE）损失 9.21 亿欧元。

（三）银行融资困难和流动性问题

1. 融资困难

因资金不足欧洲银行竞相筹集现金，但是银行发债也面临困难。根据 2012 年 3 月 BIS 发布的季度报告（以下简称：BIS 季报）[③]，2011 年下半年，欧洲银行发债规模仅为上半年的一半。其中，“欧猪 5 国”银行的无抵押债发行[④]极为疲弱。

与此同时，因欧债危机严重挤压欧洲银行业利润，来自欧洲以外的融资规模也在减少。美国货币市场自去年 5 月开始就大幅削减对欧洲的风险敞口。欧元兑美元的互换成本大幅提高。BIS 季报显示，2011 年 12 月初，欧元兑美元 3 个月外汇互换利率与美元 3 个月银行间利

---

① Result of bank recapitalisation plan, 8th, December, 2011.

② Total sovereign exposure.

③ BIS Quarterly Review, March 2012.

④ uncollateralised bond issuance.

率之间的息差[①]一度达到150个基点。去年2至4季度，美国最大的十个货币市场基金减少了对欧洲银行的债权，其中对法国、比利时银行债权明显下降，对德国银行债权也减少一半，对“欧猪5国”金融机构风险敞口已降至零。

2. 流动性问题

BIS季报显示，在融资困难的背景下，衡量银行间市场流动性的指标，即欧元区银行间3月期同业拆借利率(EURIBOR)与隔夜指数掉期利率(OIS)息差自2011年8月迅速攀升，融资成本大幅提高，12月已超过90个基点，直到今年初才有所回落。

部分欧洲银行，主要是欧元区周边国家银行存款流失严重，面临流动性风险。银行存款持续从欧元区周边国家向核心国家集中。据BIS季报，欧元区周边国家希腊、爱尔兰、葡萄牙的银行存款额自2010年2季度开始持续下滑；意大利、西班牙的银行存款自2011年2季度高点1 200亿欧元附近一路大幅下降，4季度降至－1200亿欧元附近；而同期，德、法、比、芬、卢银行存款规模的波动比较一致，始终维持在正值区域。

在银行的资金来源里，相比中长期融资、回购和短期借入资金，零售存款不容易受到市场形势变化的影响，所以安全性较高。零售存款占比较高的银行在危机中的表现较好。但是，欧洲银行业吸储能力较差，资金来源主要来自同业拆借。为防范流动性风险，部分欧洲银行需要寻求提高零售存款等稳定的资金来源。

三、欧洲银行业问题的相关分析

(一) 银行业风险和债务危机传导的渠道

由于欧洲主要商业银行均持有“欧猪5国”国债，且彼此互相持有对方发行的债券，使债务危机很容易传递至银行业，并引发银行业的系统性风险。目前，几个主要风险传导渠道是：首先，欧洲各家银行持有许多国债，随着“欧猪5国”国债价格下跌、违约可能性上升，银行业资产面临损失；其次，欧洲银行融资通常以持有的债券作为抵押在批发市场融资，国债价格下跌将推升银行业融资成本；此外，部分欧元区成员国政府陷入财政危机后，影响其对银行提供担保救助的能力，这对银行评级造成负面影响。

(二) 银行业危机与债务危机的联系

欧元区主权债危机和银行业问题远比原先预料的困难，对市场增加了新的不确定性。标普认为，主权债务风险与银行信贷风险之间存在很多联系，两者在债务市场上的传导是迅速的，而且是双向的。

高盛集团已就欧洲可能陷入“死亡螺旋”发出警告，欧洲各国银行持有大量本国主权债务，同时各国政府还承担着救助各自银行的任务。随着负债率的提高、衰退的恶化、债务本息和政府税收的提高，以及公司利润和银行偿付能力的下降，对银行和政府都将产生负面影响。

(三) 欧元区主权信用评级调降对银行业的影响

银行融资成本高企，银行业评级被下调，主因是主权信用评级调降。欧洲银行融资难度随其发行债券收益率的升高而加大。欧元区国家评级集体下调增加了政府融资难度，也削弱了

---

① Spreads between three—month interest rates implied by FX swaps and three—month dollar Libor

欧洲金融稳定工具(EFSF)信用。作为欧元区应对债务危机防火墙,EFSF 自身没有资金,是以欧元区信用为担保从市场融资。今年 1 月欧元区 17 国仅剩 4 国拥有 AAA 评级。当月,标普将 EFSF 信用评级从 AAA 调至 AA+评级,EFSF 作用会因此受到一定影响。

由于对经济前景的信心不断下降,欧洲国家主权信用评级受到影响,欧洲银行业在市场的融资成本不断提高。如果作为商业银行信用风险重要影响因素的主权信用出现风险,将减少商业银行从政府获得的融资收益,增加银行批发融资成本,并将提高银行未来信用评级再度被调降的可能性。

四、欧洲银行业危机的影响

(一) 对欧洲政府财政状况的影响:将产生新的压力

银行危机与债务危机之间具有一定关联性。债务危机是诱发银行危机的主因。如果银行危机持续恶化,出现更多的银行倒闭,就需要政府出手援救,这对政府的财政状况会产生新的压力。政府财政赤字的持续上升会加大债务危机的风险,国债贬值将使持有这些国债的银行面临新的风险。通过政府的财政措施,银行危机与债务危机之间将产生相互作用,推动危机的升级。

(二) 对欧洲实体经济影响:经济增长会出现放缓甚至停滞

随着欧洲银行业坏账的担保成本上升,发行债券融资的难度将进一步提高,造成融资成本不断上升。当这些因素的影响作用向银行的客户转移,企业的贷款利率将出现上升,实体经济的增长会放缓甚至停滞。在经济前景展望不容乐观的情况下,银行业将继续惜贷,收紧信贷规模,企业贷款利率将上升。如果经济出现持续恶化,银行业将出现更多的资本缺口。

近期,欧央行进一步下调对欧元区经济今年的增长预期,从先前预测的增长 0.3%下调至萎缩 0.1%。最新预测显示,在欧元区 17 个国家中,至少有 6 个将陷入衰退。如果欧洲主权债务危机无法得到有效遏制,经济衰退幅度可能进一步加大。

欧洲新兴经济体(Emerging Europe)经济增长将受到严重负面影响。根据 BIS 季报,去年第四季度,欧洲银行对欧洲新兴市场的新增贷款条件的收紧更为普遍,贷款减少说明由于经济增长预期下降,欧洲新兴市场的需求也在下降。

(三) 对全球其他区域的影响:通过金融体系产生重大影响

全球银行业总资产中,欧洲银行业总资产占比较高。根据 BIS 的统计,截至 2011 年 1 季度,欧洲银行业总资产为 16.48 万亿美元,占全球银行业总资产的 52.57%。欧元区银行存款的 34.2%和贷款的 31.1%都是非欧元业务,其中美元存款高达 3.4 万亿美元。如果欧洲银行业陷入危机,将对全球金融业产生重大影响,并将使欧元汇率面临压力,由此对国际外汇市场和对欧经贸产生较大影响。

受银行业危机影响,欧洲大型全球性银行将更专注本国市场业务,可能从部分海外市场撤离。欧元区信用级别较高的银行正处于防御状态,建立短期流动性储备,并将削减跨境的公司贷款和银行在国外分支机构的融资,这会影响所在地区的金融业务。

欧盟作为世界第一大经济体,其债务危机持续发展可能波及全球。欧洲与美国的经济金融关系紧密,如果银行业危机恶化,欧债危机演变为金融危机,就会通过金融体系影响美国经济复苏。

作为世界经济增长的主要动力，新兴经济体普遍比较依赖国际市场。欧洲银行业危机将拖累新兴经济体的发展。BIS 季报显示，2011 年下半年，欧洲银行削减了对全球新兴市场的贷款，收紧了新增贷款的条件。未来新兴市场可能需要继续以债券发行弥补银行借贷的下降，以高收益债券发行的增长抵消杠杆借贷下降的影响。

（邵勉也）

政治博弈决定希腊是否继续留在欧元区

5 月中旬以来，希腊大选得票率前三的党派组阁均告失败[①]。得票率第二的左翼激进联盟党竞选期间曾公开提出，要废除政府之前与欧盟及国际货币基金组织（IMF）达成的财政紧缩协议，并拒绝与支持该协议的执政党联合执政。该主张迎合了基层选民支持，其得票率快速上升[②]，进而导致关于希腊将主动无序违约，甚至退出欧元区的担心快速上升，国际金融市场动荡不安，欧元汇率大幅下挫。分析认为，若希腊新民主党或社会党在 6 月 17 日的重新大选中获胜，希腊及欧元区可躲过一劫，否则希腊将会在年底年初脱离欧元区并退出欧盟。届时，尽管货币联盟不会解散，但欧元及欧盟经济将受重创，并再次拖累全球经济复苏进程。

一、希腊政府组阁失败显示左派政治投机势力暂处上风

受欧洲债务危机影响，欧洲政治力量格局发生了明显变化，传统的保守派政党力量正被削弱，而左派以及其他极端组织的支持率则大幅上升。5 月 7 日希腊大选揭晓，现任支持紧缩政策以换取援助的新民主党和泛希腊社会运动党共获得 32%的选票，远低于 2009 年大选时的 77.4%，在希腊议会 300 个席位中仅有 149 席，距法定组阁最低 151 席的要求仅差两席。由于失去单独组阁资格，现任新民主党和泛希腊社会运动党只能谋求与得票第二名的左翼激进联盟党合作，成立联合政府。但后者明确反对财政紧缩政策，并认为之前的方案牺牲了希腊利益，政府应主动违约，而继续留在欧元区的前提条件，就是对之前所达成的财政紧缩方案重新谈判，从而令组阁失败。左翼激进联盟党的主张在经济危机期间赢得不少底层选民的青睐，但欧盟各国的大部分意见认为，左派势力和其他极端势力的崛起，会导致欧盟成员国间合作意愿下降，而且希腊左翼激进联盟党希望其他欧盟成员国改弦更辙，违背之前承诺，接受其提出的新援助方案，无疑是最大胆的政治投机。

二、6 月 17 日的重新大选或修正希腊政治力量格局

5 月大选中，左翼激进联盟党领导人齐普拉斯（Tsipras）曾多次表示，若胜选将否决希腊与欧盟及 IMF 达成的 1 300 亿欧元援助协议。大选结果公布当天，希腊股市应声暴跌 8%。针对希腊左翼激进联盟党的强硬立场，以德国为首的欧盟各国也强硬表态，如果希腊新政府不遵守援助协议，欧盟与 IMF 除停止融资支援外别无选择。部分欧洲领导人甚至表示，由于希腊

---

① 在 5 月 6 日的希腊大选中，新民主党（（New Democracy））、左翼激进联盟党（Syriza）和泛希腊社会运动党（PAOSK）分别获得 18.85%、16.78%和 13.18%的选票，根据希腊宪法，得票前三名政党将组成联合政府。得票排名第一的政党将率先组阁。如果组阁失败的话，再由得票第二的政党组阁，以此类推。如果组阁都失败的话，则需要在一个月内重新进行大选。

② 左翼激进联盟党获得 16.78%的选票，52 个席位，与 2009 年相比支持率上升近三倍。

政治的不确定性,欧洲各国应做好希腊退出欧元区的预案。

最新调查显示,81%的希腊民众仍希望留在欧元区,因此在6月17日举行的大选中,预计会有一部分选民放弃左翼激进联盟党的主张,转而支持保守派政党。5月28日的希腊民调显示,保守派中的新民主党支持率已从5月6日大选时的18.9%升至23%—24%。支持财政紧缩的中左翼政党泛希腊社会主义运动党支持率也微升。预计该两党或在6月17日的大选中重新赢得议会多数席位并成功组阁。希腊重新大选很可能修正现有政治力量格局,从而消弱左派联盟这一不安定因素。

三、欧盟很难就希腊紧缩方案重新举行谈判

希腊左翼激进联盟党关于"在不退出欧元区前提下,与国际社会就紧缩方案重新谈判"的主张,可能只是一厢情愿的空头支票。首先,希腊政府有可能主动破产,并导致其退出欧元及欧盟。尽管此举成本巨大,但目前整个欧洲的政治氛围却是反对国内紧缩,反对用本国资金救助其他国家。即便法、德等大国有实力救助希腊,也不可能再次承诺并动用本国纳税人的资金,来满足希腊的无理要求。其次,希腊所谓主动违约并退出欧元区的威胁并不完全可信。虽然左翼激进联盟党称,欧元区其他成员国会因害怕希腊退出欧元区引发负面冲击而服软,从而答应希腊的有关要求。但事实是,大部分欧洲领导人并不认为希腊会如此不理智,因为此举给希腊自己造成的损失更大。据瑞银集团估计,希腊退出欧元区的成本相当于其GDP的40%—50%,同时希腊还要承担主权债务违约、企业违约、银行系统崩溃、国际贸易崩溃等的巨大代价。而且,即便希腊重新使用德拉克马作为货币,并不能解决其当前面临的经济问题。因此,除非希腊人民表现得足够"非理性",否则欧盟就不会被吓倒。最后,若欧盟与IMF迁就希腊的无理要求,会形成恶例并引来更多麻烦。目前欧洲货币联盟已到紧要关头,要么通过加强财政约束机制巩固单一货币,要么无为而治并纵容欧元退化成松散的类似于固定汇率的货币联盟,并最终导致欧元崩溃,损害区内大部分国家的长远利益。然而,越来越多的欧洲领导人已意识到,或许将希腊赶出欧元区更有利于欧元及欧盟的长远发展。

四、结论:两种可能性都有,但前者大于后者

摩根士丹利经济学家Elga Bartsch认为,希腊退出欧元区的可能性为1/3,而花旗集团经济学家Guillaume Menuet和Juergen Michels则认为这一可能性高达50%—75%。尽管欧洲理事会主席范龙佩声称,制定希腊退出欧元区的应急方案并非优先事宜,但事实上,许多欧元区国家已开始紧锣密鼓地为希腊退出欧元区作准备。无论如何,希腊危机的短期可能性无外乎两种:

第一种:希腊新民主党和泛希腊社会主义运动党成功组阁,遵守财政紧缩的承诺,希腊在欧盟和IMF的协助下,逐步减赤,暂时渡过难关。若新民主党在新一轮大选中继续领先,且和泛希腊社会主义运动党共获得超过151个席位,希腊将继续实施紧缩政策,并继续从欧盟和国际货币基金组织获得援助。5月28日希腊股指(Athens Stock Index, ASI)大幅反弹,显示市场对于希腊大选及成功组成新政府的信心正在上升。5月31日,意大利总理蒙蒂及欧洲央行行长德拉吉已敦促德国放松立场,给予欧洲银行业更多支持,避免欧洲主权债务危机继续蔓延。但阻碍这种走势的风险在于,选举结果也有可能仍是成立联合政府,且希腊减赤步伐并不

如预计的顺利。随着社会痛苦的加大，政治、经济、社会的稳定性受到挑战，政治上要求放松紧缩步伐的呼声将会上升。

第二种：希腊左翼激进联盟党继续破坏新政府组阁，导致新政府难产，希腊退出欧元区及欧盟的程序进入倒计时。若希腊左翼激进联盟党继续在大选及组阁中拥有话语权，其强硬立场将不会改变。由于希腊政府的资金只能坚持到大选结束，如果无欧盟与IMF的后续援助，主权债务违约在所难免。尽管希腊不会选择主动退出欧元区，但若得不到相关支持，希腊金融体系必然崩溃，希腊被迫重新使用过去的货币德拉克马。预计新货币将大幅贬值60%，由于希腊出口行业规模很小，贬值对经济的刺激作用并不大，短期内希腊经济将陷入极度萎缩。受希腊影响，葡萄牙、爱尔兰、西班牙、意大利等国很可能也爆发主权债务危机，欧洲央行将不得不花费巨大代价稳定欧洲金融市场。

（刘长青）

希腊存在退出欧元区的可能

——第二轮救助计划

希腊于2010年5月接受了国际社会第一轮救援，即欧元区成员国提供的800亿欧元贷款和国际货币基金组织(IMF)提供的300亿欧元贷款，保障了希腊2012年初前到期债务的偿还。作为欧元区债务危机的起源国家，目前希腊债务形势依然严峻，2012年3月20日，希腊将有145亿欧元债务到期。如果第二轮救助谈判不能在2月13日前完成，希腊将面临违约风险。

一、对希腊的第二轮救助计划情况

目前，希腊正进行第二轮援助计划的谈判工作。一方面，希腊与"三架马车"(欧盟委员会、欧洲央行和IMF)进行谈判，希望获得总额为1 300亿欧元的贷款。

另一方面，希腊希望持有本国债务的国际私人债权人在自愿基础上减记70%的票面价值，其余的债务将进行债务互换，新债券票面利率为3.6%，期限为30年。私人持有的2 000亿欧元债权将减少约1 000亿欧元，如此大幅的减记已造成了事实上的违约。2001年阿根廷政府宣布违约时，债权人每一美元的票面金额，能拿回35美分，相当于减记65%。

但欧元区财长向希腊表示，在希腊获得欧元区和IMF第二轮融资的改革前，不可能推进民间部门债券重组协议。所以，希腊首先需要完成与"三架马车"的谈判，然后，还需完成与国际私人债权人的谈判，才能避免债务违约。

二、希腊经济前景及退出欧元区的可能性

欧盟和IMF认为到2020年，希腊将债务与GDP的比值由2011年的160%降到120%，才能恢复公共财政平衡。但希腊经济已连续5年衰退、国内紧缩政策不受民众支持、失业率高企等情况看，其前景不容乐观，而结构性改革对经济社会的促进作用需要一定的时间。

(一) 希腊国内的结构改革和紧缩政策面临较大压力

在接受第一轮救助时，希腊政府作出了实施紧缩和改革的承诺，以解决宏观经济和财政不平衡问题。在第二轮救助谈判中，"三架马车"要求希腊减少最低工资，降低养老金以及立即裁减15 000个公职。希腊民众对政府紧缩政策不满，已发生多次罢工，而将于2012年4月底举行的希腊大选，也加大了国内政治压力。同时，一些人士认为这些紧缩措施将加剧经济下行风险，无助于希腊债务问题的解决。

(二) 希腊债务情况持续恶化

根据欧盟统计局的数据，截至2011年9月，希腊公共债务总额为3472亿欧元，占GDP的

159.1%，而2010年同期，希腊债务占GDP的比例为138.8%，上升20.3%。

(三) 希腊经济情况未有好转

改善财政情况的根本因素是经济基本面的好转。而希腊经济持续负增长、失业率高企、贸易逆差，经济基本面尚未好转。希腊发生债务危机以来，经济一直是负增长，2009年GDP增长率为-3.2%，2010年为-3.5%，欧盟统计局预计2011年为-5.5%，2012年为-2.8%。希腊失业率由2010年10月的13.9%增加到2011年10月的19.2%。2011年10月，青年失业率(25岁以下)更高达47.2%，在欧元区国家中居第二位，青年失业率最高的国家是西班牙，为48.7%。希腊对外经济部门的情况也不容乐观，2011年1月至10月，希腊贸易赤字为169亿欧元，欧盟统计局预计2011年经常项目占GDP的比值为-9.9%，2010年同期为-12.3%。

(四) 欧元区领导人不再排除希腊退出欧元区的可能

2011年11月，法国总统萨科齐和德国总理默克尔第一次提出希腊退出欧元区。2012年2月，欧元集团主席容克接受德国《明镜周刊》采访时说，假如希腊无法实现改革，那么该国也就不要指望能够得到其他国家的支持，这样也许两个月之后希腊就得申请破产。

(五) 久拖不决的希腊债务问题将考验欧元区领导人耐心

希腊债务问题始于2009年秋，至今已有两年多的时间。目前在进行第二轮救助谈判，但远不是终点。在希腊达到财政平衡的目标前，可能需欧元区成员和IMF进一步支持。

（刘　薇）

德国经济下行风险或推动其更积极应对欧债危机

7 月 23 日，国际评级机构穆迪宣布将拥有 3A 评级的德国、荷兰和卢森堡的评级展望从“稳定”下调至“负面”，引起广泛关注。有观点认为，自欧债危机爆发以来，作为欧洲最大经济体的德国一直保持较为稳定增长，也有较强免疫力。但也有观点认为，欧债危机已殃及德国，并将加剧其经济下行风险。综合分析德国经济及银行业现状，并归纳各方观点后得出的判断认为：德国经济下行风险明显，增长前景不确定性上升，其经济走势将直接影响德国下一步应对欧债危机的态度与立场。

一、积极派：德国经济基本面稳固，经济长期向好

针对穆迪调降德国评级展望一事，德国财政部立刻作出回应，发表声明间接反驳穆迪观点，认为其仅考虑短期风险，未能着眼德国较长期的稳定前景。声明强调，德国当前经济形势稳固，增长前景良好，将继续发挥欧元区稳定器的作用。支持德财政部、对德当前经济形势及其前景持乐观态度者也不在少数。

（一）德国经济基本面稳固，前期改革措施增强了德国抗风险能力

金融危机爆发后，德国经济曾于 2009 年大幅下滑 5.1%，但 2010 年开始强劲反弹，全年增长 3.6%，2011 年增长 3%。德国经济能够在欧债危机中实现复苏并保持稳定增长，主要有以下几方面原因：一是产业结构相对合理，拥有雄厚的工业基础，发达的服务业以及高度现代化、机械化与高效化的农业；二是实体经济基础扎实，拥有发达的高端制造业，中小企业具备较强的国际竞争力并在德国经济中发挥着核心作用；三是历经十余年的社会经济改革成效显著，增强了劳动力市场灵活性，提高了产品出口竞争力，改善了德国财政状况。持续的社会经济改革有望帮助德国在欧债危机中保持经济增长。

（二）欧债危机在冲击德国经济的同时，给德国创造了部分机遇

综合各方观点，欧债危机带来的机遇包括以下三方面：一是推动德国发债成本走低。为规避风险，自 2009 年起，众多投资者将资产从南欧国家转移至相对安全的欧元区核心国，大量资本涌入使得德国发债成本降低。2008 年中期，10 年期德国国债收益率为 4.7%，2012 年 2 月 1 日，平均收益率则已降至 1.82%。更为极端的例子是，2012 年 1 月 9 日的 6 个月期国债拍卖中，共有约 70 亿欧元竞购 39 亿欧元债券，导致德国债券拍卖首次出现“负利率”。二是间接拉动德国出口。深陷债务危机的欧元区国家需求下降使德国出口遭受重创，但自欧债危机爆发以来，欧元对美元汇率大幅下跌，增强了德国出口竞争优势，有利于其扩大对非欧元区国家出口，进而缓解欧元区内需求不足对德国出口的冲击。三是促使德国经济由依赖出口向内需拉动转型。由于出口受到欧债危机冲击，德国积极拓展国内市场。不断下降的失业率及稳定

的经济增长等利好消息增强了国民信心，推动了消费。2011 年，剔除价格因素后，德国 GDP 同比增长 3%，主要动力来自内需，其中私人消费增长 1.5%。2012 年 8 月，德国消费者信心指数意外上升，自 6 月以来连续三个月上扬，表明未来内需有望在推动经济增长方面继续发挥重要作用。

二、消极派：欧债危机已殃及德国，经济下行风险上升

以穆迪为代表的消极观点认为，德国经济面临严峻风险，经济已开始出现疲软现象，很可能受到欧债危机进一步拖累。

（一）近期德国经济及相关景气指数表现不佳

受欧债危机持续升级影响，德国经济开始显现疲软迹象。2012 年一季度德国经济环比增长 0.5%，二季度环比增长 0.3%。最新数据显示，6 月德国出口环比下滑 1.5%，其中，对欧元区国家出口同比下滑 3%。6 月工业订单环比下滑 1.7%，跌幅大于市场预期。7 月制造业采购经理人指数继续下探至 43.0，为 2009 年 6 月以来的最低值，工业生产活动持续萎缩。Ifo 商业景气指数连续四个月下跌，由 4 月的 109.8 点降至 7 月的 103.3 点。当该指数连续下跌三个月时，经济下行已成定局。调查发现，企业家不仅对当前形势感到忧虑，甚至对下半年经济走势也不乐观。

（二）欧债危机不断升级导致德国风险敞口加大，危机持续恶化很可能给德国造成巨大损失

穆迪表示，调降德国评级展望主要基于参与救助欧债危机隐藏巨大风险，若危机持续恶化，德国可能蒙受巨大损失。慕尼黑 ifo 经济研究所认为，如希腊破产退出欧元区，预计德国将承受高达 820 亿欧元的损失；如最坏的情况发生，德国将面临约7 700亿欧元的损失，主要包括其在双边援助贷款以及各类救助基金中贡献的资金以及在欧洲实时全额结算系统 TARGET2 中持有的债权。惠誉评级公司近期虽未调降德国评级展望，但其指出，继续深入参与欧元区救助基金可能将德国公共债务占 GDP 之比推升至 90%以上。

（三）德国银行业前景堪忧

虽然德国银行业远好于爱尔兰、西班牙等重债国银行业，但仍面临三大风险：一是欧债危机若不断扩大，持有重债国债券的德国银行可能面临减记风险。德央行表示，德国银行业对希腊、爱尔兰和葡萄牙债权的风险均可控，但持有的意大利和西班牙国债规模要大得多，估计分别达 420 亿欧元和 230 亿欧元。一旦意、西两国债务问题继续恶化，德国银行业很可能蒙受巨大损失。二是全球经济复苏不确定性加大及德国经济前景趋暗将挤压银行利润，削弱银行盈利能力。三是银行业资本缺口恐继续扩大。欧洲银行管理局（EBA）2011 年 12 月公布的压力测试结果显示，德国银行业资本缺口从 10 月的 52 亿欧元陡升至 131 亿欧元。未来，主权债务减记以及 EBA 提出的严格资本充足率要求有可能导致德国银行业资本缺口继续扩大。受德国主权评级展望下调影响，穆迪于 7 月 27 日宣布将 17 家德国银行的评级展望由稳定下调至负面。

三、德国经济未来面临两大风险，经济岌岌可危或将迫使德国更加积极寻求欧债危机解决之道

（一）德国经济未来主要面临欧债危机恶化及全球经济复苏放缓两大风险

穆迪下调德国评级展望表明，即便是欧元区经济最稳健的德国也难以独善其身。德国财

政部等积极派的观点在某种程度上可能是为了营造积极舆论，尽量降低此次评级展望调降事件给原本艰难的德国经济带来的负面影响。不论是德国还是深陷欧债危机的其他欧元区国家，都希望市场能不断出现利好消息，推动欧洲走出危机阴霾。但根据目前形势判断，德国经济增长不确定性增加，经济下行风险上升，主要包括两个方面：

一是欧债危机继续恶化的风险不可小觑。事实表明，欧债危机并无绝对缓解之势，甚至时而有所恶化。2012 年 6 月底欧盟峰会出台的欧债危机应对举措给市场打了一针“强心剂”。然而，欧债危机演变史表明，应对措施的出台短时间内能提振市场信心，但其营造的乐观氛围往往昙花一现，市场更注重措施的落实情况。因此，峰会出台的措施若得不到及时落实，如果希腊退出欧元区并造成连锁反应，以及未来西班牙、意大利等国正式申请全面救助等都将导致欧债危机升级，对德国经济产生不利影响。

二是全球经济不景气或令德国经济雪上加霜。2012 年 6 月德国出口同比增长 7.4%，主要原因是来自欧盟以外国家的需求上涨 19.8%。受欧债危机影响，德国主要依靠对非欧元区国家出口来弥补欧元区的需求不足。但近期宏观经济数据表明，美国和新兴市场经济体的增长均出现放缓迹象。未来，全球经济复苏步伐放缓导致需求下降势必进一步削弱德国经济。

(二) 面对严峻的经济形势，德政府很可能更加积极推动解决欧债危机，但其面临的国内阻力或进一步上升

下一步，危机持续恶化或将导致德国财政蒙受巨额损失，欧元区贸易伙伴继续衰退势必导致德国经济受到影响。此外，欧债危机持续恶化将影响欧洲一体化进程，这是德国无论从政治还是经济角度都不愿看到的，因此，鉴于无法独善其身，德国未来很可能更加主动推动解决欧债危机。

然而，德国政府在国内面临的反对声或将高涨。欧债危机爆发以来，德国部分党派及民众一直反对因参与救助欧债危机而放弃主权，也不愿意为其他国家“埋单”。穆迪此次下调德国评级展望揭示了欧债危机对德国经济的影响，其国内各方可能因此更加反对深入参与救助重债国。

当前形势下，德国领导人将不得不快速觅得解决欧债危机之道，但在此过程中，德国政府面临的压力会越来越大，需研究解决的问题也会层出不穷，包括如何以实际行动赢得国内政党与民众的支持，如何发挥德国核心领导作用协调欧元区各国利益，是否应力保欧元以及如何保等问题，这些都是德国政府需正视的现实问题，也是解决欧债危机的关键。

（陈　松）

法国经济风险成欧元区新焦点

由于经济持续低迷，竞争力缺失，法国正成为欧元区的新焦点。近期，国际货币基金组织(IMF)、世界贸易组织(WTO)、国际评级机构等纷纷对法国经济敲响警钟。鉴于法国在欧洲的核心地位及其对欧债危机走向的重大影响，其经济风险受到高度关注。

一、法国经济频频遭遇警告

IMF在11月5日发布的有关法国经济的年度报告中警告说，法国存在着被意大利和西班牙抛在后面的风险。IMF表示，法国的竞争力缺失已成为该国经济所面临的主要挑战，法国政府旨在通过提高税收而不是削减开支来纠正财政失衡的做法是经济缺乏竞争力的主要原因。

国际评级机构穆迪11月19日宣布将法国国债评级从"AAA"下调至"AA1"，维持负面展望。原因有三方面：一是长期经济增长前景受到多重结构性挑战的负面影响；二是财政前景存在不确定性且仍在增加；三是经济增长、财政表现和融资成本面临风险持续上升，抵御未来欧元区冲击的能力降低。2012年1月，标准普尔已将法国AAA长期主权信用评级调降至"AA+"，评级展望为负面。降级原因是政策措施不足以全面应对欧元区内部的系统性压力。11月23日，标普确认该评级并指出法国经济竞争力面临挑战。惠誉在2011年12月已将法国评级展望列为负面。

最新一期《经济学家》杂志题为《欧洲心脏里的定时炸弹》的文章认为，法国总统奥朗德和总理艾罗均无能力实施必要改革，该国政府最近采取的应对措施可能已经太晚，且力度不够。法国可能成为欧洲单一货币的最大危险，而危机可能从2013年开始降临。

此前，德国财长要求德国政府经济顾问"五贤人"起草报告，研究法国应该怎样进行改革。此举显示德国对法国未来心存忧虑。德国一些经济学家认为，法国并未实施有效措施来恢复竞争力，法国已成为目前欧元区的最大问题。

二、近期法国经济形势堪忧

(一) 经济增长陷入停滞

当前法国经济滞涨，形势不容乐观。法国统计局和IMF最新公布的数据显示，法国今年第三季度国内生产总值(GDP)仅微增0.2%，而第一、二季度增长率为零，陷入停滞。居民消费指数第三季度仅增长0.1%。欧盟和IMF预计法国GDP 2012年仅增长0.1%，2013年将增长0.4%。11月制造业采购经理指数(PMI)连续9个月萎缩。9月工业生产同比萎缩3.2%。此外，经常项目严重恶化，虽然10年前仍有盈余，但目前是欧元区国家中赤字最大的国家。

（二）预算赤字与公共开支失衡

预算赤字占 GDP 比重方面，目前法国为 4.5%。政府设定的预算目标是，在 2016 年以前实现结构性赤字平衡，到 2017 年将赤字占 GDP 的比重降至 0.3%。穆迪认为此项预计太过于乐观。欧盟委员会预计，2013 年法国财政赤字占 GDP 的比率为 3.5%。

经济增长乏力使公共开支占 GDP 的比重扩大，目前法国为 57%，而德国、英国、瑞典分别只有 47%、54%、52%。2012 年 7 月，法国国家审计局预计 2013 年资金缺口将达 330 亿欧元。

（三）失业率不断上升

IMF 数据显示，截至 2012 年 9 月底，登记失业人数在法国本土已连续 17 个月上升，达 305.79 万，而在全境（包括海外属地）已超过 330 万。法国统计局数据显示，2012 年第二季度法国本土失业率达 9.7%，为 1999 年第四季度以来新高。全境失业率突破 10%心理关口，创纪录地达到 10.2%。失业率是法国长期、慢性的问题，过去 20 年中有 19 年都维持在 8%以上。

三、法国经济面临的主要问题

（一）竞争力缺失，拖累经济增长

1. 产业竞争力持续下滑，市场份额缩减

法国各项经济指标均显示出缺乏竞争力，特别是相对于德国。法国在世界经济论坛发布的 2012—2013 年全球竞争力排名上仅列第 21 位，远落后于第 6 位的德国和第 8 位的英国。WTO 总干事拉米 10 月 30 日指出，过去 10 年法国产品的国际竞争力大幅下降，在欧洲市场的占有率持续下降。

近期发布的《振兴法国工业竞争力》报告[①]分析了法国经济总体状况以及法国不同行业的竞争力。报告认为，近年来法国工业不断萎缩，工业附加值从 2000 年的 18%降至 2011 年的 12.5%，在欧元区 17 个国家中仅列第 15。法国在欧盟内部市场的出口市场份额从 2000 年的 12.7%降至 2011 年的 9.3%，而德国从 21.4%上升至 22.4%。在占全球贸易份额方面，法国从 2002 年的 6.3%降至 3.3%。法国工业就业人口在 30 年中减少 200 万人。

2. 用工制度和劳动力成本影响产业竞争力

法国工会组织强大，常常通过罢工方式解决劳资矛盾，用工制度僵化、劳动力成本高企使企业逐步失去竞争力。《振兴法国工业竞争力》报告显示，劳动力成本高和创新水平低下，导致出口市场份额不断萎缩，工业部门丧失的就业岗位超过 70 万个。由于退休条件过于慷慨以及社会开支高企，法国 55—64 岁年龄段的劳动力参与度维持低位。考虑到劳动力成本高，社会开支高企，劳动力市场监管繁复而僵化，企业面临各种困难，因此都不愿创造新的就业岗位。在工人罢工意愿较高的情况下，企业创造就业的意愿下降，倾向用投资机器来取代人工，失业率问题也难以解决。

3. 竞争力缺失拖累了经济稳定和增长

法国经济竞争力缺失、增长乏力、债务高企，究其原因是萨科齐政府经济政策的遗留问题。

---

① 《振兴法国工业竞争力》报告：2012 年 7 月，法国政府委托投资委员、欧洲宇航防务集团（EADS）前任总裁路易·加洛瓦（Louis Gallois）制定此报告。11 月 5 日报告公布。

在欧债危机中，由于不能选择货币贬值，法国只好扩大公共开支和债务。当其他欧盟国家缩减开支时，法国政府开支仍在增长。法国成为欧洲税率最高的国家之一，其经济竞争力也遭到削弱。法国产业竞争力的下降引发各方担忧。IMF表示，法国的竞争力缺失成为该国宏观经济稳定、增长和创造就业的主要挑战。法国工业在过去十年里大幅衰落。法国各界普遍认为，要摆脱欧债危机、促进经济增长就必须大幅提升竞争力，如不加强法国工业竞争力，振兴经济无从谈起。

（二）高税负政策对实体经济造成严重的负面影响

1. 高税负政策不利于企业发展

近10年来，繁重赋税已对法国工业产生了负面影响。奥朗德政府上台后，为刺激经济发展，增加政府收入，兑现财政目标，实施了前所未有的增税措施，对法国实体经济产生冲击。过多税负影响企业发展，限制经营空间。政府将纠正财政失衡的重点放在提高税收而不是减少开支，这影响了法国企业的利益和信心，使企业减少在研发、创新方面的投入，不利于企业长期发展。《振兴法国工业竞争力》报告指出，相比德国，法国企业在研发、培训、创新、投资等方面存在差距，中小企业缺乏成长性。

2. 提高税负最终可能有损于政府税收

奥朗德政府欲借提高税收来弥补政府赤字的做法可能事与愿违，使大型跨国企业纷纷外迁，低迷的经济将会雪上加霜，最终反而有损于政府的税收收入。而那些接纳法国企业与人才的国家却可能从中受益。如果由于超高税负政策造成高管出走、企业外迁，并引起资金和高端人才流失，那么法国政府出台的此类政策措施就将得不偿失。

四、法国经济急需“大手术”

奥朗德政府承认法国面临高负债、高失业导致经济疲软和竞争乏力的问题，但同时认为情况不像市场担忧的那么严重。政府目前已采取一系列政策，但外界认为亟待采取改革措施。

（一）奥朗德政府采取的一系列政策

1. 加强与经济组织的合作，阐述未来5年政策主张

奥朗德首倡经济组织首脑会晤机制，邀请经合组织、世贸组织、国际货币基金组织、世界银行和国际劳工组织的首脑在巴黎为法国经济现状会诊。近日，奥朗德召开记者会，阐述未来5年任期内的政策主张，主要有三方面：一是确定欧洲发展前景，即在推行紧缩政策的同时刺激经济增长；二是削减法国债务，承诺节省600亿欧元公共开支；三是增强法国经济竞争力。

2. 侧重通过一系列征税措施来削减预算赤字

首先是在《2012年财政预算修正案》提出多项征税政策，主要可归纳为五个方面，一是向净财富超过130亿欧元的富人家庭征收23亿欧元的一次性家庭财富税；二是向持有石油库存的法国能源企业额外征收11亿欧元的能源储备税；三是向法国上市的109只市值超过10亿欧元的大型企业股票征收0.2%的金融交易税；四是向为股东派息的企业征收3%的股息税；五是取消前政府推出的雇员加班费免税措施等共计72亿欧元的新增税赋措施。

其次是《2013年财政预算案》将预算赤字占GDP比重降至3%。财政调整规模中2/3依靠增加税收，1/3靠减少开支，2013年后比例调整为各50%；还提出规模高达200亿欧元的增

税计划，包括对年收入超过 100 万欧元征收最高达 75%的所得税。

再次是提高商品增值税税率，征收“离境税”限制资产转移。奥朗德近期宣布将在 2014 年 1 月将商品增值税由 19.6%提高至 20%。为应对企业迁往海外的情况，政府 2012 年 11 月表示，准备对向境外分支机构转移资产或企图将总部迁离法国的本国公司征收“离境税”，而这些外迁公司的隐形增值将被征税长达 5 年。

最后是削减公共开支。法国总理艾罗近日宣布，为筹措企业减税的资金，法国政府将在两年之内削减公共开支 100 亿欧元。财长 Pierre Moscovici 提出将公共开支占 GDP 比重从 57%降至 53%。

3. 为减轻企业负担，推出减税和简化行政手续等措施

11 月 6 日，法国总理艾罗宣布了一系列振兴企业，提高国际竞争力的具体措施。在企业减税政策方面，三年内给企业减免规模为 200 亿欧元的税负(给予企业 200 亿欧元的抵扣税优惠)。资金通过政府削减公共开支、提高增值税和碳税来解决；在简化行政手续方面，推进行政机构现代化，2013 年为企业简化 5 项行政手续，包括社会保险手续和企业不动产手续等，未来 5 年内继续实施企业投资 5 项税收措施。另外，法国政府将为资金周转遇到困难的中小企业设立 5 亿欧元基金，鼓励中小企业雇佣年轻人。

4. 鼓励劳资双方就提高劳动力市场弹性进行谈判

为鼓励工会和雇主就提高劳动力市场弹性进行谈判，劳动与社会事务部长 Sapin 提出了增加更多资助的岗位合同建议。雇主联盟 Medef 认为，这是一项决定性的改革，但法国各主要工会态度各异。为支持企业创新，刺激就业市场回暖，法国政府近日计划在未来三年内推出 200 亿欧元企业税收减免措施。

(二) 目前亟待采取的改革措施

1. 削减预算赤字应侧重减少公共开支

预算赤字和公共部门开支较重，是拖累法国经济增长的重要因素。未来恢复法国经济的活力，需要精简机构，减少公共部门开支负担。针对法国政府目前侧重增税的政策，IMF 认为，应将重点放在减少开支而不是增加税收，这样做可以进一步提高法国整顿财政的功效；与此同时降低企业向社会保障系统缴纳的税费，可让经济变得更有竞争力，而支持减税最有效的融资方式，就是减少公共开支；另外，把税项负担从劳动力市场转移至增值税等间接税种，也不失为一个好办法，但提前实施财政紧缩政策，可能影响短期经济增长前景，因此需注意把握削减赤字的速度。

2. 加大企业减税力度，促进产业竞争力

IMF 认为，降低企业向社会保障系统缴纳税费，可恢复法国经济活力，提高产业竞争力。《振兴法国工业竞争力》报告提出 22 项提高竞争力的建议，呼吁政府研究税收抵免政策，减轻企业的赋税压力，建议削减法国工业企业 300 亿欧元负担，其中企业主和雇员的分摊金分别减少 200 亿欧元和 100 亿欧元。这一差额将通过提高社会普遍分摊金、增值税、环境税和金融交易税等来弥补。此外，建议增加对中小企业的投资，鼓励工业企业进行研发和创新，刺激出口，加强页岩气等新能源研发等。

3. 劳动力和服务业市场亟待进行改革

法国缺乏竞争力的根源，在于劳动力和服务业市场的失调和僵化。而这些问题是逐步形

成的，在欧债危机爆发前已经存在。如果不对劳动力和服务业市场进行改革，法国经济将不能适应欧洲主要贸易伙伴的变化，失业率问题会更为突出。《振兴法国工业竞争力》报告敦促法国政府将劳动力成本削减300亿欧元，以此作为解决就业问题、推动出口一揽子措施的组成部分。

五、未来形势展望

当前，法国政府已就应对经济风险提出一些政策措施。鉴于法国宏观经济环境疲弱，政府与企业、雇主联盟与工会之间利益不同，改革仍有不确定性。如果法国财政措施得力，改革取得成功，将提振经济增长前景，评级展望有望恢复稳定。不过实现经济复苏，预算平衡，降低失业率以及提振竞争力还需时日。作为欧元区最主要的经济体之一，法国经济形势决定着欧债危机和欧洲经济的走向。如果改革难度增大，法国经济前景恶化，评级进一步下调，欧债危机就可能蔓延到法国，前景难以预料。

（邵勉也）

意大利债务危机有近忧无远虑

近期欧债危机不断深化，希腊、西班牙等国问题成为焦点。意大利作为欧盟第四大经济体，其债务可持续性对于未来欧债危机以及全球经济走势预测至关重要，因此也备受关注。由于高负债率和低增长，意大利财政状况将在未来一段时间内保持脆弱，但如无意外，在财政紧缩计划和结构性改革的双重作用下，意大利债务危机问题将逐步好转，预计债务占 GDP 比率将于 2013 年见顶并保持稳定。

一、意大利债务现状

第二次世界大战后，意大利经济飞速发展，迅速从以农业为主的国家发展成为工业化国家。1950—1963 年间，意大利 GDP 平均增速达 5.9%，被称为“经济奇迹”。进入 21 世纪以来，意大利经济增长乏力。2000—2010 年期间，意大利实际 GDP 平均增速仅为 0.4%。欧洲债务危机爆发后，意大利债务违约风险大增，长期国债收益率飙升，甚至沦落到与爱尔兰、西班牙、葡萄牙、希腊等国为伍，被称为“重债五国”之一(PIIGS)。

从债务规模看，意大利政府债务长期居高不下。1995 年政府债务规模占 GDP 比重高达 121%，此后略有下降，但一直高于 100%。2009 年欧洲主权债务危机爆发，意大利债务再次攀升，2012 年 6 月底，政府债务总额达到了创纪录的 1.972 万亿欧元，其中未来三个月内要赎回的债券总额为1 210亿欧元，一年内到期的债务约为5 274亿欧元。

表 1　意大利债务总额

	(百万 欧元)	GDP 占比	人均债务额(欧元)
2012(6 月)	1 972 940	123%	
2011	1 897 179	120.1%	
2010	1 842 826	118.4%	30 429
2009	1 763 864	116.1%	29 489
2008	1 666 603	106.3%	27 957
2007	1 602 115	103.6%	27 143
2006	1 584 096	106.6%	26 970
2005	1 514 409	105.9%	25 946
2004	1 445 826	103.9%	24 936
2003	1 394 339	104.4%	24 325
2002	1 368 897	105.7%	24 100

续 表

	（百万 欧元）	GDP 占比	人均债务额
2001	1 358 351	108.8%	23 936
2000	1 300 269	109.2%	22 932
1999	1 281 550	113.7%	22 513
1998	1 254 388	114.9%	21 946

资料来源：Eurosta。

尽管意大利债台高筑，但蒙蒂政府依然表现出较大的信心。蒙蒂 2012 年 6 月 13 日表示，意大利凭借自己的力量即可渡过难关，无论是现在还是将来，意大利都无需请求欧洲金融稳定基金（European Financial Stability Fund）的帮助。2012 年度《意大利经济金融报告》预测，意大利政府债务占 GDP 比重在 2012 年达到顶点之后将逐步下降。（见图 1、图 2）

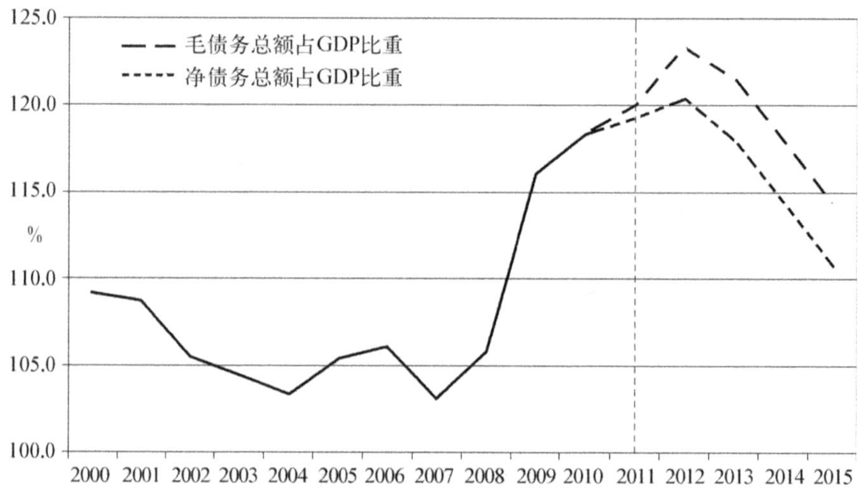

图 1　债务总额/GDP 比重的短期变化趋势

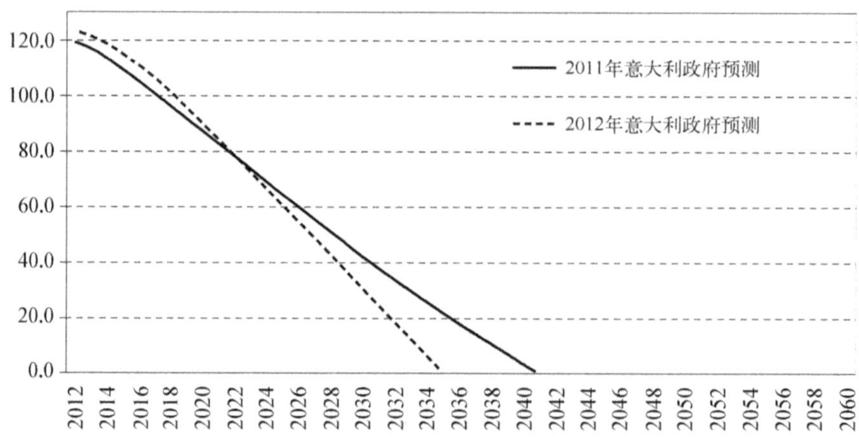

图 2　债务总额/GDP 比重长期变化趋势（净债务）

资料来源：*2012 economic and financial document* www.mef.gov.it。

但国际货币基金组织(IMF)最新财政监督报告预测,意大利2012年债务总额占GDP之比将达到125.8%,2013年将达到126.1%;荷兰合作银行研究部认为,由于意大利经济负增长,2013年意大利政府债务占GDP比重将升至125%;纽约大学斯特恩商学院教授吉安·卢卡·克莱门蒂也认为,意大利需要再融资的数目较大,如果继续以这样的速度借债,其将不得不寻求国际援助。2012年7月13日,穆迪投资者服务公司将意大利国债评级从A3降为Baa2,并维持负面展望。

表2　未来12个月内意大利国债赎回量

时　　间	赎回量(百万欧元)
2012年8月	31 347
2012年9月	28 751
2012年10月	37 140
2012年11月	27 599
2012年12月	56 289
2013年1月	18 275
2013年2月	30 161
2013年3月	8 685
2013年4月	37 942
2013年5月	7 000
2013年6月	26 500
2013年7月	21 905
合　　计	331 594

资料来源:意大利财政部。

二、影响意大利债务危机的三个主要因素

意大利政府债务的可持续性,短期看取决于国债发行成本以及经济增长情况,长期而言则取决于建立量入为出的财政纪律。经济增长直接影响政府收入,并最终影响到政府的净借款额。国债发债成本高低影响到政府的利息负担,并且还影响到政府融资的难易程度。预算平衡是解决赤字问题的根本方法,要实现债务可持续发展,必须建立量入为出的财政纪律。

(一) 经济增长前景

意大利经济增长前景有较大的不确定性。从外部环境看,意大利经济增长首先要看全球经济复苏的进程,特别是欧盟及美日等发达国家的经济增长情况。意大利是全球第7大出口国,2011年出口总额为4 045亿欧元,约占世界出口总额的3%。意大利经济结构的特点是出口加工型的中小企业占主导,对GDP的贡献率接近70%。这种经济结构极易受到外部市场环境的影响,容易大起大落。2009年以来,受金融危机影响,意大利出口出现大幅下滑,经济增长乏力。

从内部环境看,制约意大利经济增长的主要因素有二:一是国内紧缩政策导致投资、消费

不振；二是劳动力成本上升过快，造成企业负担加重。2011 年意大利经济增长率为 0.4%，2012 年意大利进一步陷入紧缩。

不过意大利也有一些支持经济增长的积极因素。首先，意大利的出口增长率要快于进口，这有助于意大利经常账户的改善；其次，意大利政府大力实施结构性改革措施，通过了多项旨在提高市场竞争力的改革法案，从长期看也提高了经济的潜在增长率。

据意大利政府测算，如果 2012 年经济增长率比基准情况高 0.5 个百分点，政府净借款占 GDP 比率将比基准情况下减少 0.6 个百分点，且未来政府净借款占 GDP 比率将继续以较快速度下降；但若经济增长率比基准情况低 0.5 个百分点，政府净借款占 GDP 的比率将增加 0.3个百分点。尽管政府净借款占 GDP 的比率也会下降，但降速变慢。（见表 3）

表 3　经济增长率对政府债务占 GDP 比率的影响(%)

		2011	2012	2013	2014	2015
实际 GDP 增长率	高增长情景	0.4	−0.7	1.0	1.5	1.7
	基准情景	0.4	−1.2	0.5	1.0	1.2
	低增长情景	0.4	−1.7	0.0	0.5	0.7
净借款占 GDP 比率	高增长情景	−3.9	−1.1	0.3	1.0	1.2
	基准情景	−3.9	−1.7	−0.5	−0.1	0.0
	低增长情景	−3.9	−2.0	−0.8	−0.7	−1.0
债务总额占 GDP 比率	高增长情景	120.1	122.1	119.1	114.2	108.7
	基准情景	120.1	123.4	121.5	118.2	114.4
	低增长情景	120.1	124.3	123.2	120.9	118.7

资料来源：*2012 economic and financial document* www.mef.gov.it。

（二）融资成本

政府融资成本高低对债务可持续性具有自我强化式的影响。如果国债发行成本较低，市场会提高对国债的信心，政府的利息负担也会减少。相反，若债务融资成本居高不下，市场将担心政府的违约风险，要求更高的收益率，从而进一步恶化政府赤字状况，形成恶性循环。

2011 年以来，意大利债券再融资风险和利率风险有所加大。政府债券的平均期限从 2010 年的 7.2 年略降至当前的 6.72 年，久期从 2010 年底的 4.9 年降为 2011 年底的 4.66 年。2011 年意大利政府的利息支出占 GDP 的比率是 4.9%，比 2010 年的 4.6%高 0.3 个百分点。政府债券加权平均成本也由 2010 年的 2.1%上升为 2011 年的 3.61%，加大了意大利的财政负担。

根据 2012 年度《意大利经济金融报告》测算，如果意大利政府债券发行利率突然永久性地上升 1 个百分点，之后第一年意大利政府债务负担占 GDP 比重将上升 0.19 个百分点，第二年将上升 0.36 个百分点，第三年将上升 0.44 个百分点，第四年将上升 0.54 个百分点。其负面影响需要用 5.8 年的时间来消化。

目前受全球金融市场动荡影响，意大利长期国债发行再次向 6%靠近，不过仍低于 2011 年底 6.6%的水平。（见表 4）

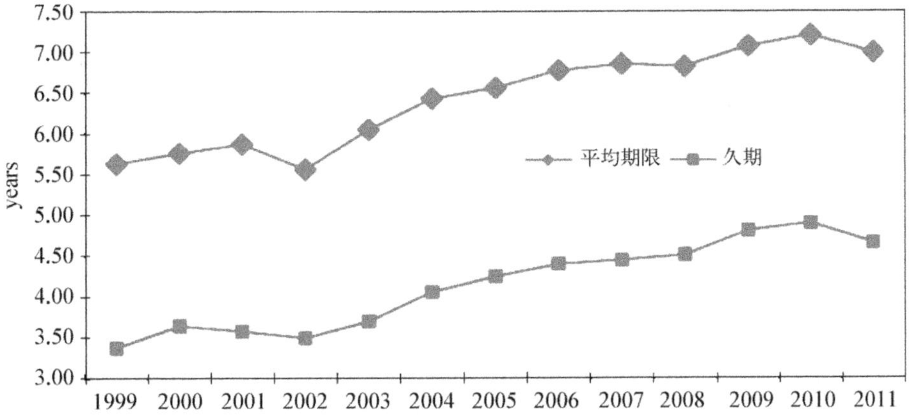

图 3　意大利政府债券期限与久期

资料来源：*2012 economic and financial document* www.mef.gov.it。

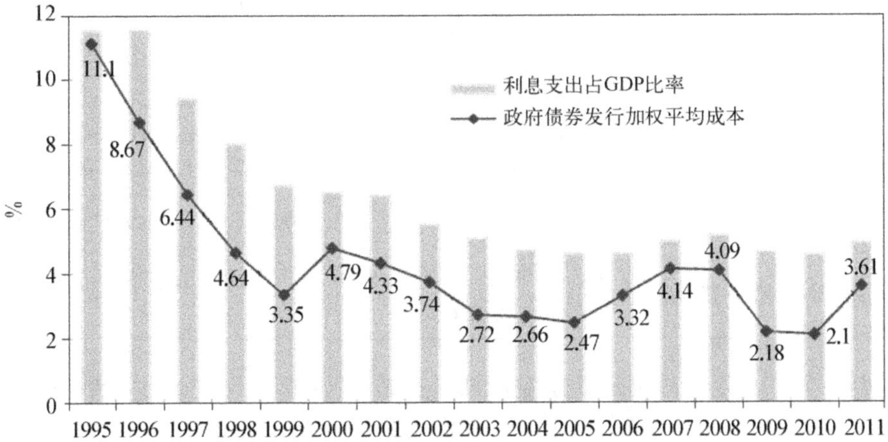

图 4　利息支出占 GDP 比率与政府债券发行加权平均成本

资料来源：*2012 economic and financial document* www.mef.gov.it。

表 4　危机以来意大利政府债券发行利率

	2008	2009	2010	2011	2011 Q3	2011 Q4	2012 Q1	2012 Q2	2012 Apr	2012 May	2012 Jun	2012 Jul
货币市场利率	4.668	1.284	1.023	2.726	2.973	3.570	2.420	1.510	1.800	1.450	1.280	…
贷款利率	6.837	4.757	4.032	4.599	4.677	5.107	5.357	5.250	5.270	5.270	5.210	…
短期国债利率	3.758	0.955	1.133	2.786	2.863	4.727	1.670	2.513	2.150	2.000	3.390	2.570
长期国债利率	4.681	4.313	4.036	5.424	5.493	6.613	5.713	5.787	5.680	5.780	5.900	6.000

资料来源：IMF 网站。

(三)财政预算平衡状况

主权债务危机发生的最根本原因是政府财政约束机制的缺失。若能逐步减少政府赤字,实现财政预算平衡,主权债务危机最终将被化解。为早日实现债务可持续发展,恢复金融市场信心,危机以来,意大利实施了多项财政紧缩政策。

表5　意大利近期通过的财政紧缩法案

时　间	总　额	主　要　内　容
2010年5月27日	250亿欧元	帮助"保卫欧元"。
2011年6月30日	470亿欧元	2011年节支增收15亿欧元,2012年为55亿欧元,随后两年每年达到200亿欧元,从而使国家财政在2014年实现收支平衡。
2011年7月15日	766亿欧元	通过削减开支、减少税收优惠、降低公共福利、提高退休年龄等措施,力求到2014年实现预算平衡。
2011年8月12日	455亿欧元	2012年削减赤字200亿欧元,2013年削减赤字255亿欧元。2012年意大利政府预算赤字在GDP中所占比重将降至1.4%,而在2013年则将实现政府收支平衡。
2011年11月12日	598亿欧元	增值税从20%调高至21%;公共部门薪酬在2014年前零涨幅;私营部门女性退休年龄从2014年的60岁提高至2026年的65岁等。
2011年12月4日	300亿欧元	2014年之前削减200亿欧元的预算,并实施100亿欧元的刺激措施。
2012年7月6日	260亿欧元	在2012年、2013年和2014年三年中分别削减45亿欧元、100亿欧元和115亿欧元支出

意大利政府2011年7月制定的紧缩计划目标是2014年实现财政预算平衡。2011年8月意大利政府在新紧缩计划中将实现预算平衡的期限提前至2013年。为了达成目标,2011年意大利政府实施了各类促进财政再平衡政策。根据意政府测算,这些措施,净效果等同于在2012—2014年分别减少预算赤字489亿、757亿和813亿欧元。2012年,由于经济继续下滑,意大利政府进一步缩减了2012年度政府净借款额。

意大利政府预测,2012年意大利基本财政(primary balance)收支盈余占GDP为3.6%,之后将持续上升,2015年将达到5.7%。意大利政府相信,通过以上努力,2013年可实现财政预算平衡。

政府财政预算平衡受收支两方面因素的影响,因而存在一定的不确定性。经济复苏情况及税制改革制约了政府的收入状况,政府支出则受到养老金、医疗等社保体系运行状况的影响。由于意大利人口老龄化问题严重,同时经济存在许多结构性问题,因此其何时实现预算平衡仍有一定分歧。

IMF《财政监督报告》预计,意大利2015年基本财政盈余占GDP比重为4.42%,比意大利政府预估值要低1.3个百分点(见图5)。IMF还预计,2013年意大利财政预算赤字占GDP之比为1.5%,而不是意政府预计的实现预算平衡。但即使按照IMF较悲观的预测,意大利债务总额也将在2050年之前全部还清(见图6)。

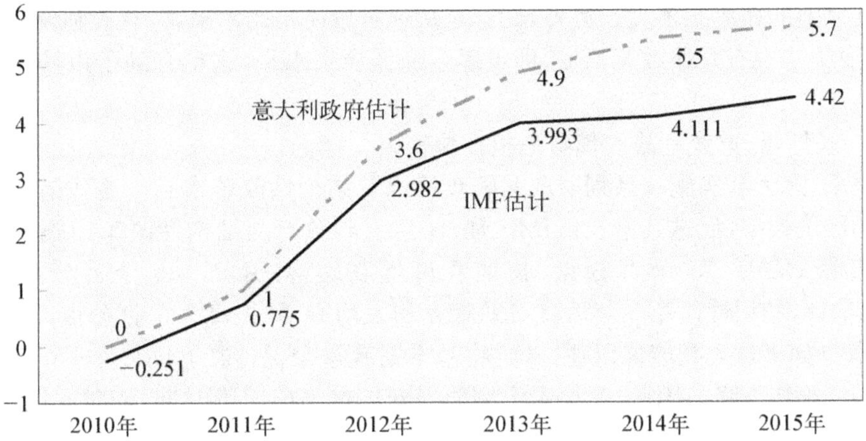

图 5　意大利基本财政情况预测(盈余/赤字占 GDP 比重%)

资料来源：意大利财政部及 IMF 报告。

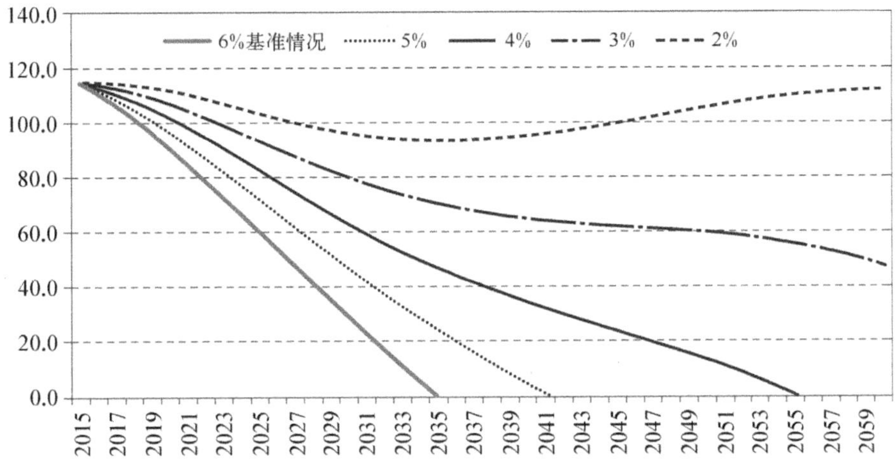

图 6　政府债务总额对基本财政盈余变化的敏感性

资料来源：*2012 economic and financial document* www.mef.gov.it。

三、意大利债务危机有近忧无远虑

意大利债务问题短期内有一定不确定性，但这种不确定性仍处可控范围，随时间推移，意大利债务情况将逐步转好，因而对意大利债务危机问题不必过分担忧。

(一) 有近忧但仍可控

意大利债务比率相对较高，因此短期内它易受到经济增长乏力、国债收益率飙升以及国内银行体系失败的拖累。2012 年 9 月，意大利将重新举行大选，组成新内阁，蒙蒂将按计划下台，这也给意大利政府财政紧缩政策以及结构性改革蒙上阴影。但由于意大利国债平均期限较长，国债发行利率飙升短期内带来的冲击并不大。只要欧盟以及欧洲央行能在关键时候出手维护金融市场正常运转，意大利就不会出现债务违约情况。而从意大利银行业的稳健性看，由于其业务主要集中在国内，所受损失较小，且意大利银行资金的主要来源是国内市场，因此发生系统性风险的概率并不大。另外，无论是从绝对量还是比率来看，意大利恢复财政平衡并非难事，只要维持现有紧缩政策不变，即可逐步降低赤字水平，这也有助于市场恢复对意大利国债的信心。

（二）中长期看，意大利战胜债务危机把握较大

危机以来，意大利实施一系列财政紧缩政策以及结构性改革措施。这些措施将有力地提高意大利的经济效率，促进其增长。IMF 预计，意大利政府的结构性改革措施在 5 年后可提高意大利实际 GDP5.75 个百分点，长期看可提高实际 GDP10.5 个百分点。经合组织(OECD)也估计，结构性改革 5 年后将帮助意大利人均 GDP 提高 7 个百分点，10 年后将提高 15 个百分点。如果意大利能像以往一样，将基本财政盈余保持在 GDP4%－5%的水平，那么其债务总额将很快下降。因此，只要意大利能平安熬过当前困难时期，随时间推移，意大利的债务情况将会不断好转，并很快脱离重债国家之列。

（刘长青）

欧债危机中的芬兰引人注目

7月23日，国际评级机构穆迪宣布将德国、荷兰和卢森堡的3A评级展望由“稳定”调降为“负面”，同时维持芬兰的3A“稳定”评级展望。此举使北欧小国芬兰倍受关注，因为它是欧元区目前仅有的4个3A主权评级国家中唯一拥有“稳定”展望的国家。而且，近一时期芬兰在欧债救助中多次表现出强硬立场，舆论甚至认为其存在退欧可能。本文围绕芬兰近期表现，分析其中的缘由和该国当前经济状况。

一、芬兰对欧债救助方案屡次说“不”

在欧债危机处理过程中，与其他欧元区成员国表现出对相关救助协议的附和与无奈追随完全不同，芬兰则是特立独行。芬兰政府认为，用自己的艰辛打拼而来的成果作为对那些“挥霍无度”国家的援助，无疑是对本国纳税人的极大不公平。正是如此，芬兰对于提供给欧债国家的援助一直持谨慎强硬态度。

（一）在对希腊的援助方案中要求提供抵押担保

在2011年欧盟和国际社会出台了对希腊提供1 600亿美元的第二轮援助方案后，芬兰强势要求希腊对自己提供的援助提供抵押担保，并最终同希腊达成了“抵押换援助”的双边协议，即希腊将在芬兰的一个专门账户上存入大约5亿欧元作为抵押担保，以此作为芬兰参与救助的前提条件。尽管当时其他一些欧元区国家提出抗议，但芬兰依然我行我素。

（二）反对通过欧盟稳定机制在二级市场购买成员国国债

虽然欧盟首脑峰会在2012年6月29日通过了运用“欧元区永久性救助基金——欧洲稳定机制(ESM)直接向西班牙和意大利等深陷债务泥潭国家的银行注资以及在二级市场购买债务危机国家债券的决定，但就在人们因此看到了欧债危机救助的一丝曙光时，芬兰向外界泼来了一盆凉水。芬兰政府7月2日表示，虽然援助基金将可用于稳定债市，但芬兰以及荷兰将会反对欧洲稳定机制在二级市场上购买国债。

（三）是与西班牙就救助贷款达成担保协议的唯一欧元区成员国

为应对西班牙银行业危机，欧元集团6月初决定向西班牙银行业最高注资1 000亿欧元(约合1 230亿美元)。救助资金将首先由欧元区临时性救助基金欧洲金融稳定工具(EFSF)提供，直到永久性救助基金欧洲稳定机制开始运作后再转由ESM承担。芬兰财政部长尤塔·乌尔皮莱宁7月5日表示，如果通过欧洲金融稳定工具向西班牙银行业注资，芬兰将要求西班牙对芬兰提供的救助款项予以担保①。7月17日，芬兰同西班牙就芬兰提供的救助贷款

① 向西班牙银行业提供的救助资金，若来自欧元区永久性援助基金——欧洲稳定机制(ESM)，芬兰则不会提出保证要求，因为芬兰纳税人所承担的风险会小得多。

担保问题达成协议，即芬兰方面同西班牙各银行所拥有的储蓄保护基金达成了担保协议。这一担保将涉及芬兰向西班牙所提供救助贷款的40%。西班牙政府已表示，将对这一担保协议承担义务。芬兰是目前唯一同西班牙就救助贷款达成担保协议的欧元区成员国。

二、芬兰屡说“不”的缘由

(一) 芬兰受欧债危机影响相对较小

在欧债危机影响下，一些南欧国家的债务危机愈演愈烈，社会动荡，西欧和中东欧国家也飘摇不定。相比之下，丹麦、瑞典、挪威和芬兰等北欧国家的公共债务较低，社会运行平稳，人民生活相对安定。其中，除挪威外，丹麦、瑞典和芬兰都是欧盟成员国，且只有芬兰加入了欧元区，其余三国均使用各自的货币。由于不使用欧元，丹麦、瑞典和挪威降低了受欧债危机传染的风险。

芬兰虽然属于欧元区国家，但一贯坚持执行严格的财政纪律，因此在这场危机中所受影响也相对较小。2011 年，芬兰政府财政赤字约 9 亿欧元，仅占 GDP 的 0.5%，大大低于欧盟 3%的约束；与此同时，其公共债务占 GDP 的比例为 48.6%，也在欧盟 60%的标准之内；另外，芬兰国内银行核心一级资本比率高达 13%，高出巴塞尔协议规定标准近 1 倍。

(二) 芬兰政府面临财政支出压力

虽然芬兰是欧元区 3A 评级国家中唯一拥有“稳定”展望的国家，财政与金融状况也表现良好，但并不等于说芬兰政府所掌控的资金可以取之不尽。一方面，芬兰是一个高福利国家，仅用于社会公共医疗费用的支出就占了 GDP 的 9%；另一方面，芬兰是一个依靠国家科技创新体系支撑而立的国家，其 4%的 GDP 被投入到研发和创新中，全国在科研创新方面的投入总量达 70 亿欧元，其中政府出资约为 30 亿欧元。目前芬兰的产业结构正从信息技术产业向创意产业和清洁技术产业转型，后续创新资金的需求量不断加大。因此，无论是社会福利的构建，还是经济转型所需，芬兰政府都面临巨大的财政支出压力。

(三) 芬兰认为 ESM 救助资金有可能将其拖入债务阴影

除了捍卫本国纳税人权益之外，支持芬兰唱反调的理由也不能说不充分。统计结果表明，最近两年，欧洲央行动用了近 2100 亿欧元资金购买“欧洲重债五国”的国债，但并未能使相关国家的国债收益率持续稳定在较低的水平，甚至直到目前西班牙国债收益率还突破 7%的危险水平。基于此，芬兰政府认为运用 ESM 在二级市场购债的方式来压低收益率的做法“根本没有意义”。当然，更令芬兰政府担忧的是，只有 5 000 亿欧元的 ESM 并不能真正满足债务危机国家的削债需求。由于西班牙与意大利两国公共债务余额合计高达 2.7 万欧元，如果两国债务环境一旦恶化，到时 ESM 不仅失去采购能力，而且先前出资国对 ESM 提供的救助资金很可能血本无归，并最终将芬兰等国拖入债务阴影之中。

三、芬兰“脱欧”的可能性

在债务危机愈演愈烈的背景下，有关成员国脱欧的争论从未停歇，从最初的希腊，到后来的德国，“脱欧说”的主角不断更替，基于芬兰在欧债危机中的强硬表现及北欧邻国均无加入欧元区的意愿，芬兰又被视为最有机会脱欧自立的国家。

芬兰向来反对无条件援助盟友，在对西班牙提供援助的问题上，其财长尤塔·乌尔皮莱宁

7 月 6 日在接受芬兰商报采访时表示:“芬兰致力于欧元区成员国的地位,同时我们认为,欧元对于芬兰而言也是有益的。但芬兰不会不惜一切代价地将命运与欧元联系在一起,我们也在为所有的情况作准备。”此后,芬兰财政部发言人出面澄清,任何认为芬兰将退出欧元区的说法都会是完全错误的。8 月 21 日,芬兰总统尼尼斯托表示,欧债危机没有快速且简易的解决方式。欧盟成员国必须竭尽全力解决问题,舍弃欧元绝非选择。23 日,芬兰总理卡泰宁表示,认为芬兰会第一个退出欧元区的想法是荒谬的。芬兰希望货币联盟更守规则,不是因为对欧元存疑,而恰恰是由于对欧元持有积极态度。

虽然芬兰不太可能即刻退欧,但末日博士鲁比尼的分析认为,倘若芬兰因救助希腊、西班牙、意大利等国而继续承压的话,芬兰脱欧的可能性依然存在。他认为,其他欧元区以外或是欧盟以外的北欧国家在经济及其他方面表现良好,芬兰独自留有欧元区成员国地位意义不大;如果芬兰退出欧元区,该国可能也将被迫退出欧盟,然而即便如此,该国可能依然会享有作为欧元区及欧盟成员国的益处,而几乎无需支付任何成本。

此外,另有分析认为,“脱欧”并不会让芬兰付出昂贵代价。一方面,“脱欧”之后芬兰的出口会受到影响,特别是对德国和瑞典的出口会出现明显萎缩,但目前和未来拉动芬兰经济的最主要动力已经转移到了国内投资和消费方面。资料显示,欧债危机持续的三年时间中,芬兰国内私人消费均以 2%—3%的速度增长,投资增长的年均速度也在 4%以上,这种经济增长的内生力支撑着芬兰经济连续三年保持 2%以上的增幅;另一方面,芬兰具有强大的自我创新能力。历经二十多年持续的创新投入和能力积累,芬兰的全球经济竞争力得到明显的提升。据世界经济论坛公布的 2010—2011 年全球竞争力报告显示,芬兰的排名跃进了三个名次而升至世界第四位,虽然距离 2003—2005 年间连续三年排名第一的过往有一定差距,但这足以说明芬兰经济的竞争力正在逐渐增强,没有欧元支撑的芬兰照样可以鹤立鸡群。

（陆　屹）

西班牙成欧债危机新焦点

随着希腊退出欧元区担忧的暂时缓和，市场很快将注意力转向西班牙。本文将在介绍西班牙银行问题总体情况的基础上，分析其成因及未来经济和银行业的发展趋势。

一、西班牙银行业问题的最新表现

（一）西班牙第三大银行面临破产

2012年5月初，持有西班牙约10%存款的该国第三大银行Bankia被曝面临破产风险，成为本轮西班牙银行业危机的导火索。5月底，Bankia向西班牙政府提出190亿欧元注资请求，此前政府已经向其注资45亿欧元。Bankia是西班牙银行业中对房地产开发风险敞口最大的银行，目前与不动产相关的不良资产已达375亿欧元。随着Bankia问题的暴露，西班牙银行业的危机逐步开始凸显。

（二）西班牙被迫申请援助银行业，欧盟宣布救助意愿

6月9日，西班牙向欧盟申请救助，成为继希腊、爱尔兰和葡萄牙之后第四个向欧盟提出救助申请的国家。同日，欧盟宣布，将在接到正式申请后为西班牙银行业提供不超过1 000亿欧元救助资金。此前，西班牙拉霍伊政府自信可以自救，央行行长也对银行业表示出信心。但一系列措施无法缓解问题，西班牙政府只能选择求援，于6月25日提出正式援助请求。

（三）西班牙国债和银行信用评级遭下调

一方面，西班牙国债信用评级被下调。2012年4月标准普尔将西班牙长期主权信用评级从“A”调至“BBB+”；5月，惠誉下调西班牙八个自治区信用评级，评级展望为“负面”；6月，穆迪将西班牙国债信用评级由“A3”下调三个级距至“Baa3”。另一方面，西班牙银行的信用评级也遭调降。2012年5月，标普先后下调16家银行的信用评级。6月，惠誉将前两大银行国际银行、对外银行长期信用评级下调两级，并下调18家银行长期发行人违约评级。随后穆迪下调28家银行长期债券和存款评级1到4个级距。

（四）国债收益率屡创新高

2012年6月，西班牙国债收益率不断创欧元区成立以来新高。西班牙10年期国债收益率连续攀升，两度突破7%；18日收于7.18%，一度触及7.30%。此外，西班牙短期国债的中标收益率再创历史新高。6月19日拍卖的国债平均收益率再度攀升，其中12个月期国债平均收益率为5.074%(上次为2.985%)，18个月期国债平均收益率为5.107%(上次为3.302%)。

（五）银行业状况继续恶化

西班牙银行业的状况不断恶化。2012年6月18日，西班牙央行公布，西班牙银行业4月坏账率升至8.72%，为1994年4月以来最高；4月拖欠贷款规模较上月增加47亿欧元至1 530亿欧元。

此外，西班牙银行业还面临资本缺口、不良贷款恶化、资本流失的困境。据 2011 年 12 月欧洲银行业管理局（EBA）压力测试结果，西班牙银行业资本缺口在 260 亿欧元，占 GDP 的 2.5%。截至 2011 年底，西班牙银行不良贷款总额约为 1440 亿欧元，不良贷款率超过 8%，2012 年 4 月为 8.72%。西班牙央行数据显示，2012 年一季度已有 970 亿欧元撤离西班牙，相当于其 GDP 的 10%。4 月，西班牙银行存款流失速度加快，当月存款减少 314 亿欧元。

西班牙政府向欧盟寻求银行业救助的主要依据是两家独立咨询机构① 6 月 22 日提供的银行业评估报告。评估报告认为，西班牙银行业资本金缺口最高可能达 620 亿欧元，大部分缺口需要欧元区援助基金来填补。

二、西班牙银行业问题的三个成因

（一）房地产信贷泡沫破裂是银行业问题的根本原因

西班牙银行在资产负债表扩张的同时，风险过度集中在房地产领域。过去 10 年西班牙银行信贷中，房地产行业占据很大比重。最高时，银行业对居民住房贷款占比达到 35%左右，对房地产行业贷款占比 15%。

对于房地产业，西班牙银行业采取严格的审查，但由于国内经济向好，房地产持续利好，以及全球虚拟经济膨胀，银行业放松了对房地产风险的防范。房地产业成为经济发展的支柱，出现泡沫并不断膨胀。2007 年房地产业占 GDP 的比重为 9.5%，较同期欧元区平均比重的 5.5% 高出 4 个百分点。

随着全球金融危机降临，房地产市场泡沫破裂，2008 年房价开始持续调整，并使银行的经营环境恶化，与房地产相关的不良贷款率上升，银行利润下降。截至 2011 年 6 月 30 日，银行业房地产贷款为3 230亿欧元，其中不良贷款 1 750 亿欧元，占比 54%。2012 年 5 月，西班牙政府要求国内银行为房地产贷款进一步计提约 350 亿欧元的拨备。

（二）中小型储蓄银行对房地产风险敞口较大

由于对房地产行业风险敞口较大，西班牙的储蓄银行（caja）受到的影响最深，部分储蓄银行严重依赖政府资金的支持和担保。西班牙央行分别于 2009 年 3 月和 2010 年 5 月救助了两家地区性储蓄银行 CCM 和 CajaSur 救助资金占银行业总资产的 1.5%。虽然单个储蓄银行规模不大，但是作为整体，储蓄银行业占西班牙整个银行部门总资产的 40%、总贷款的 48%、居民储蓄的 53%，以及资本储备的 37%。

西班牙储蓄银行业问题凸显的原因是，其结构性弱点源于其特殊的所有制和公司治理结构，这些弱点导致其无法从市场筹得高质量资本，治理水平和管理机构的专业化都受到影响，也无法将其置于市场约束之下。西班牙政府认为，西班牙银行业内部四分五裂，数量众多的中小型金融机构难以从市场融资，也难以达到应对危机的监管要求。

鉴于中小型储蓄银行的风险，西班牙政府希望通过合并注资成立规模较大的银行，以便于监管和缓解风险。为此，政府不断施压，要求储蓄银行尽快重组，并设立了一项有序银行重组基金，以加速储蓄银行系统的整合。2010 年，西班牙马德里储蓄银行等 7 家储蓄银行在得到

① 两家独立咨询机构为美国的奥纬咨询 Oliver Wyman 和德国的罗兰贝格 Roland Berger。评估结果基于西班牙 14 家银行截至 2011 年 12 月 31 日的数据，这 14 家银行占西班牙银行业务的 85%。

政府约 45 亿欧元(58 亿美元)援助后合并成立 BFA Bankia 储蓄银行，次年改名 Bankia 银行。

(三) 大型商业银行融资困难

虽然西班牙对储蓄银行存在的问题采取了合并注资的措施，并对大型银行表示出信心，然而大型银行并非完美，仍存在许多问题。

银行坏账拖累了西班牙银行业的信用，信用评级的下调进而推高融资成本。由于西班牙严重的赤字可能使银行持有的公债蒙受亏损，这使投资者不愿为银行提供融资。债务危机期间，包括西班牙第二大银行西班牙对外银行和第三大银行 Bankia 集团在内的数家银行表示很难通过市场进行融资，将不得不依赖欧洲央行的长期再融资操作。

成立 2 年的 Bankia 银行自 2011 年 7 月 20 日上市以来市值下降 34%。由于无法应对 318 亿欧元有毒房地产资产，该行于 2012 年 5 月被迫接受政府援助。为应对该国的银行业危机，西班牙政府近期提出资本重组构想，准备向西班牙第三大银行 Bankia 的母公司注资 190 亿欧元。西班牙政府表示，目前还需要几个月时间来筹集 Bankia 银行所需的救助资金。

为了对旗下全球业务进行更大范围清理坏账，增强偿付能力，Bankia 银行与母公司 BFA 银行集团可能合并。西班牙央行表示，可能通过持有大量的 Bankia SA 股份来救助该银行。

三、西班牙经济及银行业近期趋势

西班牙政府申请救助的目的是为更好地进行银行重组、使银行能向企业和个人发放贷款，促进经济发展。但是由于种种原因，未来仍然存在许多不确定性，资金压力和财政赤字值得关注。

(一) 虽然将获得外部援助，但存在诸多不确定性

首先，援助资金能否覆盖缺口仍未知。金融危机使西班牙银行业扩大了从欧洲央行再融资便利获得资金的规模。虽然西班牙政府依照银行业评估报告申请外部救助，但援助能否完全覆盖资金需求仍不确定。据西班牙央行公布的数据，2012 年一季度约有 970 亿欧元的资金撤离西班牙，相当于西班牙 GDP 的 10%。而欧盟给予西班牙的援助最多为 1 000 亿欧元，援助资金只能弥补一季度流失资金的缺口。

其次，促增长计划规模有限，资金来源未定。欧元区四国首脑 6 月 22 日宣布，将推出规模为 1 300 亿欧元的促增长计划，以扶持欧元区外围成员国经济增长。因为该促增长计划的规模仅占欧盟 GDP 的 1%，对经济刺激的效果有限。德国总理默克尔表示支持经济刺激计划，这说明一向强调紧缩的德国政府已作出妥协。不过，德国仍明确反对通过借贷和增加债务方式来促进增长，这使资金来源成为问题。

再次，欧盟的救助方式仍有待协商。虽然欧盟集团宣布为西班牙银行业提供救助资金的意愿，但这并不能掩盖欧元区内部在救助方式上的分歧。一方面，由于借贷成本高，难以借助信贷市场，西班牙希望由欧洲央行(ECB)协助重振银行业。但 ECB 认为这有向政府提供融资的嫌疑，是该行条例不允许的，且欧洲稳定机制(ESM)使用 ECB 提供的资金存在问题。另一方面，西班牙希望由欧盟的 ESM、欧洲金融稳定基金(EFSF)直接为银行业注资。而德国反对此救助方式，不愿改变 ESM 协定，不允许 ESM 直接对银行业进行资本重组，不过表示 ESM 可以向西班牙银行业有序重组基金(FROB)提供贷款。然而，法律界人士认为这不符合欧盟规定。目前，欧元区财长达成的非正式协议是先用 EFSF 救助，7 月 9 日后转为 ESM。未来，

各方需继续围绕救助方式展开进一步协商。

第四，银行业改革方案的影响有待观察。西班牙政府正在制定银行业改革方案，以确保银行业有充裕资本应对抵押贷款及企业和消费贷款的损失，该方案是基于欧盟的要求，作为欧盟动用资金对西班牙受困银行进行资本重组谈判的一部分。西班牙将对银行体系继续深层次的结构调整，具体措施可能参考爱尔兰、德国的银行业重组案例，组建一家“坏账银行”，吸收与房地产相关的“有毒”资产，并对破产机构进行强制清算。改革从长期看有助于银行业的稳健运行和市场信心，但银行短期可能面临资产缩水以及更为严厉的监管要求。

（二）短期资金需求较大，中长期面临还款压力

根据对西班牙银行业的救助协议，协议项下的贷款需要在 15 年内偿还，西班牙将获得五年的还款宽限期，即从 2017 年起偿还贷款。虽然银行业获取了急需的资金，但仍然面临许多风险。从周边环境看，欧债危机阴云不散，欧元区经济展望仍然为负面，这些外部环境不利于西班牙经济金融的复苏。

短期看，在欧债危机持续、批发市场资金枯竭情况下，西班牙银行业争夺国内存款的竞争将更趋激烈。由于贷款质量恶化，银行业可能需要更多资金进行坏账拨备。从中长期看，若未来 5 年作为危机根源的房地产业无明显改善，经济依然缺乏新的较强的增长点，那么在 2017 年开始长达 15 年的还款压力下，西班牙银行业状况将难以乐观。

（三）赤字难以迅速削减，公共债务可能进一步增加

解决危机的根本措施是削减公共赤字。但是，西班牙经济前景十分艰难，虽然从中长期看未来仍然存在上行潜力，但是在经济疲弱、资金缺乏的情况下，西班牙难以迅速削减公共赤字。而政府在财政状况不佳的情况下难以实施救助。

2012 年 6 月西班牙央行公布一季度末公共债务与 GDP 之比为 72.1%，而 2011 年底该比例为 68.5%。2011 年底，财政赤字占 GDP 的比重为 8.9%。根据西班牙财政部数据，2012 年 1—5 月中央政府预算赤字为 364 亿欧元，相当于全年 GDP 的 3.41%。以此推算，2012 年全年赤字占 GDP 比重仍将在 8%以上。

考虑到贷款质量或进一步恶化，据欧洲政策研究中心 2012 年 5 月 10 日测算，西班牙银行业需增加 2 700 亿欧元坏账拨备，这是西班牙央行公布数据的 5 倍。弥补这一缺口，将使西班牙公共债务增加 50%。

（四）极端情况下存在退出欧元区的可能

若银行业危机进一步恶化并扩散到其他经济领域，而欧债危机的根本性、制度性缺陷迟迟得不到解决，西班牙存在退出欧元区的可能。

首先，由于其经济规模较大，外部救助难度也较大。西班牙的经济规模达 1.4 万亿美元，如果经济进一步严重恶化，需要注入的资金远高于希腊，救助的难度较大，而进一步的紧缩政策可能引发国内抗议，影响政局稳定。其次，西班牙对欧元区的依存度有限。与希腊不同，西班牙的工业基础较为稳固，经济结构比较完整，既便退出欧元区，其经济体系仍可正常运转。此外，依靠与西班牙语系国家、新兴经济体密切的经济联系，西班牙在欧元区外的全球经济中仍有广阔的发展空间。

因此退出欧元区仍是极端情况下可能的选项，但就目前而言这种可能性较小。

综上所述，尽管西班牙银行业充满各种不确定性，资金压力和财政赤字的前景令人担忧，但是目前西班牙退出欧元区的可能性较小。鉴于西班牙的经济规模和影响力，西班牙银行危机需要欧洲采取果断行动防止银行业危机加剧。而对西班牙相关银行救助方式的确定、银行业改革的具体措施等方面仍将取决于欧盟内部以及欧元区各成员国之间磋商和博弈的结果。如果确保财政平衡的可行方案难以出台，未来西班牙将会需要更多援助，这可能为中资金融机构收购或入股西班牙金融机构提供难得的机遇。

（邵勉也）

欧洲稳定机制在分歧、争议与博弈中艰难前行

7月16日，德国联邦宪法法院宣布，将于9月12日决定是否中止德国批准欧洲稳定机制(ESM)①的立法进程。这意味着，原定7月1日生效的ESM至少将延期近两个半月启动，其发展进程再度笼罩阴霾。本文将在介绍ESM相关情况的基础上，对其目前的主要争议、分歧与前景做简要分析。

一、欧洲稳定机制简介

(一) 产生背景

2009年欧洲债务危机爆发后，欧盟为应对危机设立了两个应急救助机制，即欧洲金融稳定基金(EFSF)②和欧洲金融稳定机制(EFSM)③，以便救助陷入困境的欧盟国家。但是，这两个机制只提供暂时的流动性支持，在组织形式、法律基础、债权人地位等方面存在缺陷，且将于2013年6月底到期。为此，欧盟决定创建一个永久性救助机制ESM，向融资困难、需要帮助的欧元区成员国和银行提供资金支持，维护金融稳定。作为遵循国际公法的政府间机构，ESM被誉为欧盟抵御债务危机的"防火墙"，一些经济学家也将其视作欧洲版的国际货币基金组织(IMF)。

(二) 大事记

2010年11月28日，欧盟财长提议设置新的救助基金ESM。

2010年12月16日，欧盟议会通过修改《里斯本条约》，允许欧盟建立一个长久救助机制ESM，以接替EFSF与EFSM。

2011年5月9日，欧盟领导人决定在2013年年中成立ESM。

2011年12月7—9日，德国表示不支持合并ESM与EFSF的资源，反对给予ESM银行牌照；欧盟峰会决定将ESM提前一年至2012年7月生效，这使ESM与EFSF有一年时间同时运行。

2012年1月底，IMF与欧盟部分成员国要求提高援助基金规模，但德国政府表示反对，认为没必要提高ESM的规模。

2012年6月29日，欧盟峰会决定修改ESM使用范围和职能，允许在特定条件下向问题成员国银行直接注资和直接购买问题成员国国债，但荷兰、芬兰反对授权ESM在二级市场购买国债。

---

① 欧洲稳定机制(European Stability Mechanism，ESM)。

② 欧洲金融稳定机构(European Financial Stability Facility，EFSF)。

③ 欧洲金融稳定机制(European Financial Stability Mechanism，EFSM)。

（三）资本组成结构

ESM的借贷规模（lending capacity）为5 000亿欧元，而总资本将为7 000亿欧元，以此确保AAA信用评级。总资本中800亿欧元为实收资本（paid—in capital），该项资本将在2013年开始的五年内平均分五次投入。欧元区各国同时还提供共计6 200亿欧元的承诺资本与担保（callable capital）。

如果实收资本因吸收放贷损失而大大减少，只要欧元区各成员国财长以简单多数投票通过，即可召集缴纳承诺资本。

（四）出资份额原则

ESM的出资份额由欧元区成员国按欧洲央行（ECB）实收资本原则出资，并经占出资总份额90%以上的国家的分别批准生效。目前出资份额列前五位的国家依次为德国、法国、意大利、西班牙、荷兰。经协商同意，目前ESM出资份额百分比依次排列如下：

德　国	27.146%	希　腊	2.817%	斯洛文尼亚	0.428%
法　国	20.386%	奥地利	2.783%	卢森堡	0.250%
意大利	17.914%	葡萄牙	2.509%	塞浦路斯	0.196%
西班牙	11.904%	芬　兰	1.797%	爱沙尼亚	0.186%
荷　兰	5.717%	爱尔兰	1.592%	马耳他	0.073%
比利时	3.477%	斯洛伐克	0.824%		

二、欧洲稳定机制的五方面分歧与争议

自有关设立ESM的建议被提出以来，欧盟各方对于救助机制的相关内容一直存在各种分歧与争议。主要有以下五个方面：

（一）关于受偿顺序和最优债权人地位的争议

2011年3月公布的ESM细节曾引发市场担忧：一是ESM是在集体行动条款CACs[①]决议下提供财政支持，如有国家接受救援，私人投资者就要承担重组时的亏损；二是私人投资者的受偿顺序可能排在ESM贷款之后，这会进一步加剧潜在损失。2012年6月29日，欧盟峰会决定救助西班牙并放弃EFSF/ESM最优债权人地位，这虽然满足了私人投资者的要求，却遭到芬兰等国的反对。

从短期看，私人投资者确实会面临重组时产生的亏损和潜在损失增加的风险，难免引起市场担忧。但从长期看，主权国家受偿顺序排在前面，可以降低提供贷款国家的经济损失，减少风险从边缘国家蔓延至欧元区核心国家的风险。合理利用该机制将使各方共担损失风险，使债市更加自律，减少金融道德风险。

（二）关于提高援助基金规模的分歧

随着欧债危机的发展，受援国对资金需求不断提高。2012年1月底，IMF与欧盟部分成员国继续施压，要求提高援助基金规模，认为仅以ESM替代EFSF是不够的，需要两者结合形

① 集体行动条款（Collective Action Clauses，CACs）。

成7 500亿欧元规模防火墙。法国、意大利、荷兰政府、欧元集团①主席容克以及欧盟官员先后表示，要合并 EFSF 和 ESM 资源，提高贷款能力。

但是，主要出资国德国则表示反对，认为没必要提高 ESM 的规模，只有在各国就平衡预算规定的财政条约达成一致并将其写入宪法，才可以开始讨论建立规模更大的纾困基金。后经协商，欧盟 25 个成员国在 3 月初同意德国提出的增强预算纪律计划。

(三) 对于欧洲稳定机制购买成员国国债的分歧

2012 年 6 月 29 日，欧盟峰会决定对已采取措施努力削减财政赤字和债务的成员国，可动用 ESM 直接购买其国债以降低融资成本，而不必附加新的紧缩或改革要求。虽然该措施可提供更加灵活宽松的短期援助，但遭到一些国家的反对。

7 月 2 日，芬兰与荷兰政府对欧盟允许使用 ESM 购买成员国政府债券提出异议，表示应对购买行为进行逐一评估。芬兰反对授权 ESM 在二级市场购买国债，并提议通过发行低息担保债券从市场融资。欧洲理事会②主席范龙佩对此表示，根据 ESM 程序性规定，有关紧急救助获得 85%的投票权即可通过，如欲阻止欧盟决定，须获得像德国这样的大国或六个较小成员国的支持。荷兰表示，反对意见不能简单被拒绝，这违背 ESM 协议的条文和精神。

(四) 涉及主权让渡的冲突

德国议会于 2012 年 6 月 29 日以三分之二多数通过 ESM 条约和财政契约，但一些反对党成员、学者和民众质疑条约内容与宪法冲突，提请宪法法院下令停止批准条约的立法进程。德国总统高克应法院要求，拒绝在法院作出决定前签署法案。

违宪诉讼案原告认为，ESM 未来费用不可预计，德国需要动用本国财政为其注资，并间接担保外国债务，可能限制议会对本国预算决策权，这已超出宪法对德参与欧洲一体化的容忍限度。

除德国以外，ESM 条约的合法性在芬兰、法国、荷兰也遭到质疑。爱沙尼亚和爱尔兰宪法法院也接到 ESM 涉嫌违宪的起诉。

德国总理默克尔多次要求构建财政联盟，呼吁他国拿出让渡主权的勇气，但接二连三的诉讼事件表明，部分民众认为一体化进程过快。

(五) 有关欧洲稳定机制的权责问题的担忧

德国各界普遍对于因 ESM 责权不明而将承担损失表示担忧。如果 ESM 向问题银行直接注资，作为出资大国的德国将承担更多责任和风险。如果接受救助的商业银行出现亏损，在目前责权不明的情况下，其损失将由 ESM 及其认缴国共同承担，德国必将承担较大损失，进而可能加剧财政负担。为此，德国国内不断有人呼吁，欧盟主管机构应尽快澄清救助资金的担保和责任问题。

要消除这个担忧，就需要尽快建立欧元区银行业监管体系。只有在欧元区建立起统一、高效并有执行力的银行业监管体系之后，救助资金才可直接注入有需求的商业银行，从而无需通过政府，以避免政府财政状况恶化的牵制。

---

① 欧元集团(Euro Group)。
② 欧洲理事会(European Council)。

三、欧洲稳定机制前景

（一）欧洲稳定机制的最终实施将取决于各方利益的博弈

对于急需援助、信用评级较差的“欧洲重债五国”来说，ESM 的启动显然是利好消息。而对于需要出资的经济金融状况较好的国家来说，ESM 的启动可能意味着更多资金面临风险，这使德国、荷兰、芬兰等国国内持谨慎态度。

ESM 艰难前行的坎坷历程，实际是欧债危机的一个缩影。出资国希望资金得到保障，而受援国则期待获取更多支持。各国均从维护自身利益出发，既要与其他国家协调立场，还要平衡国内矛盾。回顾 ESM 所经历的各种矛盾与分歧，归根到底还是各成员国之间、政府与私人投资者之间各方利益的博弈。未来 ESM 能否得以通过，通过后又如何运作，也都取决于各方权力与责任的平衡。

（二）鉴于重要性和紧迫性，ESM 或将在附加条件后得以通过

ESM 迟迟不能启动，意味着目前只有 EFSF 单独应对危机。在救助爱尔兰、葡萄牙和希腊之后，目前 EFSF 仅剩 2 400 亿欧元可用资金，而西班牙可能提取 1 000 亿欧元来救助银行。如果意大利再提出援助请求，EFSF 剩余资金将会捉襟见肘，使欧元区面临更大的融资难题，进而威胁欧元区整体稳定，这对各方均不利。而且，ESM 启动的延迟也将增加不确定性，降低全球金融市场对欧元区的信心。同时，德国内部的相关矛盾也会影响维护金融稳定的动力，对化解欧债危机产生不利影响。

鉴于 ESM 的重要性和紧迫性，德国宪法法院可能最终会选择有条件地批准。目前，对德国宪法法院的裁决主要有两种预期：一是法院裁定 ESM 条约不违宪，但可能要求政府确保议会未来能充分参与具体决策，或者要求在不修改宪法的情况下不能再向欧盟让渡更多主权；二是法院裁定 ESM 条约违宪，要批准 ESM 只能通过全民投票修改宪法。目前来看，前一种预期的可能性较大。总之，德国宪法法院已成为 ESM 生效进程中必须经历的一关。

（三）尽管 ESM 可以缓解短期恐慌，但中期不确定性与长期风险仍存

短期看，ESM 用资金换时间，延迟危机爆发，有助于缓解市场恐慌，具有积极作用。调整后的 ESM 可以绕过被救助国政府直接救助银行，这将阻断银行债务危机与政府债务危机互相传染，降低危机国家债务融资成本，更有效地利用援助资金。

从中期看，虽然此次欧盟峰会达成协议，但具体草案出台可能还需各国进行磋商。目前由于德国国内阻力，草案能否顺利出台面临许多不确定性。救助措施与欧洲经济金融一体化紧密相关。ESM 救助方式转变的前提，是建立统一银行业监管机构，但目前各成员国在统一银行业监管机构方面仍存较多分歧。

长期看，未来仍然存在风险。ESM 可以缓冲危机并降低危机成本，但无法从根本上消除债务危机。虽然受援国资金难题可得以缓解，但要减少债务必须实现一定经济增长，而未来几年财政紧缩将使经济较难出现复苏，到时债务问题可能再度出现。问题的最终解决，仍需欧元区制定统一财政政策，这需要在欧洲货币联盟之外实现财政一体化，建立各国间政策协调机制。

（邵勉也）

欧洲结构性改革

欧债危机以来意大利经济改革的简单梳理与评估

欧债危机以来，欧洲重债五国①的债务状况以及其为此而实施的经济改革，成为全球关注的焦点。意大利作为继德法之后欧元区第三大经济体，其高额债务一旦出现违约，无论是扩容后的欧洲金融稳定基金②，还是未来的欧洲稳定机制③，都无法承受。为摆脱困境，意大利实施了一系列经济改革措施。由于意大利债务形势和经济前景事关欧盟与欧元区的未来，因此，对意大利经济改革措施进行梳理与评估非常必要。

一、意大利面临"高负债、低增长"窘境

1999 年 1 月 1 日欧元诞生时，意大利作为创始成员国加入欧元区之后，经济不但没有明显改善，相反却债务缠身。截至 2011 年底，意大利主权债务达 1.9 万亿欧元，占 GDP 之比为 120.6%，总额已超过希腊、葡萄牙和爱尔兰三国的总和。巨额债务存量和高额融资成本使得意大利政府债务负担日益沉重。根据意大利中央银行 2011 年 12 月报告预测，主权债务利息负担占 GDP 的比重将从 2010 年的 4.5%上升到 2014 年的 5.5%。在全部主权债中，一年内到期的短期债务约合 3 500 亿欧元。2012 年政府至少要发行 4 400 亿欧元的新债才能保证年内债务正常换本付息。从主权债规模来看，无论是欧洲金融稳定基金还是未来的欧洲稳定机制都很难独立解决意大利的债务问题。一旦意大利出现偿付困难，不但欧洲一体化进程将出现倒退的风险，全球经济复苏的势头也将受到冲击。

根据意大利国家统计局数据，如表 1 所示，2007 年至 2011 年间，意大利年均经济增长率为−0.6%，低于全球平均水平。2011 年意大利 GDP 增长率为 0.6%，较 2010 年 1.3%的增

---

① 希腊、爱尔兰、西班牙、葡萄牙、意大利。

② 欧洲金融稳定基金(European Financial Stability Facility，简称 EFSF)成立于 2010 年 5 月 9 日，由欧元区 17 个成员国共同决定。它在欧盟经济财政部长理事会的框架下发挥作用，主要职责是向申请援助并得到批准的欧元区成员国提供紧急贷款，方式是以欧元区成员国的信用作为抵押发行债券融资。目前基金规模为 4 400 亿欧元，2010 年 10 月 26 日欧盟峰会通过决议将基金规模扩大到 1 万亿欧元。

③ 欧洲稳定机制(European Stability Mechanism，简称 ESM)，是欧洲地区的永久性援助基金，是遵循国际公法的政府间组织，根据欧元区各国之间协定建立，总部设在卢森堡。欧洲稳定机制将在 2013 年年中取代现有的欧洲金融稳定机构(EFSF)。

速大幅放缓。基金组织评估报告指出，意大利经济增长瓶颈包括，区域不平衡、税收负担重、公共服务低效率、管制过度、劳动力市场不灵活、教育落后、出口产业附加值低等多个方面。其未来增长趋势不容乐观。

表1　意大利主要经济指标(单位%)

	2007	2008	2009	2010	2011	2012*	2013*
GDP 增长率	1.5	−1.3	−5.2	1.3	0.6	0.3	0.5
产出缺口	1.5	−0.5	−3.9	−3.2	−2.8	−2.5	−2.0
失业率	6.1	6.8	7.8	8.4	8.2	8.5	8.6
消费者价格	2.0	3.5	0.8	1.6	2.6	1.6	1.7
债务占 GDP 比	103.6	106.3	116.1	119.0	121.1	121.4	121.1
储蓄率	19.4	18.3	16.8	16.9	16.5	16.9	17.7
经常账差额占 GDP 比	−2.4	−2.9	−2.1	−3.3	−3.5	−3.0	−2.5

资料来源：意大利政府及 IMF 网站。*为 IMF 工作人员估计。

但是几乎所有欧洲领导人都认为，意大利作为欧元区第三大经济体，再困难也必须解决债务可持续与经济长期增长问题，一旦发生债务违约，后果将是灾难性的。为此，意大利必须自力更生，实施全面经济改革。

二、意大利经济改革的主要内容

欧债危机以来，为应对债务和经济增长乏力难题，意大利实施了一系列经济改革，改革措施主要集中在财政紧缩、结构性改革两方面，目标是逐步降低财政赤字水平，提高经济长期增长率。

(一) 实施财政紧缩政策，切实降低公共负债水平

危机以来意大利政府迅速实施了一系列强有力的财政紧缩政策，力求尽快将主权债务规模降至可持续水平。

2010 年 5 月 27 日意大利总理贝卢斯科尼公布了总额 250 亿欧元的赤字削减计划，目的是帮助"保卫欧元"。之后，为应对欧债危机持续恶化的影响，意政府又先后通过多项财政紧缩方案，紧缩范围和规模日益加大。

2011 年 6 月 30 日，意政府推出了总额约 470 亿欧元(约合 324 亿美元)的财政紧缩计划，进一步降低财政赤字水平。按照该计划，财政将于 2011 年节支增收 15 亿欧元，2012 年为 55 亿欧元，随后两年每年达到 200 亿欧元，从而使国家财政在 2014 年实现收支平衡。

2011 年 7 月 15 日，意政府又推出一项总额 766 亿欧元的紧缩计划。根据该项紧缩计划，意大利政府将通过削减开支、减少税收优惠、降低公共福利、提高退休年龄等措施，力求到 2014 年实现预算平衡。该紧缩计划还包括 16 项刺激增长的措施，包括增加卫生保健开支，降低减税幅度，延长退休年龄，冻结公共部门工资，政府还考虑在危机缓解之后将国有铁路或邮政等国有公司私有化。

2011 年 8 月 12 日，意大利政府再次批准了一项总额为 455 亿欧元(约合 626 亿美元)的财政紧缩计划，目标是在 2013 年实现预算平衡。该计划分为两个部分，即 2012 年削减赤字 200

亿欧元，2013 年削减赤字 255 亿欧元。根据此次紧缩计划，2012 年意大利政府预算赤字在 GDP 中所占比重将降至 1.4%，而在 2013 年则将实现政府收支平衡。

2011 年 11 月 12 日，意大利众议院通过了旨在稳定国内财政状况的紧缩法案。根据该计划，意大利将本国增值税从 20%调高至 21%；公共部门薪酬在 2014 年前零涨幅；私营部门女性的退休年龄从 2014 年的 60 岁上升至 2026 年的 65 岁，与男性同时退休等。预计该计划将为意大利节省 598 亿欧元开支。

2011 年 12 月 4 日，意大利蒙蒂新政府宣布通过了涉及 300 亿欧元的财政预算改革方案。目标是到 2014 年底削减 200 亿欧元的预算，并实施 100 亿欧元的刺激措施。削减开支的措施包括重新实施上届政府取消的房产税，对游艇和豪华汽车等奢侈品增加税收，提高退休年龄，降低退休人员的工资等。经济刺激措施则包括为企业减税、刺激就业和商业投资等。

(二) 实施结构性改革以提高经济活力

意大利经济增长乏力，制造业低迷，出口产业高度依赖外部环境与其自身的结构性问题紧密相关。因此，要从根本上解决债务可持续和经济增长缓慢问题，还必须解决经济中的结构性问题。意大利结构性改革的主要内容包括以下七方面。

(1) 放松管制增加行业竞争性。意大利进一步放松了对电信、保险、医疗、银行、油运的管制，放松了对部分职业许可行业，如律师、会计师等资质的要求。2012 年 1 月 20 日，意大利内阁通过了旨在提升经济竞争力的法案，同时计划加强基础设施建设。这项提升竞争力的法案是意大利政府支撑经济增长计划的第三块基石，其中将包括允许商店在严格规定的时间范围之外进行促销，并在全国范围内颁发更多的出租车营业许可等。

(2) 进一步简化和改进政府管理政策。意大利早在 2007 年就制定了简化和提高政府管理质量的行动方案。2008 年以来，多次通过立法降低行政成本，如降低了设立新企业的费用，利用信息技术降低民事诉讼的费用。意大利政府还通过维护社会安全计划促进经济软环境的改善，通过促进不同地区法律法规的趋同，提高社会的合约精神。

(3) 推动公共管理现代化改革。公共服务水平低下是意大利经济增长的瓶颈之一。意大利政府制定了提高公共部门员工绩效评估透明度的方案，引入奖勤罚懒的激励机制。在公共部门劳务谈判中引入集体谈判和补充谈判。通过引入公共管理创新，确保消费者和商务成本降低。提出建立透明、易获得公共服务体系，满足消费者和商务活动需要。

(4) 给予中小企业以特殊的优惠政策，鼓励创业。贯彻执行“小企业优先”理念。意大利的经济发展局是负责推动“小企业法案”的主要部门。为了鼓励小企业诞生，意大利政府立法简化了小企业的管理程序。意大利政府还启动了旨在提高居民创业能力的培训计划，并鼓励对中小企业员工进行培训，以提高中小企业的生产效率。为年轻人提供有关旨在促进创新、提高其投资保障的优惠政策。为中小企业提供金融支持，如对中小企业信贷进行补贴，发行允许银行分享中小企业利润的新式金融产品等。建立专门的基金，推动相关产业中小企业的发展。鼓励各地区采取适合本地区特点的优惠政策以刺激中小企业发展。

(5) 加大对科研和创新的投入和补贴。意大利政府计划通过一系列财政税收政策，刺激科学研究。对于科研投入，给予一定比例的税收减免额。加大高校与企业之间的联系，鼓励私人资本投入科研领域。鼓励地方参与促进科研和创新的各类项目计划。意大利政府在 2007—2013 年战略发展框架中明确鼓励、使用并传播科研成果，重点支持 116 项战略性研究项目。在全国20个区域建立高新技术开发区，支持部分关系到意大利长期竞争力的科研发展。通过意大利科技研究基金会支持科研，如仿生机器人技术开发等。对面向基础科学研究的投资提供融资支持。鼓励对国防科技、信息科学、医疗科技等领域的研究。加大对专利和知识产权的保护程度。改革高校研究人员录取的体制，引入竞争机制。

(6) 加强对基础设施、教育、环境保护的投入。通过设立政府基金促进基础设施建设，优先考虑严重制约经济增长的基础项目的建设，如公路、铁路、隧道、机场、港口工程等。鼓励地方政府加大对基础设施投资。加强新一代互联网宽带的建设，升级数字电视。加大教育投入，整合教育资源，提高教育资源分配的透明度。保持生物多样性，加强水资源管理，提升公共卫生和垃圾处理水平，鼓励使用清洁能源及可再生能源。

(7) 改革就业制度提高劳动生产率。意大利就业政策改革目标就是增加劳动力市场的竞争程度，增强弹性，促进劳动力的合理流动。意大利劳动力市场存在三大缺陷，一是集体工资谈判制度太过僵化，二是失业保障的覆盖面太窄且不均匀，三是宽松的临时工限制。意大利政府从修改有关雇佣条例入手，期望平衡雇主和雇员之间的权力义务关系，提高经济活力。而在社保体系改革领域，意大利政府强调在建立保护劳动者的社保体系的同时，确保受益人的负责任行为，减少社保体系的滥用。此外，意大利政府加大了对非法和未登记用工的打击力度，简化雇主上报的成本。

表2　意大利结构性改革目标

任务目标	政策建议	已采取的措施
减少国有股权(2005，2009)	通过加速私有化和减持所谓“金股”的方法实现目标。出售如电力、天然气、邮政、交通以及提供地方公共服务的公司的股份。	私有化正在继续，但是意大利航空公司部分私有化的漫长过程表明个别行业的私有化存在困难。目前出售“金股”的范围被限定在电力、天然气和航空三个领域。
消除管制壁垒，增进竞争(2007，2009)	进一步加强监管部门和反托拉斯机构，进一步放开网络产业和服务业，消除进入壁垒和价格管制。	有关自由化法律于2007、2008年通过，并纳入了欧盟相关指令。国内电力市场的壁垒减少，但职业服务和地方服务的壁垒依然较多。2008、2009年相继出台了地方公共服务采购公开招标的制度，此外还颁布了针对审计部门服务质量差和失职的集体诉讼的指引。
提高高等教育的可获得性和通过率(2005，2007，2009)	减轻大学对财政的依赖，通过引入专业人士运营和增加学费来提高私人融资比例。提供与毕业后收入相挂钩的学生贷款，在教师中引入与业绩挂钩的报酬机制。	在招聘环节已经有一些新规定出台，但未能得到完全实施。2008年一项法令允许大学基金转变为私营基金，但目前尚未有大学进行变更。
减少劳动收入税收楔子 2005，2007，2009)	降低边际收入税率和退休金供款，增加工资抵扣增值税的折扣比率，在加强税收执法的同时实施财政减税。结束税收大赦政策。	税收执法有所改善，但税率并未明显降低，税收减免额有所增加。劳动生产率提高和超时工作而增加收入的税收减免增加。
改革公司治理(2005，2007)	加强独立董事及小股东权利，改革破产法，强加债权人权益保护但在破产情况下减少债务人违约惩罚。	破产法和金融市场监管改革正在实行。意大利银行对金融监管和金融管理职责进行了区分。

续　表

任务目标	政　策　建　议	已采取的措施
下放工资谈判权(2005, 2007, 2009)	Recommendations：公共部门应该在分散的工资谈判方面作出表率，根据区域间的生产力和生活成本差异决定工资。	分散工资谈判方面尚无任何进展. 公共部门则引入了一个旨在提高透明度和与绩效挂钩的薪酬计划。
加强创新激励(2009)	通过税收激励机制鼓励研发投入，推动产业界与大学的合作，让公共部门雇佣研究人员的程序更为透明。	Action taken：研发税收抵免已经出台，如果涉及大学减免力度更大。2008 年推出了意大利籍研究人员回国工作的税收激励制度。

资料来源：OECD 报告。

三、意大利经济改革效果尚待观察

(一) 紧缩政策为金融市场注入了信心，缓解了债务融资压力

意大利的财政紧缩政策是重塑市场信心的关键。欧盟和基金组织非常欢迎意大利的结构性改革措施。欧盟领导人巴罗佐称结构性改革将刺激经济增长，并抵消紧缩措施的影响。基金组织预计，通过加强国内劳动力市场的竞争程度以及行业的竞争程度，意大利的竞争力将显著提高。

(二) 结构性改革简化了监管，提高了政府等公共部门的效率并有利于激发长期潜在增长率

危机以来意大利的生产率水平仍较低，居民收入差距继续扩大，但劳动力市场已逐渐企稳。据意经济部副部长维托里奥·格里利预计，尽管 2012 年意大利经济预期收缩 0.4%—0.5%、但有望于 2013 年实现财政平衡目标。意大利总理蒙蒂指出，改革措施改善了青年的就业前景，消除了过多的特权，同时更好地改善了意大利民众的福利。

(三) 改革措施能否彻底解决债务问题并刺激经济增长尚需观察

据非官方预测，2012 年意大利经济将萎缩 1.2%，2013 年经济增速为 0.2%。2012 年大部分时间里，意大利经济将陷入衰退。年底才会出现回稳。在衰退期内实行大规模财政紧缩政策，是否会对经济雪上加霜，存在一定争议。另外，尽管实施了紧缩政策和结构性改革措施，意大利今明两年财政赤字和债务总额距离目标仍有一定差距。因此，经济改革对经济增长以及债务问题走势的影响还需进一步观察。

（刘长青）

西班牙经济改革进展与展望

欧债危机以来，西班牙经济陷入衰退，房价持续下跌，失业率屡创新高，国债规模增长迅速，前景不容乐观。虽然政府已采取了一系列改革措施，但债务压力在 2012 年 3 月底重现，10 年期国债收益率回升至 6%左右的危险水平，银行系统可能需要救助的传言日盛。然而，西班牙政府声明将继续实施结构性改革和财政紧缩措施，无需外部援助，下一步主权债务危机能否缓解，需要进一步观察。

一、西班牙经济金融结构性问题

（一）劳动力市场结构性突出

受金融危机和欧债危机影响，西班牙失业率由 2007 年的 8.8%（欧元区 7.4%）上升至 2011 年的 23.0%（欧元区 10.6%），是欧元区失业率最高的国家。劳动力市场结构性问题突出：首先，西班牙劳动力市场分为二级，三分之一劳动力拥有长期合同，三分之二仅持有临时合同。解雇长期合同员工成本很高，而解雇临时合同员工成本较低，持有临时合同员工主要是 25 岁以下的青年。金融危机后，企业大量裁掉临时合同员工，使西班牙青年就业情况恶化，2011 年失业率达到 48.7%。其次，集体协商工资制度使工资缺乏弹性。西班牙工资不是由公司确定的，而是统一由整个行业和省区确定，由于大部分员工的工资与物价指数挂钩，使实际工资难以根据劳动力市场情况进行调整。

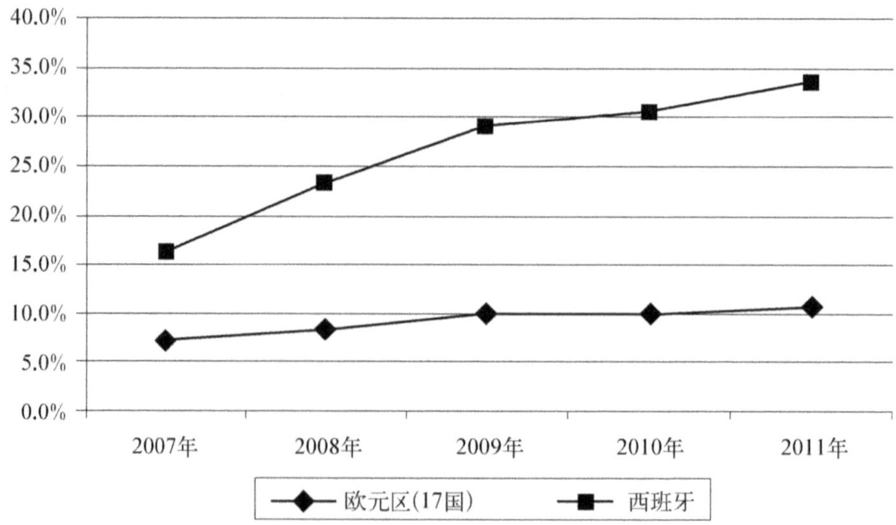

图 1　总失业率比较　单位：%

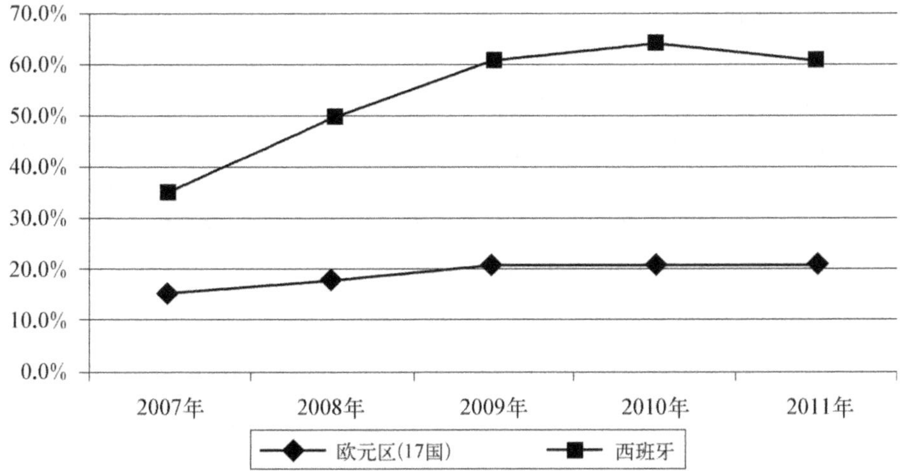

图 2　青年(25 岁以下)失业率比较　单位：%

(二) 房地产市场泡沫破碎引发银行业危机

金融危机前，西班牙经济发展依赖于房地产业，2007 年房地产业占 GDP 比重为 9.5%，而同期欧元区平均比重仅 5.5%。金融危机后，西班牙房地产市场泡沫破碎，房价自 2008 年开始持续下跌。根据西班牙统计局数据，2011 年新房价格同比下跌 11.2%，二手房价格同比下跌 13.7%，为 2008 年以来房价最大跌幅，实际情况可能更糟。惠誉报告显示，银行收回房产(repossessed houses)的住房按揭抵押贷款支持证券(RMBS)出售价格只有原价值的 48%，远低于政府估计的 25%，验证了一直以来市场认为西班牙官方房地产价格指数低估了实际市场糟糕的情况。房地产行业不景气进一步恶化了银行的经营环境，与房地产相关的不良贷款率上升，银行利润下降。截至 2012 年 1 月底，银行业房地产和建筑业贷款超过 4 000 亿欧元，相当于 GDP 的 40%，银行业不良贷款率上升至 7.91%，2 月，不良贷款率上升至 8.16%，增加了 38 亿欧元，至 1 438 亿欧元，为 18 年来最高值。此外，储蓄银行由于对房地产行业敞口较大，受影响最深，部分已严重依赖政府资金支持和担保。2009 年 3 月和 2010 年 5 月，西班牙央行分别救助了两家小型储蓄银行，救助资金占银行业总资产的 1.5%。

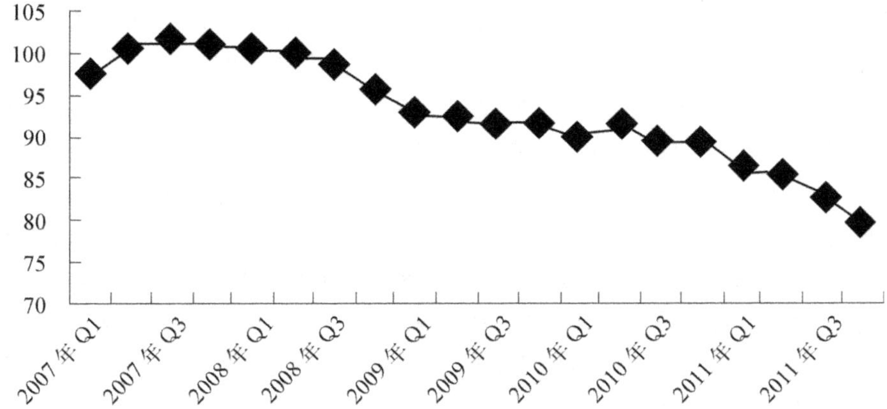

图 3　西班牙房价指数

(三) 财政赤字增长迅速

为应对金融危机,2008—2009 年,西班牙政府推出了财政刺激计划,规模占 GDP 的 7%,高于欧元区其他国家。金融危机和大规模财政支出使西班牙成为除爱尔兰以外,财政赤字占 GDP 比重增长最快的欧元区国家,2006 年财政盈余占 GDP 的2.4%,2009 年财政赤字占 GDP 的 11.2%。2010 年,受财政紧缩措施影响,西班牙财政赤字占 GDP 的比重下降至 9.3%,2011 年进一步下降至 8.5%,但仍未达到政府承诺目标。此外,西班牙政府债务占 GDP 比重由 2009 年一季度末的 43.4%上涨至 2011 年末的 68.5%。

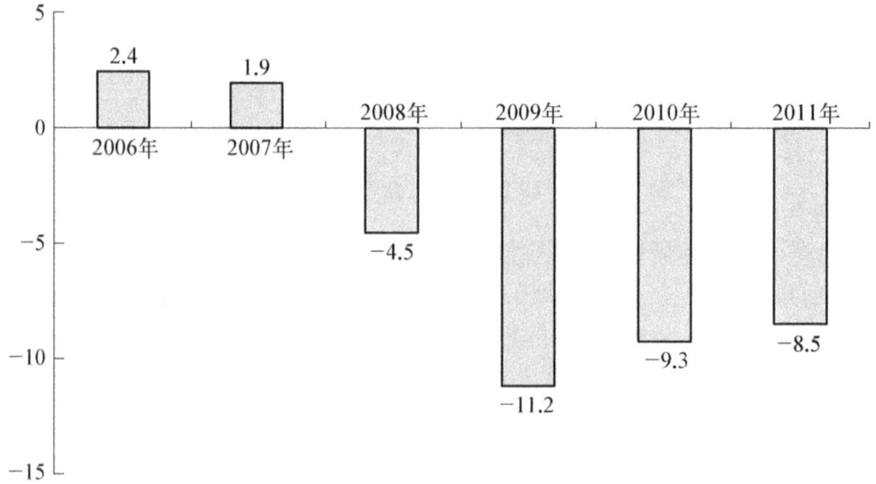

图 4　西班牙财政赤字占 GDP 比重　单位: %

二、西班牙改革承诺及实施情况

(一) 劳动力市场及经济结构改革

总体目标: 提高劳动力市场效率,解决劳动力市场二元结构,增加就业率;鼓励研发和创新,培养可持续经济增长模式;提高西班牙经济的电气化水平,减少经济对碳能源的依赖,寻求可持续的能源资源组合。

具体措施: 一是改革劳动力市场。 降低企业解雇员工的补偿费用及标准,鼓励企业雇佣青年和失业时间较长员工,并鼓励与员工签署长期合同,重视发展职业教育,改革劳资双方的集体协商模式。**二是增加研发支出。** 目的是培育新型经济增长模式,提高经济竞争力和环境可持续性。**三是推出产业改革措施。** 加强产业政策监管机构的政策设计职能;增强金融工具(贷款和担保)对中小企业的创业支持;建立一个由各级政府代表及企业和工人代表组成的全国性论坛,帮助减少中央政府和地方政府职能的重叠和缺位;支持发展电动汽车;改革西班牙对外贸易局,以更好支持西班牙企业开拓国际市场。**四是进行能源改革。** 提高经济的电气化水平,寻求可持续的能源资源组合。**五是改革相关法律法规。** 简化法律程序,增加管理机构的权力。

实施情况: 2011 年,西班牙政府颁布《可持续经济法》,提出到 2020 年,研发支出增加至 GDP 的 3%。政府颁布了产业改革措施和能源政策改革措施,并制定 2011—2020 年"可再生能源计划"。同时,政府对《破产法》进行改革,引入其他选择代替破产机制(例如与优先债权人签署再融资协议)，以减少对司法程序的依赖。2012 年 2 月，西班牙政府颁布《劳动力市场改革紧急法》，并允许私营机构进入职业教育领域。2012 年 3 月，西班牙失业率达到 24.4%，创历史新高。

(二) 金融改革措施

总体目标： 增强市场信心，提高银行资本充足率及盈利能力。

具体措施：一是建立银行有序重组基金(FROB)。为支持信贷机构重组，2009 年 6 月 26 日，西班牙根据皇家法令 9/2009，建立了 FROB，资本金为 90 亿欧元，并获得政府 270 亿欧元的担保。**二是广泛开展压力测试**。从 2010 年 7 月开始，95%的金融机构都需要接受压力测试。**三是增加金融业透明度**。西班牙央行要求金融机构每季度报告资产和负债情况，特别是对房地产业的敞口和流动性状况。**四是提高银行业资本充足率**。核心资本充足率需达到 8%，如果金融机构融资超过资本金的 20%，核心资本充足率要达到 10%。**五是清理银行的资产负债表**。2012 年 2 月，西班牙监管机构采取措施，提高对房地产贷款的准备金要求，增加对房地产敞口覆盖比。其中，对土地敞口要求为 80%，未完工房屋为 60%，FROB 将通过认购普通股给予支持。

实施情况： 2012 年，FROB 资本金增至 150 亿欧元，通过可转换优先股方式，为 7 家银行重组提供了 97 亿欧元的支持。同时，为满足新资本充足率要求，方便私有资本投资，西班牙储蓄银行通过改变公司结构和业务类型，向商业银行转型，数量由 2010 年 6 月的 45 家减少至 2012 年 3 月的 11 家。

此外，通过冲销不良贷款和增加资本，西班牙银行业增强了偿付能力和资本充足率，但仍未达到欧洲银行业管理局(EBA)的要求。从 2008—2011 年 6 月，西班牙银行业已冲销不良贷款约 500 亿欧元，并额外增加定向准备金约 660 亿欧元。但 EBA 要求银行业到 2012 年 6 月，核心资本充足率达到 9%。经测算，截至 2011 年底，西班牙银行业资金缺口为 262 亿欧元。2012 年 4 月，西班牙央行宣布银行业将筹集 538 亿欧元以满足对房地产贷款新要求，包括 291 亿欧元备用金和 156 亿欧元额外资本缓冲。

(三) 财政紧缩措施

总体目标： 降低结构性赤字，提高财政可持续性。政府承诺 2011 年财政赤字占 GDP 比重降为 6%，2012 年为 5.3%，2013 年为 3%，2014 年为 2.14%。

具体措施：一是减少政府支出。削减公职人员工资 5%，取消住房投资税收鼓励，减少国防支出 3.51 亿欧元、住房补贴 3.22 亿欧元、基础设施支出 1.44 亿欧元。**二是实行国有企业私有化**。涉及 80 家国有企业，其中 45 家国有控股公司，35 家国有非控股公司。国有控股公司中，37 家将被清盘，8 家将被出售，其中 13 家清盘过程将加快，35 家国有非控股公司的股份将被出售。**三是增加税收收入**。增加营业税、个人所得税、房产税、烟草税，采取措施防止税收欺诈，对公司股权转让收益征收 8%特别税，限制商誉抵扣(从 5%降至 1%)，降低税收最高抵扣额(从 35%降至 25%)，设置分期偿还最低限额，限制财务支出抵扣额(不超过利润的 30%)，取消自由决定折旧方式的权力。**四是改革养老金制度**。提高退休年龄，严格退休职工获得全额养老金的条件，严格限制提前退休。

实施情况： 2011 年，西班牙政府债务水平上涨势头未得到有效控制，规模再创新高，达 7 350 亿欧元，同比增长 14.3%，占 GDP 的 68.5%。财政赤字占 GDP 比重为 8.5%，高于政府承诺6%的目标。同时,西班牙私有化进程受阻。2012年1月23日,政府宣布停止机场私有化,原因是市场情况不佳可能导致竞标价格过低。为进一步紧缩财政,4月西班牙政府议会批准了规模为100亿欧元的教育和卫生开支削减方案,并通过了中央政府增强对地方政府预算控制的法案。预算部长表示,由于一些地方政府未完成财政目标或向中央政府申请担保流动性便利,中央政府将最快在5月或6月对地方政府融资计划进行干预。

三、未来经济展望

(一)经济前景不容乐观

西班牙经济将继续衰退,房价持续下跌,失业率维持高位。2012年第一季度,GDP萎缩0.3%,经济再次进入衰退。西班牙政府预计2012年GDP将萎缩1.7%,2013年增长0.2%。国际货币基金组织(IMF)预测2012年GDP将萎缩1.8%,2013年将恢复增长0.1%。2012年4月,标准普尔下调西班牙长期和短期主权评级,分别由A/A-1下调至BBB+/A-2,保持前景负面,预计2012年和2013年GDP将分别萎缩1.5%和0.5%。下调的原因是政府债务水平持续攀升以及银行业可能需要进一步支持。欧盟统计局预计,2012年西班牙失业率将达到24.3%,IMF预测2012年失业率为24.2%,2013年为23.9%。

(二)银行业难以通过市场进行融资

西班牙银行业依赖从欧洲央行获得资金。根据西班牙央行数据,2012年3月,银行业从欧洲央行借款的总额达3 163亿欧元,较2月的1 698.6亿欧元增加近一倍,约占欧元区银行业3月总借款额1.138万亿欧元的28%,从欧洲央行融资额占西班牙银行业资产近6%,银行业持有的国债增加290亿欧元,增长20%,至1 710亿欧元。欧债危机期间,包括西班牙第二大银行西班牙对外银行和第三大银行Bankia集团在内的数家银行表示,很难通过市场进行融资,仅能依赖欧洲央行长期再融资操作。IMF的金融稳定评估(FSAP)认为,西班牙最大的银行资本充足,但其他需要政府支持的银行仍然脆弱。西班牙经济部长认为,理论上银行无需政府救助,将剥离银行业不良房地产贷款,划入资产管理公司。据金融时报和路透报道,约1 840亿欧元问题房地产贷款将划入资产管理公司,折价损失由银行承担。2012年4月30日,标准普尔降低了11家西班牙银行短期和长期评级,并将另外6家银行的评级展望降为负面。

(三)完成财政紧缩目标尚需努力

西班牙政府债务规模膨胀迅速,需严格执行紧缩措施,短期内违约风险不大,尚不需要外部援助。西班牙财政部预计,2012年政府债务占GDP比重上升10%,达到约79.8%,2013年进一步升至82.3%,2014年略降至81.5%。预计2012年财政赤字占GDP比率为5.3%,2013年为3.0%,2014年为2.2%。为实现2012年的减赤目标,西班牙需完成财政紧缩350亿欧元。目前,政府融资压力不大,2012年一季度已完成全年融资需求的46%,且政府融资需求将从2013年开始逐渐减少。

总的来看,西班牙短期内经济难以恢复增长,失业率将继续攀升,前景不乐容观。影响西班牙银行业稳定的房地产业尚未调整到位,随着房价进一步下跌,可能出现更多不良贷款,银行的资本缺口将扩大。尽管政府完成减赤目标存在难度,但融资需求能够满足,尚不需要外部援助。

(刘　薇)

葡萄牙结构性问题及改革措施

结构性问题一直是葡萄牙经济的顽疾。2011 年 4 月，受欧洲主权债务危机影响，该国被迫申请欧盟(EU)与国际货币基金组织(IMF)的联合贷款。作为贷款条件，葡萄牙承诺执行经济改革方案，其中结构性改革成为重中之重。

一、主要结构性问题

总体而言，葡萄牙的结构性问题可归为三个方面：

一是劳动力缺乏竞争力，失业率高企，劳动力市场缺乏灵活性。与欧盟基准相比，葡萄牙失业保险保障过度，致使失业人员缺乏再就业的积极性，加上劳动者教育水平及技能低下，该国长期及青年人失业率居高不下。另外，最低工资水平急速上升降低了公司制定薪酬的灵活性，市场分割导致劳动力无法实现跨行业与跨部门的自由流动。

二是政府在经济活动中参与度偏高，非贸易行业垄断现象严重，商品与服务市场准入障碍重重、缺乏竞争。竞争力主管当局权力不足、政府高度参与商业性活动以及过度监管，导致葡萄牙非贸易行业缺乏竞争力。非贸易行业的寻租行为及利润过高，也阻碍了贸易行业的发展，导致资源配置效率低下。此外，由于市场准入门槛高且缺乏透明度与竞争性，2004 年欧盟东扩后，新成员国受到外资"青睐"，葡萄牙经济的吸引力及竞争力下降。

三是商业环境有待改善，主要表现为司法体系效率低下。比较而言，葡萄牙商业环境低于欧元区的基准水平。其中，司法体系问题较为突出。司法进程缓慢、法院管理薄弱、未决案件积压等给多个经济部门造成严重的负面影响，并给利益相关方及整个社会带来巨大成本。

二、主要结构性改革措施

为获得 EU/IMF 联合贷款，葡萄牙承诺推进经济金融改革，除进行财政整顿与银行业改革外，方案重点围绕葡萄牙现行结构性问题有针对性地提出了改革举措，主要涉及劳动力市场改革、非贸易行业自由化以及司法体系改革。

针对劳动力市场问题，政府拟采取措施激发劳动者积极性，降低劳动力成本，加强劳动者技能与教育水平以提高劳动力的竞争力，并不断提升劳动力市场的灵活性。具体包括调整过于完善的失业保险体系，适当削减失业福利以激发再就业的积极性；扩大社会安全网覆盖范围，将新工作者和个体户纳入社会保障网；规定只有在经济条件允许且经欧盟委员会、IMF 和欧洲央行("三驾马车")定期评估后同意才能提高最低工资标准，同时根据各公司的生产力水平酌情调整工资水平；继续采取措施解决受教育层次低及失学问题，以提高人力资本质量及青年与长期失业者的就业能力；统一并降低固定期限与无固定期限合同的遣散费(severance payment)标准；推动采用灵活的工作时间安排，以抑制就业的周期性波动并更好地协调行业间与公司间差异；推进房地产市场改革，以提高劳动力的流动性。

为推动贸易与非贸易行业的均衡发展，提高市场开放度并鼓励竞争，改革方案提出减少政府在经济活动中的参与度、推进国有企业改革并推行私有化。具体包括放开电力与天然气市场；推动通信与其他服务业的市场准入；降低政府在私人部门活动中的参与度，强化监管当局的独立性；修订《竞争法》并建立一个处理竞争案件的新法庭，以加强执法的有效性；对交通、能源、通信与保险等领域的大公司以及众多高技术行业的小公司进行私有化；重组并削减国有企业规模，并于2012年初完成所有国有企业的运行与财务报告，为更新私有化计划提供指引。

提高司法体系的效率是各行业及市场有效运行的关键，因此也是司法体系改革的重点。鉴于完成整个司法体系改革尚需时日，改革的初步措施将集中迅速解决案件积压问题，特别是税收与债务案件。此外，政府还将重组法院体系以提高管理效率，简化民事案件庭审过程，为司法部门制定可持续、透明预算并推动使用替代性争端解决机制以促进庭外和解。

三、结构性改革措施的执行情况

目前，"三驾马车"已对葡萄牙执行改革情况进行了三轮评估。已公布的前两轮评估报告指出，葡萄牙结构性改革开局良好，该国基本能按计划推进改革。具体而言：

在劳动力市场改革方面，政府完成了一系列立法草案。政府已向议会提交了大幅降低新签合同遣散费的立法草案，并将进一步与社会有关方面讨论修订《劳动法》的提案及建立专项基金以部分承担解聘成本的草案。在降低劳动力成本方面，最低工资标准未出现上调。在房地产市场改革方面，成立了跨部委房地产工作小组，采纳了城镇租房改革指引及简化房屋修缮行政手续的立法草案，完成了房屋估值框架研究报告。

在非贸易行业自由化方面，取消了政府的特权，能源、通讯、交通等行业私有化进程基本能如期推进。通过改革，政府丧失了在私人公司中的特权，同时《私有化法》的修订确保政府未来不会再获得类似特权。在公司私有化方面，政府已就逐步取消电力与天然气市场的管制关税制定了路线图，并加速了私有化进程。2011年底，提前完成了电力公司(EDP)的私有化。此外，国家能源网(REN)的私有化有望于2012年初完成。

司法改革进展顺利，前期改革措施主要集中解决案件积压问题。为在两年内解决案件积压问题，葡萄牙政府已如期完成审计工作，并将在此基础上有针对性地制定应对措施。此外，成立了跨部门工作组，负责制定季度案件办结目标并汇报目标完成情况。为推动庭外和解，议会通过了《仲裁法》。

四、结语

总体而言，葡萄牙能按计划执行结构性改革措施，但也遇到一些问题，包括措施实施的滞后性及有些措施未能落实等。例如，财政贬值[①](fiscal devaluation)措施未能按期推进。政府公布了财政贬值措施设计中的关键问题及诸多降低劳动税但不增加财政赤字的可选方案，但葡萄牙未能就该措施达成政治共识。

---

① 葡萄牙政府拟降低雇主缴纳的社会保障税，以间接降低劳动力成本，但为避免此类减税措施引起财政赤字，政府拟调整增值税税率及结构并提高其他不会削弱葡萄牙经济竞争力的税收。

未来改革主要面临两大挑战：**一是既得利益者会抵制改革**。不论是改革劳动力市场还是放开非贸易部门都会引起面临丧失特权群体的抵制，特别是国有企业改革及放开受保护行业很可能遭到既得利益者的强烈抵制，政府的改革决心面临严峻考验。

二是货币联盟增加提高竞争力的难度。作为欧元区成员国，葡萄牙无法通过货币政策与汇率政策提高本国经济的竞争力。由于可选政策工具有限，政府无法通过灵活运用多种政策工具来提高竞争力，只能通过财政政策及推进结构性改革来提高生产力、降低劳动力成本、推进非贸易行业自由化，最终提升经济的开放度与竞争力。

（陈　松）

葡萄牙经济改革进展与展望

由于根深蒂固的结构性问题，葡萄牙一直是欧元区发展最慢的经济体。2011 年 4 月，受欧债危机影响，该国被迫申请欧盟与国际货币基金组织联合贷款，并承诺实施包括应对财政、金融及结构性问题在内的一揽子改革方案。目前，由欧盟委员会、国际货币基金组织及欧洲央行组成的工作组（“三驾马车”）对葡萄牙改革情况进行三轮评估显示，葡萄牙基本能按计划推进改革，但未来仍面临多重风险与阻力，政府改革执行力也面临严峻考验。

一、葡萄牙经济中的三大主要问题

（一）长期存在的结构性问题导致经济缺乏竞争力，增长缓慢

首先，政府过度参与经济活动，非贸易行业垄断现象严重，商品与服务市场准入障碍重重、缺乏竞争。其次，劳动力市场缺乏灵活性，劳动者教育水平与技能低下，导致失业率高企。再次，司法进程缓慢、法院管理薄弱以及未处理案件积压等严重影响了经济活动效率。上述一系列问题导致葡萄牙自 2000 年以来经济的平均增速仅为 1%，人均收入与欧元区平均水平差距扩大。

（二）财政出现不可持续性风险，政府的市场融资渠道收窄

1994 年以来，葡萄牙政府的经常性支出大幅增加，特别是社会保障与医疗支出增长明显，导致公共债务占 GDP 比重由 2000 年的 48%上升至 2010 年的 93%。尽管政府实施了财政整顿，但 2010 年财政赤字占 GDP 比重仍高达 9.8%。此外，税收管理与财政监督机制薄弱，公私合营项目（Public—private Partnership）缺乏透明度，增加了潜在财政风险。因市场担忧政府财政缺乏可持续性，葡萄牙长期国债收益率持续攀升，政府通过市场融资的难度加大。

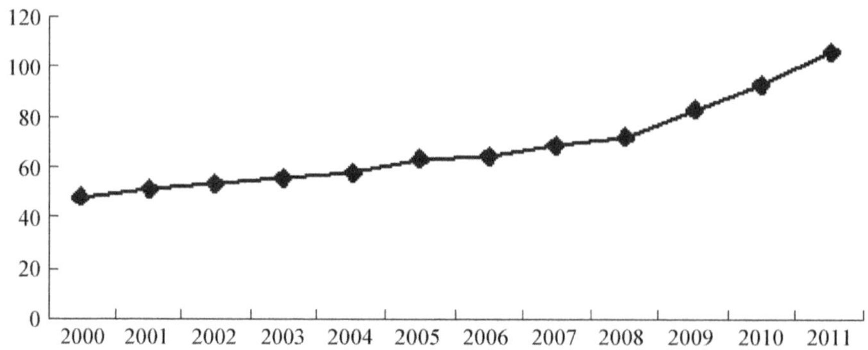

图 1　葡萄牙公共债务占 GDP 比重情况（%）

（三）高杠杆经营的银行业面临融资困境，去杠杆化可能进一步加剧信贷紧缩，影响实体经济

欧元区中，葡萄牙银行存贷比最高，2007 年末一些银行的存贷比甚至高达 240%。随着

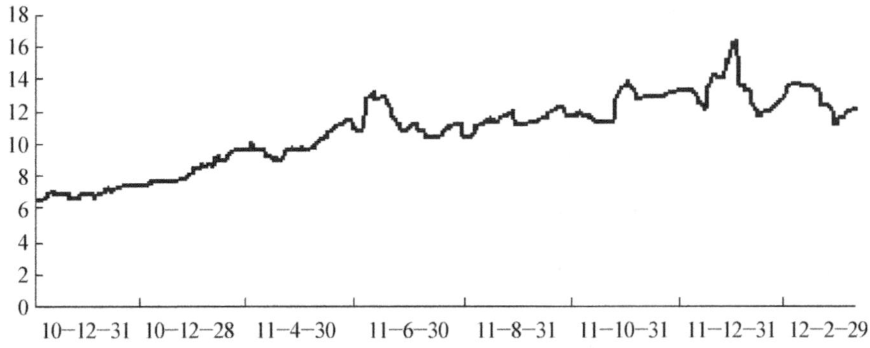

图 2　葡萄牙 10 年期国债收益率情况(%)

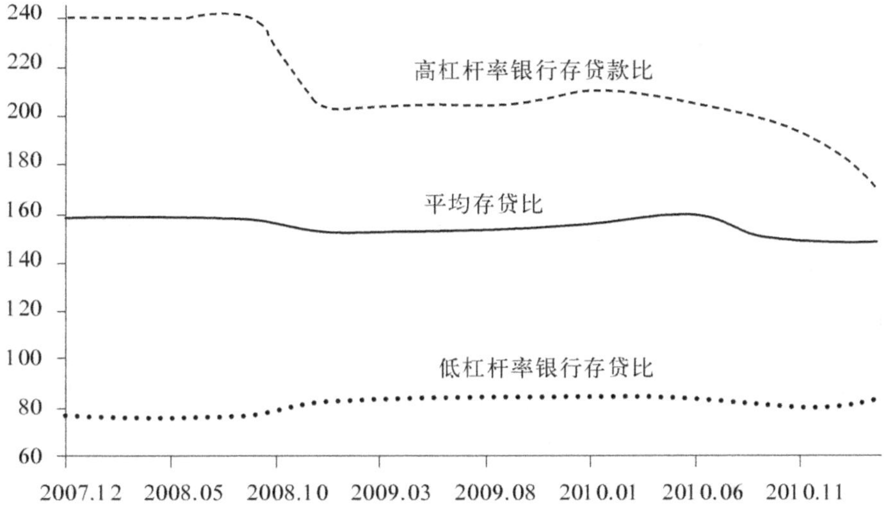

图 3　葡萄牙银行业存贷比情况(%)

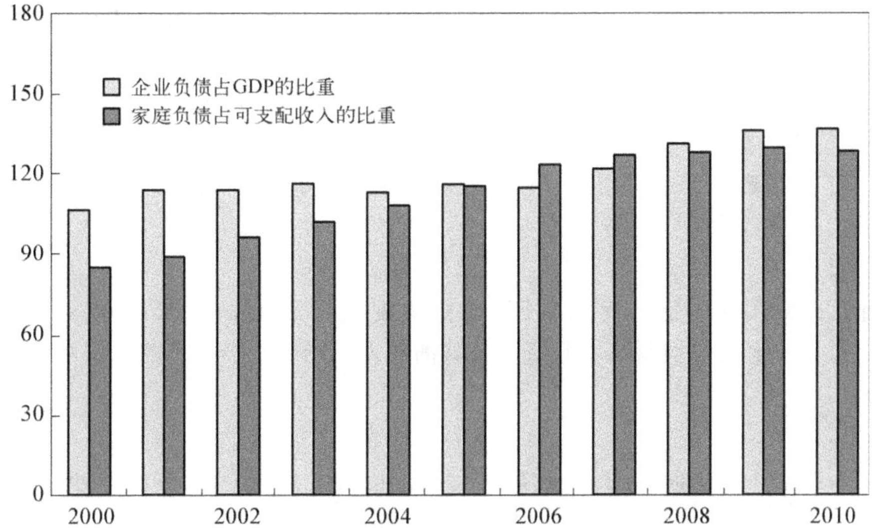

图 4　葡萄牙企业与家庭负债情况(%)

主权债市场问题的不断蔓延，银行间市场受到影响、资金面趋紧，融资压力及风险厌恶上升导致各银行迅速收紧流动性及贷款审批条件。一方面，银行的去杠杆化导致面向企业和家庭的信贷减少；另一方面，企业和家庭负债水平高，且大多为银行贷款，由于经济前景惨淡，企业和家庭可能无法偿还贷款，银行面临不良贷款上升的风险。

二、葡萄牙改革承诺及实施情况

为获得欧盟委员会和国际货币基金组织贷款，葡萄牙承诺实施一揽子经济改革方案，旨在提高经济竞争力，实现财政可持续性，维护金融稳定以避免银行去杠杆化损害实体经济。"三驾马车"已完成的三次评估报告显示，葡萄牙基本能如期完成量化指标，按计划推进改革，但一些措施的实施存在滞后性，还有一些措施未能得到落实。

表1　葡萄牙接受金融救助规模及构成

总　　额	780亿欧元		
出资方构成	欧洲金融稳定机制（EFSM）：260亿欧元	欧洲金融稳定基金（EFSF）：260亿欧元	国际货币基金组织：260亿欧元

（一）结构性改革

总体目标：打破非贸易行业垄断现象，提高经济开放度；增强劳动力市场灵活性，提升经济竞争力；提高司法效率。

具体措施：一是放开非贸易行业。降低政府对经济的参与度，推行非贸易行业私有化，放开电力与天然气市场，推动通信与其他服务业的市场准入。**二是改革劳动力市场。**调整失业保险体系以激发劳动者就业积极性，降低劳动力成本，提高劳动者技能与教育水平，增强劳动力市场灵活性。**三是推行司法改革。**迅速解决案件积压问题，重组法院以提高管理效率，简化民事案件庭审过程，推动使用替代性争端解决机制，以促进庭外和解。

实施情况：改革开局良好，但计划通过财政贬值[①]降低劳动力成本的措施未获落实。政府完成了一系列改革劳动力市场的立法草案，维持了最低工资标准；私有化进展顺利，计划出售的50亿欧元资产中，已实现近七成；完成了电力公司（EDP）和国家能源网（REN）的私有化[②]；成立了跨部门司法工作组，负责制定季度案件办结目标，并汇报目标完成情况。但由于政府认为在财政整顿背景下降低社会保障税存在风险，因此未采取财政贬值措施。

（二）财政整顿

总体目标：2011年财政赤字占GDP的比重削减至5.9%，2012年进一步降至4.5%，2013年实现赤字占比3%的目标；不断降低公共债务占GDP的比重；不断推进财政整顿，实现中期预算平衡。

---

① 财政贬值（Fiscal Devaluation）指葡萄牙政府拟降低雇主缴纳的社会保障税，以间接降低劳动力成本，但为避免此类减税措施引起财政赤字，政府拟调整增值税税率及结构，并提高其他不会削弱葡萄牙经济竞争力的税收。

② 中国长江三峡集团斥资27亿欧元竞得电力公司（EDP）21%的股权，中国国家电网斥资3.872亿欧元竞得国家能源网（REN）25%的股权。

具体措施：一是加强财政管理。改善公共财政与预算管理；控制经常性支出，改善资本性支出决策的评估工作。**二是实施税收改革**。提高消费税比重，削减税收优惠政策。**三是推行政府改革**。精简广义政府规模，防止国有企业继续扩张；监测公私合营项目风险，改善相应的法律与机制性框架。

实施情况：基本实现阶段性目标，但公共财政管理与国有企业改革等部分措施被推迟。通过将银行养老金转入政府社会保障系统，葡萄牙实现了2011年的财政赤字削减目标；政府加强了预算执行管理，正在制定合同控制体系，以防止政府在无预算前提下随意订立合同；制定了国有企业改革战略，并完成公私合营财政风险报告。然而，缓解公私合营项目支出压力，修改区域和地方财政法以强化财政问责等工作，因阻力较大被推迟。

（三）金融改革

总体目标：维护金融稳定；维持银行体系的流动性，防止无序去杠杆化加剧信贷紧缩而影响实体经济；完成出售葡萄牙商业银行（BPN）的工作，精简葡萄牙通用储蓄银行集团（CGD）的规模；加强银行处置框架；防范企业与家庭资不抵债风险。

具体措施：一是加强政府担保。将政府对银行债券的担保金额提高至350亿欧元，银行可通过发行政府担保债券从欧洲央行贷款。**二是提供资本金支持**。鼓励银行通过引入战略投资者等市场化方式强化资本金，同时设立120亿欧元银行偿付能力支持基金（Bank Solvency Support Facility），为银行提供临时资本支持。**三是推进BPN与CGD改革**。不设最低售价、加速完成出售BPN的工作；精简CGD规模，出售其保险业务，逐步削减非核心子机构，强化CGD银行部门资本。**四是其他风险防范政策**。强化银行偿付能力和去杠杆化评估框架，密切关注银行去杠杆化进程；加强银行监管及早期干预处置框架；监测企业和家庭偿付能力风险并制定应急预案。

实施情况：银行体系通过使用欧洲央行各种贷款工具获得了流动性，银行核心资本充足率不断提高。由于批发融资市场流动性枯竭，银行主要依赖欧洲央行获得流动性支持；通过市场化方式强化银行资本金，2011年末主要银行的资本充足率均达到9%；完成8家大银行的特别现场检查工作，评估银行的偿付能力及去杠杆化进程；以4 000万欧元的价格将BPN出售给安哥拉国际信贷银行；发布第一份企业与家庭负债情况监测报告。但银行体系流动性紧缺问题能否得到根本改善需要进一步观察。

三、改革效果与前景展望

（一）总体而言，改革在重塑财政可持续性及稳定金融体系方面起到了一定作用，但成效不明显

“三驾马车”刚完成的第三次评估显示，虽然葡萄牙基本实现上一阶段量化指标，但通过将银行养老金投入政府社会保障的一次性措施，无法真正改善财政状况。一方面，一系列财政整顿措施使原本增长缓慢的经济雪上加霜。2011年四季度，葡萄牙GDP同比下滑2.7%，经济持续衰退。由于经济下滑可能导致银行业资产质量与盈利能力下降，银行信用评级陆续遭调降。另一方面，受主权债务面临违约消息影响，10年期国债收益率近期一直位于10%以上，国际三大信用评级机构纷纷将葡萄牙主权债务评级下调至垃圾级。短期内，葡萄牙政府重返资本市场机会渺茫，很可能步希腊后尘，申请第二轮救助。

（二）目前来看，葡萄牙基本能按计划推进改革，但未来改革面临多种风险与挑战，政府改革执行力能否经受住考验存在不确定性

（1）结构性改革旨在消除影响经济竞争力的根本性问题，因此改革难度较大、过程较长，其主要障碍是既得利益者的抵制。不论是改革劳动力市场还是放开非贸易部门，都会引起面临丧失特权群体的抵制，特别是国有企业改革及放开受保护行业，很可能遭遇既得利益者强烈抵制，政府改革决心面临严峻考验。

（2）经济不景气加大财政改革难度，主要挑战是如何协调财政整顿与经济发展的关系。2012 年，葡萄牙政府拟通过扩大税基方式增加收入，同时削减支出。在经济持续衰退背景下，增收减支势必影响经济复苏。但如果政府以经济发展为重、放松财政整顿，则难实现 2012 年将赤字占 GDP 比重降至 4.5%的目标，无法恢复财政的可持续性，因此做好权衡至关重要。此外，葡萄牙还需警惕区域和地方政府财政风险。2011 年马德拉群岛瞒报的 11 亿欧元债务被发现，曾加大当年削减赤字的压力。鉴于此，政府拟制定区域与地方财政法以强化问责，但目前该工作未能如期推进。

（3）金融业改革未来主要挑战是应对经济衰退及欧债问题对银行资本、风险与财务状况的影响。首先，随着信贷风险上升，银行未来需继续充实资本金，以满足欧洲银行管理局（EBA）更高的资本要求。鉴于通过市场化渠道充实资本的难度较大，葡萄牙可能动用银行偿付能力支持基金为银行注资。其次，为达到 120%的存贷比要求，银行将继续去杠杆化，这将加剧信贷紧缩，抑制实体经济的信贷需求，影响经济复苏，而经济持续下滑反过来又将导致银行不良贷款增加、盈利能力下降。再次，欧债危机走势直接影响银行业。一方面，可能导致银行面临债务减记风险；另一方面，将持续影响银行间市场流动性，导致银行只能靠政府或欧洲央行提供流动性支持，这将增加未来政策退出的成本与难度。

（陈　松）

葡萄牙近期经济金融情况与投资前景

2011 年 4 月，葡萄牙向欧盟与国际货币基金组织（IMF）提出救助申请，成为继希腊、爱尔兰之后第三个寻求国际援助的欧元区国家。葡萄牙政府为达到救助条件而采取了一系列改革措施，部分情况有所缓和，经济形势喜忧参半。本文介绍了近期葡萄牙经济金融情况和经济未来面临的风险，并对中国对葡投资前景进行了分析与展望。

一、葡萄牙经济金融情况

（一）已接受大部分援助，对欧洲央行的依赖有所缓和

2012 年 7 月，葡萄牙财政和公共信贷管理局发表声明称已获得来自欧洲金融稳定基金（EFSF）26 亿欧元援款，这笔援款是第五批援款中的一部分。截至 7 月中旬，葡萄牙共获得援款 571 亿欧元，占 780 亿总援款的 73.2%。

欧洲央行于 2012 年 8 月 6 日公布数据显示，葡萄牙 7 月向欧洲央行借款总计达 568 亿欧元，相比 6 月 605 亿欧元的纪录高点下滑 6%，显示各家银行正努力摆脱对欧洲央行的依赖。

（二）银行存款总体保持稳定

虽然私人部门信贷出现萎缩，但葡萄牙银行的存款自 2011 年 6 月至 2012 年 3 月呈上升趋势。虽然 2012 年以来银行业存款增幅有所放缓，6 月份银行民间存款有所下降，但总体保持稳定。巴克莱银行 2012 年 6 月发布报告认为，通过对部分主权债务危机银行流动性调查发现，葡萄牙是唯一居民存款不降反升的国家，其数据显示，自欧债危机爆发至 2012 年初，葡萄牙居民存款上升 2%。高盛同期也发布报告称葡萄牙银行表现良好，呈企稳趋势，葡萄牙也是高盛所调查的欧洲 8 个债务危机较严重国家中存款增长最高的国家。

葡萄牙银行存款季度情况

单位：百万欧元

	银 行 存 款
Q1 2010	250 227
Q2 2010	249 976
Q3 2010	256 722
Q4 2010	255 541
Q1 2011	247 721
Q2 2011	261 503
Q3 2011	265 068

续 表

	银 行 存 款
Q4 2011	262 264
Q1 2012	264 635

资料来源：欧洲央行、葡萄牙央行。

（三）财政赤字削减

根据 2012 年 7 月 IMF《财政监测报告》最新情况数据，2008 年至 2011 年，葡萄牙财政赤字分别为 3.7%、10.2%、9.8%、4.2%。财政失衡正逐步得以纠正。葡萄牙的财政调整正在按计划进行，2012 年和 2013 年的赤字预计将分别降至 GDP 的 4.5%和 3%，这将主要通过支出限制来实现。由于建立了中期支出框架，规划的实施预计将得到加强。

（四）进出口贸易情况改善，外国直接投资增长

首先，进出口贸易同比增长，逆差有所缩小。2010 年以来，葡萄牙货物贸易总额出现稳步增长，其中出口增长显著。葡萄牙国家统计局公布的数据显示，2012 年一季度葡萄牙货物出口 114 亿欧元，同比增长 11.6%；货物进口 140.82 亿欧元，同比增长 3.3%。贸易逆差比去年同期缩小约 16.7 亿欧元。

其次，外国直接投资大幅增长。葡萄牙央行数据显示，2011 年，葡萄牙吸收外国直接投资 396.26 亿欧元，与上年持平；净吸收投资 74.41 亿欧元，同比增长 272.5%。外国直接投资排名前三的行业分别为批发和零售业、金融保险业和加工业，占全年吸收外国直接投资比例超过 82%。

（五）金融机构不良贷款攀升、经济衰退、失业率上升

受欧债危机影响，葡萄牙经济近期仍然在逐步萎缩，2011 年三、四季度、2012 年一季度 GDP 同比分别下降 2%、2.9%、2.2%，同期欧元区 GDP 同比增长 1.3%、0.7%、0%，但 2012 年一季度环比下降 0.1%，好于预期。由于经济形势不佳，金融机构不良贷款增加，失业率有所上升。葡萄牙国家统计局数据显示，2012 年二季度失业人数 82.69 万人，占 550 万劳动人口比重已升至 15%。

葡萄牙金融机构不良贷款季度情况

单位：百万欧元

	对非金融企业	对 个 人
Q1 2010	4 947	3 890
Q2 2010	5 174	3 989
Q3 2010	5 630	4 119
Q4 2010	4 706	3 989
Q1 2011	5 385	4 163
Q2 2011	5 780	4 317
Q3 2011	6 730	4 561
Q4 2011	6 879	4 674
Q1 2012	8 293	4 899

来源：葡萄牙央行。

（六）政府负债上升，市场信心仍需稳定

根据 2012 年 4 月 IMF《财政监测报告》数据，2006—2011 年葡萄牙政府债务占 GDP 比重不断攀升，分别为 63.7%，68.3%，71.6%，83.1%，93.4%，106.8%，预计 2012 至 2017 年分别为 112.4%，115.3%，114.4%，112.8%，110.7%，109.2%，基本维持在 110%左右并将于 2014 年开始逐步回落。

葡萄牙国债占 GDP 比重季度情况

单位：%

Q1 2010	81.9
Q2 2010	85.8
Q3 2010	89.2
Q4 2010	91.2
Q1 2011	92.5
Q2 2011	104.5
Q3 2011	108
Q4 2011	105.9
Q1 2012	109.7

资料来源：欧盟统计局。

仅靠财政政策还不能稳定市场信心，这主要反映在国债收益率维持高位。自 2010 年起，葡萄牙 10 年期国债发行利率由 4%不断上升，到 2012 年初已达 13%以上，2012 年上半年以来有所回落，降至 10%—11%区间。葡萄牙 10 年期债券收益率相对于德国债券的利差（2012 年 1—6 月平均值）达 550 左右。主权利差远高于财政和其他长期经济基本面所对应的水平。

二、葡萄牙经济未来面临的风险

一是经济或将继续下滑，就业市场形势短期难以改观。2012 年 7 月 26 日，经合组织（OECD）发布对葡萄牙经济调查结果，维持预估不变，预测 2012 年经济萎缩 3.2%，而 2013 年下滑 0.9%。这说明未来葡萄牙经济仍将萎缩，但下滑态势有所趋缓。

葡萄牙 GDP 增长率与失业率状况

单位：%

	GDP 同比增长率	失业率
Q1 2010	1.7	10.6
Q2 2010	1.7	10.6
Q3 2010	1.3	10.9
Q4 2010	1	11.1
Q1 2011	−0.6	12.4

续 表

	GDP同比增长率	失业率
Q2 2011	−1.1	12.1
Q3 2011	−2	12.4
Q4 2011	−2.9	14
Q1 2012	−2.2	14.9

来源：葡萄牙国家统计局。

在经济不振的形势下，就业市场仍然没有起色，失业率持续上升。葡萄牙政府在2012年2月表示，已经在历史最高点的国内失业率2012年会继续升高，新的失业率预期值也从13.7%提高到了14.5%。未来就业市场的风险仍将持续一段时间。

二是主要贸易伙伴的负面影响或将持续。自2011年以来，葡萄牙一直在抵御希腊危机的负面效应。如果欧元区危机再度爆发，特别是在相邻国家，将对葡萄牙经济产生压力。作为葡萄牙的主要贸易伙伴，西班牙占葡萄牙的出口比重达20%，占吸收外资比重近14%。随着西班牙财政紧缩节约支出，葡萄牙的出口形势可能受到影响。一旦西班牙经济出现衰退与恶化，将使葡萄牙摆脱债务危机的努力遇到更多困难。

三是财政目标的实现面临风险。虽然葡萄牙2012年财政目标仍有可能实现，但财政收入减少的风险在增加。虽然在欧盟和IMF的援助措施下，葡萄牙调整计划仍在逐步推进，但由于经济衰退，其财政目标面临风险，可能需要稳定机制的介入。

四是市场融资比较困难。目前，葡萄牙国债收益率依然较高，在市场上进行全面融资仍较困难。虽然葡国内最大几家银行都达到了欧洲银行管理局（EBA）新的资本要求，但迫于市场对该国经济前景预期压力，葡萄牙银行仍然无法通过同业拆借市场融资。

五是债务水平或将进一步上升。2012年7月葡萄牙当局向国内三家大型银行注入66.5亿欧元（GDP的4%）补充资本金，以达到欧洲银行业管理局的资本要求，这将使总债务/GDP比率上升。

虽然存在风险，但葡萄牙经济情况相对较好。与爱尔兰和希腊的情况明显不同，葡萄牙银行系统尚未出现危机，也不存在房地产泡沫，而且公共债务水平在欧盟国家中还处于中等程度。

葡萄牙目前的主要问题是长期以来的债务问题。如果经济形势趋稳，外部得到一定支持，葡萄牙偿债能力不会出现大的变化。只要葡萄牙政府照进度执行结构性改革，坚持财政目标，预期将对市场产生正面影响，逐步改善信贷状况，重回债市融资。根据目前的援助计划，葡萄牙将于2013年第三季度重回债市筹资。

三、对葡萄牙投资机遇与前景

（一）对葡投资机会显现

1. 私有化提供了许多潜在的投资机遇

为应对欧债危机，改善财政状况，增加政府收入，葡萄牙政府走上国企私有化之路。按照与欧盟、IMF 达成的 780 亿欧元纾困协议的条款，葡萄牙政府同意进行全面私有化，这不仅为葡萄牙政府开辟出急需的资金渠道，也为中国企业进入葡萄牙市场提供了难得的商机。中国有实力的企业可研究开拓葡萄牙市场。

2. 通过葡萄牙扩大与葡语国家的合作机会

葡萄牙与欧洲以及非洲、拉美葡语国家保持着紧密关系和密切联系，葡萄牙国有企业在南美或非洲葡语国家也拥有广泛业务。通过有关项目，中国企业不仅可以加强与葡方的经贸和金融合作，也将为中国企业在巴西、莫桑比克、安哥拉等国市场提供立足点。

(二) 葡萄牙政府大力支持鼓励外国在葡投资

1. 出台相关政策，为外国投资提供一定保障和优惠政策

根据欧盟规定，无论购买产品或服务，其成员国不得限制外国资本自由流动。目前，葡萄牙对外资完全开放，外资进入不受任何限制。

葡萄牙政府鼓励外国直接投资，早在 1995 年 11 月 28 日颁布的第 321/95 号法律中就规定外资在葡直接投资的基本原则：外资在葡享有完全等同于葡本国公司所享有的权利和保障，并有权享受所有优惠政策。

在葡萄牙 2007—2013 年国家战略发展框架规划中，列明了政府承诺的多项优惠政策：外来投资企业和葡萄牙本国企业享受同等权利，不得予以歧视；保证外来投资的安全并对其财产和权利予以保护，保证其享受国民待遇；外国投资享受财政及税收优惠；对股息、利润、分红、资金收益、出售投资资本所获收入汇出给予保证。

此外，对于大型投资项目，葡萄牙对外投资贸易局(AICEP)可以根据项目具体情况给予特殊优惠政策。

2. 在马德拉和亚速尔圣塔玛利亚地区设立自由贸易区

葡萄牙政府在马德拉和亚速尔圣塔玛利亚地区设立自由贸易区，企业在此可以享受诸多税收方面的优惠。例如，可享受标准 15%、普通 8%、优惠 5%的增值税；免交印花税；在 2020 年前可享受最为优惠的企业所得税政策，税率范围在 1%—5%之间；免征地方性税费；免收企业注册费。

加工型企业如能满足以下条件中的任意两项，即可享受减免 50%企业所得税的优惠：通过科技创新、新工艺、新产品，为经济现代化作出突出贡献；通过新举措增加产品附加值，促进经济产业多样化；培养高级人力资源；为环境保护作出突出贡献等。

自由贸易区内经营的企业有机会得到欧盟结构基金[①]资助，如特定行业技能培训，利用新型节能技术可得到同样比例的资助。

3. 葡萄牙政府主动推介、吸引中国企业投资合作

2012 年 7 月 4 日，葡萄牙国务部长兼外长保罗·波尔塔斯在北京举行的中国—葡萄牙经贸合作研讨会上，欢迎中国企业到葡萄牙投资，与葡萄牙企业合作。2012 年 6 月 20 日和 7 月 27 日，在里斯本分别举行了中葡商务投资论坛暨 2012 粤澳—葡萄牙经贸合作推介会、中国广

① 欧盟结构基金(EU Structural Funds)包括：欧洲社会基金(ESF)、欧洲区域发展基金(ERDF)、欧洲农业指导与保证基金(EAGGF)和渔业指导资助基金(FIFG)，设立的目的是促进经济活动和谐发展，通过区域发展提供援助来减少欧盟内部社会经济不平衡。

州—葡萄牙投资贸易合作交流会和经贸洽谈会。

近年，中国在葡萄牙投资已取得了一定成果。一是中葡贸易增长，直接投资潜力大。根据中国商务部投资促进局的数据，2011年，中葡双边贸易额达到39.6亿美元，同比增长21.4%。截至2012年5月，葡萄牙对华投资项目共183个，实际投入1.73亿美元。可见，中国对葡直接投资规模仍然有限，未来发展的潜力较大。**二是中国企业参与葡萄牙国企私有化，实现投资欧洲危机国家成功范例。**2011年12月，中国长江三峡集团公司收购葡萄牙电力公司(EDP)21.35%股份，成为单一最大股东。收购方案涉及投资与合同总金额80亿欧元。这是欧债危机后欧元区首批私有化交易之一，也是中国国企竞标国际大型上市公司第一大股权的成功范例。随后2012年2月，中国国家电网认购葡萄牙国家电网(REN)25%股份，收购方案包括投资和贷款金额总计14亿欧元。

(三) 未来投资前景与合作途径

在欧元区经济低迷的环境下，葡萄牙经济表现欠佳，许多项目面临融资缺口。但相对希腊、爱尔兰，葡萄牙情况较为稳定。虽然短期有一定风险，但长期来看对葡投资可望取得稳定回报。

根据葡萄牙政府计划，2012年年内将完成石油公司、铁路运输公司、邮政公司、储蓄银行保险公司、供水公司和电视1台的私有化。此外，自由贸易区提供诸多税收优惠和欧盟结构基金资助机会。中国企业可根据自身情况，研究参与私有化项目和自贸区投资，金融机构则可提供相应的贸易融资。

对葡投资需要加强与当地金融机构以及欧洲投资银行(EIB)等国际性金融机构的合作。应选择信誉较好、经验丰富、熟悉当地情况的银行作为资金提供者或合作伙伴，这有助于项目可行性分析、操作性研究以及风险预测与防范。

除了企业直接投资，中国的金融机构可以积极参与中国企业与葡萄牙企业的并购合作，为有关项目提供融资，以便进入欧洲市场，同时以此为契机拓展葡语国家市场。

(邵勉也)

希腊经济改革及展望

2009 年 10 月，希腊政府突然大幅上调财政赤字和公共债务水平（占 GDP 之比），拉开了欧债危机的序幕。经过两轮救助，目前希腊债务危机形势趋稳，救助协议中的财政紧缩和经济改革承诺正在逐步兑现。但考虑到欧债危机尚未结束，希腊经济前景堪忧，民众仍存在不满情绪，面临即将到来的大选，希腊政治社会稳定以及新政府是否会继续履行承诺仍存在变数，紧缩及改革效果有待观察。

一、希腊经济金融危机的特点

（一）经济危机以主权债务危机的形式表现

2008 年金融危机之前，希腊虽然被奉为欧盟的经济增长明星，但人均 GDP 却低于欧元区 15 国（不含希腊和卢森堡，下同）平均水平，究其经济结构不难发现，过度倚重负债消费的经济增长模式早已不可持续。根据 Eurostat 的统计，2000 —2008 年间，希腊政府及私人消费累计对 GDP 增长的贡献率高达 97%，而欧元区 15 国的平均水平为 79%，南欧四国（希腊、意大利、葡萄牙、西班牙）为 82%；而希腊净出口的贡献率为－12%，大大低于欧元区 15 国 1%的水平，也不及南欧四国－9%的水平。而且，希腊的高消费主要靠高负债支撑。2008 年，希腊的整体债务水平为 214%，高出了欧元区 15 国的平均水平（200%）。希腊政府债务和消费贷款占 GDP 之比均居欧元区国家首位（分别为 111%和 15%）。这种极不平衡的经济结构导致希腊多年来一直受到“双赤字”的困扰，尤其是 2001 年加入欧元区以来呈加速恶化趋势，2008 年，希腊经常账户赤字占 GDP 之比达到 14.7%的峰值，预算赤字占 GDP 之比于 2009 年攀高至 15.5%。一般情况下，长期高企的“双赤字”会引发货币危机乃至金融和经济危机，但欧元单一货币的特例以及希腊作为欧元区统一市场的成员风险被严重低估，因此货币危机不会出现，而且政府仍可以低成本融资来支撑虚假的繁荣，最终，2009 年的债务统计造假丑闻引爆了希腊债务危机。

（二）国内结构性问题早已为经济危机埋下伏笔

希腊债务危机除了上述国内经济结构失衡的因素外，积重难返的结构性问题更是备受诟病。导致希腊劳动生产率和竞争力低下的结构性问题主要包括：一是劳动力市场僵化。希腊政府靠借债支撑起一个庞大的公共部门，并成为创造就业的主力之一。劳动力市场因此呈现二元结构，公共部门人员享受的福利水平大大高于非公共部门，而且人员流动性差，工资刚性高，导致劳动生产率节节下滑，政府债台高筑（2009 年，政府非利息支出的 75%用于支付公共部门的工资和社会福利）。二是公共部门过于庞大，经济缺乏活力。1990 年，希腊政府控制了全国 75%的商业资产，2008 年该比例降至 50%，但私人部门仍受到复杂严苛的监管制度的困扰。而且政府将笼络公共部门作为赢取大选的手段，更强化了工资和福利支出刚性，形成对雇员的过度保护，并成为导致税收流失的主要因素。三是市场受到高度管制，竞争不充分。包括某些职业和行业的市场进入受限，市场监管过度，产品定价缺乏灵活性等。四是司法和行政效率低，商业环境差。希腊法律繁多，且不乏过时、重复、内容模糊甚至相互抵触的案例，因此案件积压严重。而且，行政部门作风拖沓，程序繁琐，办公自动化程度低，寻租腐败较严重，导致效率低下，经商成本较高。五是税务管理制度不完善，执行不到位，且存在规模较大的非正式经济部门，使得税收流失成为财政赤字高企的主要原因。债务危机前，希腊税基仅占官方公布收入的1/3，平均税率为30%，主要是政府出于大选考虑和官僚腐败作风所致。此外，希腊还存在一个相当于30%官方GDP的未纳入统计的非正式经济部门，也成为税收流失的主要渠道。据统计，2009年希腊约损失了150亿—200亿欧元的个人、企业所得税和销售税收入，相当于2010年财政赤字的60%—80%。正是上述结构性问题导致希腊劳动生产率大大落后于其他欧元区国家，2009年希腊劳动生产率为每小时35美元，较欧元区15国平均水平低29%。

（三）欧元区一体化机制的弊端促进了危机的爆发

2001年希腊加入欧元区带来了经济繁荣，而希腊也自此踏上了债务膨胀、竞争力下滑、经济风险不断积累的不归路。首先，加入欧元区大大拉低了希腊政府的融资成本，推升了债务水平。同时，大规模低成本资金流向非贸易部门，加重了希腊经济结构的扭曲，也是造成劳动生产率低下的原因之一。其次，欧元带来的“安全”使希腊延误了调整时机。“双赤字”没有带来货币贬值压力，也没有导致相应的风险溢价上升，因此希腊政府没有意识到加强国内改革提升竞争力、以及财政整顿的紧迫性，最终使得希腊经济问题积重难返。再者，汇率和货币政策手段的缺乏，增加了政府调控经济的难度。最后，欧元区财政约束框架形同虚设以及财政联盟缺位最终将希腊推向了危机深渊。实际上，债务危机爆发之前，希腊债务问题已经引发关注，并且欧盟于2004年启动了对希腊的过度赤字程序（Excessive Deficit Procedure, EDP），但其后两年的财政整固并不具有可持续性，EDP于2007年6月草草收场。2009年希腊债务危机爆发后，相应救助机制的缺失导致时机延误，危机愈演愈烈。

（四）债务危机以及单一货币区成员遭遇危机的特殊性，使得希腊应对危机的空间小、难度大

应对主权债务危机需要平衡兼顾财政整固与经济增长，而通常却容易陷入财政紧缩——经济衰退加剧——债务水平进一步上升——再度紧缩的恶性循环。而且，冰岛等国家快速走出危机的经验表明货币贬值能够起到立竿见影的效果，而且财政紧缩应配之以货币政策的支持才能有效避免经济滑向更深的衰退，但显然希腊缺乏相应的手段，只能靠痛苦的内部贬值缓慢艰难地来应对，而实际效果也充满不确定性。此外，作为单一货币区的一员，其危机应对的溢出效应较大，因此采取政策措施时要思之再三，耗时较长；而且为达到以儆效尤、挽回市场信心的目的，救助条件会偏于苛刻，并在践行承诺上面临较大的外部压力。

（五）主权债务危机和经济衰退对国内金融体系造成重压，影响金融稳定

一是希腊银行持有主权债带来了较大损失，濒临资不抵债的边缘。最近的PSI交易使银行蒙受220亿欧元的损失，导致其资本几近耗尽或者严重不足。另外，糟糕的经济表现也推升了银行的不良贷款比例，2011年9月末，希腊银行业的不良贷款率上升至15.2%。二是银行流动性状况不容乐观。自2009年末以来希腊银行流失了约30%的存款。近来希腊银行逐步减少对欧洲央行的依赖，希腊央行紧急流动性支持（ELA）机制发挥替代作用，而ELA机制下的融资成本较高。三是银行去杠杆化步伐加快。除出售资产外，收缩信贷也是银行去杠杆化的主要途径，因此导致对实体经济的信贷支持减少，进而拖累经济增长，反过来又会对银行产生新的压力，形成恶性循环。

二、希腊改革承诺及实施效果

希腊债务危机爆发以来，希腊政府已分别于 2010 年 5 月和 2012 年 3 月向欧盟和国际货币基金组织申请了两轮救助。为了满足获得救助的条件，希腊设定了财政整顿及经济金融和结构改革目标，并实施了一揽子相应举措，取得了一定的成效。但鉴于紧缩力度较大，短期内对经济造成了负面影响，也影响到民众的切身利益，社会不满情绪一度高涨，加上政府正处于换届期，政治社会不稳定、改革推进较困难以及经济形势恶化等使得希腊政府未能完成获得第一轮救助时所承诺的目标。2012 年 3 月，对希腊的第二轮救助几经周折终于获得通过，为确保希腊政府此次能够履约，有关紧缩和改革措施被要求获得法律保障。目前来看改革正在按预期推进，但考虑到经济和民众的承受力，以及即将到来的大选，希腊能否达到第二轮救助所规定的紧缩及改革目标仍存在不确定性。

(一) 财政整顿

总体目标：通过增收节支两条渠道，实现 2020 年债务余额占 GDP 之比降到 116.5%；2014 年基本财政赤字占 GDP 的比例降至 4.5%。

具体措施：

1. 削减政府开支

降低公共服务支出，包括调降或冻结公务员工资，将私营部门最低工资标准降低 22%，大幅削减公务员福利待遇，裁减 1.5 万名公务员以及提高政府机构运转效率等；压缩社会福利支出，包括改革养老金制度，提高退休年龄，通过实施医疗保障制度改革达到减少支出的目的等。

2. 增加财政收入

改革税收体系，包括建立更具累进特征以及平衡不同税种税率的更为简化的合理税收体系，扩大税基等；提高增值税平均税率(从 21%提升至 23%)及有些商品(燃料、烟、酒)的税率；完善税收管理，包括加大税收征收力度，严打偷漏税行为等。

3. 实施财政制度改革

从制度层面提高税收管理水平，包括通过利用反洗钱手段、完善争端解决机制以及修订相关法律等来强化税收征收的执行力度。通过减少政府对税务管理机构的干预，加强其内控及反腐制度，精简机构，建立更为高效的办公系统以及强化审计监督、增加人员配备等来提高税务管理效率；实施公共财政管理改革，包括完善预算编制机制，加强对预算执行的监管，通过加强报告制度以及对会计人员的问责制度等来强化对财政支出的控制；通过收集各职能政府部门更为详尽的收入支出数据来完善财政报告制度等。

实施情况：

1. 财政状况进一步恶化，不过 2012 年初略显好转迹象

2011 年 11 月底，国际货币基金组织完成了对希腊的第五次审核。审核结果显示，由于经济衰退加剧以及政策实施不到位，希腊 2011 年财政状况进一步恶化。截至 2011 年 9 月底，基本财政账户减赤较目标值低了 2.8 亿欧元(约占 GDP 的 0.1%)。从预算执行情况看，总体预算赤字和基本预算赤字均稍高于 2010 年的水平。不过根据希腊财政部的初步数据，2012 年

一季度,希腊预算赤字为73亿欧元,大大好于2012年补充预算中所设定的85.96欧元的目标;基本预算赤字为3.65亿欧元,而补充预算中的目标为13.99亿欧元;尤其值得一提的是,2011年10月实施的采用电子票据征收对房地产的特别税收措施取得了较好成效,个人所得税的征收也得以改善,从而在经济下行交易税减少以及针对赢利企业的额外征税终止的情况下,实现了2012年一季度税收收入(退税前)同比上升。而且,税收拖欠的清理工作也取得了明显进展。

2. 增收节支措施未能落实到位

截至2011年9月底,财政收入低于目标值17亿欧元(约占GDP的0.75%),主要是由于财政收入管理举措未落实到位,增值税的征收效率低下,企业未按规定缴纳社会保障金,未能落实提高针对天然气的特种消费行为税率等中期财政策略(MTFS)中所列措施,或者取消了对软饮料征收特种消费行为税等MTFS中所列的措施。财政支出方面,因过度雇用新人员等也未能达到目标。

3. 财政制度改革缓慢

对大型纳税人和富裕人士的纳税情况审计未能按期实施,建立仲裁机制等税收管理制度改革也落后于时间表;公共财政管理改革方面,政府部门的财政收支报告制度缓慢推进,截至9月,40%的职能政府部门已经开始报送数据,财政收支及拖欠数据的报告系统初步成形,但因不够全面、准确和及时而只是部分达标。建立新的财政服务理事会以及在职能政府部门中任命正式会计人员的工作因严重的行政拖延而无所进展。

(二)金融部门改革

总体目标:提高银行的资本充足率和流动性水平,建立银行风险处置框架,完善金融监管体制,实现维护金融稳定的目标。

具体措施:

1. 制定银行补充资本金及建立风险处置框架的时间表

2012年2—3月,监管当局评估银行业资本缺口;3月,对银行逐一进行深入评估;4月,银行制定并提交补充资本的计划;4—9月,根据计划补充资本;9月,能够存续的银行通过吸收个人或公众资金(如需要)完成资本补充,对不能存续的银行进行稳妥处置;2013年6月,如果届时尚存遗留问题,将开展后续压力测试,并同时基于银行市值开展"第二支柱"(Pillar II)下的压力测试。

2. 修订监管法规支持资本补充和风险处置计划的实施

要求银行于2012年9月底达到核心一级资本充足率9%的目标,2013年6月底进一步提升至10%。此外,银行还需在"第二支柱"下持有7%的核心资本,以覆盖未来三年在不利情形下可能产生的贷款损失。鼓励私人部门向银行注入资本,并且大部分新增资本应满足核心一级资本的要求,允许小部分以应急可转债的形式补充。在银行风险处置框架方面,希腊央行负责银行处置,而新成立的希腊金融稳定基金(HFSF)将负责管理过渡性信贷机构(如过桥银行),并要于两年之内卖出所持过渡性信贷机构的股份,并可视金融稳定的需要将卖出期限再延长两年。通过实施100%存款保险、确保欧元体系再融资敞口全额偿还,以及以合理价格向新银行转移资产等措施来尽量将处置成本降到最低。此外,还将修订法律促进不良贷款的重组等。

3. 提供相应的资源和流动性支持

据估计，银行资本缺口及风险处置成本总计约 500 亿欧元，所需资金将主要通过 HFSF 来提供。目前，HFSF 可以提供 15 亿欧元，据 4 月 18 日路透报道，HFSF 将于 4 月 19 日得到 250 亿欧元的资金补充（以 EFSF 债券的形式），余下的 235 亿欧元计划于 2012 年 6 月到位（可能以 EFSF 债券的形式）。资金将存入托管账户以备使用。

4. 完善金融监管机构的内部治理

包括提升 HFSF 的独立性、董事会的专业水平，制定更为高效和透明的 HFSF 运作指引；修订有关指引提升存款保险基金的治理水平；采取措施应对希腊央行可能存在的执行公共政策方面的利益冲突等。

实施情况：目前，银行业改革正在按预定时间表推进。2011 年 10 月，欧洲银行监管局（EBA）宣布，拟达到 9%的核心一级资本目标，欧元区样本银行资本缺口达 1 147 亿欧元，其中希腊纳入样本的 6 家银行缺口最高，达 300 亿欧元。上述 EBA 银行已于 2012 年 1 月递交了资本补充计划。并且，希腊政府计划于 4 月 20 日前公布本国银行的资本重组计划。根据第二轮救助达成的协议，其中 250 亿欧元将用于补充希腊银行的资本金，4 月 19 日该资金以 EFSF 债券的形式划给了 HFSF。此外，希腊政府已经通过了有关信贷机构风险处置的法律（4021/2011），并根据该法律分别于 2011 年 10 月和 12 月处置了 Proton Bank 和 TBank 两家银行。有些大银行已经付诸行动来补充资本，目前约已筹集 43 亿欧元的核心一级资本。

（三）结构性改革

总体目标：通过加快结构性改革的步伐和力度，重建竞争力，恢复经济增长。目前着重于劳动力市场的一揽子改革，以在控制失业率上升的前提下允许工资浮动，实现内部贬值；并且通过推进产品和服务市场改革将工资调整进一步转化为价格竞争优势。

具体措施：

1. 推进劳动力市场改革

根据希腊政府“2012—2015 年的结构性改革承诺”，计划在此三年内实现单位劳动力成本下降 15%的目标，为此，拟采取以下措施：(1) 创造公平的集体谈判环境；(2) 取消现行旧合同中“终身任职”字眼；(3) 只要失业率不低于 10%，法律和集体协议就不会允许工资自动增长；(4) 取消单边仲裁诉求。只有双方都同意，才能通过仲裁解决争端；(5) 调整最低工资；(6) 调整非工资劳动成本。包括将立法使雇主缴纳给希腊社保基金会（IKA）的社保费下降 5 个百分点等。

2. 继续加强服务业和产品市场改革

服务业改革主要是开放受限制的职业和交通业。首先，希腊政府将取消 20 个具有较高价值和受到严格限制职业的限制（包括医生、会计、精算师等）；其次，希腊政府将公布公路货运业牌照价格和管理成本的部级决议，并且正在研究开放出租车市场，计划降低执照费用，实现自由进入。最后，如恢复对某些职业的限制确有必要，符合比例，也符合公众利益，希腊政府将咨询竞争委员会，并在寻求欧盟、欧洲中央银行、国际货币基金组织的建议后，通过相关立法。产品市场改革方面，希腊政府计划于 2012 年 4 月前完成对零售业、批发业以及流通业的调查研究，为提高产品市场的竞争力以及价格灵活性制定行动计划。

3. 进一步改善希腊的商业环境

希腊将在 2012 年全面贯彻 2011 年启动的、包括建立快速投资通道、加快审批流程以及设立电子出口窗口、实现网上缴纳关税等在内的一系列措施。此外，还拟通过解决法院案件积压、加速案件处理、提高法院裁定和问责机制、改革民事诉讼法等举措来提升司法效率。

4. 加强对结构性改革的管理和监督

自 2012 年 3 月底起，希腊改革计划、管理和监督理事会将正式运行。希腊政府将每季度在政府网站公布对改革措施的监测指标。而且，希腊的改革措施将得到欧盟委员会技术援助特别行动小组的支持。

实施情况： IMF 对希腊的第五次审核结果显示，结构性改革未取得预期成果。关于两项最主要的改革，集体谈判机制改革，仅完成了 10 家公司层面的集体协议；放开受限职业方面则进程拖延。关于使用快速投资通道，仅有 3 个项目获批，但仍需获得相应的许可方能实施。2011 年，希腊“经商便利指数”(Doing Business Indicators)的全球排名仅较上年提升了 1 位(183 个国家中位列第 100 位)，足显其改革推进的缓慢；而且，经常项目赤字占 GDP 之比接近 10%，反映竞争力仍在低位徘徊。不过，希腊政府已经通过一些相关法律(如加强劳动力市场检查员制度、放开能源市场、简化环境许可审批程序等)，其他有关法律也在酝酿出台(包括简化出口程序、加强监管等)。

(四) 私有化改革

总体目标： 通过出售国有资产，计划于 2015 实现 190 亿欧元资产的私有化，于 2022 年达到私有化 500 亿欧元资产的目标。

具体措施：

1. 设立不受政府干预的独立的“私有化基金”(GRADF)

该基金于 2011 年 7 月设立，负责国有资产私有化的具体实施。该基金必须尽可能迅速地以市场价公开透明地处置资产，并即刻将出售资产所得上缴政府。

2. 做好资产出售前的准备工作

包括清除法律障碍、重组资产、填补相关的公共及监管政策空白、获得欧洲共同体的有关许可、准备和实施招标以及获得所需的各项审批等。

3. 政府拟定私有化项目(见下表)

	项 目 数	估计金额(10 亿欧元)	出 售 时 间
总 计	70 092	50	
上市公司	11	3.4	2012—2015 年
电子游戏/数字权限 (Gaming/digital rights)	7	2.1	2012—2015 年
未上市公司	13	2.9	2012—2015 年
基础设施	12	6.4	2012—2015 年
金融部门资产	/	16.0	2012—2015 年
房地产	49	1.0	2012—2015 年
土 地	70 000	18.2	2012—2015 年

实施情况：IMF 对希腊的第五次审核结果显示，私有化计划正在推进，但进展缓慢。截至 2011 年 9 月底，共出售国有资产 3.9 亿欧元，大大低于 17 亿欧元的期望值。而且，“私有化基金”面临不利的市场形势，几家上市公司股价已较二季度初下跌了 50%多；关于 2011—2012 年私有化项目顾问的任命工作进展缓慢。不过，“私有化基金”的管理层、工作人员都已到位，并已制定运营计划，完成了第一批资产划转，该基金正式运作的前期准备工作已经就绪。

三、未来经济展望

希腊经济走出危机的唯一可行途径：通过工资、价格调整实现内部贬值。因此，改革的主要目标是恢复竞争力，核心内容是劳动力市场改革，同时要辅之以其他结构性改革才能达到预期效果。而且，IMF 预计，财政紧缩及结构性改革效果的显现需要 10 年甚至更长的时间，并且其间面临较大不确定性。虽然 2012 年完成的 PSI 交易为希腊削减了一半的债务负担，但考虑到银行的资本补充需求，债务水平仍将维持在高位。而且，经济衰退加剧，公众不满情绪一触即发，大选充满变数，改革举措能否按预期顺利推进仍有待观察。加上近期欧债危机阴影重现，美国就业数据不及预期以及中国等新兴经济体增速回落等，外部环境影响趋于不利。因此，总体上，希腊经济的脆弱度仍较高，不利事件可能会导致希腊债务再次重组，甚至需要第三轮救助。不过，希腊政府与 IMF 关于可能退出欧元区事宜达成了共识，认为退出的成本非常高，因此会尽量避免。

IMF 在 2012 年 4 月的 WEO 报告中预测，希腊 2012、2013 年实际 GDP 增长将分别为 −4.7% 和 0%，较 2011 年有所改善（−6.9%）；2012、2013 年的失业率均为 19.4%，在 2011 年 17.3%的高位上进一步上升；经常项目赤字占 GDP 之比预计从 2011 年 9.7%逐步收缩至 2012 年的 7.4%和 2013 年的 6.6%。而且，根据 IMF 工作人员的基线预测，希腊债务水平在 2012 年完成 PSI 交易短暂下降后，因经济萎缩以及财政紧缩措施尚不到位，2013 年将再度冲高至 164%的峰值，其后随着有关改革措施的落实，债务水平将逐步下行，并于 2020 年实现 116.5%的目标。不过，IMF 的压力测试结果也表明，财政整顿达到效果的关键在于能否及时充分地完成紧缩及改革举措，否则，希腊债务可能会冲高至不可持续的水平。

（李玉青）

冰岛经济改革与展望

2008 年 10 月，受全球金融危机影响，冰岛爆发了严重的金融危机，国家濒临“破产”。为摆脱困境，冰岛采取了一系列经济金融改革措施，取得了一定的成效，但至今仍未能恢复至危机前水平。

一、冰岛金融危机的特点

冰岛是欧洲第一个受美国金融危机波及而产生严重危机的欧洲国家。冰岛过度膨胀的金融业在遭遇外部条件严重恶化时，产生了剧烈紧缩，导致经济全面崩溃。冰岛金融危机产生的重要原因有三：一是错误的经济政策；二是金融监管缺失；三是全球金融危机的冲击。冰岛危机表明，发展经济必须量力而行，不能仅依靠扩张金融业来刺激经济，在大力发展金融的同时，必须加强金融监管。

（一）激进的金融政策为金融危机埋下了隐患

冰岛人口少，资源并不丰富，除渔业、电解铝和旅游业外，支撑经济发展的其他产业比较缺乏。近十年来，为了维持国内高福利制度，博取高速经济增长，冰岛政府走上了弃实业而大力发展金融产业的道路。冰岛政府利用高利率、低管制的开放金融环境吸引海外资金，然后投向高收益的金融业，进而在全球资本流动增值链中获利。2005 年至 2007 年间，冰岛银行业信贷增长额占 GDP 比重全球第一。2006 年底，冰岛银行业资产规模已达到 GDP 的 900%，金融、地产及与之相关的建筑业成为经济中的主导产业，在 GDP 中占 37%。而传统的主导产业渔业却持续萎缩，在 GDP 中占比从 1996 年的 13.8%下降至 2007 年的 6.6%。银行业三分之二以上的融资来自海外，2008 年冰岛外债总规模已达到 GDP 的 726%。这种过度依赖批发市场融资的高杠杆发展模式，具有高风险的特征。一旦国际金融市场出现动荡，融资不畅，就会造成债务违约，引发金融危机。

（二）金融监管缺失导致金融风险积聚

冰岛在大力发展金融虚拟经济的同时，金融业监管却没能跟上。在缺乏有效监管的情况下，大量贷款流入银行大股东手中。2007—2008 年，冰岛三大银行将 1/3 的贷款发放给了那些无偿还能力的客户，而这些客户大多是三大银行的股东。由于监管缺失，部分银行大股东还用贷款炒作自家银行的股票。冰岛金融当局对金融风险也缺乏起码的警惕，早在 2006 年初，已有多种迹象表明冰岛即将面临金融危机，但冰岛央行却视而不见，到 2008 年，冰岛央行虽然认识到了金融问题的严重性，却迟迟没有向政府提出正式报告，错过了及早纠正错误的时机。

（三）美国金融危机波及冰岛导致金融危机

美国金融危机是冰岛金融危机爆发的直接导火索。冰岛商业银行在国际金融市场大量融资并投资于国际金融产品。美国次贷危机爆发后，冰岛银行业遭受巨大损失，加之资金链断裂，濒临破产。受银行破产影响，冰岛股市大幅下挫，2008 年 10 月，国内股指最高降幅达 77.26%。冰岛克朗对美元汇率也出现大幅贬值，2008 年 10 月累计贬值 31%。为避免危机进一步扩散，冰岛政府不得不对国内三大银行实施了国有化措施，冻结了其储蓄业务，但此举又使得外国投资者失去对冰岛财政的信心，造成资本进一步外逃。在银行危机和主权债务危机的双重打击下，冰岛经济急转直下，GDP 增长率从 2007 年的 5.98%降至 2008 年的 1.27%。

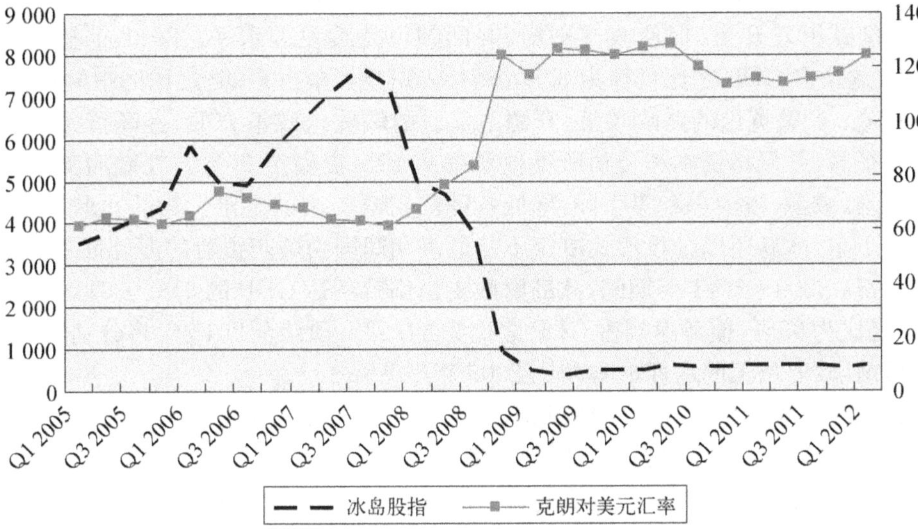

图 1　危机前后冰岛股指与克朗变动情况

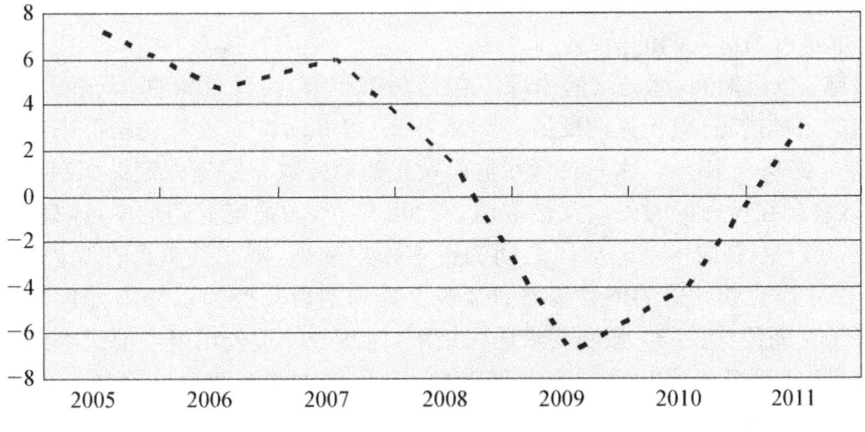

图 2　危机前后冰岛 GDP 增长率

二、冰岛的经济改革及实施效果

金融危机爆发后，冰岛积极寻求外部帮助，并实施了一系列经济金融改革措施，从而使经济逐步走出危机。2008 年 10 月，冰岛同丹麦、挪威、瑞典央行签订了货币互换合约，取得了 15 亿欧元信用贷款。2008 年 10 月 19 日，冰岛获得了 IMF 提供的总额为 21 亿美元的救助。10

月 29 日，冰岛获得了丹麦通过其自治领地法罗群岛提供的 3 亿丹麦克朗（约合 6.06 亿美元）贷款。11 月 3 日，冰岛获得挪威 40 亿挪威克朗（约合 5 030 万美元）的贷款。与此同时，在 IMF 的帮助与监督下，冰岛对国内的财税政策、汇率制度、金融部门进行了改革，并取得了预期的效果。

（一）财政整固政策

2007 年以来，冰岛政府债务总额大幅增加，从不到 GDP 的 30%增至 2010 年的 93%。为了促使财政重回可持续发展水平，冰岛政府实施了扩大税基，减少支出的财政紧缩政策。

目标：削减财政开支，促使收支平衡，并回归可持续发展水平。2011 年基本消除赤字，2012 年财政盈余占 GDP 之比目标为 3.5%—4%，财政盈余占 GDP 之比的中期目标为 6%。

具体措施：调整宽松的财政政策，开源节流。财政收入政策方面，提高资源税税率，进一步加强税收征管，并拟将资本和公司所得税税率从 18%提高至 20%。在政府支出政策方面，通过优化管理、减薪、减少福利等手段，降低各部门财政支出的上限。为防止政府财政被商业银行破产拖下水，冰岛还以公投形式决定不赔危机期间国内破产银行的海外债务。

实施情况：2009—2011 年期间，冰岛财政支出削减额达 GDP 的 9%。2011 年冰岛债务总额占 GDP 之比为 99%，债务净额占 GDP 之比为 64.5%，预计至 2015 年将分别降至 87.8%和 59.9%。目前，政府员工的雇佣成本相比 2008 年已下降 13%。

在实施财政紧缩过程中，冰岛政府基本实现了收支平衡。增税部分由各主要税种均摊，不同类型预算的削减比例也大致相同。财政紧缩的成本主要由高收入人群承担。尽管社会福利水平有所下降，但冰岛基本保留了危机前核心的福利制度。另外，冰岛还在教育和医疗领域实施了旨在降低成本的优化改革。据 IMF 工作人员预计，冰岛公共债务将于 2013 年回归可持续发展水平。

（二）稳定克朗政策

目标：重建市场对克朗的信心。

具体措施：危机期间，冰岛政府采取了包括利率政策、流动性管理、汇市干预和资本流出管制等在内的多种措施，阻止克朗贬值。2008 年 10 月 28 日，为支持克朗汇率，冰岛央行将基准利率从 12%提高至 18%。冰岛央行在危机发生初期曾宣布实施固定汇率制，但由于外汇储备额太少，该政策在极短的时间内又被取消。2008 年底，为稳定克朗汇率，冰岛政府实施了资本管制措施：(1) 限制居民与非居民之间的资本账户交易，限制其资产在克朗和外币之间的转换。(2) 禁止以克朗计价的债券或类似金融工具到期后转换为以外币计价的金融产品，而必须再投资于克朗债券。(3) 强制要求居民结汇，但部分外贸公司可全部或部分豁免。

实施情况：金融危机爆发后，冰岛克朗曾在短时间内大幅贬值超过 65%。政府稳定克朗政策，特别是资本流出管制措施，在维护国内经济稳定方面取得了明显成效，并重建了市场信心。

（三）重组金融业

冰岛金融危机发生的重要原因是国内金融业的过度膨胀。为了解决经济过度依赖金融业，金融脆弱性较高的问题，冰岛对金融业进行了重组，并实施了产业结构调整。

目标：通过重建银行体系，增强投资者对冰岛经济的信心，提升冰岛外部融资能力。

具体措施：

(1) 商业银行重组：冰岛政府没有按照“好银行—坏银行”的模式对银行进行重组，而是根据国内债务和国外债务状况将破产银行划分为“新银行”和“旧银行”两部分。“新银行”主要包含国内储户有关的业务；“旧银行”则归集了新银行剥离后留下的其他业务，主要包括与发行债券和国外存款有关的国外分支机构业务，以及所有衍生品交易。政府对“新银行”给予融资支持，并承担偿债责任，而“旧银行”则进入破产清算程序，由债权人承担损失。这种内外有别的处置方式带来了极大的争议，但是好处在于，冰岛政府可以用较小的成本，保证其国内支付结算体系的正常运转，快速削减了国内银行业规模，解决了国内银行业过度依赖海外批发融资的问题。

（2）中央银行改革：普遍观点认为，冰岛央行对冰岛的金融危机负有很大责任。2009 年 2 月 26 日，冰岛议会通过新法案，赋予政府撤换和任命央行领导层的权利，这为冰岛政府撤换其中央银行领导层和对金融机构进行彻底改革铺平了道路。新法案规定成立 5 人组成的金融政策委员会进行金融决策，其中包括 3 名央行官员和 2 名行外专家，赋予央行处理一切有关金融稳定事宜的权力。在对中央银行治理机制进行改革的同时，冰岛政府还强调了宏观审慎管理与微观审慎监管的结合，鼓励央行和其他金融监管部门加强对金融机构的监管。

实施情况：在私人部门和公共财政共同分担银行破产成本的情况下，冰岛银行业顺利重组，避免了国内金融系统的瘫痪。据测算，银行业重组的财政成本约为 GDP 的 20%。为增加银行抗风险能力，重组后的商业银行执行较高的资本充足率最低要求——总资本充足率为 16%，核心资本充足率为 12%。三家旧银行的债权人可将债权转换为两家新银行股权（另一家新银行完全国有）。在重组金融业的同时，冰岛还强调了发展实体经济的重要性，加强了渔业、电力、旅游等传统优势产业的发展。2012 年 4 月 17 日，冰岛政府通过了旨在促进渔业发展和增加渔业税收的新渔业法案，并提交议会通过。

三、未来经济展望

（一）宏观经济可能继续企稳回升

在上述改革措施的作用下，冰岛经济已逐渐企稳回升，并保持温和增长态势，2011 年经济增长率为 3.1%，预计未来 5 年将保持在 2.5%左右。通货膨胀率大幅回落，目前已降至危机

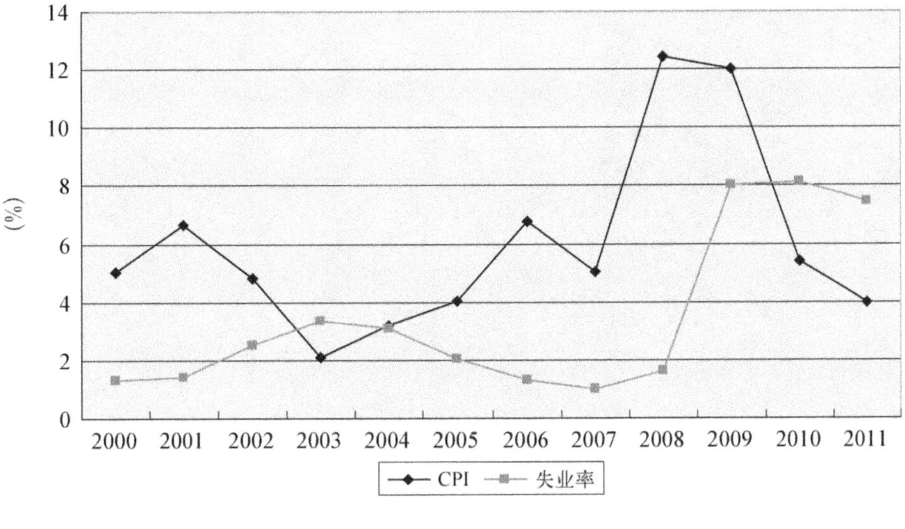

前水平。尽管失业率仍处高位,但也呈下降趋势,目前为7.4%,冰岛银行业资产规模收缩,从危机前占GDP的900%降至目前的200%。公共债务水平自2013年起将逐年下降。私人部门的购买力也在逐步恢复过程中。2011年年中,冰岛成功发行了危机后的第一笔国债,这为冰岛未来取消资本管制创造了有利条件。

(二) 欧洲经济走势成为影响冰岛经济的重要变数

冰岛是一个外部依赖度很高的国家,其经济面临的最大风险在于外部环境是否稳定。如果欧债危机持续恶化,势必波及冰岛的国际贸易、海外融资以及旅游业收入,从而阻碍其经济复苏。冰岛经济面临的另一个风险在于未来资本管制措施的取消,一旦资本账户重新自由化,无疑将会加大冰岛经济的脆弱性。

(刘长青)

冰岛、希腊、爱尔兰和葡萄牙四国危机救助比较

2008 年，国际金融危机导致冰岛面临国家破产，最终向国际货币基金组织（IMF）贷款。2010 年，受欧洲主权债务危机影响，希腊、爱尔兰和葡萄牙依次向欧盟（EU）及 IMF 提出金融援助请求，并承诺进行经济改革，旨在改善财政、促进经济增长。

一、四国申请国际金融救助背景有所不同

申请国际救助前，四国都存在财政状况恶化及难以在资本市场融资的问题，但各国面临的主要问题又有所不同。

冰岛主要受到货币和银行业危机的双重打击。自 2003 年以来，随着私有化的完成，冰岛银行业迅速膨胀，危机爆发前银行业资产已达到 GDP 的 10 倍。冰岛银行业主要通过吸收海外存款从事高杠杆业务，积累了大量外币债务。危机爆发后，外资迅速撤离，导致冰岛银行面临国际流动性枯竭困境，一周内三大银行一一倒闭。同时，克朗贬值超过 70%，导致银行偿债成本也大幅上升。然而此时，政府已无力挽救过于庞大的银行业。

希腊最根本的问题是政府过度举债。希腊不同政党均以高福利赢取选票。为获得连任，执政党往往会减少税收并增加工资与福利支出。然而在支出不断增加的同时，经济增长乏力及偷税漏税严重导致税收收入减少，财政长期赤字。此外，加入欧元区时，希腊财政并未达标，仅靠高盛帮其造假而通过审查，为日后爆发债务危机埋下隐患。

房地产泡沫破灭是爱尔兰债务危机的直接导火索。危机前，房地产市场的繁荣推动爱尔兰银行业不断扩张，且银行贷款主要集中在房地产市场。然而，国际金融危机导致爱尔兰房价较 2008 年高点下跌 36%。房地产泡沫破灭导致政府税收收入大幅下滑，加上斥资挽救因泡沫破灭而面临破产的银行业，爱尔兰政府财政状况急速恶化。

葡萄牙经济长期面临结构性问题。该国工业基础薄弱，高科技产业微乎其微。中小企业虽是国民经济主体，但缺乏国际竞争力。2004 年欧盟东扩后，新成员国受外资"青睐"，葡萄牙优势消失。过去十年里，该国经济平均增速仅为 1%，为欧元区经济增长最慢的经济体。上述隐患削弱了葡萄牙的经济发展潜力，同时"寅吃卯粮"的财政政策使其财政赤字和债务负担难以持续。

二、目前上述四国接受金融救助简况

从金融救助规模看，希腊获得的贷款金额最大，共计 1 100 亿欧元，爱尔兰、葡萄牙及冰岛获得的各类贷款总额分别为 850 亿欧元、780 亿欧元及 51.5 亿美元[①]（见表 1）。

---

① 冰岛央行网站公布，除 IMF 提供 14 亿 SDR 的贷款外，丹麦、芬兰、挪威、瑞典、波兰及法罗群岛等向冰岛提供了双边贷款，IMF 与各双边贷款共折合约 51.5 亿美元。

表 1　四国接受金融救助金额及构成

	冰　岛	希　腊	爱尔兰	葡萄牙
总额	约 51.5 亿美元	1 100 亿欧元	850 亿欧元	780 亿欧元
出资方构成	IMF：约 21 亿美元；丹麦、芬兰、挪威和瑞典：约 25 亿美元；波兰、法罗群岛等：约 5.5 亿美元	欧元区成员国：800 亿欧元双边贷款；IMF：300 亿欧元	当局国库及养老储备基金：175 亿欧元；EFSM①：225 亿欧元；EFSF：177 亿欧元；英国、丹麦和瑞典：48 亿欧元；IMF：225 亿欧元	EFSM 和 EFSF：520 亿欧元；IMF：260 亿欧元

资料来源：各国央行及财政部、欧盟和 IMF 网站。

从金融救助方构成看，四国都接受了 IMF 贷款。不同的是，除申请 IMF 贷款外，冰岛和希腊主要通过双边渠道筹集资金。其中，冰岛双边贷款中一半来自北欧国家。希腊从欧元区成员国获得的双边贷款超过其受援总额的三分之二。

爱尔兰和葡萄牙先后申请了 EU/IMF 联合贷款。其中，爱尔兰当局从国库及养老储备基金中调拨 175 亿欧元，因此严格意义上讲，外界提供贷款仅为 675 亿欧元。

三、金融救助条件与改革方案

四国接受 IMF 以及 EU/IMF 援助的主要条件是需按承诺落实经济金融改革方案。IMF 及由欧盟委员会（European Commission，EC）、IMF 和欧洲央行（ECB）组成的工作组（“三驾马车”）负责根据有关量化标准按季度评估受援国家执行改革情况，并据此拨付相应贷款。

总体而言，四国经济改革方案都涉及财政整顿、银行业改革和经济增长三方面，但因各国问题存在一定差异而各有侧重。

冰岛政府当时的第一要务是稳定克朗汇率，防止其继续贬值。因此，由 IMF 支持的冰岛经济复苏计划建议，短期内冰岛应采取适度紧缩货币政策，恢复市场对克朗的信心，同时实施资本管制，防止资本外流。此外，为应对银行业危机，冰岛制定了全面的银行重组战略，主要包括建立有效的组织架构推动重组进程、迅速对银行资产进行估值、公平合理对待破产银行的储户与债权人以及强化银行监管与破产框架。

IMF 认为，希腊主权债务危机完全由其庞大的政府开支导致，因此希腊经济改革方案中大多数措施旨在改善政府财政。主要举措包括增加政府收入并减少支出、强化税收与预算控制、削减社会福利并进行养老金制度改革以及削减军费开支等。

虽始于房地产泡沫，但极其薄弱的银行业是爱尔兰经济问题的根本所在。为此，爱尔兰经济改革方案主要致力于解决银行业脆弱性问题。政府将借助 EU/IMF 资金进行银行业重组、为银行注资、加强监管并建立银行处置框架，旨在恢复银行业的稳健性并促进经济增长。根据计划，爱尔兰获得的 850 亿欧元资金中，350 亿欧元将用于支持银行业。

---

① 2010 年 5 月，欧盟决定建立欧洲稳定机制（European Stabilization Mechanism，ESM），包括由欧盟预算担保的欧洲金融稳定机制（European Financial Stabilization Mechanism，EFSM）和由欧元区 17 国担保的欧洲金融稳定基金（European Financial Stability Facility，EFSF），旨在与 IMF 共同构筑金融安全网，维护欧元区国家的金融稳定。

葡萄牙政府的首要任务是解决经济中根深蒂固的结构性问题。为此,政府承诺实施一系列改革,包括大幅降低劳动力成本,推动电力、通信等非贸易部门私有化,推进司法体系改革以保证市场有序运行等,旨在提高竞争力,挖掘经济增长潜力。

四、对欧洲四国进行金融救助的效果

就目前的总体情况而言,国际社会给予欧洲四国的金融支持一定程度上缓解了市场紧张情绪,为四国进行经济金融改革提供了宝贵时机,IMF 及"三驾马车"实施的评估工作在某种程度上也对各国推进相应改革起到了督促作用。但由于各国面临问题的性质与严重程度不同且国内政党及民众对改革的态度不一,金融救助的实际效果存在一定差别,具体而言:

冰岛完成了既定改革目标,四国中救助效果最好。2011 年 8 月 31 日,IMF 向冰岛贷款计划结束,克朗汇率企稳、金融业完成重组、公共财政步入可持续之路。有关数据显示,四国当中,冰岛经济复苏态势最明显,2011 年三季度 GDP 同比增长 5.1%。2012 年 2 月 18 日,惠誉宣布将冰岛长期债券发行人违约评级由 BB+上调一档至投资级别 BBB-,评级前景为稳定。

从目前看,爱尔兰正有序推进银行业改革,政府财政整顿进展良好,救助效果较好,但仍面临巨大挑战。"三驾马车"关于爱尔兰的第四次评估报告显示,该国政府能按计划推进改革。2010 年,整顿银行业导致财政赤字大幅上升,但政府仍坚持执行经济改革方案,完成了 2011 年财政赤字削减目标。由于出口强劲,2011 年上半年实际 GDP 出现增长。但爱尔兰经济改革仍面临挑战。贸易伙伴经济疲软及欧元区债务危机将给其经济造成下行风险。此外,由于经济增长缓慢,政府在继续斥资改善银行业的同时,欲实现 2012 年将赤字削减至 8.6%的目标较为艰难。

葡萄牙虽能按既定路线推进改革,但成效不明显。"三驾马车"近日刚完成的第三次评估显示,截至目前葡萄牙财政、金融及结构性改革有所进展,但未来经济增长面临下行风险,改革挑战巨大。虽然葡萄牙基本实现了上一阶段量化指标,但通过将银行养老基金投入政府以降低 2011 年财政赤字的一次性措施无法真正改善财政状况。此外,一系列财政整顿措施使原本增长缓慢的经济雪上加霜。2011 年四季度 GDP 同比下滑 2.7%,经济持续衰退。受债务面临违约消息影响,10 年期国债收益率近期再次超过 10%。市场人士预计,葡萄牙步希腊后尘,申请第二轮援助的可能性增大。

希腊在多个贷款项目量化指标方面未能达标,四国中救助效果最差。2011 年四季度,希腊经济继续衰退,GDP 同比下降 7%。"三驾马车"第五次评估报告认为,希腊可能到 2013 年才会出现经济复苏。报告反映,希腊未能按时完成结构性改革指标。此外,希腊政府还要求 IMF 免除部分贷款指标要求并免除其违约责任。目前,虽然欧元区财长会议已批准提供第二轮共计 1 300 亿欧元贷款,但鉴于之前希腊政府一再拖延改革以及 2012 年德、法大选,第二轮救助效果存在很大不确定性。近日,惠誉将希腊长期外币及本币发行人违约评级从 CCC 下调至 C。

五、结语

通过比较四国改革进展情况可发现,金融救助效果以及改革成败主要取决于以下三个方面:

一是设计良好的改革方案。方案设计直接影响到改革效果。政府应确保改革方案的可行性、渐进性与连续性,特别应确保改革的针对性。由于冰岛当时面临本币大幅贬值问题,该国改革方案纳入了较具争议的资本管制措施。此外,因政府斥巨资重组银行业,冰岛决定第一年暂缓财政紧缩措施。实践证明，资本管制稳住了克朗汇率，暂缓财政整顿为政府重组银行业提供了足够空间。IMF 认为，设计良好的改革方案是冰岛成功的因素之一。

二是政府与民众的支持。一方面政治共识是保障。“三驾马车”的最新评估显示，葡萄牙国内达成的政治共识是其改革如期推进的一大政治保障，而希腊则难以就改革举措达成政治共识，导致改革停滞不前，贻误良机。另一方面民众支持是基础。一般而言，民众普遍会抵触增税及削减福利等财政整顿措施，但如果政府能处理好各方利益，包括确保改革的公平性、照顾弱势群体等，同时尽快让民众感受到改革成效，相信民众的抵触情绪会不断缓和。希腊政府未能做好民众工作，导致已习惯高福利待遇的大众不满政府削减福利的措施，游行、罢工等事件频发，政府推进改革阻力不断。

三是改革执行力。IMF 以及“三驾马车”对四国的评估报告反映，冰岛、爱尔兰和葡萄牙三国政府普遍能做到坚决执行已定改革方案。相比而言，希腊政府改革执行力较弱。虽然其政府制定了大幅削减赤字、改善财政的计划，但具体执行时，未能按计划果断地朝既定目标努力，进而未能完成量化指标。

附件

欧洲四国接受救助基本情况一览表

	冰　岛[①]	希　腊	爱尔兰	葡萄牙
救助方案达成时间	2008 年 11 月 19 日，国际货币基金组织（IMF）执董会同意通过为期 2 年（2008—2010）的备用贷款安排向冰岛贷款。	2010 年 5 月 2 日，欧元区与 IMF 就为期 3 年（2010—2013）的 EU/IMF 联合救助希腊方案达成一致。	2010 年 11 月 28 日，”三驾马车”[②]与爱尔兰当局在工作层就为期 3 年（2010—2013）的救助计划达成一致。	2011 年 5 月 10 日，欧盟委员会正式通过为期 3 年（2011—2014）的葡萄牙金融救助计划。
金融救助条件	冰岛政府需采取改革措施，恢复信心并稳定经济，具体包括： ● 通过采取适度紧缩的货币政策及资本管制，防止冰岛克朗继续贬值； ● 制定全面的银行重组战略； ● 制定有力的中期财政整顿计划，以确保中期财政的可持续性。 IMF 负责按季评估冰岛政府改革措施执行情况，并以此为依据拨付贷款。	希腊政府需进行一系列改革以改善财政、提高竞争力，主要措施包括： ● 整顿财政，增加政府收入并减少支出； ● 强化税收与预算控制； ● 设金融稳定基金以稳定金融业； ● 削减社会福利并进行养老金制度改革； ● 推进结构性改革； ● 削减军事开支。 “三驾马车”将按季对希腊改革情况进行评估，IMF 根据评估结果拨付贷款。	爱尔兰政府需执行经济改革方案，主要包括： ● 改革并加强银行业； ● 整顿财政以便到 2015 年将赤字规模降到规定水平； ● 采取多种措施促增长。 欧盟、IMF 及其他欧盟成员国将向其分批提供贷款，支持其完成改革目标。“三驾马车”负责按季对其改革情况进行评估，并根据评估结果拨付相关贷款。	葡萄牙政府需落实经济改革方案，主要包括： ● 进行机构性改革，以促进经济增长、创造就业并提高竞争力； ● 实行财政整顿，以在中期不断降低公共债务占 GDP 的比例，到 2013 年将赤字占 GDP 之比削减至 3%以下； ● 通过给银行注资、加强金融监管等措施确保金融业的稳定。 “三驾马车”负责按季评估其履行承诺情况，并根据评估结果拨付相关援助贷款。

① 由于冰岛为非欧盟国家，欧盟未与国际货币基金组织联合出台金融救助方案。冰岛获得的国际援助主要包括 IMF 的贷款及丹麦、芬兰、挪威等国提供的双边贷款。

② 由欧盟委员会（EC）、IMF 及欧洲央行（ECB）工作人员组成的小组。

续 表

	冰 岛	希 腊	爱尔兰	葡萄牙
救助贷款规模及具体出资方	约51.5亿美元，其中： ● IMF提供14亿SDR（约合21亿美元）； ● 丹麦、芬兰、挪威和瑞典提供约25亿美元； ● 波兰、法罗群岛等提供约5.5亿美元。	1 100亿欧元，其中： ● 欧元区国家提供800亿欧元的双边贷款； ● IMF通过备用安排提供300亿欧元贷款。	850亿欧元，其中： ● 爱尔兰从其国库及养老储备基金中调拨175亿欧元； ● 欧盟通过EFSM提供225亿欧元； ● EFSF提供177亿欧元； ● 英国、丹麦和瑞典提供48亿欧元双边贷款； ● IMF提供225亿欧元。	780亿欧元，其中： ● 欧盟通过EFSM和EFSF提供520亿欧元； ● IMF通过中期贷款便利在3年内提供260亿欧元。

（陈 松）

斯洛文尼亚经济衰退的教训

近一年来，中欧小国斯洛文尼亚的经济状况受外界频繁关注。该国曾被欧盟称为“中东欧经济转轨最成功的国家”，经济一度取得令世人瞩目的成就。然而，在国际金融危机和欧债危机的影响下，该国已成为欧元区经济衰退最严重的国家之一，财政状况堪忧，有可能寻求救助。本文就斯洛文尼亚经济从成功走向衰退的原因进行分析，供参阅。

一、经济状况

斯洛文尼亚地处巴尔干半岛西北部，虽然是面积仅 2 万平方公里、人口约 200 万的小国，但由于工业基础良好、科技教育发达、地理位置优越，该国曾是前南联盟最发达的共和国，独立前人均国内生产总值已名列希腊和葡萄牙之前。1991 年取得独立后，该国很快完成了从“有限市场经济”向“完全市场经济“的过渡，在经济增长率、人均国内生产总值、实际工资、国际支付能力、对外开放度等方面都取得了令人瞩目的成就，成为最富裕的前共产主义国家，有“小奥地利” 之称。2004 年，斯洛文尼亚加入欧盟和北约，2007 年加入欧元区，曾被认为是较好执行欧盟相关标准的“模范生”。

然而，自 2008 年国际金融危机爆发以来，斯洛文尼亚经济增长乏力，公共债务日渐高企。近一年，国际三大评级机构接连下调该国主权信用评级，其主要银行也被降级，导致该国国债收益率一再攀升，一度超过 7%的救助申请警戒线。更令人担心的是，斯洛文尼亚经济陷入衰退。根据该国统计局最新数据，斯洛文尼亚 2012 年第二季度经济下滑 3.2%，投资和消费水平都出现大幅回落。国际货币基金组织(IMF)预测，2012 年该国经济将收缩 2.2%，到 2013 年还将在此基础上下降 1%。可以说，斯洛文尼亚正面临着独立以来最严重的经济困境。

二、经济成功的历史原因

斯洛文尼亚曾是中东欧经济转轨最成功的国家，其成功的历史原因可以归纳为以下四个方面。

(一) 基础良好，政局稳定，政策连贯

前南时期，斯洛文尼亚作为面向西方的窗口，经济环境宽松，国内市场价格和外贸基本放开，金融与财政分离，中央银行独立制定金融政策。斯洛文尼亚独立时只经历了十来天的战争，经济损失微乎其微。独立后，首届总统库昌德高望重，是政治稳定的重要因素。前南经济法律被保留并逐步修订，保证了转轨时期经济的正常运行，较之许多东欧国家，经济秩序良好。社会福利大体延用了前南的保障体制，工薪阶层收入稳定，生活水平较高。同时，私有企业和商业不断发展，政府又与工会和资方共同确定工资和福利增长幅度，大大缓解了社会矛盾。

（二）政府注意对经济的宏观调控

斯洛文尼亚作为小国，政府积极倡导参加欧洲一体化和加入欧盟，融为欧洲经济整体的一部分。政府注意对经济的宏观调控，采取了正确的指导思想。政府每年向议会递交当年的预算备忘录，提出社会和经济发展的指导方针。1992 年，斯洛文尼亚政府制定了 1994—1997 年过渡时期的经济规划，旨在完成经济转轨。1995 年，斯洛文尼亚政府又制定了 1996—2000 年宏观经济发展规划，以达到欧盟成员标准，进而成为欧盟一员。政府预算和两个规划不仅是当时经济发展的一般计划，而且是斯洛文尼亚政府对经济宏观调控的重要手段和依据。与此同时，斯洛文尼亚政府还设立“国家宏观经济分析和发展局”，每年春秋两次提出综合报告，分析经济动态，成为政府制定预算和经济界了解形势的重要参考文件。

（三）开拓西方市场取得成功

斯洛文尼亚出口额在国民经济中占有举足轻重的地位。宣告独立和在波黑战争爆发后，该国先后丧失 60%的国际市场。为开拓西方市场，1992 年政府组建“斯洛文尼亚出口公司”。同年与欧盟签订四个协议，使 87%的产品可以自由进入欧洲市场。以后又加入了一系列国际经济组织，1994 年成为关贸总协定的一员。1992 年，该国制定了外贸法，提出凡从事批发的企业均可从事外贸活动。与此同时，注意同东欧国家发展经贸关系，并积极开拓亚洲和中东市场。经过几年的不懈地努力，进出口总额大幅度提高。

（四）私有化取得进展

斯洛文尼亚的私有化进程，是从社会所有制向私有制的转变，较之其他转轨国家存在更多的困难。1992 年底和 1993 年初，斯洛文尼亚通过了《企业所有制转变法》和《企业所有制转变法执行令》，采取了分配和销售相结合的模式。随即投资有了明显增长，对经济起到了促进作用。1995 年，20%的社会所有制企业已完成私有化转变，65%的企业已经批准正在转变，其余的企业在 1996 年完成。斯洛文尼亚的私有化进展较慢，但从经济效益看，符合斯洛文尼亚国情，也比较成功。

三、经济衰退的教训

一般分析认为，当前斯洛文尼亚的经济困境，是金融危机和欧债危机冲击所致。但实际上，并不尽然。因为除银行业不良贷款等问题较为突出以外，其财政刺激过度，也是不可忽视的教训。

（一）银行业不良贷款上升，大银行国有制责任难免

斯洛文尼亚与西班牙相似，两国在危机前都经历了迅速的信贷增长，而目前都因房地产泡沫和无收益投资陷入了坏账资产危机之中。2012 年 7 月，该国政府宏观经济机构曾表示，当地银行业第一季度的坏账已达到 60 亿欧元。斯洛文尼亚已建立国有形式的“坏账银行”以隔离不良资产。穆迪 2012 年 8 月的声明中认为，要挽救斯洛文尼亚规模最大的三家银行，至少需要花费斯洛文尼亚国内生产总值 2%—8%的资金，而这将使斯洛文尼亚政府无力支付，从而不得不寻求外部资金注入。由于危机持续，斯洛文尼亚银行业 2012 年有可能连续第四年出现亏损。

另外，大银行国有制也是导致斯洛文尼亚当前困境的一个原因。在欧盟的其他东欧成员国中，几乎所有的银行都已私有化并被西欧的银行收购，因此银行重组没有动用纳税人资金。

而斯洛文尼亚一直未对其大银行实行私有化改造，目前出现问题的大银行均属国有，占银行业资产的40%。利用政府资金对银行业进行资本重组，必将危及主权债务的稳定。

（二）在IMF怂恿下，财政刺激过度

危机伊始，斯洛文尼亚财政状况尚为稳健。2008年底，公共债务仅占该国GDP的22%，预算赤字极低。但面对金融危机，斯洛文尼亚政府放弃了传统的保守财政政策。2009至2011年，该国年度预算赤字达到GDP的6%，到2011年底，其公共债务上升至GDP的47.6%，比3年前高出1倍多。财政状况恶化的原因有三：

首先，2008年议会选举之后，中左翼的四党联合政府上台。不同于原来的中右翼政府，新政府采取了财政刺激政策。而且，该政府在2011年逐步分裂，导致财政纪律涣散。直至2012年2月斯洛文尼亚成立新的联合政府，财政政策才转向紧缩。

其次，斯洛文尼亚过去奉行严格的财政政策，一个重要原因是为了加入欧洲经货联盟。成为欧元区国家后，财政约束随之放松，也在一定程度上反映出采用欧元的副作用。

再者，在斯洛文尼亚财政开始恶化的2009年，IMF曾力促其采取财政刺激政策。在2009年4月28日发布的关于斯洛文尼亚经济的第四条款磋商报告中，IMF指出："磋商团支持斯洛文尼亚的财政刺激规模（占GDP2.1%），预计2009年财政赤字将攀升至GDP的4.2%……"当年该国财政赤字实际达到GDP的6.1%，但IMF期待更加宽松的财政政策。在两周后的后续声明中，IMF怂恿道："斯洛文尼亚当局致力于维护财政纪律，对此磋商团表示欢迎，但是建议：在产出缺口扩大的情况下不宜过早退出财政刺激政策。"因此，IMF也是将斯洛文尼亚引向财政危机的主要推手。

（三）对欧出口遭受重创

导致斯洛文尼亚经济大幅滑落的另一个重要原因，是该国加入欧元区后，出口成为该国经济的重要支柱，其中大部分产品出口至其他欧盟国家。而欧盟整体经济形势衰退，给斯洛文尼亚出口贸易带来了很大冲击。

四、小结

尽管斯洛文尼亚国内的经济危机日益显露，但也有当地媒体相信，只要欧洲整体经济环境稍有改善，该国经济就会很快复苏。因为斯洛文尼亚经济构成中，工业制造和消费占比要远高于金融行业，不像其他一些欧洲国家那样虚拟经济和金融衍生品占比过大。不过从目前情况看，斯洛文尼亚也需要及时作出改变，实施政府改革计划，包括削减公共部门薪资及工作岗位，提高退休年限，落实私有化项目，刺激经济增长，避免经济滑向申请救助的边缘。

对于其他同样面临经济困境的国家来说，值得警醒的教训是，即便是出于IMF的建议，采取过长时间的财政刺激政策，也很有可能适得其反。

（陆　屹）

欧元区改革最新进展与难题

当前欧元区陷入困境的六方面原因[①]

【按】2012年11月13日—14日，中国人民银行上海总部与德意志联邦银行联合举办了央行业务研讨班，主要议题涉及当前欧元区陷入困境的原因、欧洲央行危机应对的措施、欧盟主要监管制度框架的改革、欧洲央行宏观审慎监管框架与德国央行宏观审慎监管实践、欧洲央行货币政策传导机制的演变、欧洲金融市场最新发展、Target支付系统失衡等。现将相关内容整理报上，供参考。

当前，欧元区遭遇了自成立以来的最大困境。业界普遍认为，货币政策与财政政策的不匹配，是欧元当前困境的根本原因。欧元区拥有唯一的中央银行及统一的货币政策，但财政政策的制定权及执行权，仍归属各成员国政府。根据《欧盟条约》(EU Treaty)及《稳定与增长公约》(Stability and Growth Pact)，一方面，欧盟有权监督各国财政政策；但另一方面，成员国对他国债务并无救助义务(不救助条款，No Bail Out Clause)。所以，欧元区失衡的解决，须通过如下三个财政途径：首先在预算方面，要避免过度赤字及不可持续的公共财政支出；其次在成本方面，工资政策与生产力增长应相互匹配；再次是竞争力方面，应通过结构改革，增强产业竞争力。但事实上，各国在经济发展过程中，不同程度地偏离了上述要求，致使欧元区陷入困境。其原因包括如下六个方面。

一、融资成本趋同，掩盖了各成员国风险差异

欧盟成立后，各成员国债券利率逐渐趋同，如图1所示，2000年之后这一趋势更为明显。一方面，欧元的使用消除了各国面临的汇率风险，造成融资成本普遍下降；另一方面，对欧元这一新生事物的盲目乐观，使市场无视各国经济发展及财政状况的差异，更忽略了不救助条款的存在。当国际金融危机爆发迫使市场重新审视国别风险时，却为时已晚。

二、欧盟框架未能防止超额赤字

欧盟成立后，《稳定与增长公约》一直缺乏足够的约束力与执行力，3%的赤字上限屡被突

---

① 本文根据德意志联邦银行柏林及勃兰登堡大区分行行长克劳斯·蒂格斯(Claus Tigges)先生的发言稿及相关讨论整理。

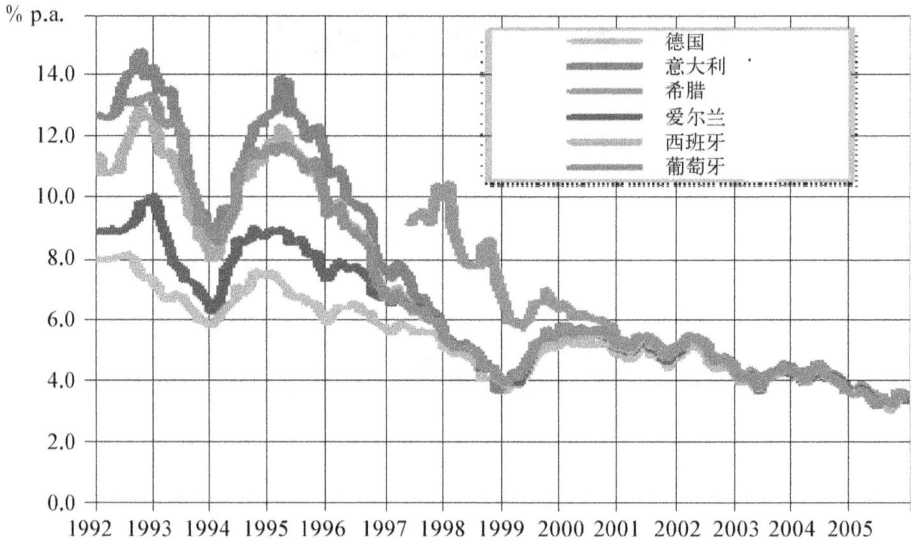

图 1　各国 10 年期国债基准利率走势

破，相应的惩治与整改措施也难以出台，无形中鼓励了这一趋势的蔓延。1999—2006 年间，超额赤字年份超过一半的成员国共有 5 个，希腊与葡萄牙更是从未将赤字限制在 3%以内，且赤字比例呈现不断扩大趋势。值得注意的是，即使这一阶段赤字从未超限的爱尔兰与西班牙，危机后赤字也急剧飙升，表明欧盟框架应对外部冲击能力有限（见图 2）。

% of GDP	EMU	BE	DE	GR	ES	FR	IE	IT	LU	NL	AT	PT	FI	SL	SK
1999	−1，5	−0，7	−1，6	−3，5	−1，2	−1，8	2，6	−2，0	3，4	0，4	−2，4	−3，1	1，7	−3，0	−7，4
2000	−0，1	−0，1	1，1	−3，7	−1，0	−1，5	4，7	−0，9	6，0	2，0	−1，6	−3，3	6，9	−3，7	−12，3
2001	−2，0	0，4	−3，1	−4，4	−0，5	−1，7	0，9	−3，2	6，1	−0，3	−0，2	−4，8	5，1	−4，0	−6，5
2002	−2，7	−0，2	−3，8	−4，8	−0，2	−3，3	−0，3	−3，2	2，1	−2，1	−0，9	−3，4	4，1	−2，4	−8，2
2003	−3，2	−0，2	−4，2	−5，7	−0，4	−4，1	0，4	−3，6	0，5	−3，2	−1，7	−3，7	2，4	−2，7	−2，8
2004	−2，9	−0，2	−3，8	−7，4	−0，1	−3，8	1，4	−3，6	−1，1	−1，6	−4，6	−4，0	2，2	−2，3	−2，4
2005	−2，6	−2，6	−3，3	−5，6	1，3	−3，0	1，7	−4，5	0，0	−0，3	−1，6	−6，5	2，7	−1，5	−2，8
2006	−1，4	0，3	−1，7	−6，0	2，4	−2，4	2，9	−3，4	1，4	0，5	−1，7	−4，6	4，0	−1，4	−3，2
2007	−0，7	−0，1	0，2	−6，8	1，9	−2，8	0，1	01，6	3，7	0，2	−1，0	−2，8	5，3	0，0	−1，8
2008	−2，1	−1，0	−0，1	−9，9	−4，5	−3，3	−7，3	−2，7	3，0	0，5	−1，0	−3，7	4，2	−1，9	−2，1
2009	−6，4	−5，7	−3，2	−15，6	−11，2	−7，6	−14，0	−5，4	−0，8	−5，6	−4，1	−10，2	−2，7	−6，1	−8，0
2010	−6，2	−3，9	−4，3	−10，5	−9，3	−7，1	−31，2	−4，5	−0，9	−5，0	−4，5	−9，8	−2，8	−6，0	−7，7
2011	−4，1	−3，9	−0，8	−9，5	−9，4	−5，2	−13，3	−3，8	−0，3	−4，4	−2，5	−4，4	−0，9	−6，4	−4，9
	Forecast (Jointeconomicprojection by germ an economic in stitutes：11. 10. 2012)														
2012	−3，3	−3，2	0，0	−8，0	−7，5	−4，8	−8，2	−2，4	−1，6	−3，7	−2，9	−6，0	−0，8	−4，5	−4，9
2013	−2，6	−2，7	0，0	−7，0	−6，3	−3，7	−7，3	−1，7	−1，1	−3，2	−2，4	−4，5	−0，3	−4，1	−4，7

图 2　各国历年财政赤字超限情况

三、各成员国未能抓住削减赤字的良机

欧盟成立带来了一段“蜜月期”(Honeymoon Period)，经济发展迅速，市场利率一路走低，各国利息负担减轻。以意大利为例，20 世纪 90 年代后期，该国政府收入曾显著增加，利息负担减少，从而财政赤字明显改善，至欧元区成立时，意大利基本收支账户盈余已达 5%。但意大利未能抓住这一时机削减赤字，基本收支账户再度恶化，公共债务持续维持高位，在市场风险变化时其脆弱性暴露无遗(见图 3)。

四、宏观监管缺乏，工资水平上涨过快

欧元区成立后的繁荣期，帮助某些成员国经历了一段高增长的黄金时期，失业率不断下降，工资水平增长速度超过了 GDP 增长速度，也高于欧元区平均水平(见图 4)。单位劳动成本的高企，带来了通货膨胀压力，而宏观监管的缺失，使这一趋势无法得到纠正，导致出口竞争力下降，经常账户赤字不断扩大。

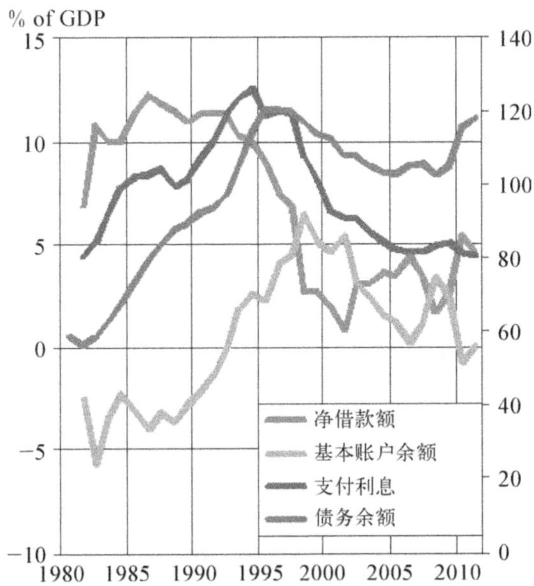

图 3 意大利政府财政状况概览

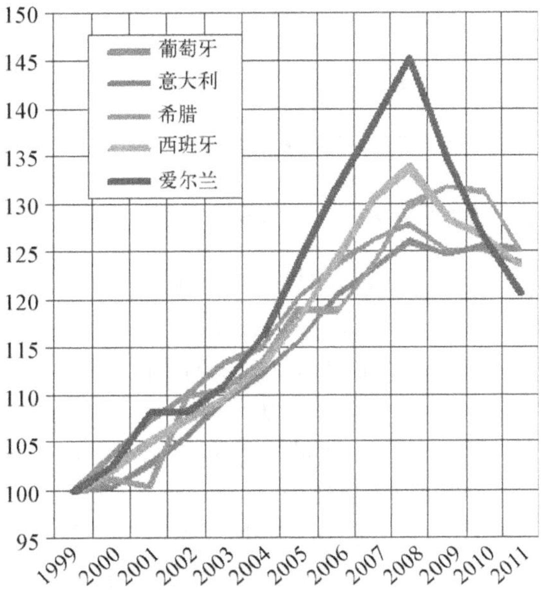

图 4 各国相对于德国的劳动力成本

五、金融监管不足，引发市场失衡和泡沫

如图 5 所示，低利率时期，一些成员国抵押贷款快速增长，房地产泡沫开始累积。各成员国未能充分重视由此引致的潜在风险，也没有采取相应的预防措施。2007 年起，金融危机的爆发引起房地产泡沫破灭(见图 6)，进而影响到银行业乃至整个金融系统的稳定。为稳定市场，政府不得不接管银行的有毒资产(Toxic Assets)，对银行业的资本注入(Capital Injection)，财政状况进一步恶化了财政状况，赤字水平及负债率快速攀升。

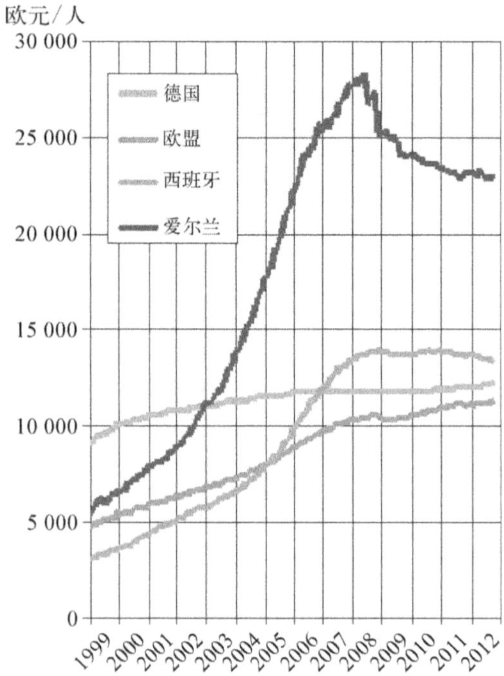

图 5　各国人均房地产贷款

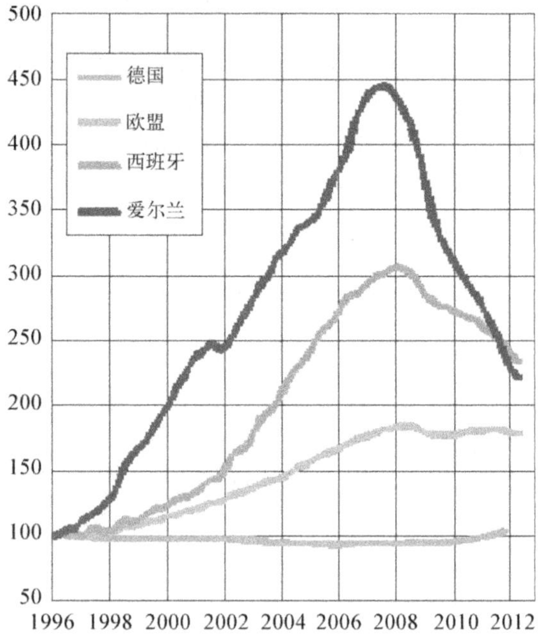

图 6　各国房地产价格走势(1996 年=100)

六、缺乏危机预防机制,重债国陷入恶性循环

危机发生后,市场开始担忧重债国的财政状况,一些成员国的主权债利率溢价不断扩大。在缺乏危机预防机制的情况下,重债国陷入评级下降——抛售压力——国债价格下挫——银行业遭受重大损失——评级进一步下降的恶性循环。此外,由于各国金融市场紧密相连,危机迅速扩散。2011 年前,意大利及西班牙的国债尚能保持稳定,但从 2011 年 6 月起,意西两国国债相对于德国国债收益率溢价相继突破 250 基点(见图 7),标志着危机在“欧洲金债五国”内的全面扩散。

(王凡平)

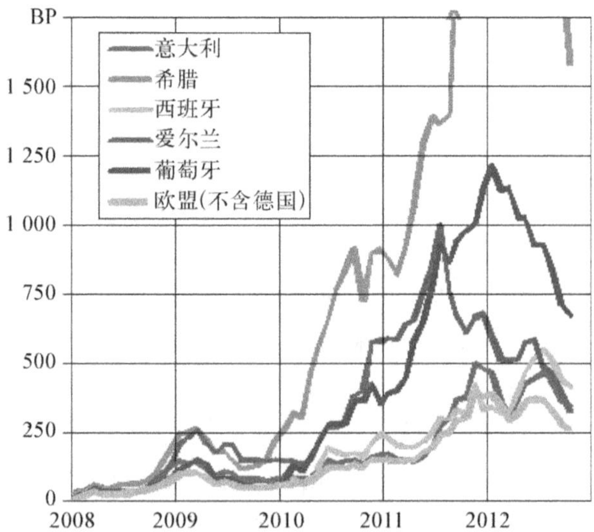

图 7　各国 10 年期国债对德国国债收益率溢价

德国央行对直接货币交易计划持保留态度[1]

一、OMT成立的背景及主要内容

欧债危机发生以来，欧洲央行曾采取一系列旨在稳定市场的政策措施(表1)，希望借此重整金融秩序，恢复市场信心，但时至今日，市场对此反应冷淡。在新任行长德拉吉(Mario Draghi)推动下，欧洲央行于2012年8月推出了无限制国债购买计划(Unlimited Government Purchase Program)，亦称直接货币交易计划(Outright Monetary Transactions, OMT)。其主要内容包括五方面，第一，OMT标的严格限定于1—3年的短期债券，但不对购买数额设置上限；第二，OMT所购债券与普通私人投资者持有债券权利相同，即欧洲央行承诺放弃优先求偿权；第三，危机国家获得OMT支持的前提条件是激活ESM[2]或ESFS[3]中至少一项，并严格执行其各项条款；第四，执行过程中一旦发现违反ESM或ESFS条款行为，OMT将立即终止，即严格的"熔断机制"(Fuse Mechanism)；第五，欧洲央行有权决定是否、何时、在多大程度范围内实施OMT计划。

表1 欧洲央行2010年以来稳定市场的主要措施

时　间	主 要 内 容
2010年5月	欧洲央行首次决定干预国债市场
2011年11—12月	调低基准利率50个基点，将最低准备金率下调100基点至1%。 首次通过3年期以内国债进行再融资操作，并进一步放松抵押品限制。
2012年6月	再次调低基准利率50基点至0.75%。
2012年8月	以OMT取代原证券市场计划(已公布计划，但尚未正式实施)。

二、欧洲央行实施OMT的原因及效果预测

欧洲央行认为，国债高风险溢价反映了欧元区面临的"解体"风险(Risk of Reversibility)。国债利率高企将影响货币政策传导机制，并对危机国实体经济恢复造成致命打击。欧洲央行实施OMT，并非援助危机国家政府，而是旨在"疏通"其自身的货币政策传导机制，防止金融

① 本文内容根据德意志联邦银行柏林及勃兰登堡大区分行行长Claus Tigges先生的发言及相关讨论整理。

② ESM，即欧洲稳定机制(European Stability Mechanism)，于2011年3月的欧洲峰会上获批，由800亿欧元现金及6 200亿欧元通知即缴资本组成，目的是筹集资金并设立严格条件向融资问题严重的欧元区国家贷款，以确保欧元区稳定。

③ EFSF，即欧洲金融稳定基金(European Financial Stability Facility)，于2010年5月由欧盟与国际货币基金组织成立，目的是保护各成员国的金融稳定。截至2011年3月，EFSF准备放款规模约2500亿欧元。

风险影响实体经济。

欧洲央行在之前实施的第一轮国债购买计划，其效果相当有限，未能抑制国债利率攀升。而 OMT 计划公布后，其效果已初步显现，10 年期国债收益率下降了 125—150 基点，而 2 年期国债收益率下降更为明显，其中西班牙和意大利国债分别下降了 325 基点和 275 基点（见图 2），尽管如此，OMT 的后续效果仍待时间检验，因为如前所述，2011 年底欧央行推出的三年期再融资操作，开始时曾显著降低了利率水平，但数月之后，其效果便“蒸发”殆尽。

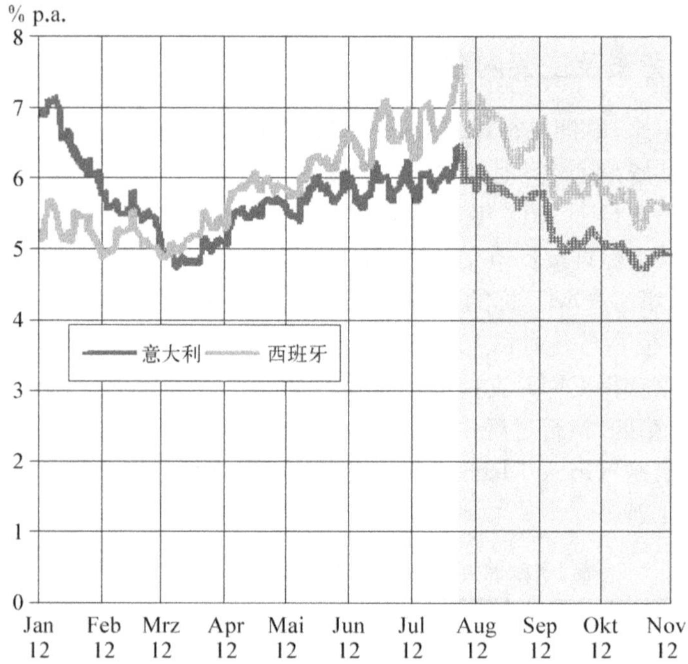

图 1 意大利与西班牙 10 年期国债收益率走势

三、德国央行目前对实施 OMT 计划尚持保留态度

德国央行官员曾在不同场合表示，危机国家应首先采取缩减赤字、结构改革等自救措施，而不是坐待欧洲央行援助。自 OMT 计划公布以来，德国央行便对其持保留态度，主要原因包括以下六点。

第一，OMT 有违欧盟条约精神。德国央行认为，欧洲央行在二级市场实施无上限的国债购买，事实上相当于对成员国进行货币融资（Monetary Funding of States），通过干预二级市场，欧洲央行可将单一成员国纳税人所承担的风险在整个欧元区进行再分配，这违背了欧盟相关条约精神，也非欧元区成立的初衷。

第二，OMT 超出了欧洲央行的职责范围。除有违法理外，欧洲央行通过 OMT 所承担的危机国家政府债券的风险将进一步提高，使欧洲央行事实上为成员国财政提供融资。通常情况下，国债风险社会化（Socialization）应由财政政策决定，其决策权归属于各国政府及欧洲议会。而欧洲央行此举，则超出其正常的职责范围。

第三，OMT 无助于纠正货币传导机制失灵的困境。OMT 的实施以接受 ESM 或 ESFS 为先决条件，有干涉成员国自主权之嫌。更重要的是，若 OMT 旨在纠正货币传导机制失灵的困境，就不应为其设置诸多前提条件。

第四，OMT 易引致道德风险。OMT 能暂时降低国债风险溢价，稳定欧元区局势，但也有可能减弱危机国家彻底改革的意愿。OMT 的先决条件并不能彻底解决道德风险问题，而偏离 ESM 时的熔断机制，则易引起金融市场波动，因此也很难付诸实践。

第五，OMT 将损害欧洲央行的独立性。OMT 一旦实施，各方政治压力将使其走上不归之路。如此以来，欧洲央行的货币政策将受到严重拖累，危及其维护物价稳定等目标的可信度，并最终影响欧洲央行的独立性。

第六，OMT 并未切中风险溢价之要害。德国央行认为，高风险溢价并不必然反映市场对欧元解体的担忧，而更多反映了危机国家改革方案缺乏可信性。解决问题的关键，在于推动各国久拖不决的劳动力及市场改革，增强其国际竞争力，改善财政状况并最终实现可持续发展。否则，OMT 也是治标不治本，从而进一步拖延欧债危机的最终解决。

（王凡平）

欧元区监督机制框架的改革及评述[①]

欧债危机爆发后，欧盟最初主要是通过紧急救助措施，为希腊等重债国纾困。但事实证明，相关应对治标不治本。随着危机程度进一步加深和范围扩大，欧盟不得不转换思路，开始陆续推出财政契约、宏观经济监测记分牌、欧洲稳定机制、银行业联盟等监督机制，缓解欧元区货币统一但成员国财政相对独立的深层次矛盾，以期从根本上化解危机。

一、财政契约

（一）主要内容

“财政契约”(Fiscal Compact)是欧盟成员国领导人在 2012 年 1 月 30 日的峰会上通过的一项法律草案，旨在对欧盟各成员国实施更严格的财政纪律。“财政契约”的目标，是敦促成员国实现中期预算平衡，将结构性赤字占国内生产总值(GDP)的比重控制在 0.5%以内。与《稳定与增长公约》相比，“财政契约”的不同之处有五：一是将中期预算平衡目标纳入各国宪法，由欧盟最高司法机构欧洲法院检查执行情况；二是提出公共支出的增长率不得超过生产潜能的增速；三是一旦欧盟委员会认为成员国违规，过度赤字程序将自行启动(准自动机制)；四是引入惩罚机制，欧盟委员会可直接对违规成员国采取惩罚措施，除非多数成员国投反对票(反向多数规则)；五是严格执行马斯特里赫特框架下，公共债务占 GDP 的比重不得超过 60%的上限规定，如果成员国违规，必须连续 3 年每年降低其超标负债(超过 60%的部分)的二十分之一(1/20 规则)。

（二）相关评述

“财政契约”强调财政赤字和公共债务的结构性平衡，对维护公共财政的中期可持续性至关重要。将公共支出增长率与生产潜能增速挂钩，可预防在经济景气时期，公共支出增长过快，甚至达到不可持续的水平，而在不景气时期，财政赤字急剧上升。反向多数规则的运用，可提高过度赤字程序的可信度，而准自动机制能发挥良好的预防作用。需要指出的是，“财政契约”并不是财政联盟，只有提升每个成员国的责任感，才能确保有效执行。

二、宏观经济监测记分牌

（一）主要内容

《稳定与增长公约》的主要缺陷之一，是缺乏明确目标，对财政风险的覆盖不够全面。为了弥补这一不足，欧盟提出，从预防和纠正两个角度出发，加强宏观经济监测。预防性宏观经济监测是指，每年年初，根据 10 项预警指标(见表 1)，对成员国宏观经济失衡情况进行评估(记

---

① 本文根据德意志联邦银行柏林及勃兰登堡大区分行行长克劳斯·蒂格斯(Claus Tigges)先生的发言稿及相关讨论整理。

分牌制度)。如果成员国宏观经济出现失衡现象,但尚未达到过度程度,欧洲理事会将提出预防措施建议;如果成员国经济过度失衡,欧洲理事会将启动纠正程序。

表 1 欧元区宏观经济监测记分牌 10 项指标的内容

外部失衡和竞争力指标	经常账户余额(占GDP的比重,3年平均余额:-4%/+6%)	净外国头寸(占GDP的比重:-35%)	实际汇率(基于协调CPI,3年的百分比变化:+/-5%)	出口市场份额(5年的百分比变化:-6%)	单位劳动力成本(名义,3年的百分比变化:+9)
内部失衡指标	房价(年度百分比变化:+6%)	对私人部门信贷(占GDP比重的年度变化:15%)	私人债务(余额占GDP的比重:160%)	公共债务(余额占GDP的比重:60%)	失业率(3年的平均水平:10%)

(二) 相关评述

宏观经济监测程序旨在及时发现并纠正经济发展的不良趋势,为有效应对提供支持。此外,宏观经济监测针对的是竞争力较弱、可能引发金融市场动荡的国家,因此,记分牌指标具有不对称性。例如,经常账户赤字的边界值明显小于经常账户盈余的边界值。

三、欧洲稳定机制

(一) 主要内容

欧洲稳定机制是由欧盟设立的一个永久性救助机制,于2012年10月8日开始正式运作。生效后的ESM将取代原先设立的两个临时性救助机制,即欧洲金融稳定基金(European Financial Stability Facility, EFSF)和欧洲金融稳定机制(European Financial Stability Mechanism, EFSM),以更严格条件向融资问题严重的成员国放贷,从而确保欧元区的稳定。

ESM的资金分为两部分,分别为800亿欧元的入股资本以及6 200亿欧元的可通知即付资本,总额共计7 000亿欧元,其中包括不能用于借贷的资本缓冲。第一批320亿欧元的入股资本计划于2012年10月就位,剩余入股资本将分两次至2014年到位。成员国按照在欧洲中央银行的资本比例对ESM贡献出资。国际信用评级机构惠誉和穆迪对ESM的评级为AAA级,为了维持这一最高评级,ESM的最大放贷能力达5 000亿欧元。

ESM包括两大支持计划,一是宏观经济调整计划下的支持贷款,关注财政整顿和结构改革,旨在帮助无法从资本市场融资的成员国恢复国内金融稳定;二是旨在防范整个欧元区金融市场风险的预警计划,具体包括审慎金融援助、银行注资计划、二级市场支持便利以及一级市场干预。

(二) 相关评述

有必要建立短期危机预防机制,以防止风险在成员国之间传播,威胁整个欧元区的金融稳定。但是,在设置支持计划的融资条件时,应慎之又慎,否则会造成负面影响。从监管的角度看,二级市场干预具有局限性,因为只有在利率长期明显偏离基本面的情况下,才可进行二级市场干预。需要指出的是,干预充其量只能争取时间,并不能解决根本问题。因此,必须要求危机国家进行改革,为经济持续增长和公共债务减少创造条件。

四、银行业联盟

（一）主要内容

在 2012 年 5 月 23 日欧盟非正式领导人会议上，欧盟委员会主席巴罗佐率先提出“银行业联盟”的概念。此后，在 6 月的欧盟峰会上，欧盟委员会提出“三步走”设想：首先，赋予欧洲中央银行对欧元区所有银行的监管权（单一监管机制）；其次，由银行出资设立一个基金，应对可能出现的银行破产清算；最后，建立一个健全的存款保险机制，在银行破产或重组时保护欧元区储户利益。设立银行业联盟，旨在营造公平竞争的环境，降低银行挤兑风险，消除公共债务与银行债务之间的恶性循环，降低各成员国之间的负面溢出风险。

根据欧盟委员会路线图，对银行业的主要监管职责将陆续由各成员国监管当局移交至欧洲中央银行。具体计划是：2013 年 1 月 1 日起，将欧元区成员国所有需要救助的银行的监管职责移交给欧洲央行；2013 年 7 月 1 日起，将系统性重要银行的监管职责移交给欧洲央行；2014 年 1 月 1 日起，将欧元区内所有其他银行的监管职责移交给欧洲央行。同时，各国监管部门仍然是欧洲银行监管体系的重要组成部分，并服从欧洲央行的相关监管指令。

（二）相关评述

单一监管机制是对货币与经济联盟（EMU）的有益补充，充分考虑了欧元区内金融市场的高度关联性，有助于重塑整个金融体系的信心。但德国央行认为，建立有效的欧洲监管框架，则是一项巨大的工程，无法一蹴而就。另外，欧盟委员会制定的时间表过于激进，目前除法律条文基本就绪外，欧洲央行对于银行监管的基础设施尚未到位。

德国央行还认为，建立银行业联盟后，对问题银行的处置需一分为二，即原有的问题银行仍由各国负责处置，只有在银行业联盟建立之后出现的问题银行，才由欧洲处置机制接手。否则会造成道德风险，引起纳税人不满。

银行业联盟的另一可能性缺陷，就是在共同存款保险的保障下，各银行的融资成本趋同，危机国家的银行也能以较低的成本进行再融资，金融市场的惩罚效力将由此而受到影响。因此，若要避免成员国出台过度负债政策，必须加强财政纪律，深化财政一体化。

（张　勤）

欧洲央行宏观审慎监管框架及其最新发展[1]

宏观审慎监管[2]概念，最早由国际清算银行于20世纪70年代提出，旨在关注发展中国家过度依赖国际借贷所引起的风险。数十年来，宏观审慎监管发展缓慢，直至国际金融危机爆发，业界才开始重新关注这一理论。以《多德—弗兰克法案》和《巴塞尔协议Ⅲ》为代表的一系列金融监管法案的问世，意味着宏观审慎监管理念得到了各国金融监管部门的认可。

一、欧洲央行宏观审慎监管框架

2009年6月，欧盟理事会通过《欧盟金融监管体系改革方案》，决定加强宏观审慎监管。此后，欧洲央行积极在欧元区与各成员国推行宏观审慎监管理念，完善宏观审慎监管框架，取得了一定成效。

（一）宏观审慎监管旨在增加金融体系弹性并解决金融失衡

欧洲央行认为，宏观审慎监管最终目标是最大限度降低系统性风险，以防范或减轻其对金融稳定的影响。在具体操作中，最终目标又可细分为两个操作目标，一是增加金融体系的弹性(Resilience)，强化其抵抗外部冲击的能力；二是解决金融失衡(Financial Imbalance)，减轻经济周期对金融体系的影响。两者在实施途径、工具选择及调整频率等方面存在显著区别(见图1)。

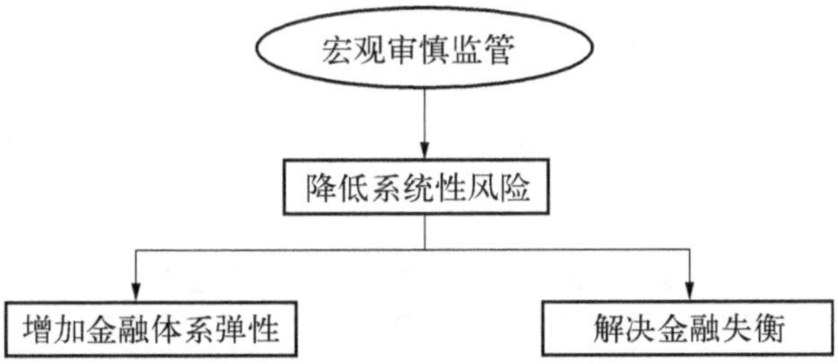

实施途径	重新设计监管工具，将系统性风险纳入其中	根据金融周期动态使用监管工具
工具选择	既可能是微观工具也可能是宏观工具	更倾向于宏观工具
调整频率	调整频率较低(如对金融体系结构的调整)，但要经常审视评估	需要周期性审视及调整，以应对金融周期引起的波动

图1　宏观审慎监管目标分解及比较

① 本文内容根据德意志联邦银行金融监管高级顾问彼得·施皮卡(Peter Spicka)发言及相关讨论整理。若无特别标注，文中图表也均来源于发言书面材料。

② 即 Macroprudential Supervision，指降低系统性风险、防止金融不稳定对经济造成的影响的监管，可有效填补传统微观审慎监管和宏观政策间的空白。

(二) ESRB[①] 是宏观审慎监管的核心

在欧元区宏观审慎监管体系中，ESRB 是其核心机构。该机构成立于 2010 年 12 月，下设一般委员会、督导委员会、技术及科学咨询委员会、秘书处等机构(见图 2)，各机构均由欧央行及成员国央行代表、各国金融监管机构代表、欧洲委员会代表等组成(其中欧央行代表占多数)，各方通过不同方式为 ESRB 决策提供支持(见图 3)。同时，ESRB 还与其他监管机构保持紧密联系与协作，一方面，ESRB 与分别负责监管银行业、证券业、保险业的 EBA[②]、ESMA[③] 和 EIOPA[④] 相互配合，共同维护整个金融市场稳定；另一方面，ESRB 协调欧洲央行与 27 个成员国央行，保证宏观审慎政策在各成员国的实施。

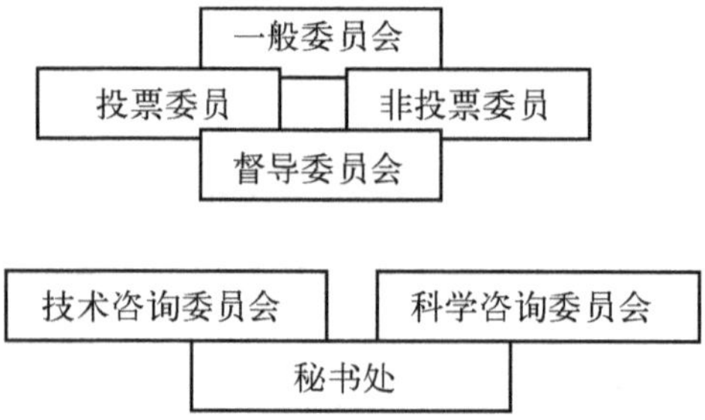

图 2　ESRB 组织架构

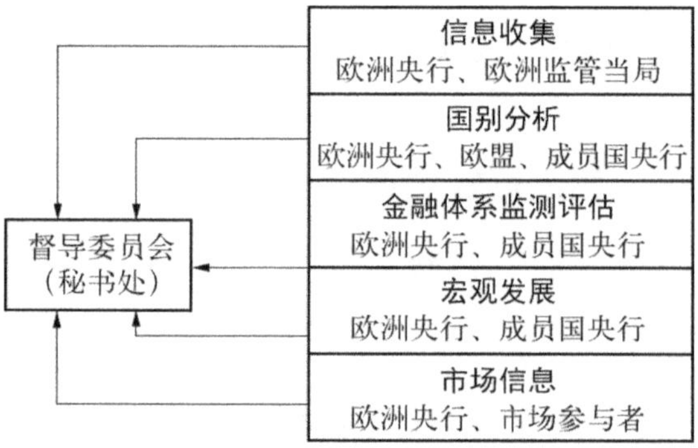

图 3　ESRB 决策支持网络

(三) 综合应用宏观审慎政策工具[⑤]，保证监管目标实现

欧洲央行及 ESRB 认为，宏观审慎政策工具是经济政策工具、货币政策工具和财政政策工具的有机结合，并服务于宏观审慎监管的两个操作目标。在增加金融体系的弹性方面，政策应着眼于改善金融机构的资产负债表，从资本(准备金)及流动性两方面入手，解决金融体系缺陷可能引起的系统性风险(见表 1)；而在解决金融失衡方面，政策应盯住信贷总供给及总需求，通过对房地产市场、公司信贷市场及资本市场等的调控，解决供需失衡可能引起的系统性风险(见表 2)。

表 1　增加金融体系弹性的政策工具

资本及准备金管理工具		
针对跨部门系统性风险	资本界定	对一级资本界定实施更严格的标准
	杠杆比率	针对总风险暴露引入最低资本比率
	对手方信用风险	针对对手方信用风险实施更严格的准备金比率(尤其针对衍生品、回购等高风险品种)

---

① 欧洲系统性风险委员会(European Systemic Risk Board)。

② 欧洲银行监管局(European Banking Authority)。

③ 欧洲证券和市场监管局(European Securities and Markets Authority)。

④ 欧洲保险与职业养老基金局(European Insurance and Occupational Pensions Authority)。

⑤ 即 Macropudential Policy Instruments，主要指从资产和负债两方面减轻金融系统顺周期性、防止金融系统风险的宏观工具。

续 表

资本及准备金管理工具		
针对跨时间系统性风险	最低资本充足率	通过在繁荣期调整违约概率等方式降低资本的周期性。
	留存资本缓冲	建立最低留存资本以应对危机(对分红、股份回购及股权激励等进行限制)。
	逆周期资本缓冲	根据超额信贷增长或宏观经济数据对留存资本进行调整。
	前瞻性准备金	准备金预提基于损失预计额,而非实际发生额。
流动性管理工具		
针对跨部门系统性风险	净稳定资金比率(长期)	通过引入结构比率解决流动性错配,鼓励银行对以稳定资金来源提供1年期以上资金。
	流动性覆盖比率(短期)	改善短期资金质量,保证高质量流动性资产足以应对资金紧张局面。

表2 增加金融体系弹性的政策工具

影响信贷需求		
房地产市场	抵押品杠杆率[①](LTV)	在房地产过热时调低LTV,萧条时调高LTV,也可与其他贷款者资质相结合。
银行信贷市场	抵押贷款条件	信贷过度增长或系统风险初显时采取更严格的抵押条件。
资本市场	利润及损失	繁荣时期放大金融交易的利润或少记可能的损失,危机时对损失进行预估减记。
影响信贷供给		
房地产市场	法定及任意资本留存	提取资本公积以应对LTV等外部冲击引起的资本充足率风险。
银行信贷市场	法定及任意资本留存	提取资本公积以应对特定行业或贷款者风险引致的冲击。
资本市场	利润及损失	繁荣时期放大金融交易的利润或少记可能的损失,危机时对损失进行预估减记。

(四)宏观审慎框架运行机制

欧洲央行在宏观审慎监管实践中,首先对潜在的系统性风险源进行监测,若注意到异常情况存在,则要运用各种工具及模型对风险进行识别和评估。如风险由系统脆弱性(Vulnerability)引起,且属对金融稳定存在影响的实质性风险(Material Risk),则须根据具体情况,通过风险警示(Risk Warning)、政策建议(Policy Recommendations)、政策执行(Policy Implementation)等形式对相关市场进行干预,并实时监测执行情况及政策效果(见图4)。

① 抵押品杠杆率(Loan to Value, LTV),即贷款额与抵押品价值的比率。经济过热时,房地产等抵押品价格上升,容易引起过度放贷等现象,需调低LTV以控制风险。

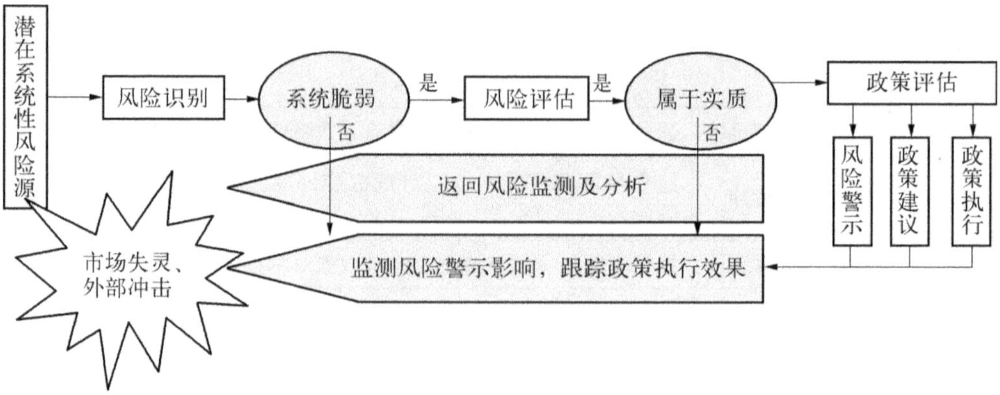

图 4　宏观审慎框架运行机制

二、欧洲央行宏观审慎监管最新发展：以系统性风险指标监测并预防系统性风险

(一) 系统性风险及其传导机制

宏观审慎监管的重点，在于系统性风险的预防，旨在最大程度减少系统性风险发生的可能性，并通过增强金融系统的弹性，来减轻系统性风险的冲击。当前，国际组织及各国当局对系统性风险的定义不尽相同。欧洲央行认为，系统性风险是指金融动荡迅速蔓延，影响金融系统功能正常发挥，经济发展与社会福利因此而受到实质性影响①。在此基础上，可将影响金融稳定的风险因素进一步分为五大类，即国际及国内宏观环境、实体经济(公共及私人部门、房地产市场等)、金融市场、金融中介、市场基础设施。上述五类风险因素相互影响，并通过三种途径影响金融系统稳定，一是传染蔓延(Contagion)，如雷曼兄弟倒闭对其他金融机构的影响；二是内生积累与失衡爆发②，如房地产泡沫生成及破灭；三是总体冲击(Aggregate Shocks)，如石油价格暴涨。各类风险通过市场间传导与关联不断放大，最终引起整个金融系统的全盘崩溃(见图 5)。

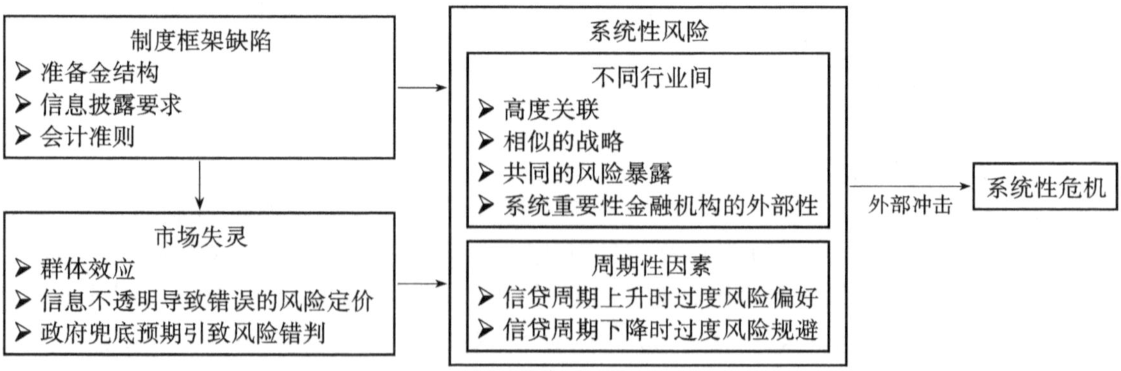

图 5　系统性风险传导机制

---

① 原文为：... financial instability becomes so widespread that it impairs the functioning of a financial system to the point where economic growth and welfare suffer materially.

② Endogenous Building-up and Unraveling of Imbalances.

鉴于系统性风险对宏观审慎监管的重要意义，欧洲央行近期着力完善了系统性风险理论，并发展了系统性风险指标体系来监测并预防系统性风险。

（二）系统性风险指标选择及分类

系统性风险指标是衡量金融系统稳定性的工具，旨在识别并监测与系统性风险相关的各种因素。系统性风险指标多选用央行可直接获得的宏观经济数据。近年来，欧洲央行及成员国央行逐渐认识到金融市场参与者态度和行为对金融稳定的重要性，开始加强市场调研数据在指标体系中的比重①。在实践中，通常将系统性风险指标进行分类，以全面反映系统性风险（见表 3）。

表 3　主要系统性风险指标分类

类　别	指　标
实体经济	➢ GDP 增长 ➢ 财政收入及平衡 ➢ 通货膨胀
金融市场	➢ 股票指数变动、公司债券收益 ➢ 市场流动性、市场波动程度 ➢ 房地产价格等
外部因素	➢ 实际汇率 ➢ 外汇储备 ➢ 经常账户及资本流动
公司部门	➢ 总资产负债率 ➢ 利息覆盖比率 ➢ 公司违约率
家庭部门	➢ 资产价值（金融资产、房地产等） ➢ 负债、收入、消费等
金融部门	➢ 货币发行量、实际利率银行信贷增长 ➢ 资本充足率、不良贷款 ➢ 风险溢价（CDS）、流动性比率

（三）系统性风险指标应用实例：金融稳定雷达图

系统性风险指标既可单独使用，也可用某些方法综合在一起，以反映系统性风险的总体情况。在实际操作中，IMF 等引入了金融稳定雷达图的概念，以全面反映系统性风险及其变动（见图 6）。雷达图中，每个方向代表了影响金融稳定的约束条件或风险点。条件越宽松或风险越低，相应的风险点越靠近中心，反之则越靠近边界。将各风险点相连，其面积就表示整体系统性风险大小，而不同年份雷达图面积的变动，也可用来比较特定风险及整体风险的变动②。在图 7 及图 8 的实例中，IMF 及克罗地亚国家银行（Croatia National Bank，CNB）分别

① 如英格兰央行年度系统性风险调查（Annual Systemic Risk Survey，Bank of England）。

② 这一方面的缺陷可能在于，等边多边形无法量化各约束条件/风险对整体风险的权重。当然，如何分配权重本身就依赖于主观判断。——作者注

应用雷达图对全球及克罗地亚金融体系进行了系统性风险评估。

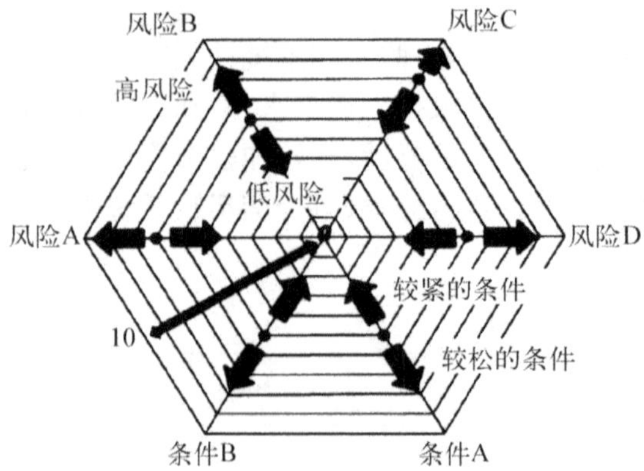

图6　金融稳定雷达图结构

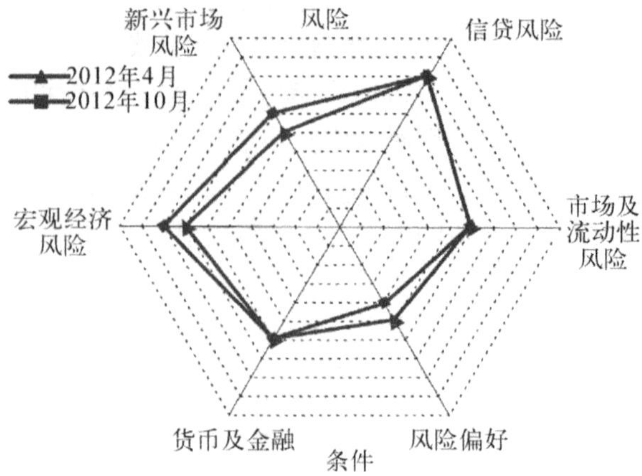

图7　全球金融稳定评估(IMF)

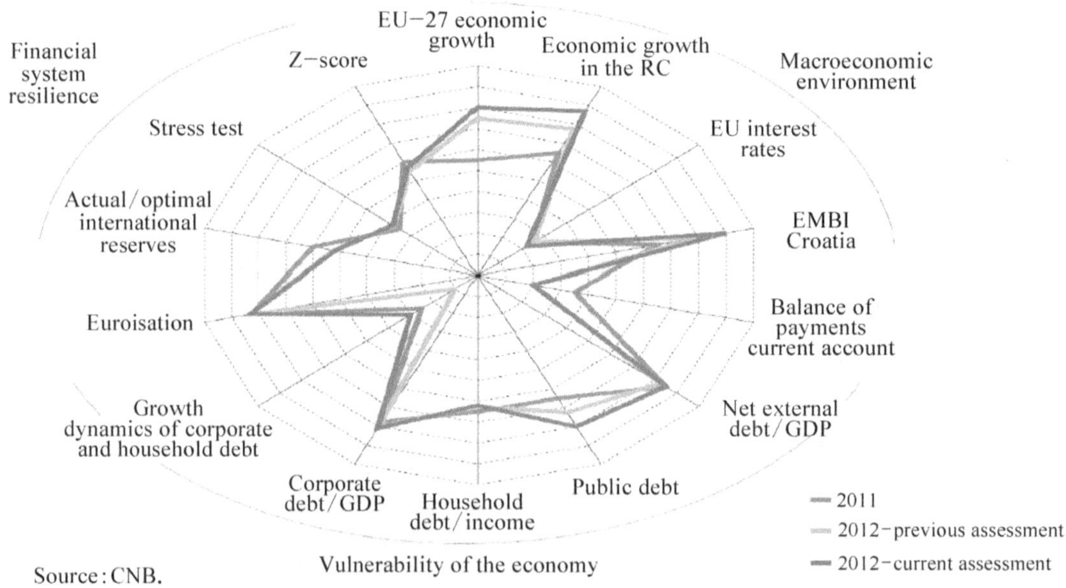

图8　克罗地亚金融稳定评估(CNB)

(四)系统性风险指标面临的四方面挑战

系统性风险指标在维护金融稳定方面初见成效,但也存在诸多不足,其面临的主要挑战有如下四个方面。

一是金融市场结构的复杂性,影响指标选择。金融市场参与者类型众多,对于不同类型的市场及其参与者,理论上需要选取不同指标以反映其特定风险,但在实践中指标如何取舍,是目前较为棘手的难题。

二是指标的滞后性,影响系统性风险的应用。除市场调查外,多数宏观经济指标都存在不同程度的滞后性,只能反映数月前的系统性风险,缺乏时效性及前瞻性,这在较大程度上限制了系统性风险的实用性。

三是对指标值存在不同的解读。例如，较高的银行偿债能力反映了其抗冲击能力，但也有可能暗示其放贷能力弱，缺乏竞争力，因而存在倒闭风险；较低的利差可能表明宏观经济运行良好，但也不能排除利率操纵或错误定价的可能性；较高的资产收益率通常反映了实体经济与资本市场运行良好，但受到外部冲击时，资本市场恐慌也更易影响实体经济。

四是鉴于各国金融体系的差异，尚无统一的衡量标准。对于发展中国家，资本流动及外汇储备变动可能是影响金融稳定的最主要因素；而对于发达国家，银行风险暴露水平可能更为重要。因此，对于体系中同一指标，不同国家须赋予不同权重，而权重分配更依赖于主观判断。

（王凡平）

英国对欧洲银行业联盟的矛盾态度

自2012年6月欧盟开始酝酿建立欧洲银行业联盟以来，由于各方境况不同，利益诉求存在差异，欧元区国家之间、欧元区国家与非欧元区国家之间围绕该计划的争议不断。虽然以英国为代表的10个欧盟中的非欧元区国家可自愿选择是否加入银行业联盟，但该联盟的最终建立有赖于所有27个欧盟成员国的赞成票。目前看来，非欧元区国家的微妙态度有可能成为推进欧洲银行业联盟的障碍并影响联盟计划的方向与进程。

一、英国对银行业联盟的态度表现

（一）卡梅伦对银行业联盟言辞多变

2012年6月，当欧盟委员会提出建立欧元区银行业联盟的设想，英国首相卡梅伦7日在柏林与德国总理默克尔会晤后表示，由于英国不属于欧元区，因此不会参与其中。“我们不会加入银行业联盟，也不会让英国纳税人来支持希腊和西班牙的银行业，”卡梅伦说，“这不是我们的货币，因此我们那么做不合适。”

此后，在2012年10月18日—19日的欧盟峰会上，卡梅伦虽然对欧元区必要的整合表示了支持，但他依然对欧元区单一银行监管机构表示担忧，认为这将给予欧洲央行过分的权力，并干涉伦敦金融城的规则。在峰会上，卡梅伦表示：“我不希望妨碍一个合适的银行业联盟的建立，但我也很清楚地认识到，我是一个金融服务业占欧洲份额40%的国家的首相。”

但2012年11月13日，卡梅伦在会见意大利总理蒙蒂后表示，建立银行业联盟对统一至关重要，英国已经准备好为“有保障的金融服务”提供支持。

（二）英国财政部表示不愿为欧元区银行资本重组买单

2012年6月，欧盟委员会主席巴罗佐提出建立欧洲银行业联盟的设想后，英国财政部认为这一提议是“单一货币的单一财政支撑”。英国财政大臣奥斯本坚称，英国不会加入银行业联盟，否则英国纳税人就需要为欧元区银行的资本重组买单，英国主要银行还需要接受欧盟监管机构的监管。

（三）英国威胁阻碍欧元区单一银行监管计划

2012年11月初，英国警告其他欧盟国家，自己可能会阻碍欧元区设立单一银行监管的计划，除非那些没有包含在系统内的国家可以享有更多保障。在银行监管蓝图谈判过程中，英国大使声称，银行业联盟未来可能在欧盟占据主导这一问题如未得到妥善解决，英国不会同意通过整个监管方案。还有七个国家也支持英国尽快解决该问题的呼吁。

二、英国对银行业联盟矛盾态度的原因

总体看来，英国对于欧洲银行业联盟的态度是矛盾的。

(一) 作为“旁观者”,支持欧洲银行业联盟

欧洲银行业联盟的建立,有望终结主权债务危机和银行危机的恶性循环,欧洲稳定机制(European Stability Mechanism, ESM)将可以对危机中的欧盟银行直接注资,由此分离政府救助与银行救助,打破银行危机与主权债务危机互为因果的循环链条。这不仅能够稳定银行市场,也能改善信贷环境,有助于最终实现金融与经济稳定。英国不属于欧元区国家,不必加入欧洲银行业联盟。作为“旁观者”的身份,英国对欧元区必要的整合持支持态度。

(二) 作为“当局者”,担心利益受损

英国又是银行业联盟的“当局者”,欧元区金融市场对英国银行业的影响不可小觑。这不仅因为英国银行在欧元区国家的分支机构将被直接纳入统一监管的范畴,更因为英国金融服务业发达,占欧洲金融市场份额高达 40%,欧元区金融市场的任何一丝“风吹草动”都将对英国银行业造成不可预知的影响。

此外,英国担心欧洲央行成为一个拥有欧元区银行监管能力的机构后,同时拥有过分集中的权力,从而损害英国的利益。英国是一个民族自尊心特别强的国家,在捍卫国家主权方面一直秉承强硬态度。英国虽早已符合加入欧元区的条件,却考虑到加入欧元区意味着必须放弃相当一部分的货币及货币政策主权,因而一直拒绝加入欧元区。

(三) 作为非欧元区国家,有可能被日益“边缘化”

随着统一银行监管体制的建立,以英国为代表的非欧元区国家想继续在欧盟层面享有公平的话语权,已不大现实。从长远来看,欧洲银行业联盟将进一步加强欧元区金融市场的一体化,而游离在欧元区外且没有银行业联盟成员身份的英国,就难以避免被日益“边缘化”的尴尬处境。这与英国希望借助欧盟这一舞台,增强其在欧洲和世界影响力的愿景背道而驰。

总之,何去何从,英国仍在痛苦的抉择中。

三、英国态度对银行业联盟计划的影响

按照欧洲银行业联盟的计划,英国虽然无需接受欧洲央行的监管,但因其许多国际性银行在欧元区均有运作,将会受到欧洲央行新监管模式的影响。英国担心欧洲央行在新权力之下,将会提出可能损及伦敦作为欧洲金融中心地位的监管要求。瑞典、波兰等非欧元区国家亦有类似的顾虑。为此,英国认为欧洲银行管理局(EBA)的投票方法应作出调整,即不能允许欧元区 17 国形成天然的绝对多数,从而令英国等其他 10 个欧盟但非欧元区国家处于不利地位。

目前,由于一些欧元区国家也担心银行业联盟计划可能赋予欧洲央行太多权力,从而使成员国监管机构无用武之地,欧盟正考虑屈服英国和这些国家之前提出的削减欧洲央行银行监管权力的要求,以保证建立银行业联盟的计划获得通过。

塞浦路斯是欧盟当前的轮值主席国,他们一直寻求各方能在银行业联盟方面早日达成妥协。塞浦路斯提议对计划作一定的更改,以打破谈判僵局,并使该计划更易接受,特别是让非欧元区国家接受。

欧盟 11 月 16 日的一份文件建议,应建立一种新的联盟结构,使非欧元区欧盟成员国在加入这一银行业联盟计划后,能够在欧洲央行的相关监管决定中获得豁免。该建议表示:“非欧元区参与国可能会通知欧洲央行,他们不受欧洲央行监管决定的约束,欧洲央行或因此而考虑

暂停或停止相互之间的密切合作。"另有官员表示:"银行业联盟计划正朝适应非欧元区国家的方向前进,同时也尝试赋予成员国监管当局更多权力。"

四、小结

英国在银行业联盟计划方面的立场,影响着该计划的推进内容与速度,事实上,该计划也在向有利于英国等非欧元区国家的方向发展。但计划如何更好地反映非欧元区成员国声音,使欧元区国家间、欧元区国家与非欧元区国家、欧盟与欧洲银行业之间的利益得到更好的平衡,需要欧洲人的高度智慧与共同努力。

(陆　屹)

德国央行进一步强化稳定和宏观审慎监管职能[①]

欧债危机以来，欧洲央行进行了一系列改革，推行金融稳定政策，完善宏观审慎监管框架。作为欧洲中央银行体系的重要成员，德国央行在欧洲央行框架下，出台金融监管法案，积极履行宏观审慎监管职责，在跨部门协作中发挥重要作用；调整机构设置，从制度层面提升维护金融稳定能力；合理选择分析工具，及时发现潜在风险因素；定期发布评估报告，全面评估金融稳定情况。

一、出台金融监管法案，在维护金融稳定的跨部门协作中发挥重要作用

德国央行认为，在维护金融稳定方面，央行具有与身俱来的职责。首先，央行承担着维护物价稳定的职责；其次，金融体系，尤其是银行部门，在货币政策传导中发挥着重要作用，央行因而必须确保金融体系的有效运转；最后，央行是发行货币的银行和最后贷款人，可通过流动性政策，在预防金融危机方面发挥重要作用。

尽管央行应承担维护金融稳定的职责，但为了进一步明确央行宏观审慎监管职责，德国出台了《加强德国金融监管法》[②]，并于 2013 年 1 月 1 日起实施。该法的核心内容，是建立德国金融稳定委员会[③]。央行、财政部和联邦金融监管局[④]各有三名代表任委员会成员，金融市场稳定机构[⑤]也有一名代表派驻委员会，但不具有投票权。委员会每年至少召开四次会议。

《加强德国金融监管法》赋予德国央行重要职责，包括对金融稳定相关事件进行分析和研究，对金融稳定风险进行监测和评估等。德国央行还负责筹备每一次的金融稳定委员会会议，起草稳定情况报告，供委员会讨论。一旦发现潜在风险，德国央行将以警告或建议形式向委员会报告，力求避免或减少风险。这些警告和建议还会被提交给联邦政府。所有收到警告和建议的部门必须在规定时间内，向金融稳定委员会报备整改建议的落实计划，德国央行还要对其具体落实情况进行监督和评估。

二、调整机构设置，从制度层面提升维护金融稳定能力

金融危机之前，德国央行内部并没有专门的金融稳定部门，而是设有一个金融稳定委员会，由各相关业务部门共同承担金融稳定职责。2009 年，金融危机发生后，为更好应对危机，履行维护金融稳定职责，德国央行调整了机构设置，成立了专门的金融稳定部门，并根据相关业务分工，

---

① 本文内容根据德意志联邦银行金融监管高级顾问彼得·施皮卡(Peter Spicka)发言及相关讨论整理。

② The Act to Strengthen German Financial Supervision.

③ German Financial Stability Board.

④ the Federal Supervisory Authority (BaFin).

⑤ the Financial Market Stabilization Agency.

下设三个职能处室，分别负责宏观审慎分析、国际金融体系和国际货币事务。2012 年，德国央行对金融稳定部门的职能处室设置又作了进一步调整，增设宏观审慎政策处。（见图 1）

图 1　德国央行金融稳定机构设置变迁

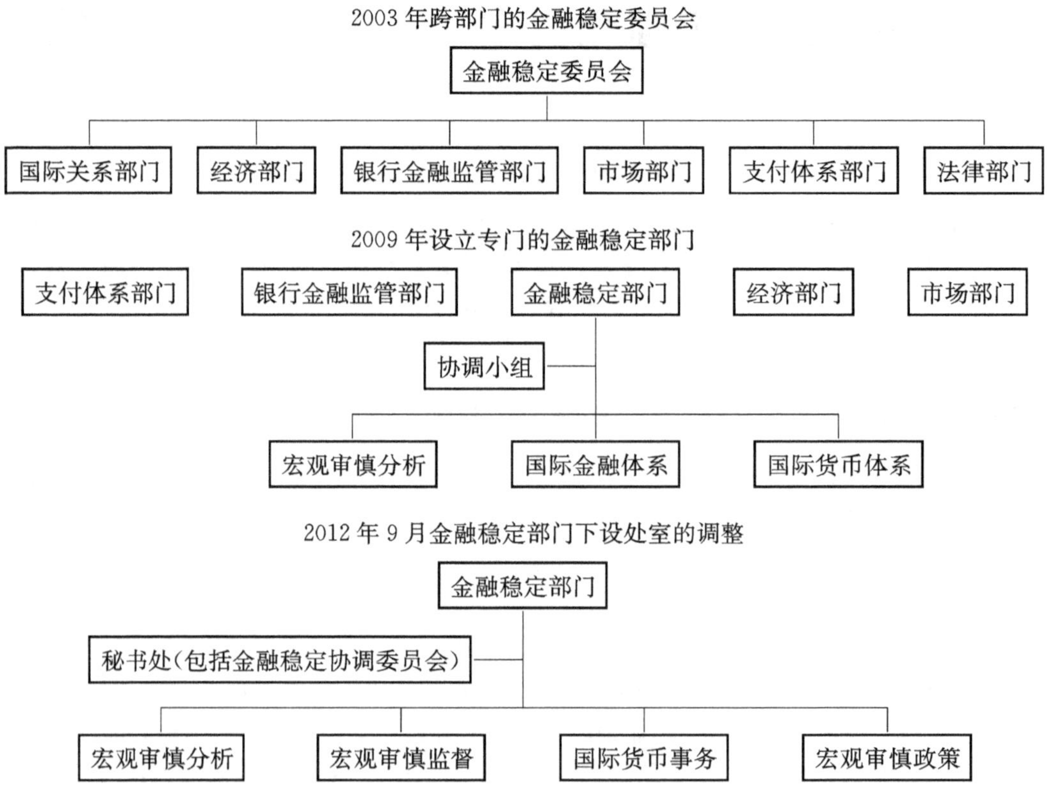

三、合理选择分析工具，及时发现潜在风险因素

设立金融稳定指标，识别与系统性风险相关的各种因素，是德国央行使用的主要分析工具之一。结合国内金融体系特点，德国央行对指标进行了分类，以全面系统地反映风险情况。（见表 1）

表 1　德国央行使用的金融稳定指标

类　别	指　标
实体经济	◇ 美国经济增长情况 ◇ 国内经济增长情况 ◇ 金融市场价格和信贷标准变化对宏观经济的影响 ◇ 经常账户余额及变化 ◇ 油价 ◇ 通胀水平
国内公司的金融头寸	◇ 负债水平、净利息支出 ◇ 无偿还能力的公司数量

续 表

类 别	指 标
国际公司的金融头寸	◇ 盈利能力、杠杆率和违约率、市盈率
家庭金融头寸	◇ 家庭的金融资产和负债 ◇ 无偿还能力的消费者数量
房地产市场的发展	◇ 止赎销售、房价(新房和二手房) ◇ 办公楼的空置率和租金
国家风险	◇ 对发展中国家的跨境信贷、国家风险拨备率
信贷业务	◇ 国内银行体系的不良贷款率 ◇ 按债务人分类的信贷业务结构
公司信贷	◇ 大银行的单一借款人集中度 ◇ 大额敞口分析
消费信贷	◇ 特殊损失拨备
金融市场	◇ 波动指数、信用风险溢价 ◇ 市场流动性 ◇ 外汇市场波动
金融部门	◇ 自有资金比率、核心资本比率 ◇ 不良贷款 ◇ 流动性比率
金融基础设施	◇ 支付体系运行情况、个人支付的交易量

除金融稳定指标外,压力测试也是德国央行使用的一大分析工具。但在具体操作中,德国央行认为,压力测试存在一些缺陷,一是压力测试以设计的情景为基础,具有一定的主观性;二是在很大程度上,测试结果的有效性取决于采用数据的质量;三是必须充分考虑补救措施,防止压力测试结果公布后,市场信心遭受重创,且这一点至关重要。

四、定期发布评估报告,全面评估金融稳定情况

自 2005 年起,德国央行每年 11 月发布《金融稳定评估》(Financial Stability Review)①,评价国内金融体系的风险程度和应对能力,同时向政策制定者和市场参与者提出建议,以提高金融体系的稳定性和有效性。

适时调整《金融稳定评估》章节结构。自金融危机爆发后,为了更全面准确地反映国内金融稳定形势,为宏观审慎监管提供参考,德国央行对《金融稳定评估》的章节结构进行了调整。调整后的《金融稳定评估》更加关注全球范围内的风险事件,聚焦监管改革的最新进展,重视国际金融体系的发展与变化对德国金融体系的影响(见表 2)。

① 2003 年 12 月和 2004 年 10 月,德国央行对国内金融稳定形势的评估放在央行月报中对外公布。

表 2　金融危机前后《金融稳定评估》的章节结构对比

《金融稳定评估》2009 年 11 月		《金融稳定评估》2011 年 11 月	
分析	7	引言	7
整体评估	8	2011 年金融稳定综述	9
影响德国金融体系的全球风险因素	14		
宏观经济风险	14	主权债务：一大核心风险因素	17
国际金融体系和金融市场风险	19	欧洲主权债务危机扩大	18
德国银行体系的稳定性	32	主权风险影响到欧洲大银行	26
资产负债表结构的最新变化	35	主权债务危机的教训	27
盈利能力	38	国际金融体系：对风险的厌恶和对收益的追求	29
信用风险	41	价格的联动和波动	30
市场风险	49	问题敞口尚未完全解决	32
流动性风险	53	警惕低利率环境中的风险	36
损失预估	56	德国金融体系：应对能力增强，传染风险加剧	43
信用指标	61	高收益的背后是前景不明	44
德国保险业的稳定性	63	德国金融体系的弹性	46
危机教训	69	信用风险：周期性的顺风能否持续？	49
专题文章	85	波动加剧下的市场风险	51
危机期间欧元体系非标准货币政策与银行间货币市场活动的相互关系	87	重塑信心	52
		再融资面临的主要挑战	55
金融危机事件年表	101	保险公司的经营趋势	59
		抑制系统性风险的监管框架	65
词汇表	107	针对系统性重要金融机构的特殊规则	65
		银行监管中的流动性问题	68
德国央行关于金融稳定的出版物	119	提高透明度，改善金融基础设施建设	71
		提高宏观审慎监管的可操作性	76
		德国央行关于金融稳定的出版物	83

全面分析德国金融体系面临的风险。在 2012 年 11 月发布的《金融稳定评估》中，德国央行指出，目前德国金融体系面临的最大风险来自欧债危机。宏观审慎监管应从预防角度，慎重看待中期风险因素。目前德国金融体系主要面临的三大中期风险因素是：第一，在持续低利率环境中，银行和保险机构的压力不断增大；第二，市中心房价加速上涨；第三，尽管德国影子

银行体系规模很小，但德国金融体系与全球影子银行体系联系密切。

针对以上风险，德国央行提出，不应对货币政策过度施压，应继续推进欧洲改革进程，确保银行业联盟的有效运作。此外，德国央行呼吁，应深化金融市场改革，明确界定影子银行体系，加快落实对衍生品市场的监管，并出台有效处置机制，从根本上解决“大而不能倒”问题。

（张　勤）

欧元区建立单一监管体系议案陷入争议

9月12日，欧盟委员会公布了关于建立欧洲银行业联盟的一系列议案，其中包括首先设立单一监管机制，赋予欧洲央行对欧元区所有银行的监管权，并从2013年1月1日开始行使职能。建立单一监管机制是实现欧洲银行业联盟关键的第一步，也是欧洲稳定机制（ESM）直接援助银行的必要条件，因而备受关注。但该提案一经推出便受到多方质疑，其前景也面临重重障碍。

一、欧元区政界意见不一

欧盟27国财长和央行行长9月14日至15日举行非正式会议，讨论了欧盟委员会公布的建立单一监管体系的议案。此后，德国、瑞典、荷兰等国家政界对此纷纷提出质疑。

德国总理默克尔表示，着手赋予欧洲央行新的监管权力的进度可以适当放缓，没有必要设定从2013年1月开始实施。德国财长朔伊布勒也表示，不要过分指望各方能够在年底前就建立银行业统一监管达成一致，相对稳妥的改革进程，有助于确保形成一个合适的机制。

荷兰财政大臣德亚赫表示，2013年1月1日建立欧洲银行业联盟的计划可能无法实现。他强调，加强欧元区17国银行业一体化，应是渐进的过程，在欧盟委员会提议的单一监管机构真正有效运行之前，不应采取进一步行动。

瑞典财长博格表示，相信“很多国家”对欧盟的方案有意见。他表示，“在达成妥协之前，有许多条件需要满足。这个秋天有很多艰难的谈判要进行。”

欧洲央行管理委员会委员、奥地利央行行长诺沃特尼（Ewald Nowotny）9月17日表示，欧洲央行不应急于承担对欧元区银行业的监管职责，欧元区6 000家银行的日常监管工作仍应由各国监管机构负责，欧洲央行只会在特别情况下介入。他认为，在银行业监管这一问题上，质量必须优先于速度，欧洲央行必须首先拥有资源，然后才能善尽职责。

芬兰总理卡泰宁（Katainen）9月20日表示，创立欧洲银行业联盟需要时间，他认为：“还有许多根本问题有待考虑，若要在年底前推出银行业联盟，这将是一个挑战。”

与上述立场构成鲜明反差的是，法国与希腊等国均呼吁欧盟方面尽快采取行动，来完成银行业联盟的构建工作。法国财政部长莫斯科维奇（Pierre Moscovici）表示，2013年年初之前实现欧元区银行业的统一监管并非不可能。西班牙财长萨尔加多表示，继续将2013年1月1日作为银行业统一监管方案的启动日非常重要，必须积极行动，并且坚持这一观点。

二、业界分歧不少

因欧洲单一银行监管体系涉及较大程度的监管主权让渡，目前业界各方存在不少分歧：

分歧一：欧洲央行监管范围是否应包括所有银行？

在德国金融体系中，公共银行相比私营银行，零售业务的市场占有率较高。欧盟委员会单一银行监管体系的提案，引起德国私营银行与公共银行间激烈的争论。包括德意志银行、德国商业银行等大银行在内的少数私营银行对提案表示欢迎，认为此举有利于营造更加公平的竞争环境和稳定的金融体系；而德国其他较小规模的区域性公共银行则认为，其业务模式风险低，无需接受泛欧机构的新监管。由此而来，以德国为首的国家反对允许欧洲央行监管所有欧元区的银行(约 6000 家)，认为后者只应直接监管跨境经营且对金融体系构成系统性威胁的大型银行(约 200 家)。而以法国为首的成员国试图让欧洲央行承担所有监管责任，并认为德国正试图将本国银行排除在监管新规之外，因为法国金融体系中有相当一部分大型银行将不可避免地需要接受中央银行监管。不过，考虑到英国北岩银行和西班牙储蓄银行引发的金融体系风波，欧洲央行和欧盟委员会仍然倾向于全盘式监管模式。

分歧二：单一监管体系是否会影响欧元区以外的欧洲国家?

欧盟拟赋予欧洲央行监管欧元区银行业的权力，是形成欧洲银行业联盟的最初步骤，而该建议在欧元区内外存在不同意见，欧元区邻国担忧其银行业会间接受到影响。例如，身处欧元区之外的英国虽然无需接受欧洲央行的监管，但因其许多国际性银行在欧元区均有运作，将会受到欧洲央行新监管模式的影响。英国担心欧洲央行在新权力之下，将会提出可能损及伦敦作为欧洲金融中心地位的监管要求，瑞典等国亦有类似的顾虑。为此，英国提出欧洲银行管理局(EBA)的投票方法应作出调整，即不能允许欧元区 17 国形成天然的绝对多数，从而令英国等其他 10 个欧盟但非欧元区国家处于不利地位。

分歧三：2013 年初能否建立起单一监管机制?

对建立单一监管机制的时间，各成员国间也存在一定的分歧。德国、荷兰、瑞典等国认为在明年年初前可能难以建立银行业统一监管机制。与此构成鲜明反差的是，法国、西班牙、希腊等国认为，尽管各成员国在很多方面存在分歧，但预计年底之前各方可以就相关问题达成一致，银行业统一监管方案的启动日非常重要，必须积极行动。

分歧四：缺乏配套机制的单一监管机制如何运作?

建立单一银行监管机制是实现欧洲银行业联盟关键的第一步，而作为银行业联盟的相关组成部分，即共同的存款保险制度、银行清算与清偿体系等，也不可或缺。在当前欧元区成员国内部基本处于“诸侯割据”，且保障的程度各不相同的情况下，要想把这些“诸侯”统一起来，还需要一轮又一轮的谈判与博弈。另外，建立统一的监管机构、完善的存款担保机制和统一清算机制，都需要各方在法律、技术和政治上的妥协。所以在其他配套制度缺位的情况下，单一监管体系如何有效运作，意见分歧不少。

三、单一监管是把“双刃剑”

从欧盟建立欧元区银行业单一监管机制的初衷看，无论是在提升欧洲银行业监管、缓和危机还是推进欧洲一体化方面都有积极意义，特别是选定欧洲央行作为核心监管机构，充分发挥了后者在信息获得和行动独立性等方面得天独厚的优势。因为作为货币政策制定当局，欧洲央行掌握着最准确的银行系资金往来信息，对于风险的觉察更加敏锐。更重要的是，欧洲央行拥有独立行动能力，其超越国家层面的身份决定了其在履行监管职责时会更加客观，更加关注全局。

但是，欧洲央行统一监管欧元区内所有银行可以说是把“双刃剑”。原来监管权在各个国家手里，一些成员国可能因为对银行业的监管较弱，造成银行业危机进一步加深，尽管这时实施统一监管显得十分必要，但对于银行业健康状况良好的国家而言，该议案不仅意味着将会丧失金融监管权，而且还要接收一些问题国家的银行债务，用自己的资金解救别国银行，这很可能会在未来引发欧盟内部的新矛盾。

按照欧盟的现有方案，相关主权国家需将金融监管权转移到欧洲央行，而目前各国尚未做好放弃这些权力的准备。所以，从法律、技术和政治妥协等各方面所需要的时间来看，该议案的付诸实施，将不可避免地面临重重障碍。

（陆　屹）

第二部分

东亚经济研究

日本贸易逆差或成常态

——对日本 2011 年贸易数据的解读

日本财务省 1 月 25 日公布的贸易数据表明，2011 年全年日本贸易逆差达 2.49 万亿日元。这也是日本自 1980 年以来第一次出现贸易逆差。从月度数据看，全年仅 2 月、3 月和 9 月数据为顺差，其余 9 个月均为逆差或略有盈余(图 1)。日本央行行长白川方明表示，这只是"暂时现象"，贸易逆差不会"长期化"。但作为传统出口大国，日本此次出现贸易逆差可谓不同寻常。通过分析最新的贸易数据，并结合日本当前面临的国际形势，日本的贸易逆差有可能在未来数年内成为常态。

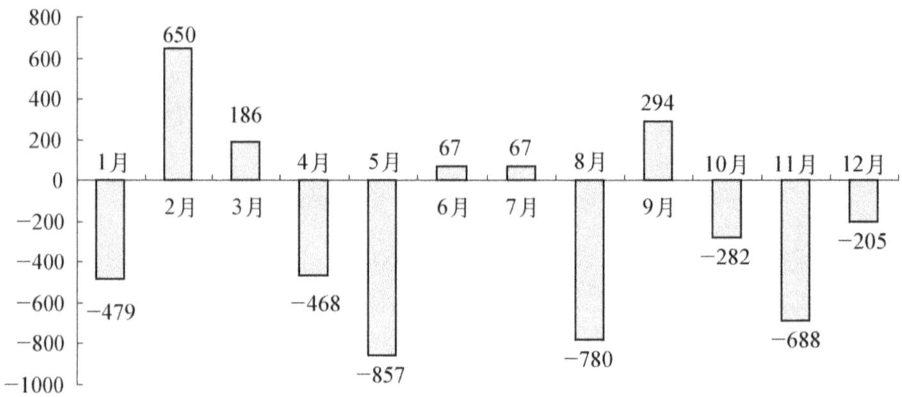

图 1　日本月度贸易数据

单位：十亿日元

资料来源：日本财务省。

一、进口结构改变，能源、原材料和食品进口大幅增加

"3・11"地震海啸及随后的福岛第一核电站事故，重挫了日本核电工业，使日本能源需求结构发生根本性变化。日本原子能产业协会数据显示，2011 年商业核电机组的设备运转率仅为 38.0%，较 2010 年的 68.3%下降约一半[①]。截至 2011 年底，仅六座核电机组仍在运转，针对其余核电站的示威游行也持续不断。日本能源结构发生了根本性改变，不得不通过大量进口石油等作为替代能源。而随伊朗与美国之间的摩擦持续升温，国际油价进一步上涨将成大概率事件(图 2)，石油进口造成的贸易逆差将进一步扩大。

---

① 中国新闻网，2012 年 1 月 13 日。

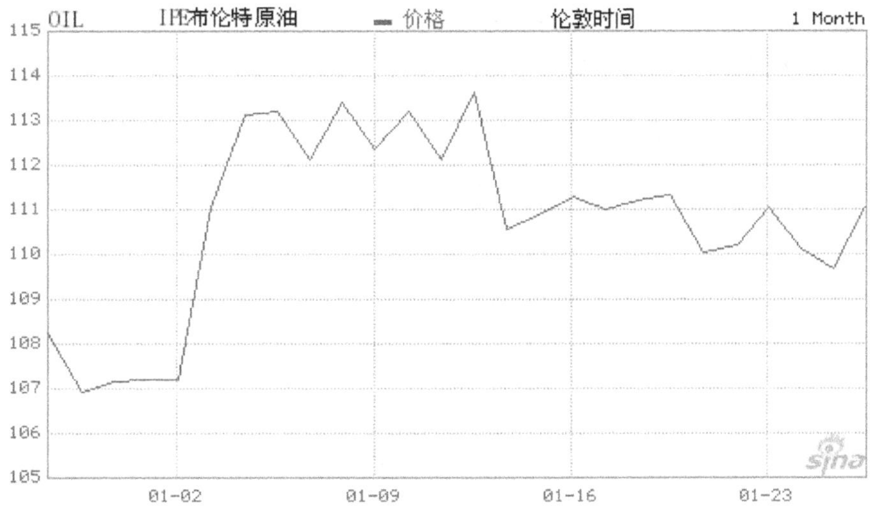

图 2　布伦特原油价格走势

单位：美元/桶

资料来源：新浪财经。

此外，日本核电站泄漏事故造成大量土地不适宜耕种，加之赈济灾民需要，日本政府不得不增加从海外进口食品的数量。灾后重建需要大量钢铁、化工原料及其他初级制成品，这些材料也成为 2011 年日本增速最快的进口项目。而根据世界银行的估计，日本灾后重建至少需要五年时间，因此日本进口增加的这一趋势短期内不可能逆转。

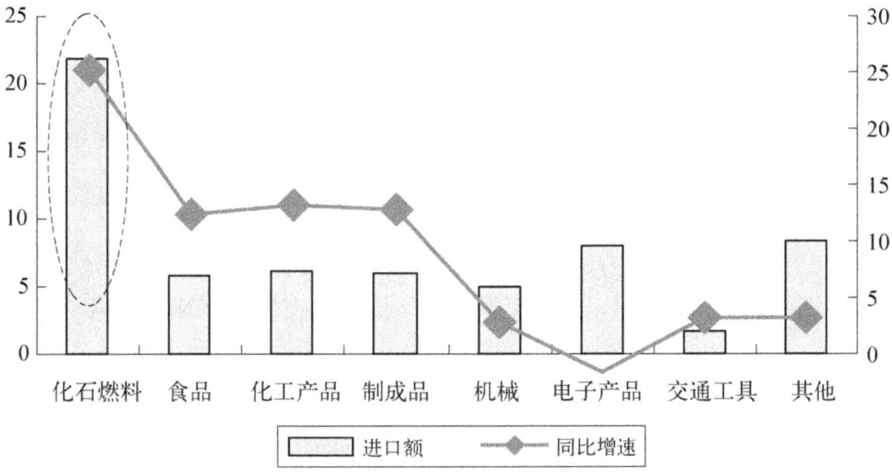

图 3　各类货物进口额及增速

资料来源：日本财务省。

二、世界经济复苏放缓及日元升值阻碍日本出口

2011 年，世界经济复苏速度远低于年初预期。尽管多数产业的产能在 8 月即恢复至地震前水平，但美国经济不振、欧债危机等因素减弱了外围市场对于日本产品的需求。此外，受美

国量化宽松政策、震后海外日元回流等因素影响，日元在 2011 年升值势头不减(图 4)，年内升值幅度约 8%，同样影响了日本对海外的出口。

2012 年，全球经济复苏前景仍然成疑，欧债危机影响还在扩散，而日元也极有可能继续升值步伐，日本出口低迷也仍将持续。

图 4　美元兑日元走势

资料来源：新浪财经。

三、传统出口产业的比较优势正在被新兴经济体替代

2011 年，日本所有出口项目中，受影响最大的当属电子产品、小汽车、机械产品等日本传统优势产业，其中电子产品和小汽车的同比降幅均达 8%以上。同时，此类产品的进口呈现不断增长趋势(表 1)，这表明日本传统比较优势正在被不断蚕食。从国别上看，对于后危机时代表现优异、购买力相对充足的新兴经济体，日本在对其出口不断萎缩的同时，进口正快速攀升(表 2)，这是制造业资本逃离日本、转向中国等新兴经济体的直接结果。

考虑到日元升值持续、劳动力成本不断上升、发生新的自然灾害概率仍然较大、新兴经济体对日本产品的替代作用等原因，日本传统出口产业优势丧失将在未来数年内继续影响日本出口。

表 1　2011 年日本主要产品进出口比较

单位：万亿日元，%

	出　口		进　口	
	金　额	同比增长	金　额	同比增长
机械	13.8	3.7	4.96	2.8
电子产品	11.6	−8.3	7.98	−1.5
交通工具	14.0	−8.0	1.74	3.3

资料来源：日本财务省。

表 2　2011 年日本对新兴经济体进出口及增速比较

单位：万亿日元，%

	出　口		进　口		盈　余
	金　额	同比增长	金　额	同比增长	金　额
中国	12.90	−1.4	14.63	9.1	−1.73
东盟	9.80	−0.8	9.99	12.3	−0.12
拉美	3.53	−8.9	2.79	12.6	0.73

数据来源：日本财务省

四、老龄化将使海外投资收益减少，贸易逆差将演变成经常项目全面逆差

尽管贸易数据在恶化，但多年来的高储蓄率令日本拥有大量海外投资，目前这些投资收入足以保持经常项目的盈余。以 2011 年 11 月为例，日本贸易逆差额达到了 5 851 亿日元，投资收益顺差 9 340 亿日元仍然保证了经常项目的盈余。但考虑到日本老龄化的趋势，储蓄率下降及随之而来的海外投资收益下降，有可能在未来几年内变成现实。如果投资收益无法弥补贸易逆差，经常项目的全面逆差将不可避免。

五、对日本经济前景的潜在影响

综上所述，进口增加、出口受阻将使得日本贸易逆差持续，而老龄化、储蓄率下降及海外投资收益减少有可能使贸易逆差演变成经常项目全面逆差。如这一趋势得到延续，日本举债成本将大幅攀升。考虑到日本目前超过 100%的负债率及仅为 1%的国债利率，即使举债成本的小幅增加也将对日本经济造成极大损伤，进而影响日元的国际地位。对此我们必须及早准备，适时调整对日出口及投资战略，注意日元资产的安全性，警惕地缘政治风险，做到有备无患。

（王凡平）

浅析日本信用评级下调原因及影响

5月22日，国际信用评级机构惠誉（Fitch）突然宣布，下调日本长期本外币发行人违约评级，由“AA－”和“AA”下调至“A＋”，并将评级前景调为负面。至此，三大评级机构均已下调了日本信用评级[①]。日本评级下调是日本经济低迷、债务累积、贸易萎缩的综合结果，并有可能对日本及国际经济走势产生影响。

一、日本信用评级遭下调的三个原因

（一）日本实体经济仍未走出低迷

2011年二季度起，日本经济曾经走出一段高企行情，实际GDP同比出现增长趋势。但日本政府最新公布的数据显示，2011年四季度日本经济实际环比下降0.6%，并导致全年经济实际下降0.9%，继2009年之后再次出现负增长（见图1）。虽然日本财务省称2012年一季度经济“呈现缓慢复苏迹象”，但考虑到2011年四季度财务省同样的预测未能使经济实现增长，业界普遍预计2012年日本经济仍然将继续维持低迷。

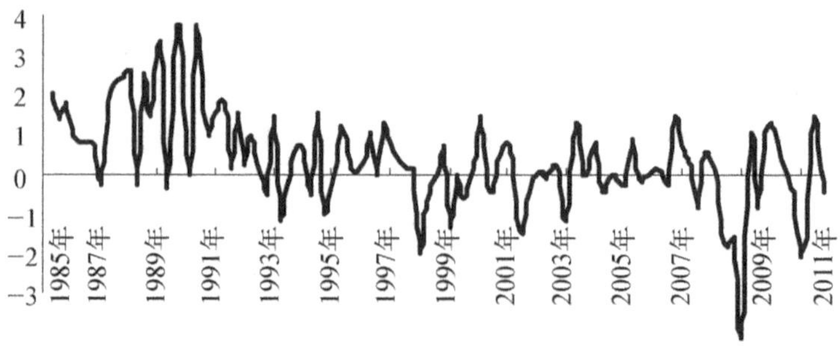

图1　日本GDP增长率（季度同比，%）

资料来源：Datastream。

（二）日本贸易持续呈现大幅逆差

日本大地震后，汽车、机械等传统优势出口产业减产严重，加之世界经济复苏低于预期及日元升值等影响，日本出口额下滑明显。另一方面，核电替代品如原油、液化天然气等进口大增，加之能源价格上涨，造成进口大幅增加。数据显示，日本2011财政年度出现了4.41万亿日元贸易逆差，创30余年的最高纪录。而在欧洲局势持续动荡、世界经济前景不明的大环境下，日本2012年仍然难以摆脱贸易大幅逆差的局面（见图2）。

日本2012年仍难以摆脱大幅贸易逆差局面

① 2011年，标准普尔（Standard & Poor）和穆迪（Moody）也曾分别调低过日本信用评级。

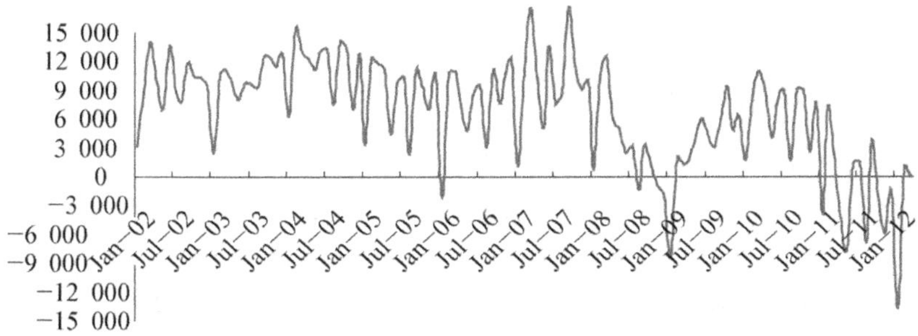

图 2　日本月度贸易平衡走势(单位：百万日元)

资料来源：日本财务省。

(三) 日本政府债务持续累积

尽管日本政府采取了推进税收改革、力图财政重建等多项政策来改善政府债务，但 2011 年底日本政府债务余额仍然高达 959 万亿日元，再创历史新高。惠誉也在评级声明中预计，2012 年底日本政府债务余额占 GDP 比重将攀升至 239%，为其所监测的所有主权信用国家中的最高水平。相比身处债务危机中心的美国和欧洲，日本债务问题虽然暂时稳定，但仍有随时爆发的可能性。此外，融资成本上升将使日本债务问题雪上加霜(图 3)。

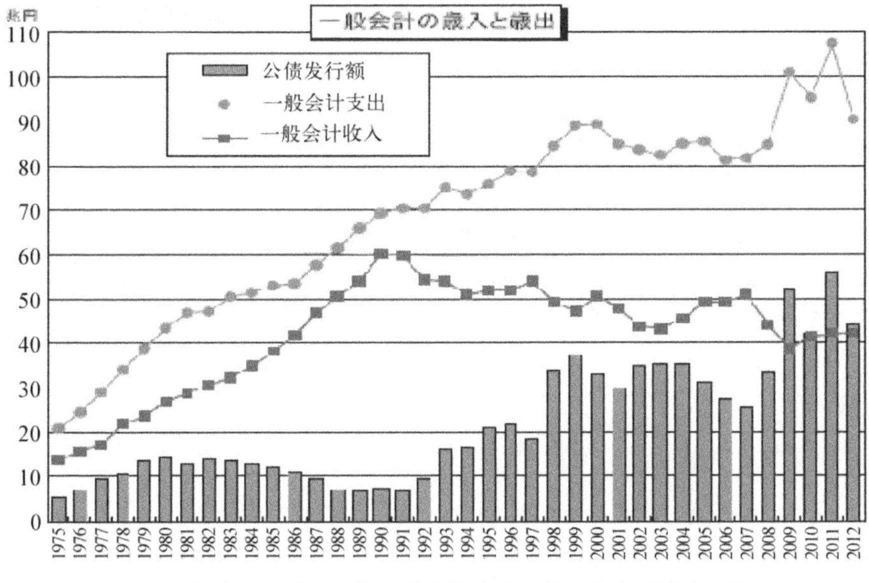

图 3　日本财政收入、支出及公共债务走势(单位：百万日元)

资料来源：日本财务省。

二、日本政府有可能继续实施量化宽松政策，并对欧元区局势产生不利影响

在经济低迷和通货紧缩大背景下，日本央行一直积极实施量化宽松政策。本次评级下调，有可能进一步刺激日本政府再次试图通过宽松货币政策刺激经济增长。估计这一举措除对已经泛滥的全球流动性推波助澜，同时对正处紧要关头的欧债问题产生不利影响。日本的量化宽松将会对同样处于债务危机和评级下调风暴中的希腊等国起到负面示范作用，从而加大希

腊退出欧元区的风险。

三、中国应警惕可能对自身造成的风险

(一)日元贬值可能导致中国持有的日元资产面临损失

惠誉降低日元评级消息甫一公布,市场立即作出剧烈反应。外汇市场上,美元对日元汇率迅速上行,一度突破1∶80(见图4)。日元对其他主要货币也出现了不同程度贬值。如果市场信心不能恢复,日元贬值趋势持续,中国持有的日元资产将面临较大损失。

图4 美元对日元汇率走势

资料来源:新浪财经。

(二)大宗商品价格上涨可能给中国带来输入性通胀

受流动性可能进一步泛滥的影响,原油价格已脱离多日来的下降通道重拾升势,其他大宗商品价格也已不同程度上涨(见图5)。一旦上涨趋势最终确立,中国必然受输入性通胀的影

图5 迪拜原油现货价格走势

资料来源:国际能源网。

响,这在一定程度上会对冲当前宏观调控的成果。

(三) 贸易保护主义抬头或引致贸易摩擦,并影响中日韩自由贸易区下一步谈判的进程

尽管日本对中国保持了持续贸易顺差,但在日本贸易总体逆差的背景下,日本国内贸易保护主义可能再度盛行。作为日本最大的贸易伙伴,中日两国极有可能面临更多贸易争端与摩擦,这一方面影响中国出口行业复苏,同时也会影响中日韩自由贸易区下一步的谈判进程[①]。

（王凡平）

① 5月13日,第五次中日韩领导人会议在北京举行,三国签署了《关于促进、便利和保护投资的协定》,并同意年内正式启动中日韩自由贸易区谈判。

日本主权债务问题不容乐观

1991 年日本资产泡沫破裂后，经济增长缓慢，人口老龄化程度加剧，使得政府收入增长缓慢，而支出增加迅速，期间又受到 1997 年亚洲金融危机和 2008 年全球金融危机的冲击，至 2011 年日本政府债务占 GDP 的比例达 229.8%，比意大利的 120.1%高很多，是发达国家中占比最高的国家(见图 1)，并且预计该比例将继续上升。目前日本政府已意识到债务问题的重要性，但首要政策目标仍是对抗通缩和提高经济增长率。另外，日本政治环境动荡造成各方对一揽子财政整顿措施尚未达成共识。因此日本主权债务风险值得关注。

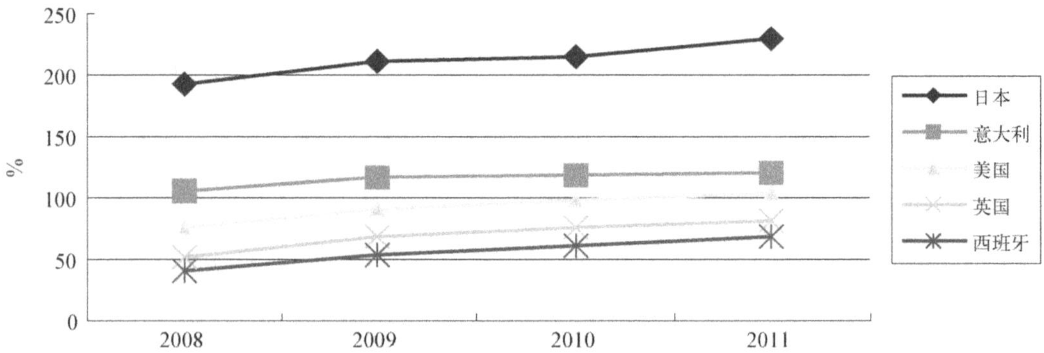

图 1　主要发达国家政府债务占 GDP 的比例

资料来源：IMF。

一、日本政府债务现状

1991 年到 2011 年，日本政府债务增长了 2 倍，达到 919.15 万亿日元，占 GDP 的比例由 66.5%增长至 229.8%(见图 2)，并在 1999 年超过意大利，成为发达国家中政府债务占 GDP 比例最高的国家，一直持续到现在。日本政府债券一多半由国内金融机构持有，其中，银行持有量占总余额的 41.4%，保险公司占 22.4%，这两类机构共占 63.8%(见图 3)，实际上是金融机构将居民储蓄转为对国债的需求，再加上居民直接购买的 3.8%，居民对国债的需求占国债总余额的 67.6%。另外，日本央行自 2001 年开始施行量化宽松政策，购入大量政府债券，截至 2011 年底，持有的政府债券余额占政府债券总余额的 9%，占央行总资产的 63%。政府债券持有人构成中另一特点是非居民持有的比例很低，只占 6.7%，这也是日本未爆发主权债务危机的主要原因。

从 1993 年至今，日本连年财政赤字(见图 4)。1997 年亚洲金融危机后，日本财政赤字占 GDP 的比值上升到 7%，到 2003 年达到峰值后开始下降，2007 年降至 2.1%，受 2008 年全球金融危机影响，赤字比例再次上升，到 2011 年创新高达到 10%。

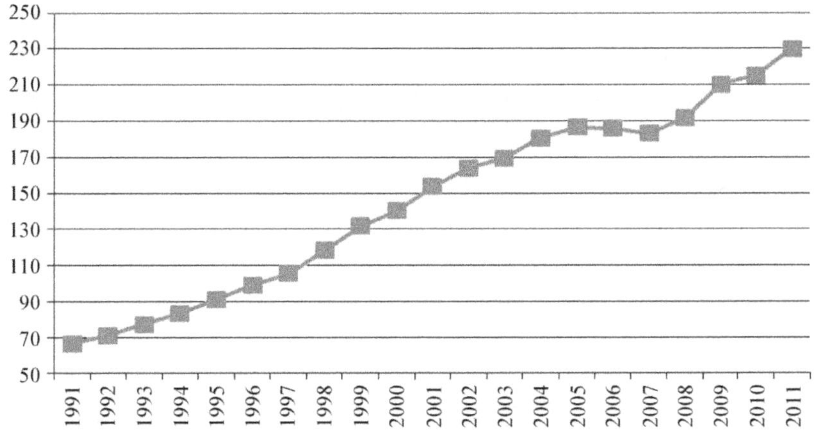

图 2　日本政府总债务占 GDP 的比例(单位：%)

资料来源：日本财政部。

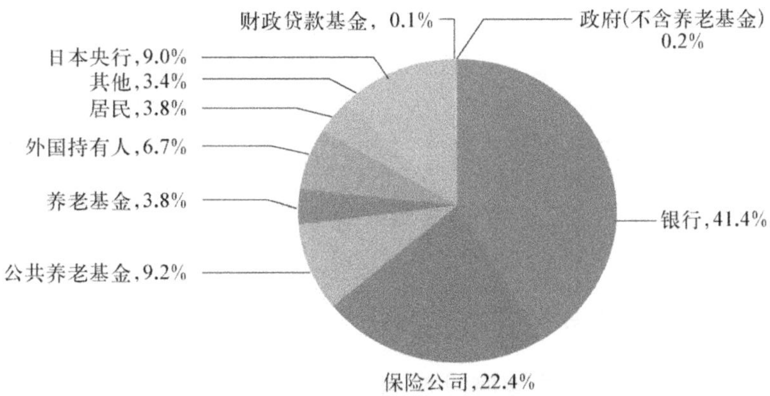

图 3　2011 年底日本政券持有人的构成

资料来源：日本财政部。

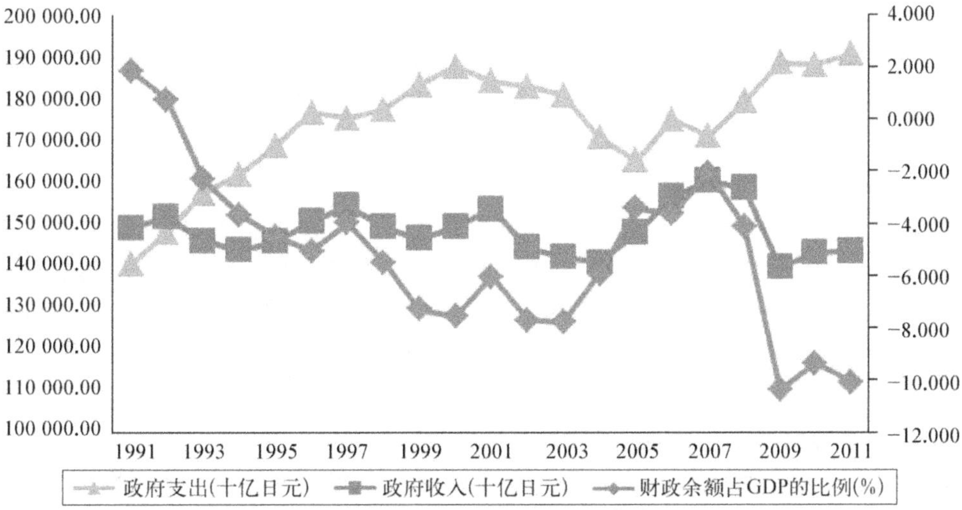

图 4　日本政府收入、政府支出和财政余额占 GDP 的比例

资料来源：IMF。

1998年,穆迪就将日本主权债务评级由最高的"AAA"下调至"AA+"(见图5)。2011年2月,标准普尔将日本的主权信用评级从"AA"下调至"AA-"。2011年8月,穆迪下调对日本的主权信用评级,从"Aa2"下调一级至"Aa3"。2012年5月,惠誉对日本主权信用评级由"AA-"级调至A+。

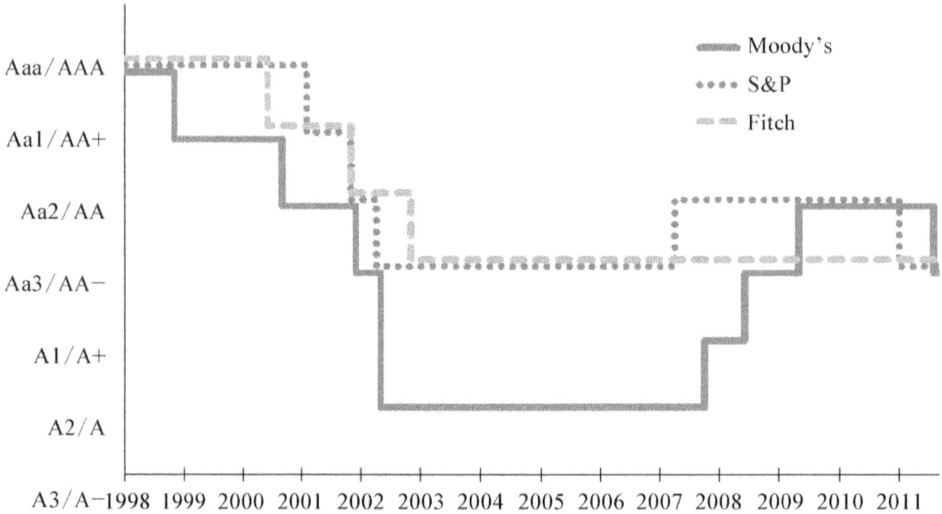

图5 日本主权信用评级

资料来源:bloomberg。

二、日本政府债务问题成因

1991年资产泡沫破裂后,日本政府债务越滚越大的主要原因是经济增长缓慢导致的税收收入减少,人口老龄化加剧使得社会保障支出不断增加,财政刺激计划加大了政府支出,以及2011年东日本大地震造成的巨大损失。

(一) 经济增长缓慢

1991年至2011年,即"失去的20年",日本年均经济增长率不到1%,经济增长缓慢导致税收收入大幅减少。税收收入由1990年的60万亿日元降至1995年的52万亿日元,再到2009年的39万亿日本,20年间减少了35%。

(二) 人口老龄化程度加剧

日本人口老龄化始于1970年。1991年65岁及以上人口占总人口的比例为12.56%,随后老龄化问题加剧,到2010年达到23.02%(见图6),老龄化程度是主要发达国家中最严重的。日趋严重的老龄化问题使政府保障支出迅速增长,社会保障支出由1990年的11.5万亿日元增长至2011年的28.7万亿日元,增长近1.5倍,占政府支出的比例也从16.6%增长至31.1%(见图7)。

(三) 经济刺激计划加大了财政支出

为提振经济,1991年资产泡沫破裂后,日本政府在1992年至2002年共推出13次小规模经济刺激计划,基本上每个财年推出一项新刺激计划,其中9次计划的规模超过了当年GDP的2%,规模最大的一年是1998年分别于4月和11月推出的两项经济刺激计划,共计36万亿

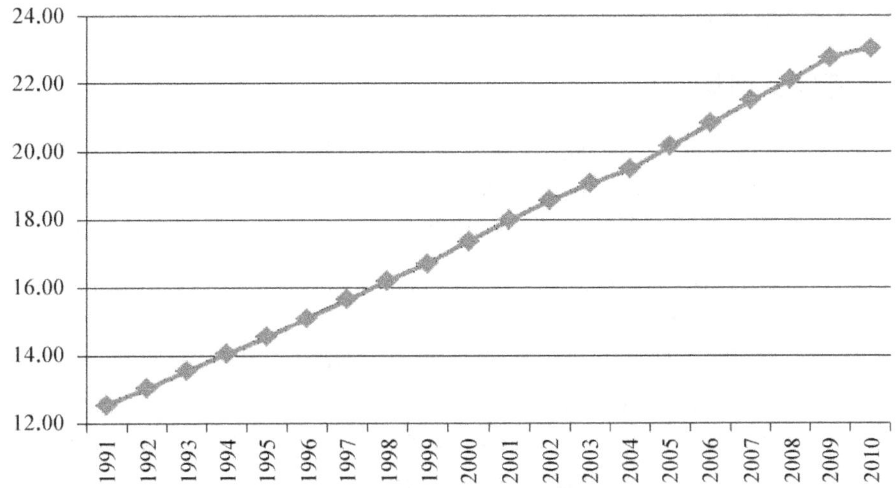

图 6　日本 65 岁及以上人口占总人口的比例(单位：%)

资料来源：日本统计局。

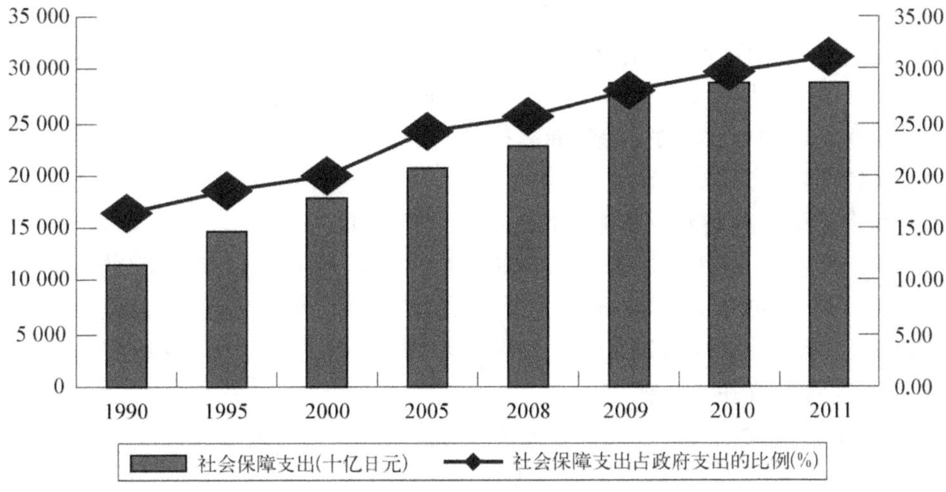

图 7　日本社会保障支出和占政府支出的比例

资料来源：日本统计局。

日元，占 GDP 的 7.9%。

2008 年全球金融危机后，日本政府又于当年 10 月推出了总额 75 万亿日元的经济刺激计划，其中财政刺激计划为 12 万亿日元，占 GDP 的 2.4%。政府出台的另一项“应对经济危机新政策组合”总额为 57 万亿日元，其中财政刺激计划为 15 万亿日元，占 GDP 的 3%。

(四) 震后重建加重了财政负担

2011 年 3 月东日本大地震后，为满足灾区重建的资金需求，日本政府在 2011 财年通过了三个预算补充案，总计发行 11.6 万亿日元(占 GDP 的 2.4%)的重建债券，并计划于 2012 财年再发行 12.7 万亿日元(占 GDP 的 2.6%)的重建债券。除重建外，灾后还面临很多善后工作，预计清除灾区核物质，赔偿灾区企业及疏散人员将支出 20 万亿—30 万亿日元，占 GDP 的 4%—6%。这次地震后，日本政府调整了能源战略，将降低对核能的依赖，可能会增加进口能源需求，对日本贸易收支产生负面影响。

三、日本政府债务前景暗淡

由于目前日本拥有充足的国内储蓄，国债投资者主要来自国内和政府持有庞大的外汇储备，因此国债市场保持相对稳定，且收益率水平很低。但随着日本人口老龄化程度加剧，社会保障支出将继续大幅增加，另外由于政治环境不稳定，政府不能及时出台一揽子财政整顿措施，都增加了日本政府债务风险。

(一) 财政整顿措施缺乏共识

随着政府债务的不断膨胀和欧债危机的爆发，日本政府已意识到必须采取财政整顿措施，否则债务将不可持续。但目前日本政府仅设定了财政整顿目标，除提高消费税率外，尚未出台配套的一揽子财政整顿措施，显然仅提高消费税率对削减财政赤字是杯水车薪。而且近几年日本政治环境动荡，各党派对日本财政整顿措施难以达成共识。

2010 年 6 月 22 日，日本政府实施“财政管理战略”，为财政整顿设定目标。具体为：2015 财年中央政府和地方政府财政赤字占 GDP 的比例减少一半，2020 财年实现基本财政盈余；从 2021 财年开始，国债占 GDP 比例逐渐下降。

日本政府将在未来两至三年逐步提高消费税率。2014 年 4 月，消费税由目前的 5%增加到 8%，2015 年 10 月，进一步上调至 10%。为保证财政的可持续性，2012 财年，日本政府提出全面改革社会保障和税收体系的议案，尚等待国会的审议通过。

(二) 财政支出仍将大幅上升

未来几十年，日本老龄化问题将加剧。2010 年日本 65 岁及以上人口占总人口比例为 23%，预计 2020 年将达 29.6%，到 2050 年将达 43.4%。届时，近一半人口为老年人，抚养比接近 1，意味着一个劳动力要供养一位老年人或儿童。2009 年日本社会保障支出已经占国民收入的 29.44%。按此趋势，到 2050 年，日本社会保障支出占国民收入比重将超过 40%。

(三) 财政收入前景并不乐观

税收的增加主要依赖于经济增长，但日本已经历了 20 年经济增长缓慢，前景仍然不乐观。IMF 预计 2012 年受灾区重建支出拉动，实际 GDP 将增长 2.4%，2013 年降为增长1.5%。为促进经济增长，日本政府于 2012 年 7 月 31 日提出“日本重生”(Rebirth of Japan)战略，旨在形成经济增长新模式，实现名义 GDP 增长 3%，实际 GDP 增长 2%，CPI 到 1%。

税收增加的另一个来源就是提高税率。日本税收收入主要由消费税、个人和公司所得税构成。消费税税率在 2015 年上调到 10%，但在发达国家中仍处于较低水平，还有上调空间。日本个人所得税最高的累进税率为 40%，与其他发达国家差不多。日本公司所得税税率为 40%，税率较高，IMF 建议降为 35%。

总之，日本债务前景不容乐观。即使政府能达成财政整顿目标，2020 财年才能实现基本财政盈余，财政赤字将持续多年，债务占 GDP 比例仍将上升。日本政府需要制定一揽子财政整顿计划，特别是改革社会保障开支，否则债务将难以持续。此外，日本债务问题与其经济增长缓慢和人口老龄化日益严重密切相关，只有日本走出经济低迷状态，债务问题才可能好转。

(刘　薇)

日元升值趋势或遭逆转

2012年6月以来，日元维持数月的升值趋势遭遇阻力，20天内贬值超3%。这一趋势与韩元、澳元、人民币等同处亚太地区国家货币形成强烈对比（见图1）。进入7月后，日元贬值速度有所放缓，甚至曾出现短期升值的态势。但前期支撑日元升值的长期性、根本性因素已不复存在，日元今后的贬值恐不可避免。

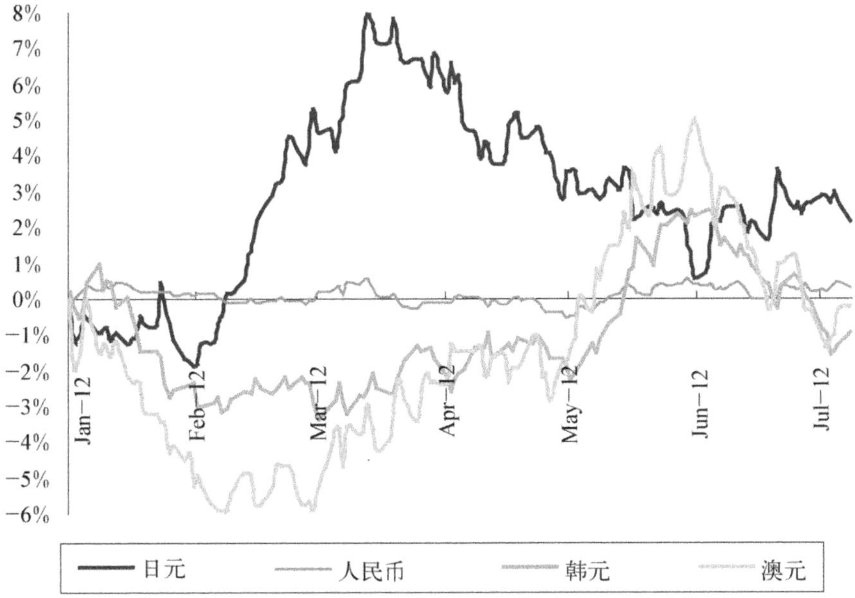

图1 年初以来亚太地区主要货币兑美元走势

资料来源：Datastream，作者计算。

一、日本经济数据弱于预期、资本市场表现不佳是日元贬值的直接原因

7月9日，日本公布了最新经济数据。数据显示，日本5月多项重要经济指标低于预期，亦低于上期数值（见表1）。数据公布后，日元兑美元汇率快速下探，一度逼近80元的整数关口，最终收盘于79.79元，并在接下来的数个交易日内维持了这一低位。同时，市场对日本下半年的经济表现亦普遍缺乏信心，预计资金将持续流出日本，转而投向美国和新兴经济体，这也对日元汇率形成了压力。

此外，二季度后的日本资本市场也不复前期强势而重新陷入低迷。与美欧市场相比，日本股指走势远逊经济回暖的美国，而仅与深陷债务危机的欧洲股市相当（见图2）。资本市场表现不佳是经济数据疲弱的必然表现，也是诱使资金撤离、导致日元贬值的最直接原因。

表 1　日本重要经济数据普遍弱于前期

数据名称	本期值	前期值
非季调经常账户同比增长	−62.2%	−21.2%
非季调经常账户盈余	2 151 亿日元	3 338 亿日元
贸易逆差	8 482 亿日元	4 639 亿日元
核心机械订单环比增长	−14.8%	5.7%
核心机械订单同比增长	1.0%	6.6%

资料来源：公开数据整理。

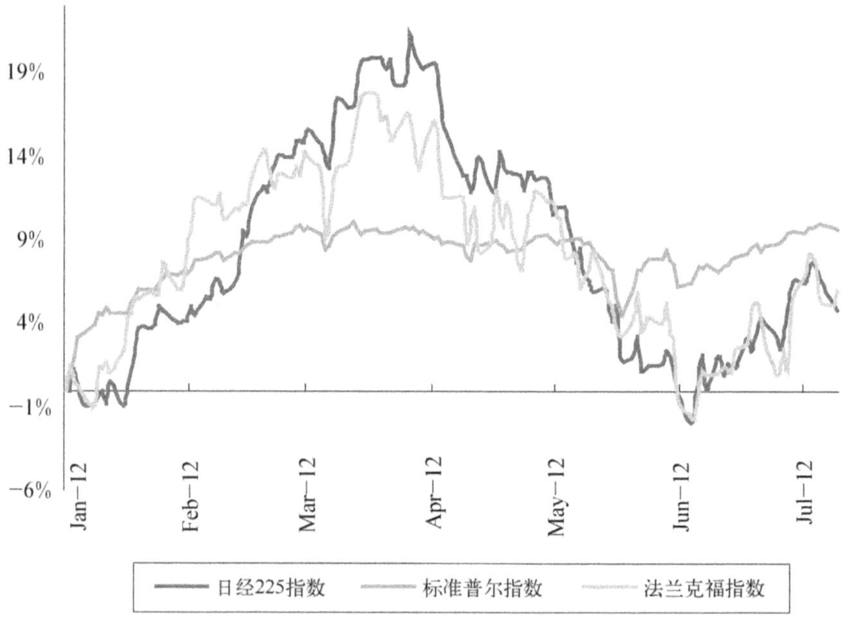

图 2　日本与欧美主要股市走势比较

资料来源：Datastream，作者计算。

二、国际政治经济不确定性降低、日元失去避险货币的吸引力是日元贬值的根本原因

作为主要避险币种之一，日元的走势与国际政治经济发展密切相关。2012 年一季度日元的大幅升值主要取决于欧债危机持续发酵、美国经济形势恶化及地域政治紧张等全球局势的不确定性。二季度以来，全球经济稳定增长再现曙光：美国经济增长提速，预计全年增长可达 2%，就业、物价和房价指数等数据也有显著改善；尽管欧债危机彻底解决尚需时日，但希腊退出、欧元区解体的警报已暂时解除，一系列改革措施也正稳步推行。地缘政治方面，叙利亚、埃及等动荡国局势趋于缓和，再次爆发大规模、跨地区的冲突可能性不大，朝鲜更是时隔 3 年之后再次实现经济正增长，韩日军事协定签署的推迟也对缓和地区局势起到

了积极作用。因此，在国际政治经济局势日益稳定的前提下，日元避险货币的功能遭到严重削弱，这也是日元面临贬值压力的最根本原因。

三、日本银行有可能再次采取量化宽松政策，对日元汇率形成进一步打压

近一个月来，世界大部分经济体经历了一次新的降息潮，中国人民银行、澳大利亚储备银行、英格兰银行、欧洲央行、巴西央行等主要央行近期纷纷采取降息措施刺激经济复苏。日本银行如不跟进，疲软的日本出口必将更加恶化。在基准利率仅为0.1%的水平下，日本银行采取降息措施已不可能。鉴于日本此前已经多次推出以资产购买为主的量化宽松政策，本次日本银行货币政策会议极有可能再次通过类似资产购买或金融市场操作计划。新一轮量化宽松政策一旦出台，日元汇率必将进一步承压，日元走弱或不可避免。

表2　日本历次量化宽松政策概览

时　间	内　容	累计规模
2010年10月	5万亿日元金融资产购买＋固定利率、资金担保形式提供30万亿日元流动性	35万亿日元
2011年3月	新增5万亿日元资金池	40万亿日元
2011年8月	新增5万亿日元资产购买＋5万亿日元有担保市场操作	50万亿日元
2011年10月	新增5万亿日元资产购买	55万亿日元
2012年2月	新增10万亿日元资产购买	65万亿日元

资料来源：公开数据整理。

四、小泽新党的组建亦有可能对日元汇率造成影响

7月2日，日本民主党前党代表小泽一郎率众“小泽派”议员集体退党，并于7月11日正式宣布组建新党“国民生活第一党”。新党包括小泽本人在内共聚集了37名众议员和12名参议员，仅次于民主党和自民党，成为日本第三大党派。目前，小泽已提出反对提升消费税、停止使用核电及实施地域主权三大竞选主张，而这些都将会对日元汇率造成打击。首先，消费税率保持低位将减少政府税收收入，恶化本已十分严峻的日本债务问题，进一步降低日本政府通过财政手段调控经济的能力，使日本经济复苏前景更加黯淡；其次，停止发展核电将使日本能源更加依赖进口，这既会扩大日本的贸易逆差，也使日本更容易受国际经济和政治的冲击，增加其经济运行的不确定性；第三，实施地域主权的主张将迎合近年来日本兴起的地方势力[①]，出现地方干涉国政、内政绑架外交等情况，造成日本政局动荡甚至引起影响地区稳定。虽然目前

① 地方政治势力崛起是地方政治家寻求势力增长、扩大政治版图的重要手段，也是日本政坛近年值得重点关注的特征。《读卖新闻》调查表明，63%的受访对象支持地方势力参与国政，这一支持度已超过民主党和自民党的支持度。此外，地方势力多属右翼，近来屡屡发出影响中日关系及地区稳定的声音，如名古屋市长河村隆之否定南京大屠杀论、东京都知事石原慎太郎购买钓鱼岛论等。

新党面临竞选资金紧张[①]、前期宣传不足、小泽官司缠身等困难，但并不能排除其通过各种手段迅速发展壮大，甚至在不远的将来冲击执政党地位的可能性。而这一不稳定因素也将成为高悬于日元头上的达摩克利斯之剑，日元升值趋势或将就此逆转。

（王凡平）

① 日本政府对符合条件的政党发放“政党交付金（政党辅助金）”，该交付金是日本政党经费重要来源之一。按照规模、议员数等综合测算，小泽新党应获每年10亿日元经费。但“政党交付金”登记截止日为每年1月，发放日为每年4月，小泽新党今年已不可能领取这一资金。

中日韩自由贸易区谈判任重道远

2012 年 5 月 13 日，中日韩三国领导人在北京签署了《关于促进、便利和保护投资的协定》(下称《投资协定》)，并同意年内正式启动中日韩自由贸易区谈判。外界普遍认为本次协议的签署是中日韩自贸区建设的重大突破，并对自贸区后续进程持乐观态度。当前取得成果虽有重要意义，但自贸区的最终建立却任重而道远。

一、投资协定并非自贸区必要条件，贸易协定才是核心

本次《投资协定》包括 27 条协议和 1 个附加议定书，涵盖了投资适用范围、国民待遇、税收、利润转移、争议解决等所有重要内容。但国际分析普遍认为，一般的自贸区协定须涵盖贸易、投资、资本及劳动力流动等多方面，其中贸易协定才是自贸区的核心[①]。全球现有成熟自贸区一般以贸易协定签署作为最终建立标志(亦有自贸区要求劳动力自由流动等条款[②])。中国商务部和海关总署对自由贸易区的定义，也强调"取消绝大部分货物的关税和非关税壁垒，改善服务和投资的市场准入条件，从而实现贸易和投资自由化"[③]。反观本次协定，三国仅决定于年内针对自由贸易协定这一自贸区核心问题展开新一轮谈判与磋商，却并未给出具体计划与时间表，因此并不能认为中日韩自贸区取得了实质性突破。

二、未来真正的自由贸易协定谈判阻力巨大

(一) 相比投资协定，贸易协定谈判将会触动日韩既得利益

受中国与日韩相互投资结构影响，投资协定的达成相对有利于日韩两国，因而谈判时中国面临阻力较小。一方面，日韩在华直接投资起步较早、数额巨大，但受金融危机影响，近年来日韩企业在华扩张速度有所减缓。投资协定有利于在华日韩企业享受更多国民待遇，抵消劳动力短缺、原材料成本上升等诸多不利因素影响，获得更大发展空间。另一方面，中国对日韩直接投资起步较晚、增长较慢，虽然人民币的跨境使用推动了中国企业向日韩本土扩张，但相比日韩对华的投资额差距仍然悬殊(表 1)，投资协定的签署短期内不会对日韩本土企业造成冲击。因此，日韩对投资协定谈判态度比较积极。

与投资协定有利于日韩不同，贸易协定会触动日韩既得利益。中国已成日韩出口导向型

---

① 例如，维基百科对自由贸易区的定义为：签署"自由贸易协定"同意消除关税、贸易配额和优先级别的一些国家的组合，而未强调投资协定等其他条款。

② 如北美自由贸易区规定，美国、加拿大和墨西哥三国公民可持 TN(Trade NAFTA)签证互相前往他国从事特定职业。TN 签证有效期为 3 年，到期可无限次续签，实际上与绿卡无异。

③ 《商务部海关总署关于规范"自由贸易区"表述的函》(商国际函〔2008〕15 号)。

表 1　中国与日韩历年相互投资额对比

单位：百万美元

年　份	日　本			韩　国		
	日本对华直接投资	中国对日直接投资	相对比例	韩国对华直接投资	中国对韩直接投资	相对比例
1991	579	2	290	42	1	71
1992	1 070	5	214	141	3	50
1993	1 691	15	113	264	2	176
1994	2 565	7	366	632	2	301
1995	4 591	13	360	810	7	114
1996	2 599	6	472	800	3	235
1997	2 015	5	406	618	3	229
1998	1 041	2	455	619	3	229
1999	736	3	280	203	10	21
2000	1 019	5	220	246	58	4
2001	1 483	3	451	272	47	6
2002	1 718	2	716	N/A	81	N/A
2003	3 065	3	1 183	1 305	184	7
2004	4 539	8	546	2 291	696	3
2005	6 596	12	559	N/A	2	N/A
2006	6 164	12	512	3 075	29	106
2007	6 203	14	430	4 913	47	105
2008	6 480	37	176	4 035	242	17
2009	6 938	144	48	3 545	67	53

资料来源：亚太经合组织(APEC)；作者计算。

经济的重要组成部分，也是日韩最大贸易伙伴和出口顺差最主要来源。在双边贸易往来中，除个别年份外，日韩两国对华贸易一直保持顺差，近十年来，这一顺差更是呈现加速扩大趋势(见图 1)。值得注意的是，日本对华贸易逆差的 2000—2001 年，正是日本对中国农产品实施"绿色壁垒"等非关税措施力度最大的阶段，这也从侧面证明了对华贸易顺差对日韩的重要性。自由贸易协定签署必然改善中国贸易条件，日韩既有贸易利益或将受损。一旦服务贸易和劳动力自由流动等条款获得通过，中国巨大的劳动力优势将进一步释放，甚至会直接冲击日韩国内劳动力市场。日韩对此必定高度警惕，贸易协定谈判也将更加艰苦。日韩两国会尽力拖延协定达成，并给中国施加更大压力。

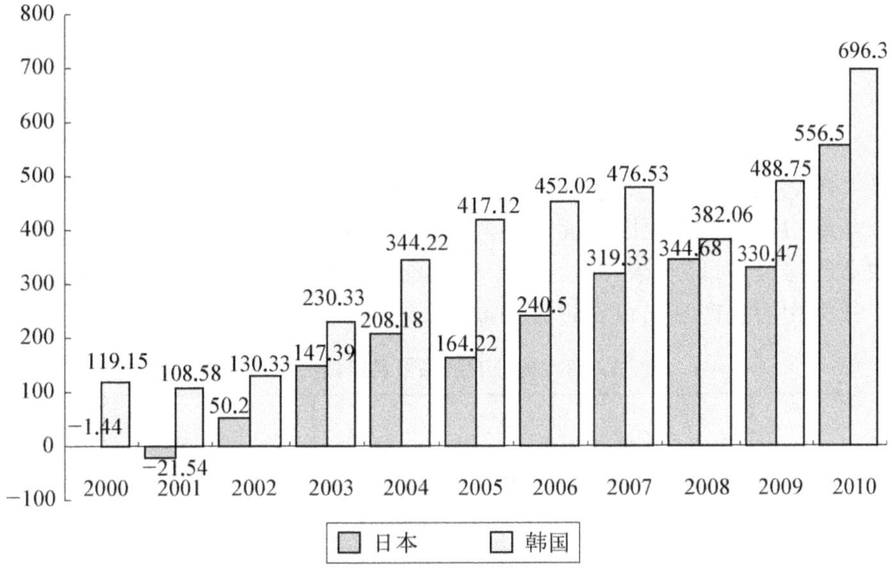

图 1　2000—2010 年日韩对华贸易顺差

资料来源：国家统计局、中国海关。

三、贸易协定谈判面临日韩国内农业团体巨大压力

通过中日韩三国显性比较优势指数(Revealed Comparative Advantage，RCA)①的对比可以看出，中国相对日韩比较优势主要是服装、纺织和水产品、农产品等(图 2)。其中，服装、纺

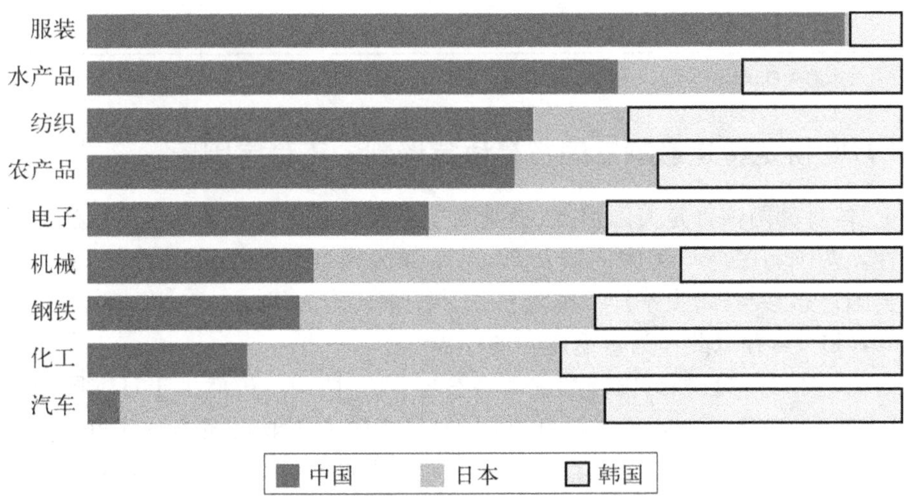

图 2　中日韩三国不同产业 RCA 比较

资料来源：国务院发展研究中心对外经济研究部“中日韩自贸区影响研究”课题组(2011)。

① 又称出口效绩指数，是分析一个国家或地区某种产品是否具有比较优势时经常使用的测度指标。该指数的含义是：一个国家某种出口商品占其出口总值的比重与世界该类商品占世界出口总值的比重两者之间的比率。RCA 越高，说明该国生产这种产品越有比较优势。

织是中国传统优势产品，日韩对此接受度较高，相应的关税率也较低。

但农业是日韩两国对外贸易的敏感领域。日韩两国耕地较少，农业部门劳动生产率低，产量有限，农产品高度依赖进口。两国农业集团都是相当特殊的利益团体，与政治有着密切联系，是执政党不容忽视的力量。因此，两国对开放农产品市场的态度一直极为谨慎，并设置较高关税保护本国农业（见表2）。即使在日韩两国双边自由贸易谈判中，农产品市场开放也是阻碍其达成最终协议的根本原因。面对中国这样一个农业大国，农产品领域的开放必然遭到日韩两国农业团体极力抵制，谈判过程将十分艰难。即使最终达成协议，日韩也必将通过非关税壁垒等形式为中国农产品出口设置各种障碍。

表2　日本部分农产品最高进口关税率①

<table>
<tr><td rowspan="3">肉食类</td><td>肉　类</td><td>50%</td></tr>
<tr><td>水产品</td><td>15%</td></tr>
<tr><td>乳制品及蛋类</td><td>25%+从量税</td></tr>
<tr><td rowspan="7">农产品</td><td>蔬菜类</td><td>25%</td></tr>
<tr><td>水果类</td><td>50%</td></tr>
<tr><td>茶　叶</td><td>20%</td></tr>
<tr><td>淀粉制品</td><td>25%+从量税</td></tr>
<tr><td>油　料</td><td>15%</td></tr>
<tr><td>树脂（胶）</td><td>25%</td></tr>
</table>

资料来源：日本海关（http://www.customs.go.jp）。

四、未来TPP协定将是影响三国贸易协定谈判的不稳定因素

政治上看，日韩两国都是美国盟友，美国的东北亚战略直接影响到两国对建立中日韩自贸区的积极性。两国为保持与美国同盟关系，对东亚区域合作始终态度暧昧、首鼠两端。2009年11月，美国宣布参与《跨太平洋战略经济伙伴关系协定》（Trans Pacific Strategic Economic Partnership, TPP），并以此作为重返亚洲的跳板。

2011年11月，日本首相野田佳彦宣布将参与TPP协商。虽然由于日本国内农业团体强烈反对，日本政府TPP谈判暂无实质性进展，但日本国内工业财团仍对TPP持支持态度，并有可能使日本政府改变立场。韩国虽然尚未与美国就加入TPP展开实质性对话，但韩国总统李明博也曾表示该国"正在考虑TPP"。2011年，韩国执政党大国家党还不顾在野党强烈反对，采取非常手段强行通过了韩美自由贸易协定，也从另一个侧面反映出韩国对与美国自由贸易的渴求。

对东亚而言，中日韩自贸区与TPP存在一定的替代竞争关系。一旦日韩国内支持加入

① 表中税率为一般关税率，部分产品当前执行临时关税，实际税率可能更高。

TPP 的声音占据上风并迫使其政府开启与美国的谈判，势必对中日韩自贸区进程产生负面影响。中国需要密切关注 TPP 后续进程，谨慎对待国际政治博弈，努力推动东亚自贸区的谈判，争取自身的最大利益。

（王凡平）

美资博彩集团在澳门发展现状与策略前景

自 2002 年澳门博彩业开放以来，澳门的博彩娱乐场数目和博彩收入大幅增加，多家外资博彩集团也跻身澳门博彩经营者行列。澳门博彩行业成为澳门经济的重要支柱，每年向澳门特区政府上缴大量财税收入。目前，澳门共有六家博彩经营者，分别为：澳门博彩股份有限公司、永利度假村(澳门)股份有限公司、银河娱乐场股份有限公司、威尼斯人澳门股份有限公司、美高梅金殿超濠股份有限公司以及新濠博亚博彩(澳门)股份有限公司。其中，除澳门博彩和银河外，其余四家都为美资博彩公司(或拥有较高比例美资股权)。

一、澳门博彩业现状

(一) 全球最大的博彩市场

按娱乐场博彩收益计算，澳门是全球最大的博彩市场，同时也是中国唯一提供合法娱乐场博彩的地区。在中国强劲经济增长带动下，澳门博彩市场近几年出现大幅增长。2011 年澳门市场娱乐场总赢额约为 2 601 亿港元，较 2010 年增加 42.2%。截至 2011 年底，澳门共有 6 家博彩经营者，34 家娱乐场。至第三季度末，共有 5 379 张赌台，15 900 部角子机。澳门的博彩收入在 2010 年已比拉斯维加斯金光大道及大西洋城市场加起来的规模大 2.5 倍以上。

(二) 澳门重要的支柱产业

从产业结构看，澳门第三产业占本地生产总值的比重于 2010 年达到 92.6%，其中，博彩业增加值总额增长显著，达到 597 亿澳门元(以当年价格计算)(见图 1)。博彩增加值占第三

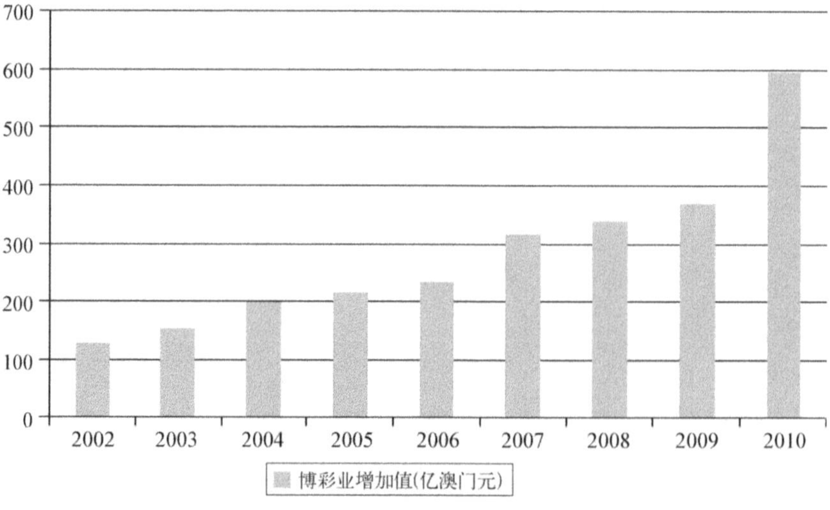

图 1　澳门博彩业增加值

资料来源：澳门统计暨普查局。

产业增加值的44%。博彩业对GDP的贡献率上升至40.9%(见图2),较前一年上升8.9个百分点,创下澳门回归后的新高(见图3)。旅游博彩业的理想表现,带动了澳门酒店、会展、零售、饮食、金融保险及地产等行业的发展,并持续提升澳门服务出口规模。

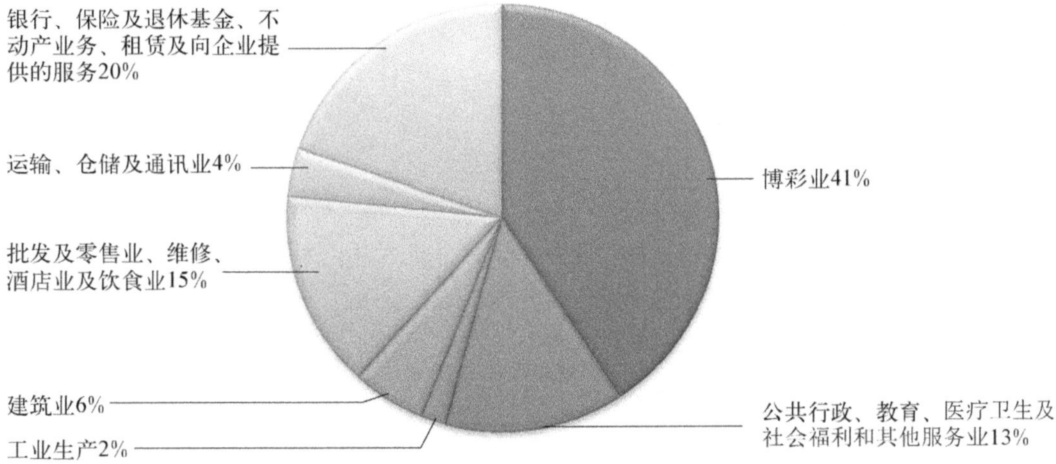

图2　2010年澳门产业结构

资料来源:澳门统计暨普查局。

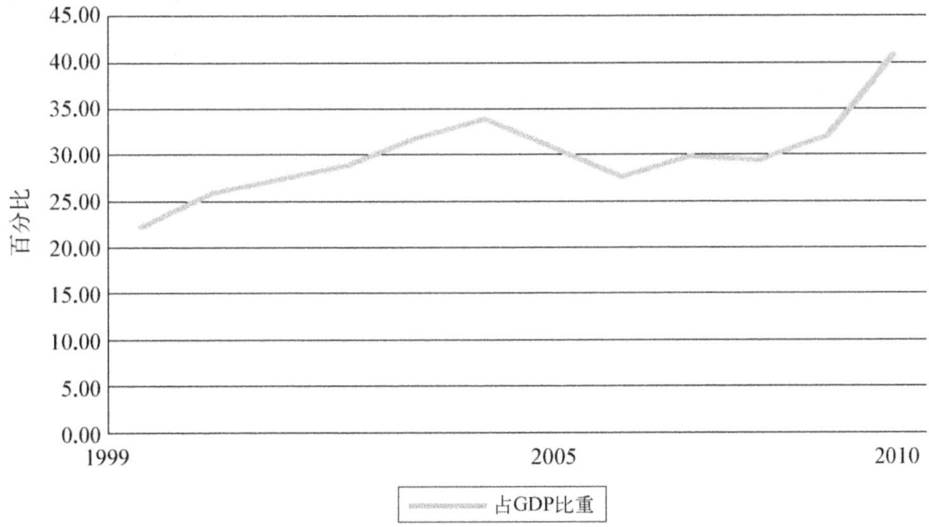

图3　澳门博彩业增加值占GDP比重变化

资料来源:澳门统计暨普查局。

(三)博彩收入升幅强劲

2011年,博彩毛收入(不计赏钱)总额为2 690.58亿元澳门币,同比大幅上升41.92%(见图4)。其中幸运博彩为2 678.67亿元(占博彩毛收入的99.6%),同比上升42.22%,主要是由于贵宾百家乐毛收入显著上升所致。相互博彩及彩票毛收入为11.92亿元,按年减少4.33%。

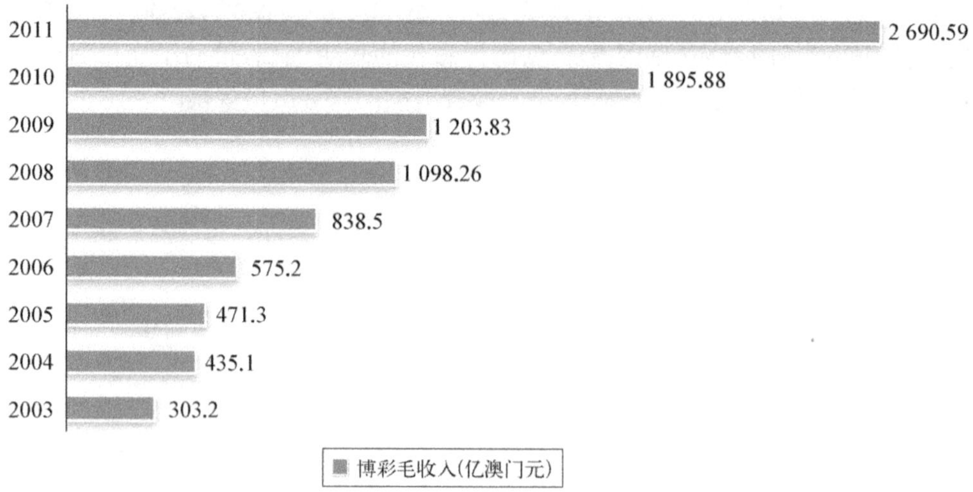

图 4　博彩毛收入变化

资料来源：澳门统计与普查局。

2012 年博彩收入依然保持快速增长态势。2012 年 1 月博彩毛收入 251.24 亿澳门元，实现同比 34.6%的较高升幅。

(四) 财政税收增长可观

2011 年，澳门财政收入总额达到 1028.40 亿澳门元，其中博彩税收首破 900 亿元大关，由 2010 年的 687.76 亿元飙升至 909.40 亿元(见图 5)，占财政总收入中的比重，也由 2006 年的 55.8%急升至 2012 年的 88.43%(见图 6)。

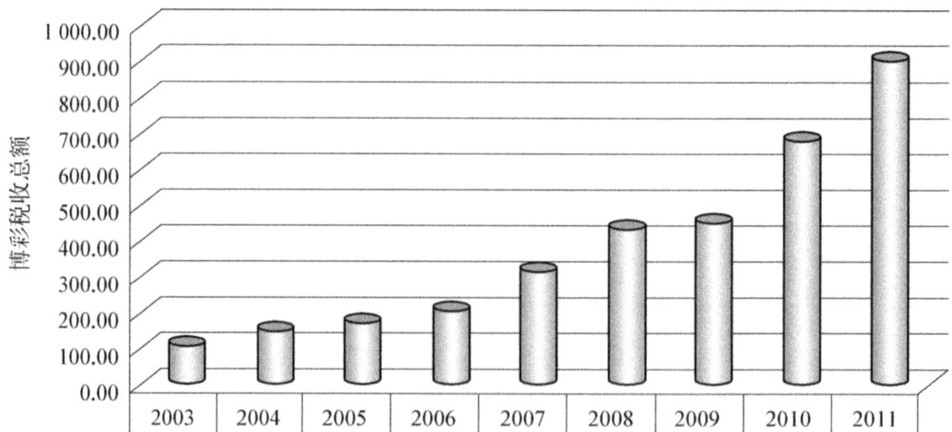

	2003	2004	2005	2006	2007	2008	2009	2010	2011
博彩税收入	105.80	152.40	173.20	207.50	319.20	432.08	456.98	687.76	909.40

图 5　博彩税收入变化

资料来源：澳门统计暨普查局。

澳门政府规定，除所得税外，根据转批给合同，博彩公司须每年支付澳门政府特别博彩税、博彩金及特别征费。特别博彩税按博彩收入总额 35%的比率评定。博彩金包括(i)固定部分相等于 3 000 万澳门元的金额以及(ii)可变部分根据期内公司所经营赌台及博彩机(包括角子

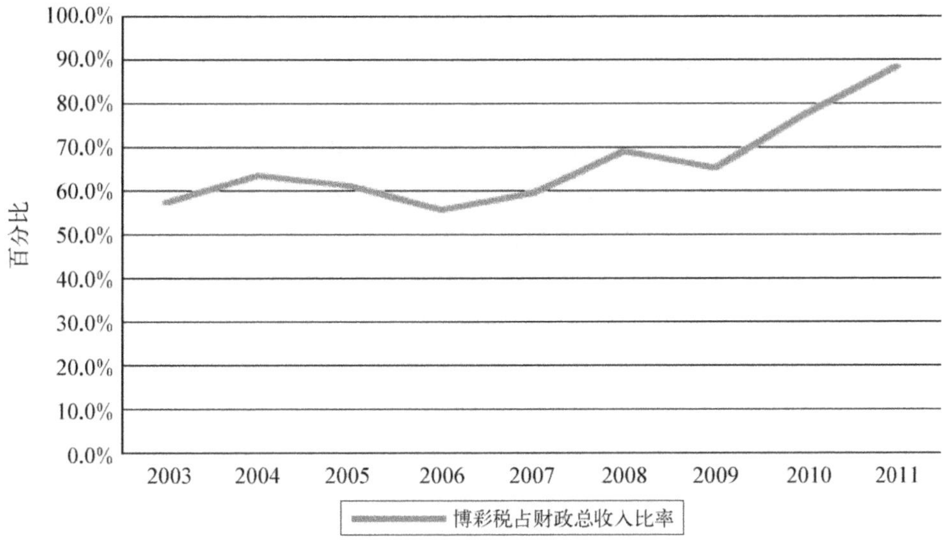

图 6　博彩税占财政总收入比率变化

资料来源：澳门统计暨普查局。

机)数目计算。特别征费包括(i)相当于博彩收入总额 1.6%的金额，将用于一家公共基金会，旨在澳门宣传、研究及发展文化、社会、经济、教育、科学、学术以及慈善活动，及(ii)相当于博彩收入总额 2.4%的金额，用作在澳门进行市区发展、旅游业宣传及社会保障。因此，博彩公司每年的博彩税费约为博彩收入总额的 39%。

二、美资博彩集团在澳发展情况

(一) 主要美资博彩集团背景

1. 金沙中国有限公司(Sands China LTD.)

金沙中国有限公司附属于拉斯维加斯金沙集团股份有限公司，在开曼群岛注册成立。它与拉斯维加斯的 The Venetian Resort、The Palazzo Resort、金沙会展中心和 Sands Bethworks 同属伙伴公司。金沙中国有限公司是澳门目前最大规模的综合度假村发展商。公司旗下资产包括澳门威尼斯人、澳门金沙，以及涵盖澳门四季酒店及百利沙娱乐场的澳门百利宫。其中澳门威尼斯人为澳门六家拥有博彩经营者牌照机构之一。(见图 7)

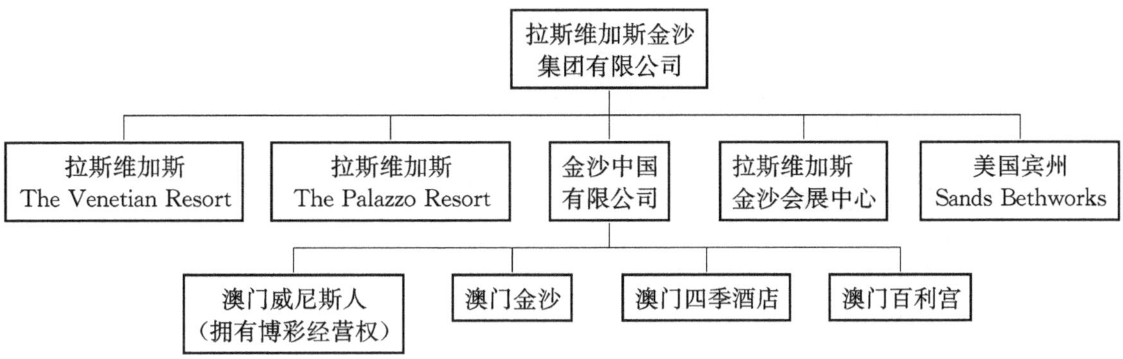

图 7　金沙中国公司关系结构

2. 美高梅中国控股有限公司(MGM China Holdings Limited)

美高梅中国控股有限公司于 2010 年 7 月 2 日在开曼群岛注册成立。其股份于 2011 年 6 月 3 日在香港联合交易所主板上市。该公司的直接控股公司为 MGM International Holdings, Ltd.,最终控股公司为美高梅国际酒店集团(拥有 51%股权),该集团在美国注册成立并于纽约交易所上市。美高梅中国控股有限公司作为一家娱乐场博彩度假村开发商,是美高梅金殿超濠股份有限公司的控股公司。美高梅金殿超濠持有澳门六个娱乐场经营权的其中之一,拥有并经营澳门美高梅综合娱乐场与度假酒店。该酒店于 2007 年 12 月开业。(见图 8)

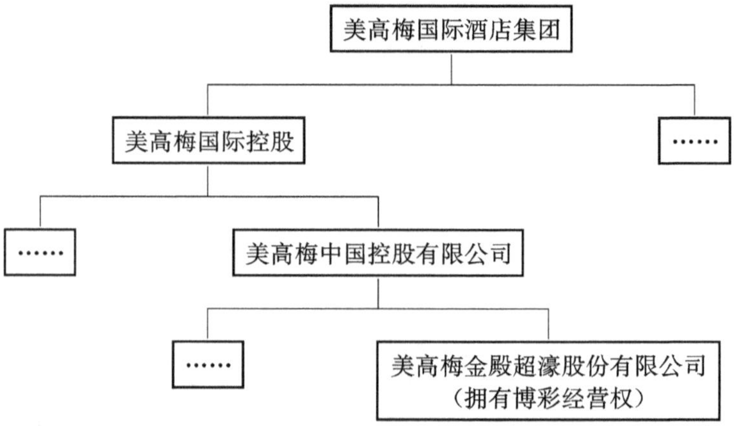

图 8 美高梅中国控股有限公司关系结构

3. 永利澳门有限公司

永利澳门有限公司是美国 Wynn Resorts, Limited 的附属公司,于 2009 年 9 月 4 日在开曼群岛注册成立。Wynn Resorts 在美国纳斯达克交易所上市。而永利澳门有限公司于 2009 年 10 月 9 日在香港联合交易所主板上市。该公司经营一家娱乐场酒店度假村永利澳门(2006 年 9 月开业),永利澳门拥有博彩经营权。现永利澳门扩建了其第二间娱乐场酒店——万利酒店(2010 年 4 月开业)。(见图 9)

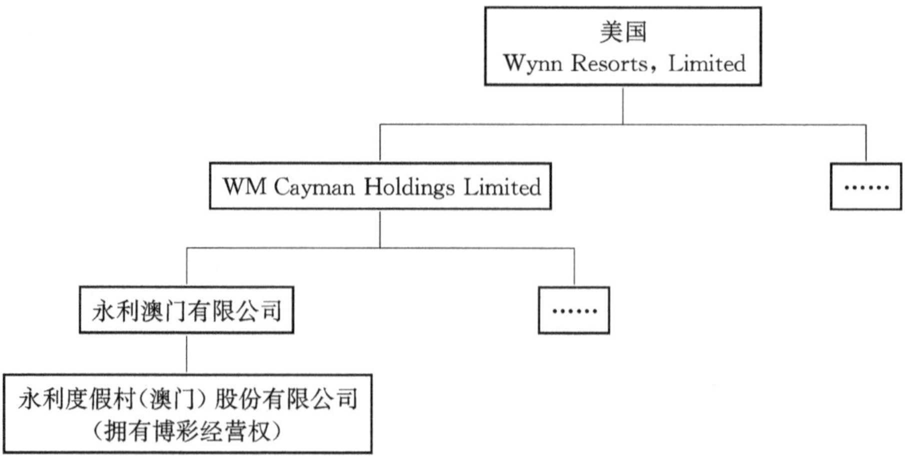

图 9 永利澳门有限公司关系结构

4. 新濠博亚娱乐有限公司(Melco Crown Entertainment)

新濠博亚娱乐有限公司于2006年12月19日在纳斯达克上市，又于2011年12月7日在香港联交所主板上市。该公司作为一家发展商，旗下附属公司“新濠博亚博彩(澳门)有限公司”持有澳门博彩经营权。现该公司拥有博彩酒店“澳门新濠锋”、博彩综合娱乐度假村“新濠天地”以及骏景娱乐场。公司的两个主要股东为“新濠国际发展有限公司”和“Crown Limited”，前者于香港联交所上市，后者为澳大利亚证券交易所上市榜首50家企业之一。(见图10)

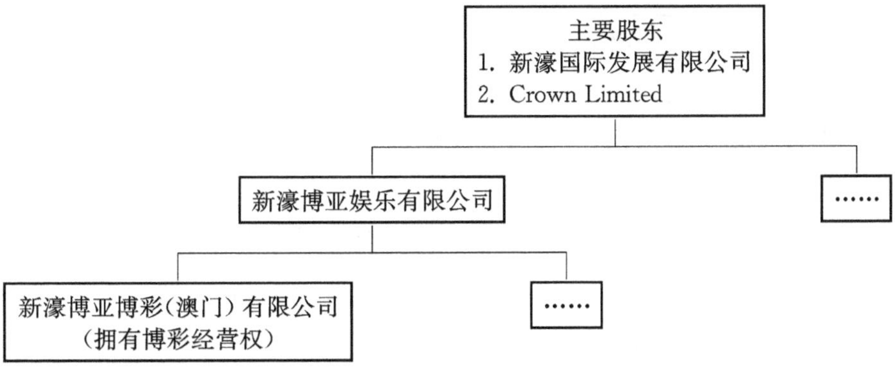

图10　新濠博亚娱乐有限公司关系结构

(二) 博彩网点分布情况

1. 金沙中国有限公司

持照人：威尼斯人(澳门)股份有限公司

威尼斯人(澳门)旗下，共建有3家娱乐场，经营1 135张博彩桌和3 216台角子机。具体如下：

表1　威尼斯人(澳门)股份有限公司旗下娱乐场分布

娱乐场	网址	博彩桌	角子机
金沙娱乐场	www. sands. com. mo	415	1 084
威尼斯人娱乐场	www. venetianmacao. com	550	1 956
百利沙娱乐场	www. fourseasons. com/macau	170	176
总计		1 135	3 216

资料来源：澳门特别行政区政府博彩监察协调局，金沙中国有限公司网站。

2. 美高梅中国控股有限公司

持照人：美高梅金殿超濠股份有限公司

该公司旗下只在澳门开设了1家娱乐场。如下所示：

表2　美高梅金殿超濠股份有限公司旗下娱乐场分布

娱乐场	网址	赌台	角子机
美高梅金殿娱乐场	www. mgmgrandmacau. com	427	1 184

资料来源：澳门特别行政区政府博彩监察协调局、美高梅网站。

3. 永利澳门有限公司

持照人：永利度假村(澳门)股份有限公司

该公司在澳门开设了1家娱乐场，拥有486张赌台，930台角子机。如下所示：

表3 永利度假村(澳门)股份有限公司旗下娱乐场分布

娱乐场	网址	赌台	角子机
永利娱乐场	www.wynnmacau.com	486	930

资料来源：澳门特别行政区政府博彩监察协调局、永利网站。

4. 新濠博亚娱乐有限公司

持照人：新濠博亚博彩(澳门)股份有限公司

该公司旗下开设3家娱乐场。如下所示：

表4 新濠博亚博彩(澳门)股份有限公司旗下娱乐场分布

娱乐场	网址	赌台	角子机
新濠锋娱乐场	www.altiramacau.com	220	1 000
骏景娱乐场	www.taipasquare.com.mo	46	n.a.
新濠天地娱乐场	www.cityofdreamsmacau.com	378	1 122

资料来源：澳门特别行政区政府博彩监察协调局，新濠网站。

5. 澳门幸运博彩娱乐场美资与非美资比较

美资博彩娱乐场在澳总数为8家，显著少于非美资(中资)26家娱乐场数量。即美资娱乐场占总数的23.5%，中资占76.5%。如下所示：

表5 美资与非美资(中资)幸运博彩娱乐场数量比较

承批公司		2006	2007	2008	2009	2010	2011
中资	澳门博彩股份有限公司	17	18	19	20	20	20
	银河娱乐场股份有限公司	5	5	5	5	6	6
美资	威尼斯人(澳门)股份有限公司	1	2	3	3	3	3
	美高梅金殿超濠股份有限公司	—	1	1	1	1	1
	永利度假村(澳门)股份有限公司	1	1	1	1	1	1
	新濠博亚博彩(澳门)股份有限公司	—	1	2	3	3	3
总计		24	28	31	33	33	34

资料来源：澳门特别行政区政府博彩监察协调局。

(三) 经营业绩

2011年美资博彩集团在澳门业务取得大幅增长，全年博彩收入与公司盈利成绩斐然。不仅为博彩经营公司带来巨额利润，而且为澳门政府贡献了数量可观的财政收入。具体表现如下：

1. 金沙中国有限公司

2011 年金沙中国有限公司收益净额为 48.808 亿美元(379.141 亿港元)[①],同比增长 17.8%。其中博彩收益为 42.315 亿美元(328.7 亿港元),同比增长 15.5%,占总收益的 86.7%(见图 11)。旗下三家娱乐场,威尼斯人娱乐场的博彩收入最多,达到 24.107 亿美元,但百利宫的博彩收入增长最快,同比增长 34.4%(见图 12)。金沙中国有限公司经调整物业 EBITDA[②] 为 15.76 亿美元(约 122.424 亿港元),增长 29.6%。利润达到 11.331 亿美元(88.019 亿港元),同比增长 70.0%。

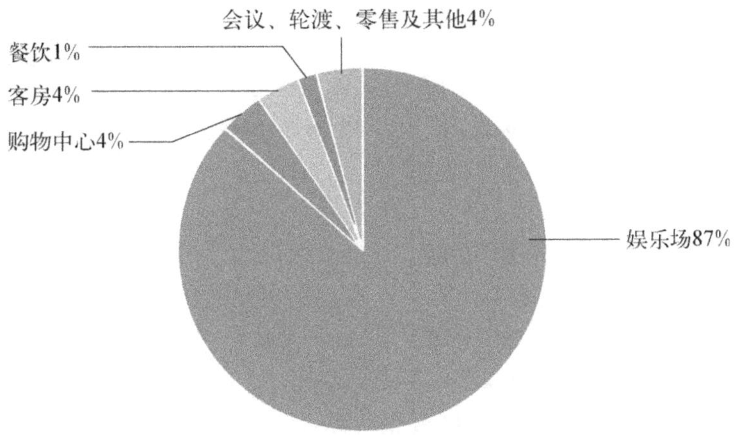

图 11　金沙收益结构

资料来源:金沙中国有限公司网站。

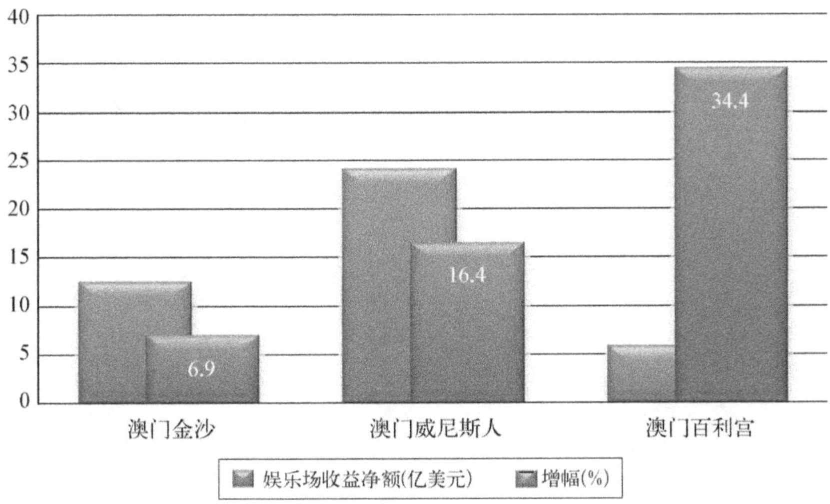

图 12　金沙旗下三家娱乐场博彩收益比较

资料来源:金沙中国有限公司网站。

① 美元金额转换为港元金额使用的汇率为 1.00 美元兑 7.7680 港元。

② 经调整后的物业 EBITDA 指未计利息、税项、折旧、摊销、开业前开支、物业费用及其他、公司开支、以股票为基础薪酬以及其他非经营收入及开支前盈利,并包括来自非综合联营公司收入的权益。该指标广泛用于衡量博彩公司的经营表现,并作为评估博彩公司的主要基准。

2011 年该公司共缴纳博彩税 20.70 亿美元(160.80 亿港元),比上年增长 14.8%。总资产 101.28 亿美元(786.74 亿港元),比上年增加 16.5 亿美元(128.17 亿港元),增长19.5%。资产净值 55.16 亿美元(428.48 亿港元)。

2. 美高梅中国控股有限公司

2011 年美高梅中国控股有限公司收益净额为 202.94 亿港元,同比增长 63.2%。其中博彩收益为 199.75 亿港元,同比增长 64.7%,占总收益的 98.4%(见图 13)。经调整物业 EBITDA 为 50.46 亿港元,增长 78.3%。利润为 32.79 亿港元,同比增长 109.4%。

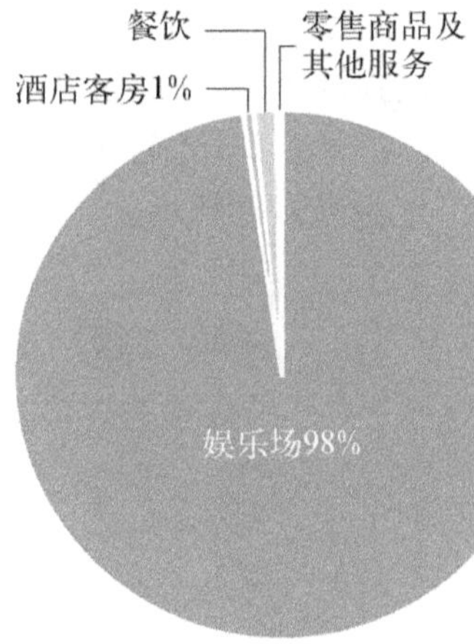

图 13: 美高梅收益结构

资料来源:美高梅网站。

2011 年该公司共缴纳博彩税 108.17 亿港元,比上年增长 66.9%。总资产 126.89 亿港元,比上年增加 24.65 亿港元,增长 24.1%。资产净值 44.14 亿港元。

3. 永利澳门有限公司

2011 永利澳门有限公司收益净额为 37.89 亿美元(294.33 亿港元),同比增长 25.9%。其中娱乐场收益为 35.653 亿美元(276.95 亿港元),同比增长 31.5%,占总收益的 92%(见图 14)。经调整物业 EBITDA 为11.96 亿美元(92.91 亿港元),增长 34.0%。利润为 7.65 亿美元(59.43 亿港元),同比增长 26.6%。

2011 年该公司共缴纳博彩税约 14 亿美元(约 108 亿港元),比上年增长约 31%。总资产 22.03 亿美元(171.13 亿港元),比上年增加 4.25 亿港元,增长 23.9%。

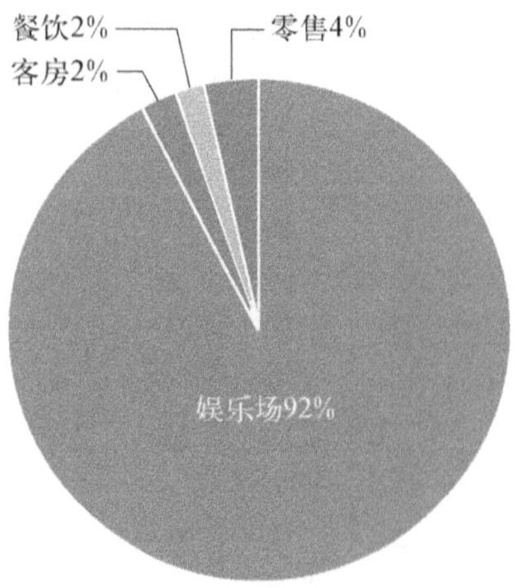

图 14　永利收益结构

资料来源:永利网站。

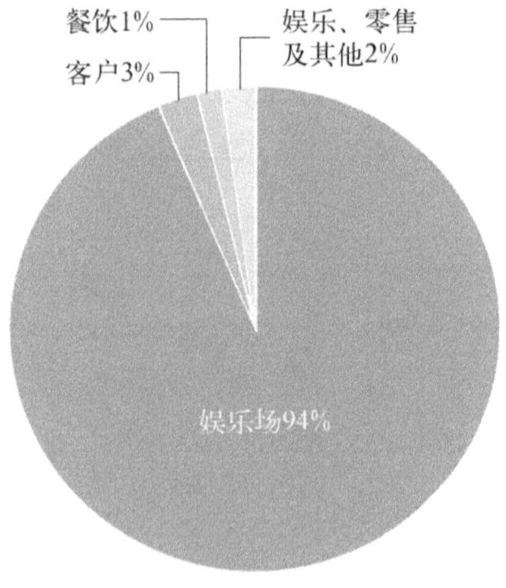

图 15　新濠收益结构

资料来源:新濠网站。

4. 新濠博亚娱乐有限公司

2011 新濠博亚娱乐有限公司收益净额为 38 亿美元(295.18 亿港元),同比增长 46.2%。其中娱乐场收益为 36.79 美元(285.78 亿港元),同比增长 44.3%,占总收益的 94%(见图 15)。经调整物业 EBITDA 为 8.81 亿美元(68.44 亿港元),增长 79.8%。利润为 2.95 亿美元(22.92 亿港元)。

2011 年公司总资产 62.70 亿美元(487.05 亿港元),比上年增加 14.13 亿美元(109.76 亿港元),增长 28.9%。净资产为 31.88 亿美元(247.64 亿港元)。

5. 四家美资博彩集团业绩比较

综上,四家美资博彩集团均发挥自身独特优势,在澳门实现可观业绩。在总收益方面,金沙以 379.141 亿港元居四家之首,新濠和永利较为接近,略低于 300 亿港元,美高梅居第四位,约 200 亿港元(见图 16)。由于博彩收入占总收益比重均超过 90%以上,因此四家集团的博彩收入排名也与上述一致。

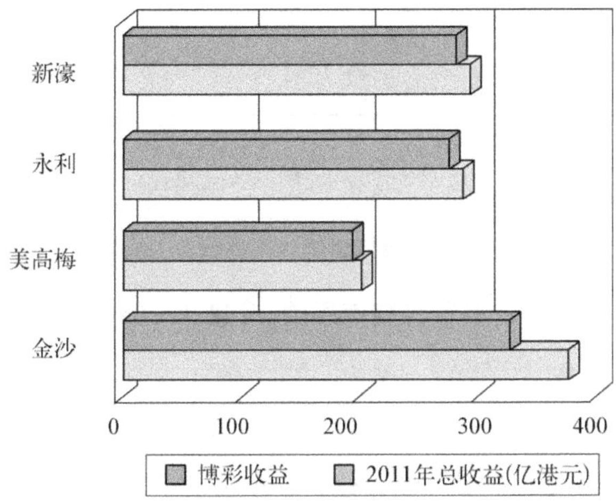

图 16　四家美资博彩集团总收益与博彩收益比较

但在总收益与博彩收益增幅方面,恰好呈现相反的格局。美高梅增长最快,增幅均超过 60%,金沙的增幅最慢,仅为 17.8%和 15.5%。新濠第二,约 45%,永利居第三,约 30%(见图 17)。

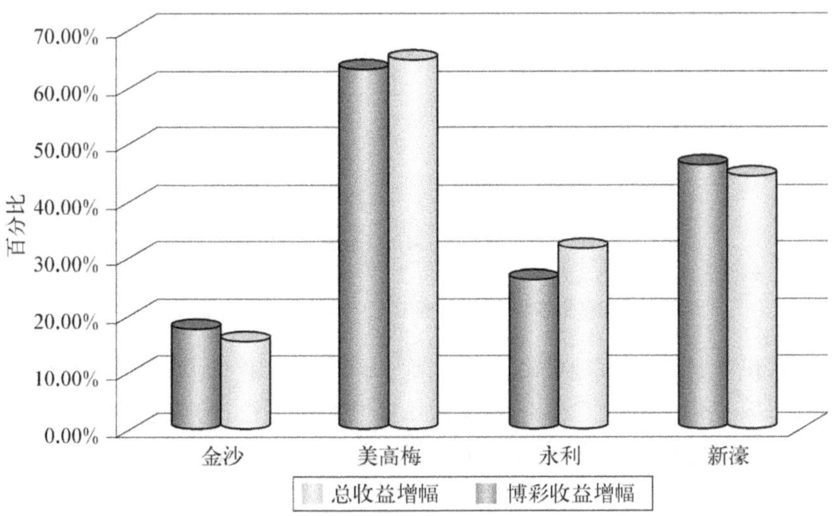

图 17　四家美资博彩集团总收益与博彩收益增幅比较

根据博彩业常用评价指标经调整物业 EBITDA 比较，金沙以 122.424 亿港元遥遥领先，永利第二，92.91 亿港元，新濠和美高梅分居第三、第四位（见图 18）。

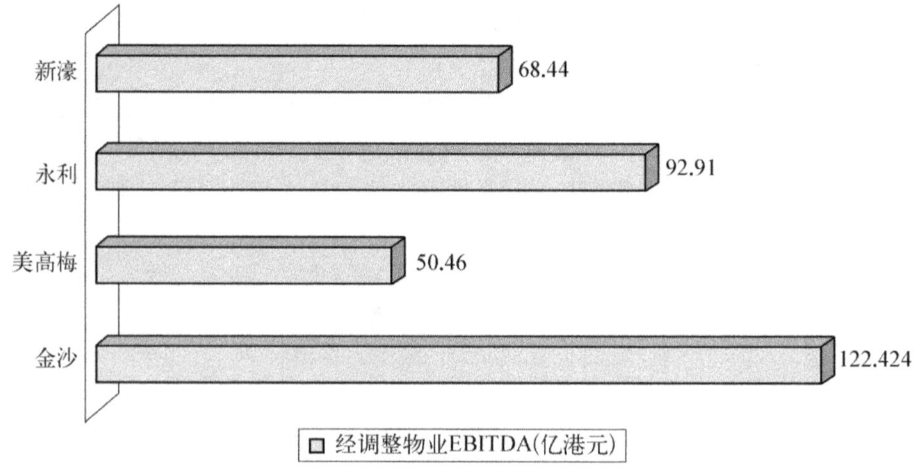

图 18　四家美资博彩集团经调整物业 EBITDA 比较

但在 EBITDA 增幅方面，新濠和美高梅居前，分别为 79%和 78%。金沙则为 30%，居四家之末（见图 19）。

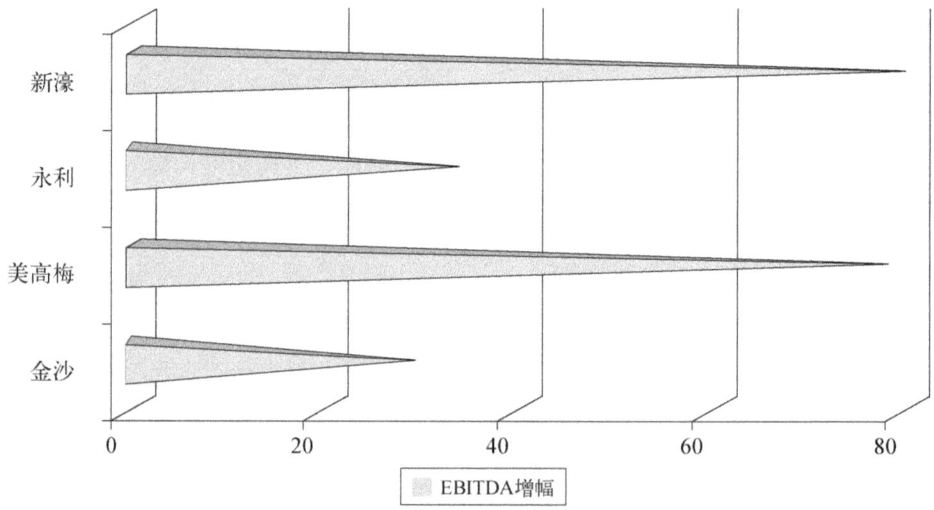

图 19　四家美资博彩集团经调整物业 EBITDA 增幅比较

在利润方面，仍然是金沙、永利居前，分别为 88 亿港元和 59 亿港元。而美高梅超过新濠，达到 33 亿港元居第三位，新濠以 23 亿港元居第四位（详见图 20）。

综上，四家美资集团的经营业绩基本呈现了金沙、永利总量居前，而新濠、美高梅增幅领先的格局。

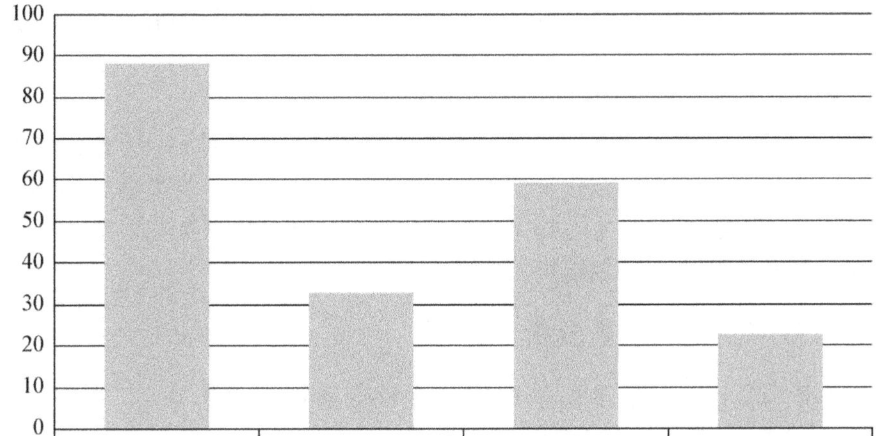

	金沙	美高梅	永利	新濠
利润	88.019	32.79	59.43	22.92

图 20　四家美资博彩集团利润比较

三、四家美资博彩集团未来发展策略

(一) 金沙中国有限公司

(1) 侧重于兴建亚洲最大综合度假村——路氹金光大道。此项目是该公司历史上最大的综合度假村项目，将打造领先世界的商务及休闲目的地。根据该公司规划，路氹金光大道最终将建成五座互相连接的综合度假村，包括不同类型的品牌酒店及度假设施，以吸引不同市场档次的消费者。项目分为三期进行。目前已完成 32 亿美元资本投入，并将进一步投资 12.4 亿美元完成一期和二期工程。2012 年 4 月该项目中的“金沙中心城”首期开业。(2) 增添更一流的贵宾设施及服务，重点提高贵宾业务收入。(3) 除博彩设施外，增设非博彩景点及设施，以助推旅游业发展，并带动博彩收入。

(二) 美高梅中国控股有限公司

该公司的主要竞争优势在于其提供的高端产品及服务，主要股东拥有庞大、完善的市场网络，以及通过贵宾客户忠诚计划对各客户群所进行的细分目标市场推广。其主要策略是：(1) 优化产品服务持续打造核心优势。(2) 扩大主要博彩区。(3) 加强品牌认知度与号召力。(4) 优化客户细分策略以达到收入及利润的最大化。在贵宾客户业务方面，通过维持与博彩中介人关系、提升客户博彩体验来提高业务收入。(5) 规划于路氹投资建造一所占地约 17.8 英亩新娱乐场及酒店综合设施。目前该公司已向澳门政府提交获取该幅土地租赁权的申请，正在等待政府的批准。

(三) 永利澳门有限公司

该公司规划在路氹城兴建含娱乐场的大型综合度假村。其关于 51 英亩土地批给请求已获澳门政府批授。根据合约，该公司已支付首期 6 250 万美元按金。

(四) 新濠博亚娱乐有限公司

该公司发展策略是：(1) 积极发展世界级娱乐设施及其他非博彩设施。(2) 新濠天地策略性锁定中高端中场业务。(3) 规划建造新的娱乐场”Studio City”，抓住博彩市场重心向路氹转移的机遇。目前尚在等待政府批文,并在进行该项目融资计划。(4) 建设摩卡娱乐场网络。(5) 通过发行人民币债券等,前瞻性地管理资产负债表。

(五) 美资博彩集团发展策略共性

从上述分析可以看出,美资博彩集团发展策略具有三大共性:一是继续向政府申请土地,增设物业,大规模建造国际级综合度假村;二是将竞争重心由澳门半岛转向路氹地区,增加对路氹地区的规划与投入;三是着力提升贵宾博彩业务,通过增加贵宾博彩场地,加强博彩中介人关系,以及推行客户忠诚计划提高贵宾收入。

四、美资博彩集团发展前景分析

未来美资博彩集团发展的前景取决于多种因素的综合影响,其中主要包括:全球宏观经济走势、中国经济状况、澳门旅游业发展形势、博彩业市场竞争格局以及中央对澳门博彩业发展的有关政策。其他因素还包括多国颁布影响到澳门旅游的政策以及爆发传染病等。

(一) 全球宏观经济走势

博彩业发展受全球宏观经济走势影响,一般具有正相关性。这是由于博彩支出在消费中属于非必要性支出。在经济不景气时期,消费者由于收入减少以及未来不确定性的增强,因此倾向于减少非必要性支出。此外在经济不景气时期,博彩经营集团将减少相关投资,甚至出现外资机构抽逃资金的现象。

2008 年金融危机初期,澳门博彩业曾一度遭受重挫。博彩游客数量大幅下降,金沙等博彩集团曾出现暂停在建项目的现象。澳门特区政府为力挺博彩业,出面对外承诺,担负“最后博彩经营者”角色,不允许任何一家娱乐场出现倒闭。随着近两年来全球经济的缓慢复苏,澳门博彩业出现了明显增长。但当前,未来经济形势仍存在较大不确定性。尤其是美国经济的复苏状况仍有待进一步观察。若美国经济恢复无力,将可能影响美资集团对澳门博彩公司的投资力度,因此 2012 年澳门博彩业的增长幅度预计会低于 2011 年。

(二) 中国经济发展状况

中国经济形势对澳门博彩业发展具有举足轻重的影响,主要体现在三个方面:一是中国游客占澳门游客总数的 90%以上。中国游客的消费将直接影响澳门的旅游收入。根据 2011 年第三季度统计,约 94%到澳门的游客来自中国内地、香港及台湾(见图 21)。其中,广东游客占大陆游客主体(见图 22)。二是中国经济政策,尤其是货币政策的松紧,对澳门博彩业具有直接影响。在中央政府为应对金融危机采取了经济刺激政策后,宽松的流动性为澳门博彩业注入了活力,之后出现了显著增长。三是中国经济状况通过影响消费者的消费行为,从而影响澳门博彩业收入。市场预期,未来几年中国的经济增长将持续产生大量的中产阶级,同时随着人民可支配收入的增长以及人民币的升值,也会进一步推动博彩业收入的增加。

(三) 澳门旅游业发展形势

博彩业收入与澳门旅游业的发展状况息息相关。一般而言两者具有正相关关系。澳门旅游业的蓬勃发展将为博彩集团带来大量客流与可观博彩收入。

(1) 从澳门游客人数看,2009 年以来呈现直线上升态势。2011 年达到 2800 万人次,同比

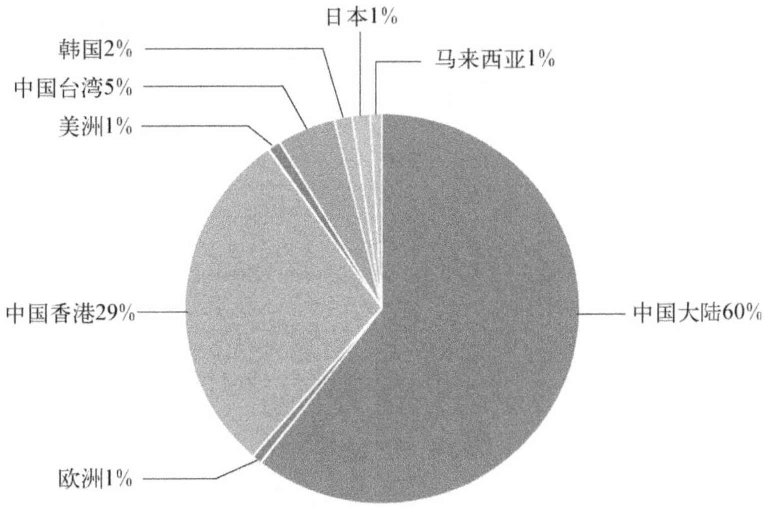

图 21　澳门旅客构成(2011 年第三季度数据)

资料来源：澳门统计暨普查局。

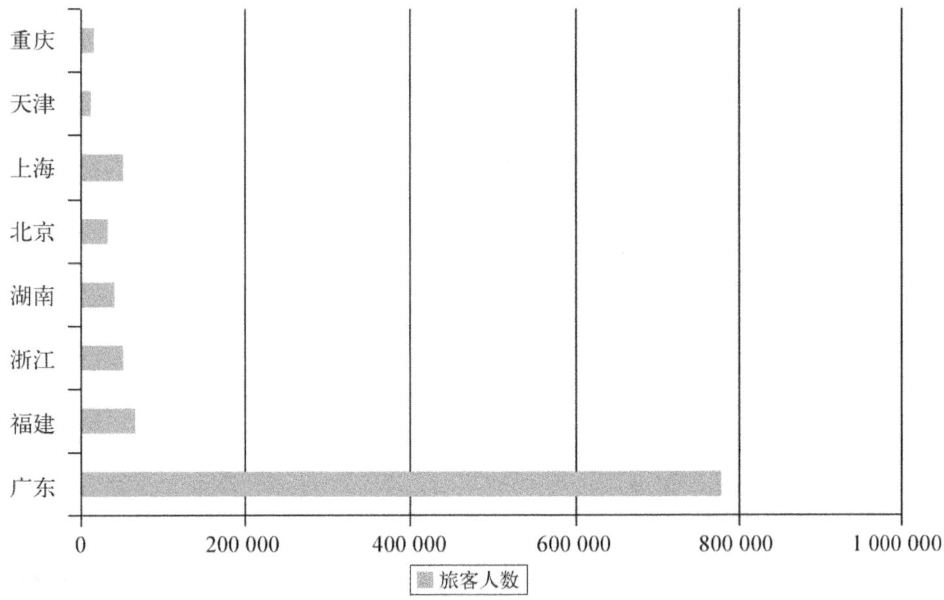

图 22　大陆旅客主要省份与直辖市人数(2012 年 1 月数据)

资料来源：澳门统计暨普查局。

增长 12.2%。2012 年 1 月保持较高的同比增长水平，达到 18.6%。预计未来将继续保持上述增长趋势(见图 23)。

(2) 从澳门酒店入住率看，2000 年后虽有小幅波动，但总体呈增长态势，至 2011 年达到 84%的高位(见图 24)。市场预期，今年酒店入住率仍将保持在 80%以上。

(3) 从人均消费看，大陆游客平均消费最高，第四季度较第三季度增长显著。随着大陆游客的持续增长，旅游收益也将进一步显著提高(见图 25)。

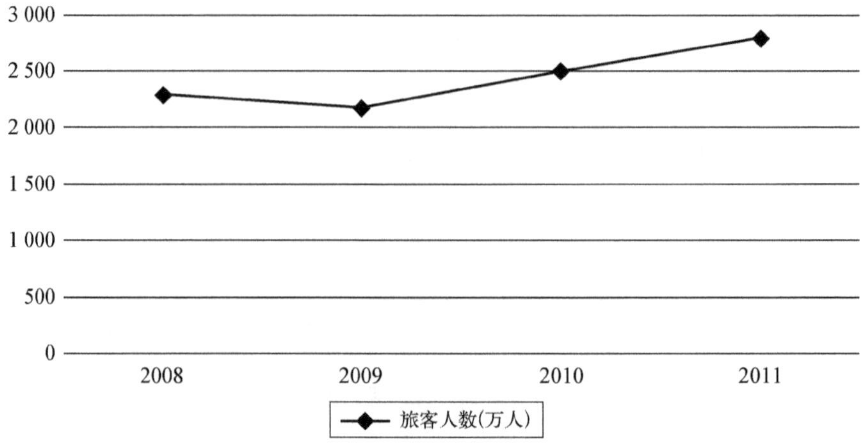

图 23　澳门旅客人数

资料来源：澳门统计暨普查局。

图 24　澳门酒店入住率

资料来源：澳门统计暨普查局。

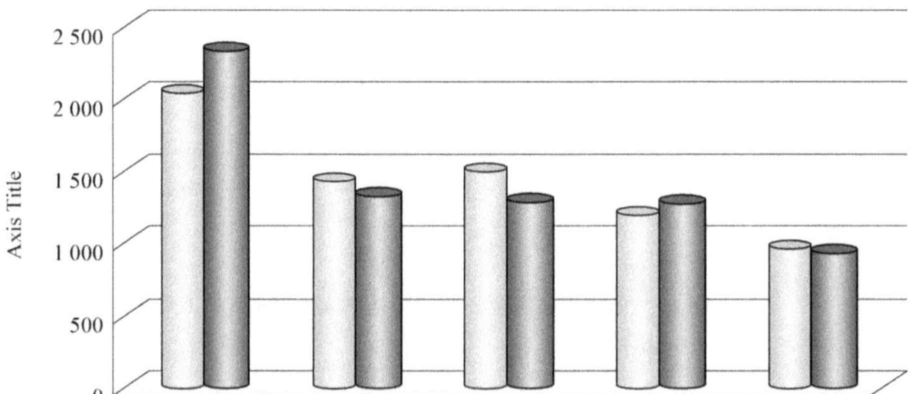

	中国大陆	东南亚	日本	中国台湾	中国香港
2011年第3季度	2 026	1 420	1 492	1 199	962
2011年第4季度	2 325	1 310	1 272	1 262	917

图 25　各地区人均消费比较　单位：澳元

资料来源：澳门统计暨普查局。

（四）博彩市场竞争格局

美资博彩集团在澳门的发展不仅受到本地博彩集团的竞争，即两家中资博彩集团（澳门博彩股份有限公司和银河娱乐场股份有限公司），同时还需面对亚洲其他地区娱乐场的竞争。包括于2010年在新加坡开业的圣淘沙名胜世界和滨海湾金沙、位于马来西亚吉隆坡外围的云顶娱乐城及菲律宾的娱乐场。此外，澳门博彩还要面对全球其他主要博彩中心，包括澳大利亚及拉斯维加斯，以及提供博彩娱乐的亚洲邮轮等的同业竞争。目前日本政府正在讨论是否应开放博彩市场，以帮助日本摆脱经济停滞的局面。因此，其他亚洲国家将博彩合法化的行动，势必进一步加剧与澳门博彩业的竞争。但从目前来看，澳门仍是全球最大的博彩中心，美资在澳门的博彩企业具有较强的国际竞争力。尤其在他们根据规划，开发路氹新博彩中心后，澳门的优势地位将进一步增强，其博彩集群效应将进一步得到发挥。

（五）中央对澳门博彩业发展的有关政策

中央的政策对澳门博彩业发展具有决定性影响。如果中央改变澳门作为中国唯一博彩地区的特殊地位，允许在中国其他地区开设博彩业务，将会对澳门的博彩业带来巨大冲击。因此，澳门博彩业的蓬勃发展有赖于中央的特殊政策。在中央未考虑改变上述立场的条件下，澳门博彩业发展前景仍相当乐观。

（六）小结：美资博彩集团在澳门发展前景判断

综上所述，尽管全球经济复苏仍存在一定不确定因素，但鉴于中央政府保持澳门在中国唯一合法的博彩经营地位的背景，以及目前中国经济仍将保持较高速增长有利条件，澳门博彩业将在澳门旅游业蓬勃发展的带动下，实现较快增长。同时随着美资博彩企业发展战略的实施对其国际竞争力的有效提升，以及以中国游客为主体的强大支持，澳门美资博彩集团将继续享受良好发展机遇，实现博彩收益与利润的较大增长，并为澳门财政作出更显著的贡献！

参考文献

澳门统计暨普查局：《澳门主要统计指标》3号刊，2011年第3季，2011年12月编制。

澳门统计暨普查局：《季度本地生产总值》3号刊，2011年第3季，2011年11月编制。

澳门统计暨普查局：《本地生产总值》2010。

澳门统计暨普查局：《澳门经济季刊》2011年第3季，2012年1月编。

澳门统计暨普查局：《澳门社经摘要》2011年12月/24号刊。

澳门统计暨普查局：《统计月刊》2012年1月。

澳门统计暨普查局：《旅游业统计指标》2011年12月，2012年2月编制；2012年1月，2012年2月编制。

澳门统计暨普查局：《旅客消费调查》2011年第4季，2012年2月编制。

澳门统计暨普查局：《2010年澳门产业结构》，2011年12月编制。

澳门统计暨普查局：《澳门旅游博彩统计》(2003—2009年澳门博彩收益与政府财政收入)。

澳门统计暨普查局：《澳门统计年鉴2010年》。

澳门政府博彩监察协调局：《娱乐场地址及网址资讯》，http://www.dicj.gov.mo。

澳门政府博彩监察协调局：《每月幸运博彩统计资料》，http://www.dicj.gov.mo。

金沙中国有限公司：《自愿性公告：再融资3 500 000 000美元》，香港，2011年6月15日。

金沙中国有限公司：《股价敏感资料：本公司控股股东LAS VEGAS SANDS CORP.截至2011年12月31日止第4个财政季度及全年业绩》，澳门，2012年2月2日。

金沙中国有限公司：《股价敏感资料：本公司控股股东 LAS VEGAS SANDS CORP. 截至 2011 年 9 月 30 日止第 3 个财政季度业绩 10—Q 表季度报告》，澳门 2011 年 11 月 9 日。

金沙中国有限公司：《截至 2011 年 12 月 31 日止年度初步全年业绩公告》，澳门，2012 年 3 月 2 日。

美高梅中国控股有限公司：《2011 年中期业绩公布》，www. mgmchinaholdings. com。

美高梅中国控股有限公司：《全球发售 760 000 000 股股份》，www. mgmchinaholdings. com。

美高梅中国控股有限公司：《截至 2011 年 6 月 30 日止 6 个月中期业绩公告》，www. mgmchinaholdings. com。

美高梅中国控股有限公司：《截至 2011 年 9 月 30 日止第 3 季未经审核业绩》，www. mgmchinaholdings. com。

美高梅中国控股有限公司：《股价敏感资料：本公司控股股东美高梅国际酒店集团业绩：截至 2011 年 12 月 31 日止年度的表格 10—K 年度报告》，香港，2012 年 2 月 29 日。

美高梅中国控股有限公司：《股价敏感资料：本公司控股股东美高梅国际酒店集团第 4 季及截至 2011 年 12 月 31 日止年度未经审核业绩》，香港，2012 年 2 月 22 日。

美高梅中国控股有限公司：《截至 2011 年 12 月 31 日止年度年度业绩公告》，www. mgmchinaholdings. com。

新濠博亚娱乐有限公司：《截至 2011 年 12 月 31 日止第 4 季度及全年未经审计业绩》，香港，2012 年 2 月 9 日。

新濠博亚娱乐有限公司："REPORT OF FOREIGN ISSUER PURSUANT TO RULE 13a-16 OR 15d-16 OF THE SECURITIES EXCHANGE ACT OF 1934"（for the month of February 2012），Commission File Number：001 - 33178

永利澳门有限公司：《2011 年中期报告》。

永利澳门有限公司：《有关接纳澳门政府所授出有关路氹城土地之土地批给合约公告之澄清公告》，香港，2011 年 9 月 12 日。

WYNN RESORTS，LIMITED：《截至 2011 年止第 4 季及年度业绩报告》。

永利澳门有限公司：《我们的控股股东 WYNN RESORTS，LIMITED 的 2011 年财政年度年度报告》，香港，2012 年 3 月 1 日。

（周　萍）

第三部分

新兴经济体研究

印度利率市场化改革及对中国的启示

2011 年 10 月 25 日，印度央行宣布允许商业银行自由设定储蓄存款利率，至此，印度持续二十余年的利率市场化改革终于完成。而中国利率市场化改革还没有完成，关键的贷款利率下限和存款利率上限尚未放开，回顾印度利率市场化进程，或对中国具有重要借鉴意义。

一、印度利率市场化改革的背景

为支持本国发展战略，印度 1969 年将 14 家大型私营银行国有化，1980 年将另外 6 家银行国有化，进一步加强了公共部门银行(public sector banks)在金融体系中的主导地位。以国有为特点的公共部门银行不仅在存贷款利率上受到约束，而且受到种种管制，最终沦为政府财政赤字的融资来源以及支持产业发展的政策工具。

一方面，印度对银行设置现金准备金要求(CRR)，要求银行将其存款的较高比例以存款形式存放在印度储备银行，同时还设置法定流动性要求(SLR)，迫使银行将其存款的一定比例以现金、黄金和政府或其他证券形式持有。20 世纪 80 年代，公共部门赤字占 GDP 比例持续上升，政府债务负担不断加重，CRR 和 SLR 之和相应由 80 年代初的 42%升至 1990 年的 53.5%。银行有一半以上存款流向公共部门，这大大减少了银行放贷空间。

另一方面，为支持农业、小规模产业等“优先发展行业”的发展，印度要求金融资源向这些行业倾斜。印度为银行设定优先贷款目标。1979 年，印度规定银行对优先发展行业贷款占总贷款的比例至少应达到 33%。80 年代，印度进一步将这一比例上调至 40%。同时，印度还根据优先贷款的类型、规模和行业规定具体的利率水平，且这些贷款的利率通常低于市场利率水平。

在层层管制的约束下，银行对超过 80%的贷款没有自主权。在这种情况下，银行没有动机进行商业化运作，许多银行经营不善，效率低下。在间接融资占主导地位的情况下，银行无法有效发挥媒介作用，促使资金在经济体系内合理流动，这就从微观层面提出了自由化改革的要求。

就宏观环境来看，在长期尼赫鲁发展模式下，印度实行进口替代战略，着力发展重工业，财政账户和经常账户双赤字，政府财政负担较重，外债规模庞大。90 年代初，随着国际油价的上涨和印度海外侨民汇款减少，印度外汇储备大幅减少，最终爆发经常账户危机。在国际货币基金组织(IMF)的敦促与帮助下，拉奥政府以此为契机开启了包括利率市场化在内的一揽子经济自由化改革。

二、印度利率市场化改革的路径

利率市场化是在印度银行业管制严重、金融压抑程度较高的前提下进行的一项改革。印度利率市场化的顺利推进，首先离不开印度银行业一揽子自由化改革方案的支持，同时还得益于印度利率市场化本身的路径设计。

（一）印度银行自由化改革的内容

就印度银行业自由化改革来看，印度主要采取了以下措施：

一是大幅降低 CRR 和 SLR，弱化 CRR 和 SLR 为政府融资的职能，逐渐使之转为政府宏观调控的手段之一。从 90 年代开始，CRR 和 SLR 水平大幅下降，90 年代初 CLR 和 SLR 分别为 15%和 38.5%，到 1997 年两比例已分别降至 10%和 25%，进入新世纪，两比例进一步下降，目前为 4.75%和 24%。

二是逐步减少优先贷款种类、放松优先贷款利率管制，减少对银行信贷决策的微观层面干预，降低银行的政策性职能，赋予银行更大的经营自主权。

三是有步骤地放松准入和分支行管制，逐步适当地在银行业引入竞争。印度新成立了多家私营银行，放宽外资银行进入限制，通过设置较低的 CRR 和 SLR 鼓励非银行金融机构发展，逐步促使银行业形成新的竞争格局。

四是加强银行监管和风险管理，设置资本、拨备要求，改善不良资产管理，引入骆驼信用指标评级体系（CAMEL），落实巴塞尔协议等。

通过这一系列改革，印度在一定程度上放开了束缚银行的条条框框，为利率市场化有条不紊地展开创造了条件。

（二）印度利率市场化路径

就印度利率市场化改革的路径来看，印度没有采用休克式疗法，而是选择了一条循序渐进、逐步放开的保守道路。印度先是在 80 年代末放开货币市场利率，继而逐步引入国债拍卖，允许国债息票利率浮动以反映供求形势，并从 1991 年开始按照“先贷款后存款，先大额后小额，先长期后短期”的顺序一步步放开银行存贷款利率。

1. 贷款利率市场化

在贷款利率的市场化上，印度遵从“先大额，后小额”的改革思路。具体来看，对 20 万卢比以上的贷款，印度早在 1988 年就从上限管理转为下限管理，并根据经济形势不断调整下限水平；1994 年废除贷款利率下限，允许银行制定最优贷款利率（Prime Lending Rate，PLR）[①]作为贷款利率下限；印度 1995 年允许银行自由设定 20 万卢比以上贷款利率，但要受到 PLR 和利差指引的约束，印度建议银行在 PLR 的基础上宣布并维持一个具体区间，涵盖不同风险贷款的利率。至此，20 万卢比以上的贷款利率基本实现市场化。对 20 万卢比以下贷款，印度先前对不同规模的贷款设定具体利率水平，从 1997 年开始，印度有条件地放开 20 万卢比以下贷款利率。1997 年，20 万卢比以下贷款利率由固定利率转为上限管理，2.5 万至 20 万卢比贷款的利率上限为 13.5%，2.5 万卢比以下贷款的利率上限为 12%；1998 年，所有 20 万卢比以下贷款由固定的利率上限转为以 PLR 为上限。到 2010 年 7 月，印度贷款利率全面市场化。

2. 存款利率市场化

在 90 年代利率市场化改革之前，印度对储蓄存款以及各个期限的定期存款利率分别设定

① 最优贷款利率，是银行向信用最好的商业客户提供贷款的利率，为银行商业贷款的基准利率。

具体的利率水平。1992年开始，印度对各个期限的定期存款统一设定利率上限，允许银行在不超过上限要求的情况下自由设定利率。从1992年到1995年，印度一直延续为定期存款统一设定利率上限的做法，并根据宏观经济形势对上限水平进行调整。1995年，印度放开2年期以上定期存款利率。1996年，印度进一步放开1年期以上定期存款利率。至此，印度1年期以上定期存款利率已实现市场化，1年期以下定期存款仍要受到利率上限管制，储蓄存款则受到具体的利率水平约束。1996年，印度将定期存款的最短期限由46天降至30天，受具体利率水平约束的储蓄存款类别进一步减少。1997年10月，印度放开所有定期存款利率，存款方面主要是储蓄存款利率仍受到管制。1998年，印度进一步将定期存款利率期限缩短至15天。最近几年，印度物价上涨压力严重，通胀率远远高于储蓄存款利率，导致实际储蓄存款利率为负，大量存款流向资本市场，间接推高资产价格。迫于负利率压力，印度2011年4月将储蓄存款利率由3.5%上调至4%，并最终在2011年10月放开储蓄存款利率，走完了存款利率市场化的全程。

三、印度利率市场化改革的影响

印度利率市场化可以分为两个阶段，第一个阶段是1991年至1998年，期间印度放开了大部分存贷款利率；第二个阶段是1998年以后，印度在这个阶段缓步前行，关键一步是2011年10月放开储蓄存款利率。由于储蓄存款利率放开不到半年，具体影响如何还需经时间检验。因此，此处只考察第一阶段利率市场化改革举措带来的影响。然而，鉴于第一阶段利率市场化改革是印度一揽子经济自由化改革方案的一部分，我们很难分离并评估利率市场化改革对印度经济产生的影响，只能将改革前后一些现象列举如下，供参考。

首先，印度90年代初启动利率市场化改革后，存贷款利差整体呈下降趋势，银行利息收入占总收入比重持续下滑，而投资收入等其他收入占比逐渐上升。粗略估计，1993年存贷利差为7.6个百分点，到2000年降至4个百分点，21世纪最初十年约为2.5—3.1个百分点；利息收入占总收入比重1993年约为63%，到2000年已降至50%左右。

其次，随着利率市场化等金融自由化改革的推进，印度迅速从1990至1991年危机中复苏，经历了一轮投资引领下的快速增长，90年代中期经济增长率平均达到7.5%。

第三，M3/GDP在1992年后重新开始上升，非银行金融机构存款在1992年至1997年大幅上升。印度M3/GDP在七八十年代就已达到较高水平，这一部分源自印度私人较高的储蓄倾向，还得益于印度银行分支机构在农村的大规模扩张，同时还与资本账户相对封闭有关。然而，由于经济基本面恶化，M3/GDP从1987年开始停止上升。1992年后，M3/GDP重新上升，利率市场化可能在其中起到了一定推动作用。

第四，利率市场化改革前后，银行信贷投放方向变化不大。银行继续持有大量政府债券，这一方面是由于政府财政赤字较高、债务负担严重，迫切需要进行融资；另一方面，政府债券收益率合理，资本要求很低，还可使银行免受放款调查，对银行而言是一项很有吸引力的投资。同时，银行贷给私营部门的资金依然不多，但非银行金融机构、股市的发展和海外市场的开放拓宽了私营部门的资金来源。

第五，银行不良资产率在出现阶段性上升后开始下滑。1993年3月，公共部门银行不良资产率达到11.6%，高于1986年的6.6%，90年代后期又开始呈下滑趋势。但鉴于不良资产在利率市场化启动以前就已开始上升，很难将 1993 年不良资产率的上升简单归因于利率市场化改革。

综上，利率市场化的影响到底如何很难细化。然而，纵观印度 90 年代以来的发展历程，印度并未出现大的危机。相比印尼、韩国等国激进的改革方案，印度保守的利率市场化改革进展顺利，可以说是较为成功的案例之一。

四、印度利率市场化对中国的启示

中印两国都是发展中人口大国，均系计划经济出身，在计划经济弊端暴露后均实行改革开放，国有银行都在金融体系中占据主导地位，因而，分析印度利率市场化改革的特点对中国具有重要启示。

首先，印度利率市场化遵循货币市场—国债市场—存贷款利率的路线，在存贷款利率的市场化上基本按照“先贷款后存款，先长期后短期，先大额后小额”的先后顺序，这与中国的路线设计相似。不同的是，印度 1991 年利率市场化改革是其一揽子经济自由化改革方案的一部分，是经常账户危机后不得不走的一步棋；同时，2011 年储蓄存款利率在管制多年后放开在某种程度上也是负利率倒逼的结果。这种危机—改革的思路会不会在中国出现？两国宏观环境不同，鉴于中国外汇储备规模庞大，中国不太可能发生经常账户危机。而就后一种情况来看，有关中国负利率的说法由来已久，但这会不会倒逼存款利率放开，还有待时间检验。

其次，与利率市场化同时进行的银行业改革为印度利率市场化的顺利展开创造了条件。利率市场化会直接影响到占金融体系主导地位的银行的利益。通过银行业一系列自由化改革，银行作为政府准财政部门的角色弱化，在经营上取得更大自主权，这就有助于降低利率市场化对银行的冲击。同时，为防止恶性竞争，印度在利率市场化初期适当控制竞争，而随着利率市场化的推进，印度有步骤地放松准入限制，适当引入竞争。这种有保有压的做法，体现了印度利率市场化改革的保守作风，为银行健康成长预留了时间和空间。而在中国，国有银行同样占据金融体系主导地位，同样承担了一定政策性职能。世纪之交，中国通过剥离坏账、上市等促使四大国有银行运作商业化。下一步的利率市场化改革对中国国有商业银行而言是个大考，商业化运作在很大程度上决定着利率市场化改革能否顺利推进。

再者，印度在实施利率市场化改革时资本账户相对封闭，屏蔽了资本大进大出对国内市场的冲击，为国内利率市场化改革创造了一个相对稳定的环境。在 1991 年启动利率市场化改革时，印度同时开始着手推进资本项目开放。但后者进展缓慢，1994 年印度实现经常项下的可兑换，1997 印度央行才就资本项下可兑换问题向政府递交提议，但该提议后被搁置，直到新千年以后，印度才正式启动资本项下的可兑换。而那时，印度的利率市场化改革已走完大半程。目前，中国同样面临着利率市场化与资本账户开放等一揽子改革问题，而印度方面经验或可为我们提供一些思路。

此外，印度在推进利率市场化的同时注重加强监管与风险管理。这既包括微观层面的，如对银行设置资本和拨备要求、引入巴塞尔协议等；也包括宏观层面的，如严格限制资本流出、禁止私人从海外借款，尤其是短期借款。

当然，印度利率市场化改革也有其不足之处，比如，由于政府财政赤字没有得到控制，政府发行了大规模国债，利率市场化改革初期大量银行贷款仍是流向公共部门，银行的信贷配置并未发生多大改变。再来看中国，过去三十年来中国经济增长迅速，宏观环境稳定，财政状况良好；同时，中国一直在稳步推进银行业改革，银行运作越来越商业化。从这些条件来看，中国似乎比印度在推进利率市场化上更有优势。

（卢蕾蕾）

俄罗斯利率市场化的经验及启示

苏联解体后，俄罗斯采取了激进的改革方案，快速建立适应自由市场经济体制运行的金融制度，在较短的时间内实施了利率市场化的改革。俄罗斯实现利率市场化后，大量资金纷纷涌入银行部门，但利率却没有立即下降，反而在短期内出现显著上升，之后才逐步下降。俄罗斯利率市场化改革对于中国具有一定的借鉴意义，因此有必要对俄罗斯利率市场化改革的情况进行梳理和总结。

一、俄罗斯利率市场化改革进程

俄罗斯的利率市场化改革从1992年开始，到1995年基本完成。这一过程也是俄罗斯央行货币政策工具不断完善，利率传导机制不断畅通的过程。俄罗斯利率市场化改革大致可以分为两个阶段。

(一) 利率市场化实质推进阶段（1992—1993）

这一阶段是俄罗斯利率市场化改革的初期，俄罗斯政府主要采取了以下四方面措施推进利率市场化：(1) 放开利率管制。1992年1月，俄政府开始实施"休克疗法"，在一次性放开价格的同时，也一次性放开商业银行利率，开启了俄罗斯利率市场化改革的序幕。(2) 收紧央行直接贷款发放条件、实行季度信贷分配限额制。从1992年初开始，俄罗斯政府开始收紧直接贷款的发放条件，逐步提高再贷款利率。1993年中，政府授权信贷政策委员会管理俄罗斯央行所有的信贷分配。该机构对信贷发放设置了季度最高限额，并负责监控执行。(3) 发展银行间同业拆借市场。从1993年开始，俄央行实施新的利率政策。其设定的再贷款利率要高于银行间同业拆借利率。由此，商业银行向俄罗斯央行寻求再贷款的成本大大升高，纷纷转向银行间同业拆借市场。银行间同业拆借市场迅速发展起来。(4) 引入公开市场操作。1992年8月，俄罗斯央行首次在市场上进行国债交易。1993年发行短期国债以后，俄罗斯央行更频繁地在公开市场吞吐债券，公开市场操作逐渐成为俄罗斯央行间接调节货币供应量的重要工具。银行间同业拆借市场的发展、公开市场操作业务的引入，为市场化利率的最终形成起到较好的铺垫作用。

(二) 利率市场化深化阶段(1994—1995年初)

在这一阶段，俄罗斯政府采取的主要措施可概括为以下三点：(1) 采取信贷拍卖的方式分配信贷资源。1994年2月28日，俄罗斯央行首次进行贷款拍卖。1994年2—12月，俄罗斯央行共举行11次信贷拍卖，拍卖总额为1.4万亿卢布；1995年，俄罗斯央行进行12次信贷拍卖，拍卖总额为5 380亿卢布。(2) 取消央行直接贷款模式。1994年底，俄政府决定依靠发行国债和国外贷款来抵补财政赤字，划清了央行与财政部门的关系。(3) 放宽银行牌照发放。1995年初，商业银行数量已由1991年底的1 350家增至2 500多家。信贷拍卖进一步推动资金价格竞争机制的形成，强化了银行间同业拆借利率的市场化和再贷款利率作为基准利率的地位。在此基础上，俄罗斯央行通过调整再贷款利率、存款准备金率及公开市场操作等间接调控利率水平，使利率水平逐渐由市场供求决定。

二、利率市场化后俄罗斯利率变动情况

俄罗斯实施利率市场化改革后，由于国内通货膨胀水平居高不下，信贷资源短缺，其利率水平不断上升，之后才逐步下降。据欧洲央行统计，1992 年 1—12 月，俄罗斯商业银行平均存款利率由 14.5%升至 78.1%，商业银行对国有企业的贷款利率由 20.4%升至 95.2%，银行间同业拆借利率由 26.4%升至 121.2%。

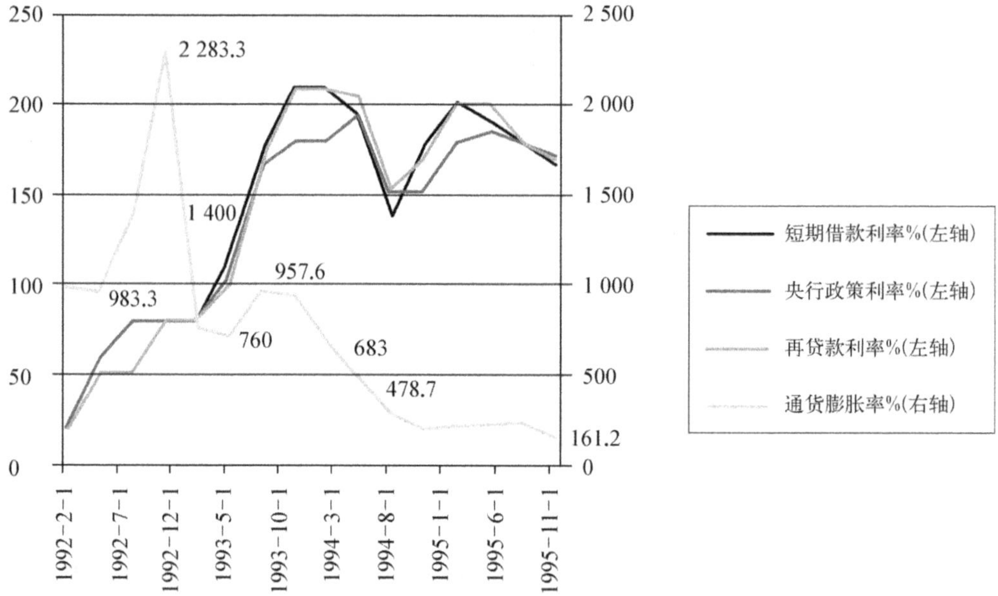

图 1　利率市场化实质推进阶段利率变动情况(1992—1993)

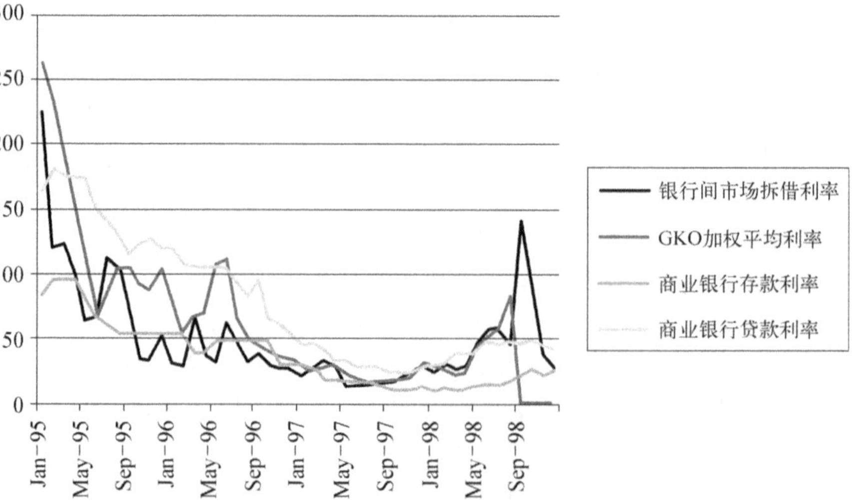

图 2　利率市场化深化阶段利率变动情况(1994—1995)

1995 年以后，俄罗斯的利率水平总体上呈下降趋势，仅在 1998 年金融危机前后有较大波动，2003 年以后走势基本平稳。其中，1 年期以上的贷款平均利率由 1995 年初的 164.6%降至 1997 年底的 28.6%，进而降至 2003 年底的 4.3%，而后在 10%—14%之间波动。

从利率结构情况看，俄罗斯利率档次日益丰富、结构更为复杂，货币政策工具的多样化使利率传导机制更为畅通，货币政策运行环境大为改善，股票和债券市场也得到较快发展。

三、俄罗斯利率市场化的成效

俄罗斯的利率市场化改革给国内利率变动带来较大的影响，但未能有效调节社会资金和资源的有效配置，这主要表现在以下四个方面：

第一，从实际利率的走向上看，俄罗斯商业银行实际利率长期为负。虽然放开了商业银行利率，银行自主决定存贷款的利率水平，但名义利率的上升远远低于通货膨胀上升的速度，俄罗斯的实际存款利率长期为负。负利率扭曲了资金价格，造成银行贷款短期化。大量资金涌向证券市场和外汇市场进行投资，导致利率的形成与变化并不是由货币市场借贷双方的供求关系决定，而实际上是由资本市场上的资金供求决定。

第二，从利率与投资的关系看，俄罗斯利率放开后未能有效地刺激投资增长。相反，利率市场化改革刚刚开始的 1992 年的固定资产投资额是 1995 年的 166.7%，而 2000 年该值仅为 1995 年的 84.6%，直到 2004 年固定资产投资额才超过 1995 年的水平。

第三，从金融稳定角度看，俄罗斯的商业银行资质差、效率低下。由于经济转轨初期激进式的产权改革与监管缺失，俄罗斯产生了众多管理机制不健全的中小型银行。它们缺乏透明度，内控制度不完备，风险较高。银行将大量资金用于股票市场或外汇市场投机活动，进一步加大了银行风险。有资料显示，1990—1995 年，近 200 家银行被关闭，银行不良资产率最高达到 60%，最低也为 20%。1995 年 1 月 1 日，银行间同业拆借市场逾期债务达到 1.4 万亿卢布，占全部同业拆借额的 8.8%。

第四，从资金流向来看，商业银行对企业的贷款多流向银行牵头的金融工业集团的下属企业或国有大中型企业，非金融性企业和个人很难得到贷款，几乎没有中长期贷款。很多企业和金融机构改到国际资本市场上融资，造成对国际资本市场和外资的依赖程度逐步加深，外债总额不断增加，导致俄罗斯在 1998 年和 2008 年两次国际金融危机中遭受较大冲击。

四、俄罗斯利率市场化经验的两个启示

俄罗斯利率市场化改革是激进式改革的典型案例。在利率市场化改革前，俄罗斯宏观经济基础薄弱，通货膨胀严重、经常项目呈现赤字并背负巨额外债，货币市场、资本市场欠发达，央行缺乏能有效影响利率的政策工具，这导致在利率放开后的一段时间里，俄罗斯利率大幅上涨，经济增长停滞，许多银行倒闭。从利率市场化的影响来看，俄罗斯为激进的改革付出了较大代价。因此，利率市场化改革应以宏观经济稳定、金融体系较完善为前提，宜以增量式渐进改革来推进。从中国当前情况看，除要求宏观经济比较稳定外，还应注意金融体系改革和国有产权改革等相关制度相配套，打破货币市场与资本市场的分割，大力培育金融市场。

俄罗斯利率市场化前后的利率变化情况还表明，由于存在制度扭曲和信息不对称现

象，利率经常不能正确反映资金的供需状况，因此，在金融体系尚不成熟的情况下放松利率管制，金融监管显得尤其重要。因此，中国在未来利率市场化改革过程中，必须加强金融监管，特别是对商业银行及其他金融机构资本充足率和资产负债表的动态监测，有效防范系统性风险积累。

（刘长青）

浅谈印度尼西亚利率自由化改革的经验

1983年，印度尼西亚实施了"一步到位"式的利率自由化改革，而且，早在利率改革之前的1971年印尼就已开放了资本账户，并于20世纪七八十年代一直保持着固定汇率机制。印尼这种有违传统理论的改革次序安排的背景是什么，实现了怎样的改革效果，本文简要介绍如下。

一、利率自由化改革的背景

（一）1973年石油危机壮大了印尼政府财力，形成了政府主导型发展模式，金融压抑程度较高

1967年，苏哈托政府上台后，开始着手应对前政府留下的高通胀局面，并大幅削减赤字，实现了经济稳定及快速增长。1973年，第一次石油危机推动了印尼石油出口收入大增，政府财政实力提升。鉴于当时的"大政府"理念，以及迫于民众压力，印尼政府采取了"干预主义"路线，通过政府或"政府的"银行将资金投向国有企业或政府所支持的行业，实现再分配目的，建立起政府主导型发展模式。20世纪70年代，印尼中央银行以及5家国有银行在金融体系中占据主导地位，印尼央行既可以直接贷款给国有企业，也可以通过国有银行来间接提供信贷支持。因此，印尼央行及国有商业银行占据了全国85%—90%的银行信贷份额。并且，政府还采取了一系列"扶国有、限私有"银行发展的措施，直接干预银行经营等，导致了较高的金融压抑度，主要表现为：一是央行通过提供补贴贷款主要为国有商业银行输送资金。补贴贷款利率大大低于市场利率（后者约为前者的3—4倍），而且数额较大。央行通过直接和间接渠道提供了约50%的银行信贷。二是国有银行还享有更多的优惠政策。包括公共部门必须在国有商业银行或央行存款，央行提供的资金绝大部分输送给了国有银行，此外，国有银行拥有较发达的分支行体系，并享有经营外汇业务的特权，而当时银行是不被允许开设分支机构的，仅有为数不多的几家非国有银行可以经营外汇业务。三是国有银行在商业银行体系中占据绝对主导地位。5家国有商业银行的资产约占全部银行资产的40%，而私有银行资产占6%，外资银行及合资银行仅占4%的份额。四是政府直接干预国有银行的信贷业务，而且国有银行没有存贷款定价的自由权，非国有银行可以自行设定存贷款利率。此外，70年代初政府为控制通胀，开始对银行实施信贷限额管理，并将存款准备金率提高至30%的水平。

（二）80年代初油价下跌使得政府主导型模式难以为继，经济向非石油产业的多元化发展也是大势所趋

1982年，国际油价大幅下挫，高油价给印尼带来的经济繁荣期随之结束，加之全球经济陷入衰退也影响了印尼的出口收入。1982—1983年，印尼石油出口收入由1981—1982年的106亿美元下降至72亿美元；同时外部环境转差也影响了对印尼农产品等出口需求。在此双重打

击下，印尼GDP增速由1981年的8%大幅下挫至1%。因此，政府收入下降，无法再支撑高额的补贴成本。印尼政府认识到进一步改革已迫在眉睫，过分依赖油气产业的单一经济结构必须改变，国有银行也必须改变依赖政府补贴的经营模式，于是由一批拥有海外留学背景的技术官员组成的“经济改革团队”(economic team)承担起了改革重任。

二、利率自由化等经济金融改革的内容及成效

苏哈托政府上台之后就由“经济改革团队”着手推动一系列经济金融改革，大致可以分为两个阶段：一是70年代初的早期改革阶段；二是80年代的积极改革阶段，包括1983年一揽子改革和1988年金融后续改革。鉴于“经济改革团队”成员的西方教育背景，其基本遵循“自由市场经济”原则来推动印尼经济及金融体系的开放。

(一) 70年代初的改革及成效

70年代初，印尼刚刚实现经济稳定，通胀大幅下降、政府赤字收缩，为巩固经济稳定成果，推动财政、货币政策等主要经济领域改革，改革内容选定为制定平衡预算规则、实现资本账户自由化以及建立可调整的盯住汇率机制等三项。

制定平衡预算规则的初衷是防止政府进行赤字融资，并且抑制财政部的过度融资需求，尤其随着经济繁荣期的到来，这种控制显得越来越重要。但是，一方面由于政府通过“预算外账户”来满足其融资需求，另一方面该规则的执行力越来越弱，因此改革效果并不好。

资本账户自由化改革主要出于以下考虑：一是资本账户开放可以对国内货币政策形成约束，因为如果货币政策不当，跨境资本流动就会形成汇率压力。二是由于印尼毗邻新加坡，资本管制的成本太高，且效果不理想。因此，在面临较大争议的情况下，“经济改革团队”毅然推动了资本账户开放的改革，而改革并未带来当时很多理论学家所担心的资本外逃，相反国内M2占GDP的比重一路攀升，较好支持了经济增长，没有出现金融动荡。主要原因如下：一是实际上印尼的资本账户开放还是依据传统理论做了相应的准备的。包括降低通胀、整固财政以及设定更为合理的汇率水平等。1966—1971年间，印尼实施了短期的汇率市场化机制。随后印尼央行根据市场汇率设定了415印尼盾兑1美元的固定汇率(允许围绕中间价上下浮动0.15%)。二是70年代初全球资本流动并不活跃，而且印尼人拥有的财富不多，因此没有出现大规模资金流动现象。三是在资本账户开放的背景下，境外资金提供者认为资金流出不会受到限制，因此资金流入的顾忌较少。四是当时印尼经济不存在吸引资金大规模流入的条件，汇率也接近市场水平，因此没有出现热钱导致经济过热或泡沫的现象，反而是缺乏资金的国内经济“久旱逢甘霖”，较好发挥了支持经济增长的作用。

(二) 80年代的改革及成效

1. 1983年一揽子改革的内容

1983年启动的利率自由化等金融改革只是一揽子经济改革的一部分，另外还包括财政体制改革以及贸易制度改革，改革的主要目的是改变过于依赖油气产业的单一经济结构、纠正过于强调进口替代以及不鼓励出口的政策取向、减轻金融压抑程度等，改革结果表明基本达到了预期效果。

(1) 财政体制改革着重于实现印尼税收体系的现代化，提高非油气收入在财政收入中的比重，减少不必要的政府补贴等。印尼通过简化税收体系、改革不利于出口的税收制度、建立

有利于所得税和增值税征收的制度等，实现了较好的成效。非油气收入占财政收入的比重由1985—1986年的稍高于8%的水平上升至1994—1995年接近12%的水平；所得税和增值税收入在此期间分别增长了10倍和7倍。

(2) 贸易制度改革开放着重于改革不合理的进出口制度，包括大幅度去除关税及非关税壁垒，大大减轻对国内制造商的保护，同时优化对外贸易管理流程，提高清关效率等，实现了国内竞争力提升、出口增长以及出口产品结构改善等目标。

(3) 利率自由化等金融改革的主要内容如下：

一是减少央行对国有银行的补贴贷款项目。由于央行对国有银行的补贴贷款利率大大低于市场水平，由此产生了逆向选择以及寻租腐败问题。而且政府还建立了对补贴贷款的保险制度，使得国有银行缺乏注重贷款质量的动力。更重要的，只要这种主要扶持国有银行的补贴贷款存在，公平竞争的市场环境就不可能确立。所以，在政府石油收入锐减的背景下，改革的内容之一就是减少政府收入在补贴贷款项目上的浪费，迫使国有银行走上与私有银行公平竞争的道路。

二是取消对国有银行的利率管制。与减少补贴贷款相对应，国有银行必须建立起通过吸收存款来支持贷款的能力，从而对国有银行的利率管制必须取消，使其拥有与私有银行一样的定价权。实际上，印尼的利率自由化改革并非完全的“一步到位”。首先，私有银行早就实现了利率自由化。其次，在取消对国有银行的利率管制时，印尼政府也是采取了试探性的分步走措施，先是于1982年8月叫停了部分补贴贷款项目，接着于1983年5月先放开了6个月定期存款利率，在看到上述措施影响较小、未引起太大争议的情况下，印尼政府才全部放开了对国有银行的利率管制。

三是取消对银行的信贷额度控制。信贷限额管理并未达到控制通胀的初衷，70年代印尼的平均通胀水平高达18%。而且，信贷控制也不利于好银行充分发挥竞争优势。信贷限额的取消大大激发了私有银行的竞争活力。

2. 1988年的后续金融改革

1983年金融自由化改革虽然基本实现了鼓励竞争、刺激市场活力的成效，但国有银行的表现差强人意，一是由于补贴贷款项目出现了反弹(1990年初才真正达到效果)，国有银行仍享有不公平竞争优势；二是在此基础上，国有银行出于保住寻租空间的考虑，在大幅提升存款利率的同时，却仍保持了大大低于市场水平的贷款利率。所以，改革仍需继续，以引入更多的市场竞争成分。于是1988年，印尼又实施了一项重要的促进金融业竞争的改革措施——放开市场准入。

1988年改革之前，印尼银行机构的市场准入冻结了17年。1988年改革不仅允许新国内银行的成立，而且降低了资本金要求等；同时，允许外资银行与国内银行合作建立合资银行；此外，国内银行可以不受限制地开设新分支机构；再者，国内私有银行获得外汇业务经营资格的门槛也大大降低，并且一旦获得则自动授权于该银行的所有分支机构开办外汇业务；最后，国有企业可以将一半的存款存放于私有银行。伴随着这些改革措施，印尼央行还同时将银行的存款准备金率从之前的15%调低至2%，大大增加了银行的可用资金。

3. 1983年及1988年金融改革的成效

一是银行存款大幅增长。1983年改革后，定期存款快速增长；1988年改革后，储蓄存款也赶上了定期存款快速增长的步伐，其后两年银行存款年增幅高达35%。从M2占GDP的比重看，1982年为18%，1986/87年上升至24%的水平。

二是贷款可得性大大提升。据统计，1983—1984年间，随着信贷限额取消，银行贷款大幅增长了40%。

三是银行业快速扩张，结构改善。截至1990年，国内私有银行达到91家，一年之内增加了28家，同时12家新的合资银行也于该年成立。非国有银行的快速增长改善了银行业结构，到1993年，非国有银行资产已经在全部商业银行资产中占绝大部分比重。

四是促进了经济结构转型及经济增长。1982—1988年间，制造业贷款占全部贷款的份额增长了33%，支持制造业成为新的增长引擎，促进了印尼经济结构转型。1983—1990年间，制造业占印尼GDP的比重由11.4%上升至19.4%，而农业的比重则从24%下滑至19.4%；油气税收收入占政府收入的比重由1982—1983年的约62%大幅下降至1991—1992年的约27%。1985—1995年，GDP年均增幅达到近8%，人均收入由533美元上升至955美元。

五是推动了劳动生产率的提升。虽然利率自由化改革导致了总体利率水平的大幅提升，但却达到了优化资源配置的效果，实现了劳动生产率的提升。据测算，改革之前的1973—1984年，全要素生产率增长对单位产出的贡献率约为12%；而改革期间的1984—1994年间，这一比率上升到24%。

不过，1988年后续金融改革在大幅度降低银行准入门槛的同时，却未能建立相应的监管制度，结果导致了其后银行不顾质量的盲目快速扩张信贷行为，进而出现经济过热、经常账户恶化等，为1997年货币危机埋下了风险隐患。

三、对印尼利率自由化等金融改革的评价

80年代改革之后的十多年，印尼经济高速增长，人均GDP也大幅提升，劳动生产率不断提高，显示出较好的改革成效。但我们应注意到，印尼令人瞩目的经济成果的取得得益于一揽子经济金融改革举措，而利率自由化等金融改革的成效较难单独评价。而且，印尼等新兴经济体当时正处于全球产业链重组、发达经济体向外转移制造业等低端产业的时期，印尼的改革开放正好契合了这种需求。因此，我们应以历史辩证的眼光来评价其金融改革成果，正如1997年亚洲金融危机爆发时，之前市场化改革被广为赞誉的亚洲四小虎之一的印尼反过来被指责为市场开放过快，从而酿成了危机。鉴此，对于印尼的金融改革开放，总体有几点感想：

一是印尼违反常规的改革次序安排有其独特的历史背景，不具有可借鉴性。实际上，即使在80年代出现大规模全球资本流动之前，印尼的货币政策制定就很受跨境资本流动的困扰，必须考虑国际利率水平，80年代初利率自由化之后的存款大幅增长也有资金回流因素的推动。90年代中期以后热钱的大量流入更是成为1997年危机的直接导火索。

二是"一步到位"式利率自由化改革只是表象，并且在印尼案例中其所产生的负面冲击较难评价。如前所述，印尼只是国有商业银行利率受管制，私有银行竞争已经形成了市场利率水平，因此利率放开之后国有银行存款利率迅速向市场水平靠拢。而且，在取消对国有银行的资金来源补贴之后，不完全放开存款利率等于将其推向绝路。所以，这是历史背景使然。而且，鉴于印尼在1994年才开始正式公布不良贷款数据（当时已高达21%），80年代改革在推动银行业快速扩张、存贷款大幅增长的同时导致了何种程度的资产质量问题较难准确评价；而且利

率自由化是否导致了银行不计成本的扩张，并一直在累积风险直至最终暴露也难有定论。总之，利率自由化改革对银行的负面冲击可能被金融压抑突然被放松之后的大发展所掩盖了。

三是金融自由化改革必须辅之以有效的监管。印尼政府在 90 年代初觉察到了银行信贷快速扩张的问题，并开始提高资本充足率，要求银行减少贷款集中度以及关联贷款等，但已经为时较晚，且执行力度不够，最终导致了货币危机和银行业危机。

四是改革可以适时逐步推动，但必须具有持续性。印尼改革的最大特点是抓住时机及时推动，比如 70 年代初为稳定高通胀局面采取了一系列改革措施；80 年代初面对经济陷入谷底、政府收入下降而及时启动了一揽子结构性及自由化改革；其后，在发现 1983 年金融改革效果不甚理想，又及时推动了 1988 年放开市场准入、加强对央行补贴贷款治理等后续改革措施，进一步巩固了促进市场竞争的改革成果。但是，就在“经济改革团队”发现了监管漏洞以及其他经济改革也仍需继续推进，并准备启动相关改革之时，90 年代初推崇干预主义的官僚集团在改革话语权中占据了上风，自此印尼的改革动力逐步减弱，最终导致了一个经济增长神话的破灭。

（李玉青）

巴西结构性改革与经济增长

2011年下半年以来，受外部环境转差以及国内宏观紧缩措施的影响，巴西经济大幅减速。为此，巴西政府于2012年初逆转了宏观政策操作方向，通过降息、减税、增加信贷等措施来支持经济增长。但有分析指出，巴西近十年来的较高经济增速主要得益于良好的外部环境，而制约巴西经济增长的内部结构性问题并未得到根本解决，因此随着外部需求萎缩，巴西经济能否重返快速增长轨道不仅取决于政策放松的空间，更重要的取决于通过结构性改革消除制约经济可持续增长的瓶颈。尽管巴西政府当前采取的一味刺激需求的措施短期或能起到提振经济的效果，但同时也会带来通胀风险，并且导致矛盾的累积，影响经济的长期可持续增长。

一、巴西经济的结构性问题

(一) 储蓄率和投资率偏低，经济增长过度依赖消费

目前，巴西的投资率(投资/GDP)约为19%，与其他"金砖国家"相比处于较低水平(见下图)，而储蓄率偏低是主要制约因素。过去十年，巴西平均储蓄率一直徘徊在17%左右，其中，家庭储蓄率和企业储蓄率分别占到GDP的5%和10%，而且政府储蓄率也均处于较低水平。

巴西家庭储蓄动机不足主要是受以往高通胀经历的影响，对收入增长以及政府采取鼓励信贷措施来刺激消费的预期也是原因之一，此外政府大包大揽的养老金制度也减弱了家庭的储蓄倾向。而政府财政状况虽然近年来有所好转，但政府支出也随之增长，储蓄率仍处于低位。较低的储蓄率成为影响经济增长的重要因素，一方面投资增长受到制约，巴西高企的实际利率水平成为制约经济增长的顽症；另一方面被迫依赖外部储蓄，对外部账户造成压力。

在投资率偏低的情况下，经济增长主要靠消费拉动。尤其是得益于前几年卢拉(Lula)政府改善社会福利、大幅提升最低工资以及改革金融部门促进信贷可获得性等举措，巴西国内消费增势强劲。而同时，投资不足导致的供应制约进一步显现，加剧了供需矛盾，推升了通胀压力，使得巴西尽管仍是一个非常贫穷的国家，却已成为全球物价最高的国家之一。而且，公共支出和信贷推动的消费繁荣也不可持续，目前，巴西家庭需要将收入的20%用来偿还债务。大多数分析人士认为，当前情况下，巴西在不引发通胀前提下可实现的潜在经济增长率为4%左右。

(二)"大宗商品出口拉动型"经济增长模式引致"荷兰病"

近年来，大宗商品价格大幅上涨成为推动巴西经济快速增长的主要因素之一，但同时也使巴西经济染上了"荷兰病"，即大宗商品出口繁荣以其他产业发展受影响为代价。原因包括：一是资本、劳动力等资源大量转移至与大宗商品出口相关产业，导致制造业等相应生产要素成本上升，影响竞争力；二是出口增长带来本币升值压力，同时国内经济繁荣吸引大量外资流入，进一步推升本币，挫伤本国制造业的竞争力；三是居民收入增加刺激国内消费，促进了服务业

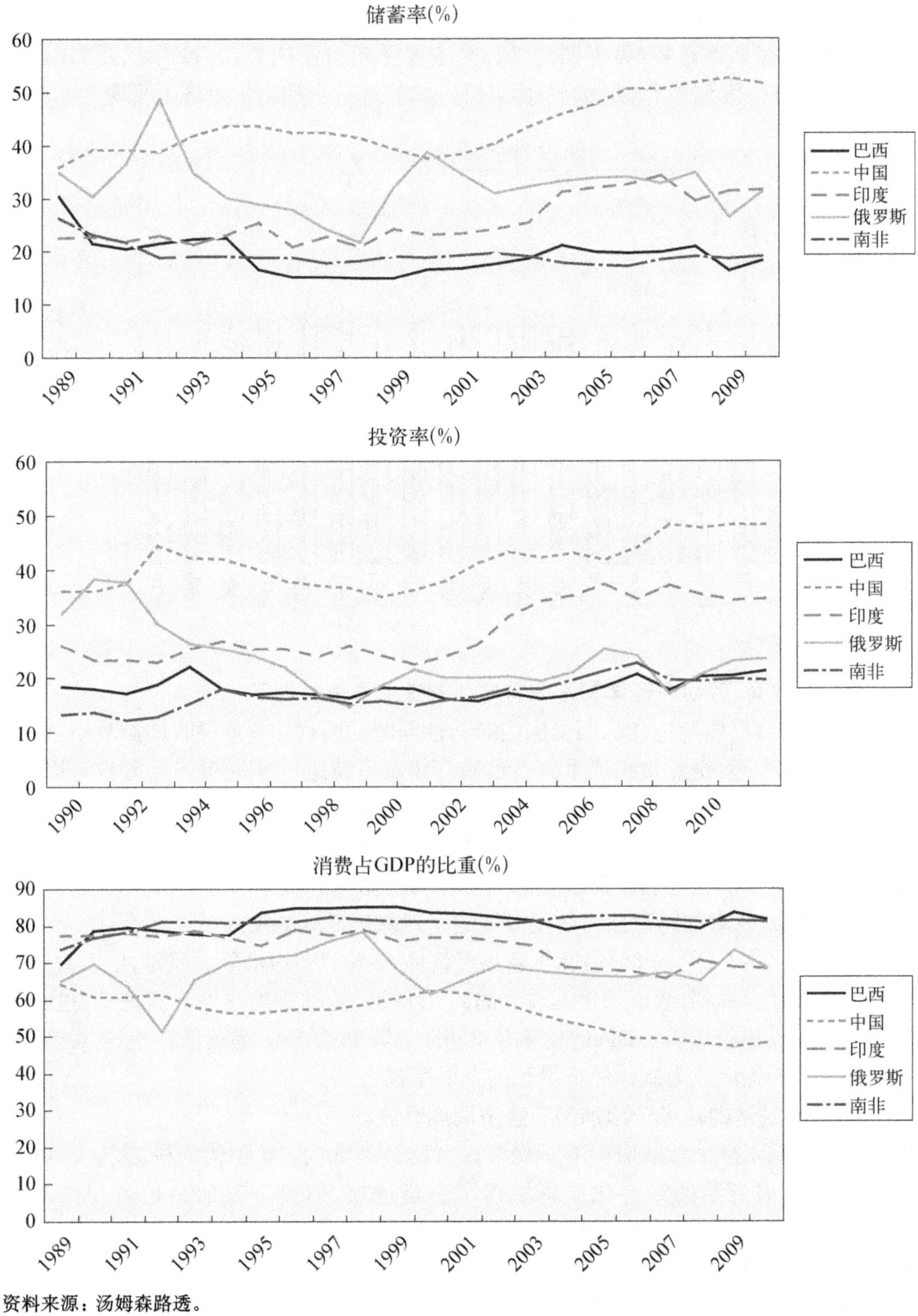

资料来源：汤姆森路透。

增长，而对制造业产品的需求则主要通过进口来满足，从而导致服务业与制造业的差距进一步拉大。此外，经济较快增长及资本流入带来的通胀压力也给制造业增长带来负面影响。2011年，巴西农业同比增长3.9%；服务业增长2.7%；工业增长1.6%，其中制造业仅增长0.1%。

从在 GDP 中的占比看，服务业的比重为 67％，工业、农业分别占比 28％和 6％，而且近年来工业、制造业的比重呈回落态势(见下图)。因此，主要受制造业拖累，2011 年巴西 GDP 增速由上年的 7.5％快速回落至 2.7％的水平，而且“荷兰病”进一步加剧了经济不平衡。

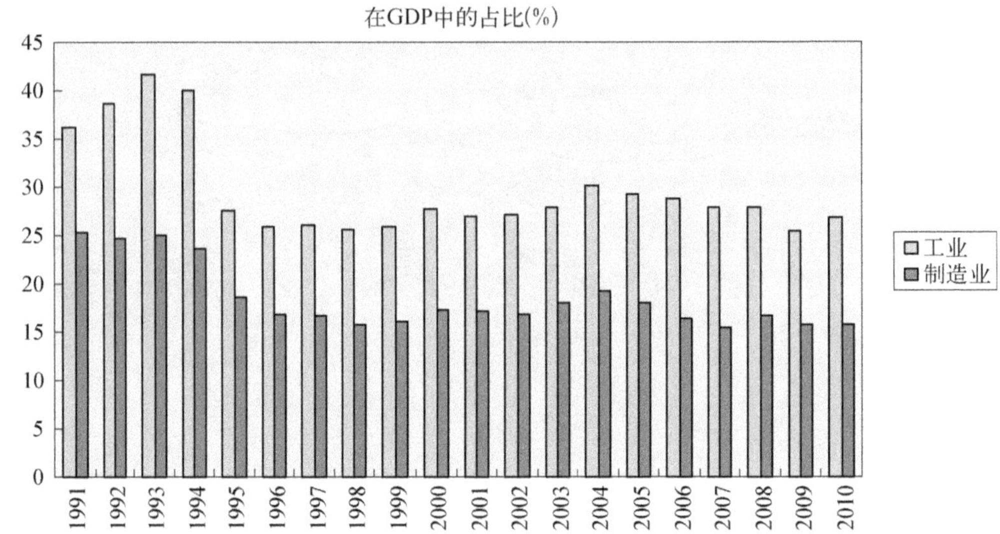

资料来源：汤姆森路透。

(三) 税收、教育、劳动力等体制不完善导致制造业竞争力低下

除上述因素外，巴西制造业长期受国内结构性问题的困扰：一是税收体制复杂，税率水平高企，税务合规成本高，企业负担沉重。二是教育体制有待进一步完善。高等教育以及技校、职校教育普及率仍然较低。三是教育缺乏导致拥有技能的劳动力不足，劳动力供应无法满足日益发展的多元化经济的需求。按劳动力短缺程度排序，巴西居全球第三。据 Manpower 公司调查，在巴西，57％的企业表示无法雇佣到合适的技能员工。

(四) “大政府”在增加财政压力的同时制约了对基础设施的投入

巴西政府支出占 GDP 的 35％，高于新兴经济体 25％的平均水平。但是，巴西政府支出主要用于养老金等社会福利，政府仅将其收入的约 3％投入基础设施建设。据统计，过去 30 年，巴西每年对基础设施投资占 GDP 的比重从 3.6％下降到约 1％，远远低于中国 12％的水平。因此，道路、港口等拥堵成为制约经济增长的主要瓶颈之一。

(五) 政府对经济的较多干预加剧了经济周期性波动

巴西历史上的军事独裁政府留下了规模庞大的公共部门，90 年代的科洛尔(Collor)和卡多佐(Cardoso)政府开始的私有化改革取得了一定进展，但接下来的卢拉(Lula)和罗塞夫(Rousseff)政府未能延续私有化改革的力度，在某些领域甚至有所逆转。尤其是近年来，面对制造业竞争力不断削弱，政府对工业、能源以及外贸等产业的干预主义再次抬头。政府通过对特定产业减税、FDI 投资指引以及国家开发银行(BNDES)输送廉价资金等形式来提供支持。而且，政府还对某些行业实施准入管理，并对宏观经济调控施加影响，比如近来巴西央行的降息行为就被指是迫于政治压力，而 2010 年执政当局出于大选年的考虑，在经济出现过热迹象时，没有及时将宽松货币财政政策回复正常状态。政府对经济的适当管理有助于熨平经济波动，而过多干预则会扰乱市场的正常运行，导致经济大起大落。

二、巴西结构性改革取得的进展及未尽事宜

20 世纪 90 年代巴西政府推动了大规模的结构性改革，取得了积极成效。但由于后续的劳动党政府持有不同的思想和理念取向，加上 2000 年初以来大宗商品价格持续上涨、全球流动性充裕等良好外部环境减弱了国内结构性改革的压力和紧迫性，改革进程或力度未能得以持续。

（一）完善宏观管理制度框架

取得的进展：

1. 建立通胀目标制，实现了抑制通胀的目标

1999 年，随着巴西雷亚尔实现浮动，汇率难以再作为通胀预期的锚，通胀目标制应运而生。通胀目标制是设定未来 12—24 个月要实现的通胀目标（以 IPCA 来衡量），允许上下各 2%的浮动区间。货币委员会负责设定通胀目标，该委员会主席由财政部部长担任，计划部部长和央行行长也作为委员会成员。目标一旦设定，由央行全权负责实现该目标。巴西央行通过加强对宏观经济和货币政策传导效果的分析能力以及提高透明度，较好地将通胀控制在了目标区间内。1995—1998 年间以及 1999—2002 年间，巴西平均通胀率分别高达 9.7%和 8.8%，2003 年以来的平均通胀率降低至约 6%的水平。

2. 实施财政责任法，达到财政整固的效果

2000 年 5 月实施的财政责任法（Fiscal Responsibility Law，FRL）将政府对于财政可持续性的承诺予以制度化。该法要求，联邦政府在年度预算中明确三年滚动基础财政盈余目标，一旦修正必须作出解释。此外，该法还对州和地方政府债务进行控制，设定支出规则（比如设定工资支出占财政收入的上限），要求各级政府完成并报告标准化的财政收支报表等。而且，法案还包括对违规行为的处罚条款。得益于该法案的实施，2003 年以来直至 2008 年金融危机爆发前，巴西一直保持了约占 GDP 3%的基础财政盈余，公共债务水平也大幅下降。

未尽事宜：

一是央行独立性有待提升。虽然通胀目标制下明确了央行享有实现目标的独立性，但实践中仍受到政府干预。

二是财政整固上近年来有所放松，比如将分别经营石油和电力的两大国有企业排除在基础财政盈余目标之外；而且有些法律规定尚未实施，包括设定联邦政府债务上限、建立各级政府间协调委员会等。

（二）税收体制改革

巴西税负总水平目前约为 GDP 的 36%，高于其他金砖国家及多数发达国家，相当于拉美国家平均水平的两倍。此外，巴西税制复杂，纳税人每年花费在税务合规上的时间平均为 2600 小时，是全球效率最低的国家；另据圣保罗工业联合会（Federation of Industries of the State of Sao Paulo）调查，巴西企业每年在税务合规上的花费约计 197 亿瑞亚尔（约合 112 美元）。巴西不合理税制的主要根源在于存在各自为政的联邦、州、市三级政府，三级政府各自颁布的税收规定各异，不仅导致税制复杂，而且在提高自身收入的动机下，推高了整体税负水平。因此，90 年代初科洛尔总统上台后成立了专门委员会来推动税制改革，旨在上收税权，实现税

制的全国统一。比如VAT税率及税收征管统一由联邦政府负责，税收收入则由三级政府共享(或者实现各州VAT税制的统一)；此外再赋予州、市政府自主征收销售税的权力等。但整个90年代期间，由于既得利益方的反对，有关税制改革的方案数易其稿，最终未取得根本性进展。其后的卢拉和罗塞夫政府几乎未进行任何后续推动，近来企业竞争力下降凸显了税制改革的重要性，有关推动改革的呼声再起。不过，罗塞夫总统最近表示税改将以小步慢走的形式推进，预计未来改革的步伐会比较缓慢。

取得的进展：

一是推动各级政府税收管理的现代化，加强税收征管力度。目前，巴西正在推动公共数字账务系统(SPED，Public Digital Bookkeeping System)的使用，该系统旨在帮助企业等使用标准化的数字格式来记账和处理税务，实现税务合规的简便化，提高效率。但由于税制本身的复杂性问题仍未解决，实际效果仍有待观察。

二是零敲碎打的具体税种改革取得了一定成效，包括推动所得税的现代化征管、统一各州的进口税率以及简化社会保障薪资税缴纳流程等。

未尽事宜：

由于既得利益群体的反对，推动根本性税制改革的尝试以失败而告终。巴西仍是世界上纳税人合规成本以及税率最高的国家之一。

(三) 养老金制度改革

取得的进展：

一是完善国家养老金制度，减轻了政府背负的公共部门雇员养老金负担。巴西养老金制度的主要问题之一是政府负担过重，政府养老金支出约占GDP的9%，大大高于与其发展水平和人口结构相适应的合理水平。因此养老金制度改革着重于设计更为合理的养老金支出标准，修改过于慷慨的支出条款，延迟雇员的退休年龄等(目前巴西退休年龄位居全球最低水平)，一定程度上实现了减轻政府负担的效果。

二是私人养老基金制度改革取得一定成效，包括降低中小企业的参与成本，提高养老基金的可转移性等，从而有助于促进劳动力流动、改善劳动力市场的非正规状况。

未尽事宜：

政府对私人部门雇员的养老金负担未得到有效改善，主要因为按照现行规定，私人部门雇员的最低养老保障与最低工资挂钩，而过去十年最低工资平均实际增长率高达66%。

(四) 教育体制改革

巴西教育发展落后由来已久，巴西联邦教育部直到20世纪30年代才成立，而教育部成立之初主要精力放在建立只针对少数人的高质量公共教育体系。因此，直到20世纪90年代中期，巴西公共教育体系仍是精英型，于是巴西政府启动了教育改革。针对教育经费投入不足、基础教育薄弱、教育质量低下、地域及不同收入群体之间差异较大等问题，巴西政府采取了一系列改革举措，致力于各级各类教育的全面、均衡发展，保障教育公平，全面提高国家的整体教育实力。

取得的进展：

一是加大教育经费投入。1995年巴西新政府上台后，开始实施把基础教育置于优先发展地位的政策。该政策的核心内容是设立基础教育发展与教师专业发展基金(FUNDEF)。该基金的经费来源由法律予以保障，规定联邦、州、地方政府用于教育的财政比例，同时联邦政府为了促进基础教育地区间均衡发展，还专门拨出一笔经费，用来确保全国各地每名学生年均经费都能达到最低标准。2004年，为扩大改革成果，在该基金基础上设立了新的基础教育发展基金(FUNDEB)，新基金将拨款范围由之前的一年级到八年级扩展至学前到中学三年级。此外，联邦政府于2001年启动了助学金(Bolsa Escola)计划，来资助有就读学生的贫困家庭，近来在任政府提高了该助学金金额。卢拉和罗塞夫政府利用石油收入进一步加大对教育的投入，卢拉政府建立了国家储备管理机构，并在该机构下设立了社会基金(social fund)，该基金将石油收入的一半用于教育。罗塞夫政府则计划进一步提升石油收入对教育的贡献度。

二是扩大基础教育覆盖面，缩小地域及贫富差距。上述举措给巴西基础教育带来了崭新的局面，目前巴西基础教育入学率为98%，而1994年仅为87%，且发展较为均衡，改革成效较为显著。

三是提升教育质量。教育评价是巴西教育改革的重要内容之一。为提高教育质量，巴西政府建立了国家基础教育评价体系(SAEB)，并在此基础上，采取了提高教师素质、编写高质量教科书、实施国家课程标准、推动教育新技术应用等举措。得益于这些措施，巴西与国际基础教育水平的差距不断缩小。

四是不断推进职业技术教育和高等教育改革。目前，巴西约22%的劳动人口因不具备相应技能而无法就业，因此提升职业技术教育成为缓解巴西劳动力市场供需矛盾的关键。此外，扩大高等教育的覆盖面也是巴西教育改革的重要内容。为此，巴西政府作出了不懈的努力。

在职业技术教育方面，巴西政府确认恢复和加强职业技术教育体系的建设，在21世纪最初8年里批准的联邦职业技术教育机构的数量，与过去一个世纪相比增长了150%。此外，巴西政府还强调重组联邦职业技术教育的模式，增强课程设置的实用性，强化职业教育与科学技术的联系等。2011年10月，总统罗塞夫宣布将实施一项大力度的职业技术教育改革项目——"加强技术培训、实现就业计划"(Access to Technical Training and Employment)，计划将于2014年之前投入240亿瑞亚尔(约合136亿美元)来支持职业技术教育，从而实现创造800万个就业岗位的目标。

在高等教育方面，巴西的目标是实现高等教育机会均等，提高社会包容性。为此，巴西政府开展了"联邦大学重组和扩张支持计划"、"国家学生资助计划"和"全体大学计划"，加大对高等教育的资金投入，扩大高等教育招生数量，特别是较大幅度地增加低收入阶层学生进入公立大学的数量。

未尽事宜：

虽然巴西基础教育基本实现了普及，但教育质量有待进一步提升。而且，未来仍需进一步推进职业技术教育和高等教育改革，从而有效缓解教育不足对就业及经济发展的制约。

(五) 劳动力市场改革

巴西劳动力市场长期以来受到二元性结构的困扰，即存在正规和非正规经济从业者。在巴西，非正规经济从业者是指未参加社会保险，也不用纳税，无权享受法律规定的免费医疗、产假、工龄补贴和其他社会福利的劳动群体，重点是指没有劳工证者、相当部分自立劳动者和无报酬的劳动者。随着巴西经济对外开放度的提高、国有企业私有化以及经济日益发展，大量低技能失业人群难以适应现代经济的要求而进入了非正规经济，此外还有一部分自谋职业者。

非正规经济从业者占有较大比重，一方面反映出劳动力市场存在供需不对口的摩擦性失业；另一方面也是正规劳动力市场缺乏灵活度、雇主负担较重等导致的结果。

取得的进展：

由于既得利益群体的反对，目前改革未取得任何进展。巴西劳动力市场仍受到非正规化程度较高、就业难与招工难并存等问题的困扰。

未尽事宜：

一是僵硬的劳动力法律规定使得雇主与工会谈判的空间太小，难以实现因地区、因行业、因工种而异设定合同条款。

二是雇主承担的员工社会福利等非工资负担过重。在巴西，雇员除了工资外，还可以享受加班费，带薪休假，免费交通、餐饮和医疗服务等，此外，雇主还必须建立“保障基金”用以支付给离职人员。有经济学家估计，巴西企业实际承担的雇员费用相当于其官方工资数额的四倍。

三是考虑到巴西的高税负，不需缴税和社会保障金成为非正规经济不愿“转正”的动力，因此有人呼吁改革税收和社会福利制度才是解决二元问题的治本之策。

四是不合理的失业保险制度设计导致较高的人员周转率，使得企业不愿对员工培训进行投资，劳动力专业素质难以得到提升。根据巴西失业保险制度规定，雇员在被解雇时可以得到雇主从“保障基金”中支付的离职费，并且如果属不当解雇，还可以要求雇主支付罚款。因此，巴西每年从该基金账户支付的金额高达 900 万瑞亚尔，每月约有 3%左右的雇员“跳槽”。

（六）金融部门改革

20 世纪 80 年代和 90 年代初，高通胀阻碍了巴西金融市场的发展，而且当时巴西金融业未向外资开放，因此巴西银行机构在缺乏竞争的环境下主要从事短期贷款、购买国债等业务而“坐享”高收益，只有大型国有银行提供长期融资。90 年代早期通胀得以控制后，巴西银行业的脆弱性不断暴露，到了 90 年代中期，银行倒闭风险日益显现。在此背景下，银行业改革势在必行。

取得的进展：

90 年代中期以来，巴西政府对银行部门实施了大力度重组。措施主要包括：

一是对国有银行实施私有化改造。

二是对私营银行区分不同情况实施重组，包括对资不抵债的银行或关闭或推动兼并重组；向有偿付能力的银行注入流动性。

三是建立存款保险制度。

四是增强央行的监管和银行处置权力，实施较高的审慎监管标准。

五是放开对外资银行的准入限制，等等。

未尽事宜：

经过十多年的发展改革，巴西银行业稳健度不断提升。不过，当前仍面临以下问题：

一是较多的政府干预可能影响市场机制发挥作用。目前，巴西国家开发银行(BNDES)是长期资金的主要借贷者，该行资金来自财政部，以低于市场利率的水准为政府支持的重点行业和项目提供信贷，在国民经济中发挥着重要作用。而且，近来随着巴西经济减速，政府干预程度有所加深，包括影响央行作出降息决定、迫使商业银行降低利率等，此外还通过向国家开发银行(BNDES)注入资金为重点行业提供优惠贷款。上述举措在有效应对经济下滑的同时,也被指责牺牲了效率,影响了市场机制的正常运作。

二是借贷成本过高。由于储蓄率低、高通胀历史等原因,巴西借贷成本在全球处于较高水平,成为阻碍经济增长的重要因素。

(七) 对外开放政策

巴西于 90 年代初加大了对外开放步伐,通过单方面削减关税、进行双边及多边贸易谈判等措施清除贸易壁垒,大大推动了对外贸易的发展。

不过,2000 年初以来巴西对外开放力度大大减弱,甚至出现停滞和逆转,原因除了新兴市场货币危机等外部环境的影响外,国内生产要素成本上升、本币升值等导致本国产品竞争力下降是主要因素之一。因此,根据 UNCTAD 的统计,目前巴西仍是世界上名义关税水平最高的国家之一。

(八) 其他微观层面的改革

90 年代之前,巴西国有部门庞大,经济运行效率低下,为此 90 年代开始掀起了私有化浪潮,一批钢铁、石化、航空、采矿、电力、油气、通信、金融等行业的国有企业出售给了个人。同时,鉴于上述有关行业对于经济安全的重要性,相应的联邦监管机构纷纷设立,并加强了反垄断立法。

但是,2000 年初以来劳动党执政后,政府干预有所抬头,卢拉政府叫停了私有化进程,并增加国有企业在基础设施、能源、外贸等领域的份额,罗塞夫政府甚至进一步加强了这种趋势。

1. 基础设施建设投资

面对基础设施瓶颈,巴西政府于 2007 年公布了数额高达 2300 亿美元的基础设施投资计划,不过该计划的落实较为缓慢,截至 2009 年底仅进行了约 60%的投资。2010 年,该计划被规模更为宏大的 PACII 计划替代,拟主要投向能源、交通、保障房等领域。

不过,政府在上述投资方面的效率有待提升,包括项目选择上存在政府干预,很少进行成本效益分析;官僚作风导致项目审批缓慢;缺乏事后评估机制等。

2. 工业发展政策

随着大宗商品的外部需求上升,新任政府的工业政策由之前扶持制造业转向加强自然资源产业。2004 年的工业发展规划着重支持资本品、电子配件、软件和医药等产业,而 2008 年的政策则倾向于对自然资源产业的支持,措施包括提供低成本融资、增加对有关研究开发的投入等。

三、未来展望

当前,欧债危机持续发酵成为影响巴西经济增长的主要风险,因此巴西政府将稳增长放在了第一位,但如何处理短期稳增长与长期经济可持续发展的关系,将决定巴西政府下一步政策取向及经济的未来发展。巴西政府在处理短期与长期发展关系时面临以下几种选择:

一是在发展中解决问题。

即通过阻力小、见效快的宽松货币财政等宏观措施稳定当前经济形势,同时继续推进结构性改革,为经济的可持续发展奠定基础。

二是继续“路径依赖”。

如果目前采取的宽松政策能使巴西经济重回快速增长轨道，而且良好的宏观调控和外部环境仍能在中短期内维持巴西的经济增长态势，考虑到2014年大选即将来临，巴西执政当局应该倾向于保持稳定和现状，而不愿触及既得利益群体反对强烈的结构性改革。此外，如前所述，私有化、减少政府干预等改革本身就不符合劳动党的理念。因此，在此种情形下，巴西当局不会将结构性改革提上日程。

三是内外部压力推动国内结构性改革。

很多人将巴西近年来的良好经济表现主要归因于有利的外部环境，也正因为此减弱了国内改革的压力和紧迫性，相反政府“顺势而为”的做法进一步加剧了过度依赖自然资源出口和消费的内部经济失衡，制造业短板问题则淡出了视野。因此，如果外部环境出现大宗商品需求一蹶不振、全球流动性退潮等不利逆转，巴西经济的结构性问题就会凸显，形成结构性改革的外部压力。此外，巴西目前的增长模式和结构性问题很容易使经济陷入“一松就热、一紧就冷”的境地，经济容易出现周期性大幅波动，经济增长的可持续性比较脆弱，因此内部呼吁改革的呼声也会越来越强，从而迫使政府重启改革进程。

从巴西经济现状看，2011年9月开始的降息举措应该于2012年下半年见到成效，而且巴西政府采取的工资调整、鼓励信贷等措施将有助于推动国内消费，继续成为推动经济增长的主要动力。此外，在巴西将承办2014年世界杯和2016年奥运会的背景下，政府在“加快基础设施建设投资”方面的努力将推动投资增长。再者，政府还存在一定的政策空间。因此，在欧债危机不发生严重恶化的基线情形下，巴西经济增长应该能于2012年下半年有所加速。鉴此，巴西政府采取第二种策略的可能性较大。

但是，结构性改革越拖延其日后改革的难度和紧迫性就会越大。结构性改革不是一蹴而就的事，往往需要较长时期的逐步改善，因此改革的推延可能会使经济在几无其他政策回旋余地的情况下短期内难以见到成效，从而使经济真正陷入艰难境地。

参考文献

1. Teresa Ter-Minassian, “Structural Reforms in Brazil: Progress and Unfinished Agenda”, 2012, Policy Brief, No. IDB-PB-158.

2. “Will a Shortage of Qualified Labor Derail the Brazilian Economy?”, 2012, Knowledge@Wharton.

3. Jasper Hoek, “Labor Flows in Formal and Informal Labor Markets in Brazil”, 2007, www.iza.org

4. Christoph Ernst, “Recent dynamics in Brazil's labour market”, 2007, www.ilo.int

5. “Brazil's Dilemma: How to Make its Labor Market More Flexible”, 2007, www.wharton.universia.net

6. Marcus Melo, Carlos Pereira and Saulo Souza, “The Political Economy of Fiscal Reform in Brazil — The Rationale for the Suboptimal Equilibrum”, 2010, IDB Working Paper Series No. IDB-WP-117.

7. Victor Duarte Lledo, “On the Implementation of the Brazilian Tax Reform”, 2001, www.lasa.international.pitt.edu

8. Clinton Carter, “Waning Competitiveness Forcing Tax Reform in Brazil”, 2011, www.bx.businessweek.com

9. Eduardo J. Gómez, “Oil and Education in Brazil”, 2011, www.americasquarterly.org.

10. “Brazil's Rousseff Announces US$ 14 Bi to Build 208 Professional Education Schools by 2014”,

2011，www. brazzilmag. com

11. Carlos Pallordet，“Brazil’s dearth of domestic savings，a limit to growth”，2012，www. byline. timetric. com

12. Herwin Loman，“Country report BRAZIL”，2012，Rabobank.

13. Juan Lorenzo Maldonado，“Brazil：Stuck in Traffic”，2012，Roubini.

14. 周世秀：《90 年代巴西教育的改革与发展》，《拉丁美洲研究》2000 年。

15. 陈亚伟、李娟：《巴西基础教育十年进展述评（1995—2004）及启示》，《外国教育研究》2006 年。

（冯润祥　李玉青）

新兴经济体汇率波动应引起警惕

一、新兴经济体汇率波动高度一致

2011 年下半年起，新兴经济体货币出现了一波急剧贬值的过程。巴西、印度、南非和俄罗斯等国货币均出现了超过 15%大幅下跌。其中，南非兰特四个月内贬值幅度高达 30%。进入 2012 年后，各新兴经济体货币又走出了一波剧烈升值的走势，20 个交易日内升值幅度均达 10%。此外，随着经济全球化的发展，新兴经济体货币在本轮剧烈波动中呈现出高度一致性(见图 1)。在本轮货币升贬的急剧转换中，各国实体经济均遭受不同程度冲击。在全球复苏乏力情况下，一旦经济再度下行，极有可能引起类似 1997 年亚洲金融危机式的国际收支危机。

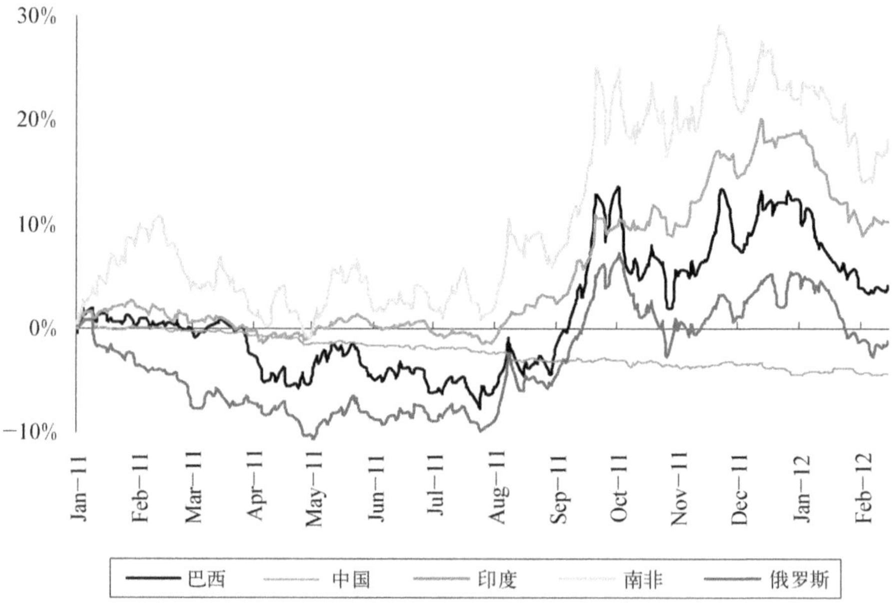

图 1　新兴经济体汇率走势(2011 年初至今)

资料来源：OANDA Corp.；作者计算。

二、热钱频繁流动是汇率波动的直接原因

比较一年来新兴经济体汇率波动和资本项目变化，不难发现，资本流动是这些国家汇率波动最直接原因。以巴西为例，除个别月份(8 月和 11 月)外，2011 年瑞亚尔币值波动率与资本账户波动率呈现出较为明显的反向关系(见图 2)。在基本面未发生根本变化的情况下，热钱是造成新兴经济体资本账户波动的最主要因素。热钱频繁地在发达经济体和新兴经济体之间

游走，也就造成了新兴经济体货币汇率的剧烈波动。

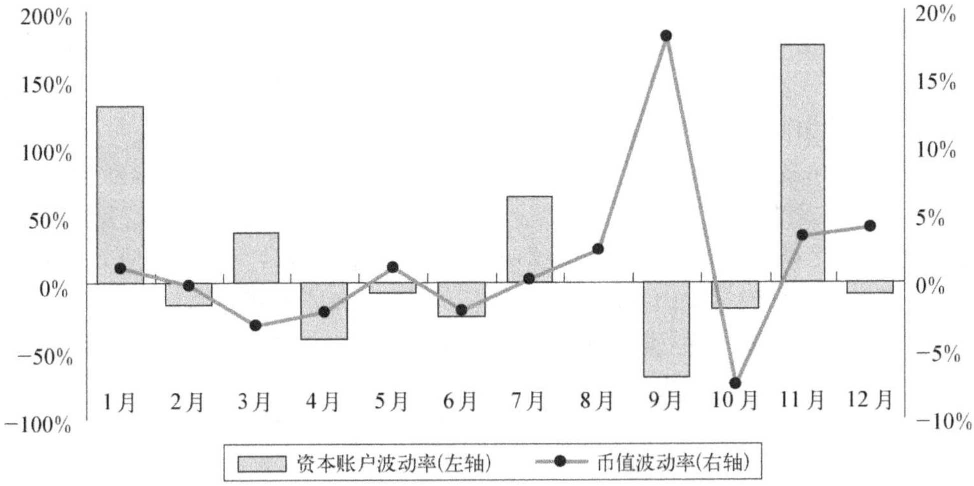

图 2　2011 年巴西资本账户波动与币值波动的对比

数据来源：巴西央行；作者计算。

三、外部经济环境变化是汇率波动的根本原因

2011 年初至今，世界经济复苏一直起伏不定。美国经济仍深陷泥潭，欧债危机未有彻底解决方案。两者共同构成了世界经济最不稳定的因素，而美国经济数据的走向及欧债危机各方的博弈也构成了新兴经济体外部经济环境变化的最大诱因。仍以巴西为例，历次欧债危机的关键动向几乎都在随后数日内对瑞亚尔的走势造成了重大影响（见图 3）。

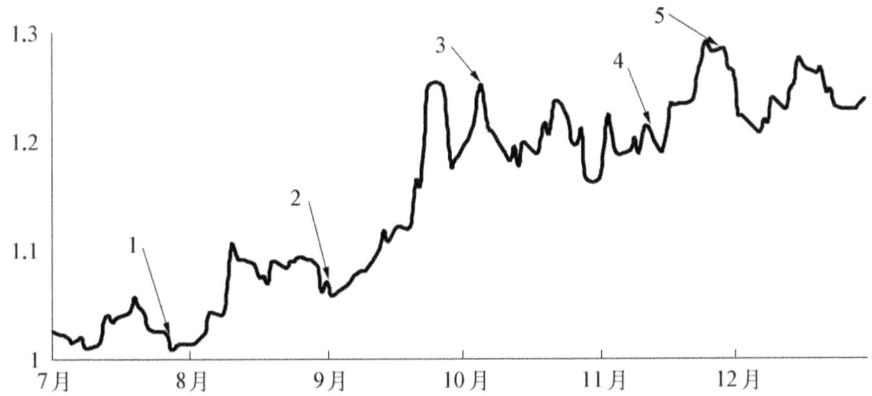

图 3　欧债危机对巴西瑞亚尔走势的影响

注：1. 7 月 21 日，希腊获欧盟 1090 亿欧元贷款援助。欧元、美元走强，瑞亚尔走弱。
2. 9 月初—10 月初，欧元区一系列重大利好：多国批准 EFSF 扩大规模；G7 采取协同措施支持增长；希腊承诺偿还所有债务；等等。欧元、美元走强，瑞亚尔走弱。
3. 10 月 4 日，德克夏银行倒闭。欧元、美元走弱，瑞亚尔走强。
4. 11 月中旬，希腊和意大利先后更换总理并组建新政府。欧元、美元走强，瑞亚尔走弱。
5. 11 月下旬，惠誉和穆迪下调多国评级。欧元、美元走弱，瑞亚尔走强。

资料来源：巴西央行；公开资料整理。

四、中国应警惕 NDF 市场汇率波动引起的风险

除个别时间段出现短期贬值外，人民币在 2011 年初至今保持了总体缓慢平稳升值趋势。但作为新兴经济体一员，中国与其他国家发展阶段相近，面临着相同的外部环境。其他国家汇率的异常波动也应引起中国重视，防范类似的汇率风险。

首先，欧元区和美国经济形势有所好转，吸引资金流入。欧元区和国际货币基金组织（IMF）联合向希腊提供最新援助、欧元区制造业有所改善、一季度经济增速有望加快等使得欧债危机有所缓和，而美国房屋开工数好于预期、就业数据意外强劲等消息也使美国经济复苏有望。热钱有可能再次从包括中国在内的新兴经济体流出，造成汇率波动。

其次，外汇储备和 FDI 数据表明资金可能正在外流。2011 年末，中国外汇储备较三季度末减少 206 亿美元，出现了罕见的季度净减少现象。另外，2012 年 1 月中国实际使用外资 99.97亿美元，同比下降 0.3%，连续三个月出现负增长；新增外商投资企业 1 402 家，同比下降 37.49%。这些数据表明，随着中国 2012 年增速或将放缓，外部对人民币汇率的预期也可能出现拐点。

再次，境外人民币 NDF[①] 市场已初现贬值压力。NDF 反映了市场对人民币未来走势的预期，是预测未来汇率的重要参考。2011 年 9 月中旬前，境外人民币 1 年期 NDF 一直在 5 年期 NDF 下方运行，表明市场预期人民币远期将升值。而 9 月中旬起，5 年期 NDF 急速上行，突破 1 年期 NDF，反映了市场预期人民币远期将贬值，这一时点与其他金砖国家货币 9 月起急速贬值遥相呼应。10 月至 11 月，1 年期 NDF 线与 5 年期 NDF 线平行整理，数次交汇，而其他金砖国家货币这一时期也保持了宽幅震荡的格局。这说明人民币仍具备新兴经济体货币的一般特征。但值得注意的是，11 月中旬后，5 年期 NDF 线再次上行击穿 1 年期 NDF 线，且保持了 0.15 元左右的差价；2012 年 2 月起，差价急剧扩大至 0.25 元（图 4）。这些有别于其他金砖

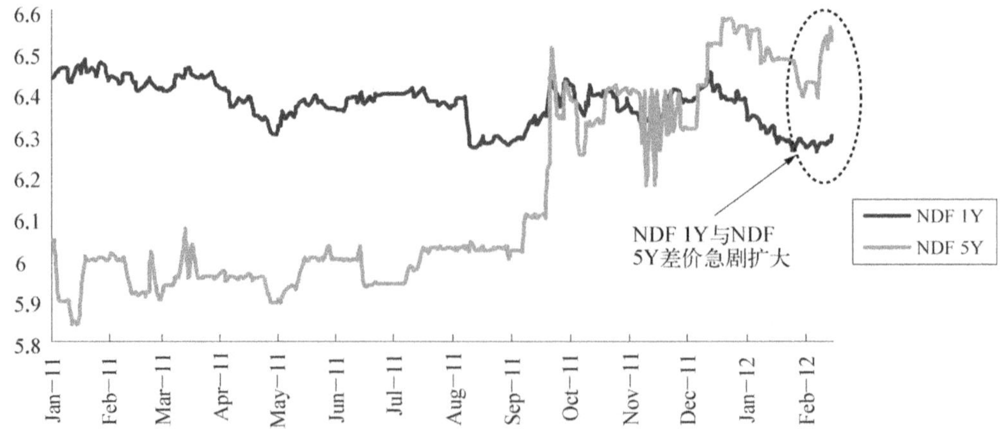

图 4　2011 年 1 月以来人民币 1 年期与 5 年期 NDF 走势

数据来源：Thomson Datastream。

① 人民币无本金交割远期（Non-Deliverable Forward，NDF）是一种远期外汇交易模式，用于对外汇管制的国家和地区货币进行离岸交易。双方签订契约时不需要交付凭证或保证金，到期时也不交割本金，只需要就双方议定的汇率与到期时即期汇率的差额进行清算。

国家货币的新特征，表明人民币近来承受了较大的远期贬值预期，有可能引发即期汇率变动，应引起警惕。

（王凡平）

第四部分

国际金融市场观察

LIBOR 操纵事件及影响

近期，LIBOR 操纵事件调查升级。英国第二大银行巴克莱银行收到 4.5 亿美元罚单，花旗、德意志、汇丰、摩根大通、苏格兰皇家银行、劳埃德银行、瑞银等约 20 家知名金融机构也陆续遭到调查，甚至作为监管机构的英国央行也牵涉其中。鉴于 LIBOR 是全球最重要和最常用的基准利率，LIBOR 操纵事件令 LIBOR 的准确性与可信性遭到质疑，必将给金融领域带来深刻影响。

一、LIBOR 简介

LIBOR(London Interbank Offered Rate，即伦敦银行同业拆借利率)是在伦敦银行间市场进行融资的最低无担保利率，是目前全球最重要和最常用的基准利率，每个交易日由英国银行家协会(BBA)对外发布。

目前，LIBOR 覆盖美元、欧元、日元、英镑、瑞士法郎等十种货币从隔夜到一年等 15 个不同期限的利率，共 150 种。为得到每种货币各期限的 LIBOR 报价，外汇和货币市场委员会(Foreign Exchange and Money Market Committee)每两年根据银行在货币和外汇掉期市场的活跃程度、信用评级以及专业技能等标准选择 6 至 18 家报价行。在每个交易日伦敦时间上午 11：00，汤姆森路透代表 BBA 收集各家银行对一定规模某币种各期限借款的估计报价，然后将这些报价按顺序排列，剔除最高和最低 25% 的报价后，对剩余报价进行算术平均得到 LIBOR，并发送至市场。

作为全球短期利率的参考指标，LIBOR 用途广泛。LIBOR 已被引入国际掉期与衍生工具协会(ISDA)条款等标准衍生产品和贷款文件，同时有越来越多的零售产品(如抵押贷款和学生贷款)开始采用 LIBOR 定价。另外，LIBOR 是反映货币市场流动性状况的晴雨表，还可用来判断市场对央行未来利率政策的预期。目前，全球约有 350 万亿美元的互换合约和 10 万亿美元的贷款与 LIBOR 挂钩。在全球许多大型期货和期权交易所，LIBOR 还是利率期货和期权合约的定价基准，这其中包括芝加哥商品交易所(CME) 3 个月期和 1 个月期欧洲美元合约。以未平仓头寸名义价值计，CME 欧洲美元合约是芝加哥商品交易所乃至全球流动性最强、规模最大的期货合约。CME 欧洲美元合约 2009 年交易额超过 437 万亿美元，2011 年交易额约为 564 万亿美元。

二、LIBOR 操纵事件始末

LIBOR 操纵是指报价行在向 BBA 提供报价时，刻意高报或低报，以使 LIBOR 最终朝有利于自己的方向变动。根据目的的不同，LIBOR 操纵可粗略划分为两类。

第一类 LIBOR 操纵事件主要发生在 2005—2007 年间，各大银行为增加盈利或减少损失，根据银行持有衍生产品敞口或交易需求而故意抬高或压低报价，影响官方发布的 LIBOR。以巴克莱银行为例，美国商品期货交易委员会（CFTC）的调查结果显示，巴克莱银行多次按照巴克莱衍生品交易员的要求，向 BBA 提供美元及其他币种 LIBOR 报价，以使巴克莱持有的互换和期货等衍生品头寸获益。

第二类 LIBOR 操纵事件发生于 2007 年下半年至 2009 年初，也就是金融危机期间全球市场出现震荡之际，各大银行纷纷压低报价，以向市场树立自身财务状况良好、无流动性隐患的形象。据巴克莱称，在当时的市场环境下，多家银行向 BBA 提供的报价都明显过低。巴克莱银行最初给出的报价高于其他银行，这被媒体及市场解读为巴克莱银行存在流动性问题。为纠正市场看法，巴克莱银行后来在其管理层明令要求下向其它银行靠拢，压低报价。

在 LIBOR 操纵事件的是非漩涡中，并不止目前已收到罚单的英国第二大银行巴克莱银行一家，花旗、德意志、汇丰、摩根大通、苏格兰皇家银行、劳埃德银行、瑞银等约 20 家知名金融机构也陆续遭到调查。除银行等金融机构外，LIBOR 操纵事件还牵扯到英国央行。据巴克莱称，金融危机期间，英国央行曾授意巴克莱压低向 BBA 提供报价。随着英国央行的卷入，LIBOR 操纵案更加扑朔迷离。

三、LIBOR 操纵事件影响

LIBOR 操纵事件再次将金融危机后广受诟病的金融机构置于信任漩涡之中，目前事态扩展程度仍有待观察。有人担心，鉴于当前金融体系的脆弱性、关联性和复杂性，很难排除该事件产生“蝴蝶效应”，冲击整个金融体系的可能性。而基于当前事态，微观层面的具体影响主要反映在以下方面：

（一）人为操纵 LIBOR 导致投资者和借款人受损，有关银行将在较长时间内受到诉讼案困扰

鉴于 LIBOR 的定价基准作用，操纵 LIBOR 会对不同主体造成不同影响。首先，抵押贷款协会（Building Society）和银行设定的大多数储蓄率与 LIBOR 关系不大，小储户可能不太会受到 LIBOR 操纵事件的影响。对比之下，一些大机构（如大型慈善会的资金管理部）倾向于将资金余额存放在短期账户，这些账户的利率通常与 LIBOR 挂钩，压低 LIBOR 无疑会使这些大机构利益受损。

其次，由于房屋抵押等贷款利率需定期重置，相关贷款申请者也会受到 LIBOR 利率操纵的影响，但具体影响取决于贷款的存续期。对于那些既经历了 LIBOR 被刻意抬高又经历了 LIBOR 被刻意压低的申请者而言，可以说是两相抵消。而其他申请者可能不会如此幸运。根据美国货币监理署的数据，目前存量房屋抵押贷款中约有 90 万笔、2 750 亿美元是于 2005—2009 年期间发放的，而实际受到的影响贷款人可能更多。

再者，大量衍生品交易也是以 LIBOR 为基准，有关报价行的交易对手方无疑会受到影响。目前，美国有些州、市政府已因此将相关银行告上法庭，指控银行因低报 LIBOR 使其在利率互换交易中受损（接受与 LIBOR 挂钩的浮动利率）。此外，银行因持有头寸而操纵报价达到利己目的时，其交易对手必然遭受损失。

随着 LIBOR 操纵事件的调查结果逐渐公之于众，针对 LIBOR 报价行的诉讼索赔案渐呈上升之势。据估计，有关报价行将因此承担高达上百亿美元的赔偿金，而且历时可能长达数年

之久。

(二) 银行和 LIBOR 的可信度遭受置疑,可能会影响融资市场格局

贷款和发债是企业融资的两大渠道,而出于对银行以及贷款定价基准利率的不信任,可能会有越来越多的企业选择发债融资。据统计,2012 年上半年,欧美企业新增银团贷款额同比下降,而同时债券发行额同比上升。其中,除了银行慎贷之外,信心动摇也是影响因素之一。尤其随着事态发展,一旦市场信心受到更严重冲击,贷款融资份额可能会进一步回落。

(三) 寻求 LIBOR 替代品的讨论升温,LIBOR 改革成大势所趋

LIBOR 操纵丑闻曝光后,有些人建议放弃 LIBOR,选用新的基准利率,因此关于 LIBOR 替代品的讨论成为热点。美国在这方面已经有所行动。在美元基准利率的选择上,美国锁定三个利率:联邦基金有效利率、国债利率和一般抵押融资回购利率(General Collateral Finance Repo Rate),其中一般抵押融资回购利率最有希望成为潜在的美元 LIBOR 替代品。一般抵押融资回购利率是建立在 4 000 亿美元美国国债回购市场的基础上,同时美国 7 月计划推出基于一般抵押融资指数(General Collateral Finance Index)的期货合约,而且美国财政部声称将考虑用一般抵押融资回购利率作为明年新发行浮息国债的参考利率。与此同时,英国也考虑推出基于回购隔夜指数平均(Repo Overnight Index Average)的 OTC 互换合约。

然而,采用新基准利率涉及的最大问题就是市场交易规模与流动性。虽然 LIBOR 存在不足,但目前全球还没有哪个利率像 LIBOR 这样覆盖市场如此多、涉及交易规模如此大,上述潜在替代品要得到市场广泛认同也需要一个较长期的过程。LIBOR 是全球最主要的金融定价基准,贸然放弃 LIBOR 会导致数万亿美元的现存金融产品失去参照系(据估计与 LIBOR 挂钩的存量产品需要 10—15 年的时间消化),引发金融市场混乱。因此,目前绝大多数还是认同通过改革来完善 LIBOR 报价机制,同时寻找可作为替代的其他利率指标并从增量入手培育有关市场,中短期内会出现 LIBOR 与潜在替代品并存的现象。

改革 LIBOR 报价机制的讨论主要围绕以下方面:一是引入更多报价行,在各报价行之间形成竞争,降低报价行串谋操纵 LIBOR 的可能;二是改变目前报价行根据自身估计报价的方法,报价应基于真实交易,或将真实交易报价与估计报价相结合,但应建立一种约束机制,使报价行对其估计报价负责;三是加强对报价行报价的审核,改变目前报价行自我审核的方式,可考虑利用交易对手方对报价行报价进行监督;四是可考虑引入匿名报价机制,解除报价行对报价可能揭示其融资成本及财务状况的顾虑。此外,加强透明度和建立相应监管机制也是讨论内容之一。

(四) 美国将借机加强对 LIBOR 的影响力,美国因素可能成为 LIBOR 改革的重要特征

在美国国内,联邦基金利率是美联储的政策目标利率,美联储通过调整联邦基金利率传达货币政策信号,但由于美元产品多与 LIBOR 挂钩,美联储鞭长莫及,很难实现其货币政策意图,2008 年应对危机期间这一困扰更为凸显。因此,美国一直有意另起炉灶,培育有竞争力的本土美元基准利率,实现美元定价权内移。目前,市场对 LIBOR 体系质疑声不断,美国正可趁此推出本土化美元基准利率,如上文提到的一般抵押融资回购利率,挑战 LIBOR 的地位。但要真正建立起美国本土的美元基准利率并非一朝一夕之功,基于当前,美国可能会谋求增加 LIBOR 报价行中其本土银行的分量。

(五) LIBOR 操纵事件将有助于全球金融监管改革的推进

LIBOR 丑闻案后，推进金融监管改革的呼声更为强烈。首先，针对操纵案中暴露的利益冲突问题，英格兰银行行长默文·金(Mervyn King)等呼吁，应尽快推进零售业务与投行业务相分离的监管改革。

其次，监管缺失再次成为众矢之的。一方面不存在针对 LIBOR 报价的监管机制，导致监管者未能及时发现报价行的违法违规行为；另一方面虽然察觉到了，但后续处理轻描淡写。比如巴克莱在 2007 年 8 月至 2008 年 10 月期间曾多次向英国金融服务管理局(FSA)表示，LIBOR 可能被操纵，但 FSA 只作出两次回应；英格兰银行副行长塔克(Paul Tucker)甚至被指授意报价行做假。纽联储(New York Fed)早在 2007 年秋天就已对 LIBOR 的准确性感到担忧，2008 年 6 月时任纽约联储主席的盖特纳发邮件提请默文·金注意，并就如何提高 LIBOR 的可信度提出六点建议，但在当时并未引起足够重视，真正对 LIBOR 操纵事件展开调查则是由美国商品期货交易管理委员会(CFTC)发起的。这可能是因为对 LIBOR 的操纵正好契合当时央行等监管当局稳定市场、刺激经济的政策目的。因此，完善监管体系、弥补监管空白、管理好监管者自身的利益冲突是监管改革的一项重要内容。目前，美国国会开始介入，对美监管机构早就知晓 LIBOR 受操纵一事展开调查。

最后，LIBOR 丑闻再次暴露出金融机构激励机制不合理、内控不健全、信息不透明等问题，因此各方呼吁应督促金融机构进一步完善内控、推进高管薪酬制度改革和加强信息披露等，从而通过全方位系统性改革来实现银行业的安全稳健运行。最近美国波士顿大学经济学家劳伦斯·科特利考夫(Laurence Kotlikoff)在《金融时报》撰文时也指出，英国银行业改革方案中，只提出对零售银行业进行隔离，而未提出限制杠杆率和强制信息披露的改革建议，这样不能保证银行业的安全。

(六) LIBOR 操纵事件可能对美英两国造成政治层面的影响

随着 LIBOR 操纵事件调查的深入，几位高级官员也牵涉其中。一是英格兰银行下任行长的热门人选、现任副行长塔克，一位是时任纽联储主席、现任美国财长的盖特纳。塔克被指在金融危机期间曾授意巴克莱银行压低 LIBOR 报价，这在当时虽有助于稳定市场，但事后看涉嫌违规，显然会对其转"正"之路造成不利影响。美国现任财长盖特纳的日子也不好过。据称，在盖特纳任下的纽联储早在 2007 年就察觉了 LIBOR 报价或受操纵，但一直没有展开实质性的调查行动。在美国民主共和两党为 11 月份总统选举大拉选票之际，这可能会成为共和党攻击民主党的另一由头。过去，民主党曾指责共和党与大企业关系过密，此次共和党正好予以还击，共和党可能会以民主党为首的政府对 LIBOR 操纵事件调查不力为由，指责民主党过分关注与银行的关系、过于保护银行等大机构而忽视了普通消费者和投资者的利益，以矮化民主党在选民心中的形象。据悉，得克萨斯州共和党人、在金融服务委员会任职的众议员兰迪·纽格鲍尔(Randy Neugebauer)已致信纽联储，要求纽联储提供其与巴克莱在 2007 年 8 月至 2009 年 11 月期间有关 LIBOR 设定问题的通讯副本。在参议员银行委员会任职的共和党人里查德·谢尔比(Richard Shelby)表示特别关注盖特纳在 LIBOR 操纵事件中扮演的角色。参议院银行业委员会主席蒂姆·约翰逊(Tim Johnson)在一份声明中说，参议院银行业委员会计划召开听证会，要求美国财长盖特纳和美联储主席伯南克就 LIBOR 操纵事件提供证词。

参考文献

［1］ 李良松：《美元 LIBOR 操纵案及对中国的启示》，《上海金融》2012 年第 6 期。

［2］ 王媛：《巴克莱操纵 LIBOR 丑闻发酵》，《上海证券报》2012 年 7 月。

［3］ 中国人民银行上海总部：《欧美银行对伦敦银行间拆借利率的操纵及其警示》，《金融研究报告选登》2011 年第 5 期。

［4］ 中国人民银行上海总部：《美元定价权外移》，《专报信息》2008 年第 106 期。

［5］ 中国人民银行驻欧洲代表处（伦敦）：《专家认为英国银行业改革建议不能防止下次危机》，《情况反映》2012 年第（154）期。

［6］ British Banking Association, "BBALibor Explained", http://bbalibor.com.

［7］ Commodity Futures Trading Commission, "ORDER INSTITUTING PROCEEDINGS PURSUANT TO SECTIONS 6(c) AND 6(d) OF THE COMMODITY EXCHANGE ACT, AS AMENDED, MAKING FINDINGS AND IMPOSING REMEDIAL SANCTIONS", Docket No. 12 - 25, 2012 - 6.

［8］ Hannah Kuchler, "BoE governor urges reform of Libor", *Financial Times*, 2012 - 6 - 29.

（卢蕾蕾）

LIBOR 操纵案最新进展及因应之策

伦敦银行间同业拆借利率(LIBOR)操纵案持续发酵。巴克莱银行的沦陷引发多米诺骨牌效应,监管机构对巴克莱银行的深入调查牵出越来越多的金融机构,银行业一片风声鹤唳。多国监管当局陆续介入调查,日本、新加坡和韩国监管当局反躬自省,调查当地银行间市场利率是否也有操纵嫌疑。而在审视以往过失的同时,全球监管当局更多的则是对市场自律机制的反思以及对未来改革的思考。作为受 LIBOR 操纵事件影响相对较小的一方,中国恰可从自身战略利益出发顺势而为。

一、LIBOR 操纵案最新进展

(一) 更多金融机构卷入,罚款、诉讼及名誉损失惨重

随着对巴克莱银行调查的深入,监管当局发现,多家银行涉嫌与巴克莱银行联手操纵 LIBOR。为此,监管当局相继对法国农业信贷银行、汇丰银行、德意志银行和法国兴业银行等多家银行展开调查。有分析认为,与花旗银行、摩根大通银行、苏格兰皇家银行和德意志银行等银行相比,巴克莱银行对 LIBOR 操纵的时间和程度只是小巫见大巫。如果案情进一步发展,这些银行预计将被处以远超巴克莱银行的罚款金额。与此同时,涉嫌操纵 LIBOR 的报价行还将面临一系列诉讼,如美国一些城市的政府、养老基金和对冲基金已经提起诉讼,纽约一家地方银行也向 16 家银行提出索赔。据估计,有关银行将因此付出 200 亿—400 亿美元的代价。LIBOR 操纵丑闻不仅使 LIBOR 体系遭遇信任危机,也令 LIBOR 报价行的诚信饱受质疑,为此巴克莱银行高调道歉,并聘请外部律师安妮·塞齐(Anthony Saiz)对该行进行全面的内部审查,表示“有能力、有意愿”修复受损声誉。而其他涉嫌银行为避免独自面对严峻制裁和责难,正寻求与监管方达成“集体和解”。

(二) 英美央行虽相互指责,但均难辞其咎

LIBOR 操纵案在揭露许多银行报价“不仁”的同时,也将市场目光引向 LIBOR 体系存在的“结构性”缺陷问题,即其主管机构只是一家非官方自律性组织,并无监管机构对 LIBOR 负有明确的监管责任。LIBOR 操纵事件爆出后,美联储表示,时任纽联储主席盖特纳早在 2008 年就发邮件给英格兰银行行长默文·金(Mervyn King),建议对 LIBOR 实施改革,以避免“有意误报”,但英国央行并未给予充分重视,可以说纽联储已经作出了迅速和恰当的反应;而英国央行行长默文·金在英国议会作证时称,他只收到盖特纳的一份建议改革 LIBOR 备忘录,并未收到美联储收集到的相关误报证明,并表示英格兰银行和英国金融服务管理局(FSA)对 LIBOR 并不负有监管责任。英国央行副行长塔克也称,他是最近才知晓有关 LIBOR 被“低报”的说法。不管两国央行如何为自己辩护,两者的说法都站不住脚。一方面,从银行监管角度,LIBOR 操纵案暴露出的是银行内控、操作风险以及欺诈行为等,英国的金融监管机构当然

难辞其咎，更何况据巴克莱银行披露，其低报行为是在英国央行副行长塔克的授意下进行的。另一方面，纽联储早于 2007 年就已发现 LIBOR 报价存在“猫腻”，但直到 2009 年才发起对操纵案的调查。此外，美元 LIBOR 在美国国内发挥着举足轻重的作用，确保 LIBOR 真实可信应是美联储等金融监管当局的应有之义，且对于美国大型银行的卷入，美监管当局又该作何解释？

（三）全球掀起对基准利率体系的审视浪潮，旨在维护市场信任度

不断爆出的 LIBOR 报价黑幕使基准利率体系遭遇信任危机，由此在全球掀起一波对基准利率体系的审视浪潮。利率操纵调查先是从美元 LIBOR，扩展到欧元 LIBOR、日元 LIBOR；同时，伦敦以外的银行间市场也反躬自省，纷纷启动对当地基准利率指标，尤其是效仿 LIBOR 编制而成的基准利率的调查。欧盟委员会早已启动对 EURIBOR（欧元区银行间同业拆借利率）的调查。日本全国银行协会明令要求参与东京银行间同业拆借利率（TIBOR）报价的 18 家金融机构自查申报的利率是否合理。新加坡金融管理局和香港金融管理局分别对新加坡同业拆借利率（SIBOR）和 HIBOR（香港银行间同业拆借利率）的制定过程展开深入调查。另外，韩国公平贸易委员会也对国内银行、券商以及一些外资行展开调查，调查这些机构是否联合操纵定期存款利率。

（四）全球金融监管当局积极应对，加速推进有关监管改革

LIBOR 操纵事件调查不断升级，越来越多的金融机构遭调查，来自多个国家的多家金融监管机构均积极参与其中。而在审视以往过失的同时，全球金融监管当局更关注的则是未来如何通过改革堵塞漏洞、防范风险。英国政府一是给英国重大欺诈案调查局（Serious Fraud Office）增加经费，用于调查涉案机构和人员操纵 LIBOR 的犯罪行为；二是委派 FSA 负责审查 LIBOR 计算方法、基于实际交易报价的可行性以及政府对 LIBOR 的监管权限监管等问题，并计划将 LIBOR 改革写入立法草案提交议会讨论。此外，LIBOR 事件进一步彰显了英国拟实施的金融监管改革的必要性，有助于其顺利推进。英国央行行长默文・金呼吁在 9 月 9 日瑞士巴塞尔举行的全球央行会议上讨论 LIBOR 改革事宜。此后一周召开的全球金融稳定委员会（FSB）会议也将讨论 LIBOR 问题。美联储主席伯南克在向美国国会作证时表示，LIBOR 体系存在“结构性缺陷”，同时建议考虑以回购利率、隔夜指数掉期（OIS）利率或美国国债利率取代 LIBOR。另外，LIBOR 操纵事件进一步凸显了当前银行业混业经营模式的潜在风险，为美国难产的沃克尔法则（Volcker rule）再添推进动力。加拿大央行行长、现任 FSB 主席马克・卡尼（Mark Carney）称，必要时可放弃 LIBOR，改用回购利率、OIS 利率或澳洲银行票据掉期参考利率等较具市场基础的利率。欧盟计划将操纵包括 LIBOR 和 EURIBOR 在内的全球主要基准利率以及 FTSE 100 股指、大宗商品指数等重要市场基准的行为定为刑事犯罪。

（五）LIBOR 操纵案引发对市场自律机制的反思，石油等大宗商品定价中的监管缺失也进入视野

LIBOR 操纵案掀起了新一轮对自由市场经济制度的反思，市场自律机制的有效性成为讨论焦点，尤其对于系统重要性产品、机构和市场，是否必须纳入监管范围。因此，有人把目光投向了原油等大宗商品定价，G20 框架下的一份报告对油价可能存在类似的操纵问题提出警示。油价由数据报告公司依据银行、对冲基金和能源公司每天关于石油交易的数据报告综合计算得出，与 LIBOR 类似，是一种不受监管、透明度低的非官方报价机制，这就为大公司和金融大

鳄与数据报告公司联合操控大宗商品价格提供了可能。为此，欧盟官员建议，任何市场基准的形成均不再由行业自律管理，而需纳入监管范畴。英国央行也建议将检讨范围扩大至其他不受官方监管的重要市场和指标。

二、因应之策

(一) LIBOR 操纵案挑起的实际上是金融中心和金融主导权之争

面对质疑，英美央行都尽力撇清与 LIBOR 操纵案的关系，甚至相互指责，推委责任，这种"介意"态度的背后隐藏的是对自身信任度的担忧、对各自金融中心地位的捍卫以及对 LIBOR 主导权的争夺。金融危机之后，英美在推动金融监管改革方面瞻前顾后、进展缓慢，其主要原因就是担心监管套利会趋使金融机构远离本土市场，从而对其国际金融中心地位造成冲击，而 LIBOR 操纵案则揭示出英美甚至全球针对大型国际银行的监管改革一个都不能少。因此，LIBOR 操纵丑闻曝光后，英美央行等监管当局加速了监管改革进程，同时竭力维护自身的清白，其目的均是为了赢取市场信任，赢得金融中心保卫战。

此外，美国对于当年痛失美元定价权一直耿耿于怀，此次事件为其提供了扳回的机会。因此，在计划于 9 月举行的经济咨询委员会会议上，英美对于 LIBOR 改革的争论或成焦点，估计英国会以"保"LIBOR 为核心提出改革建议；而美国则可能故意抛出"弃"LIBOR 另寻替代的建议，以增加自己的谈判筹码。目前来看，加拿大央行行长表示不排除废弃 LIBOR 的可能，而瑞士央行则坚持用 LIBOR 作为货币政策基础，其他央行会基于自身利益站到不同的阵营，不过考虑到大部分本土基准利率体系均是仿照 LIBOR 设计，英国的建议可能会赢得较多认同。从中国的立场看，美国金融霸权一直是影响全球金融稳定的重要因素，而且欧债危机进一步削弱了制衡美元和美国的力量，加之中国的 SHIBOR 也是以 LIBOR 为蓝本，伦敦正在积极推动人民币业务，因此中国不妨顺势而为，响应大多数央行同仁的观点。

(二) 审视 SHIBOR 定价机制，做好应对改革要求的准备

将 LIBOR 改革提到国际层面讨论，一方面是基于其国际影响性，另一方面则可能预示着全球类似的基准利率机制都会紧随其后施行改革。目前，全球主要市场的监管当局已经进行了风险排查，虽然中国尚未完全实现利率市场化，SHIBOR 的作用与主要市场的基准利率不可同日而语，但考虑到其在利率市场化中的关键作用和长远发展，借此机会探讨完善 SHIBOR 定价机制的方法大有裨益。实际上，国内一直有关于改革 SHIBOR 机制的讨论。

(三) 借机提出对享有"自然垄断"地位的国际大型金融机构加强监管的建议，防范其在国内外金融市场兴风作浪，维护金融安全

不论是安然事件使全球主要会计师事务所面临危机，还是金融危机促使对国际评级机构的监管提上日程，这些事件的实质都与 LIBOR 操纵案如出一辙，即历经市场淘汰，为数不多的几家机构享有了某一领域的"自然垄断"地位，随后这些机构在利益趋动下，透支市场信任，损害了自身声誉，然后寄希望于通过自身改革和外部监管慢慢重回正轨。因此，LIBOR 丑闻牵出了对原油等大宗商品价格指数的质疑，也将推动有关监管当局着手对具有市场影响力但不受官方监管(自律性)的其他重要基准开展审查。实际上，近年来资产市场大肆炒作及剧烈动荡的背后，都有国际大型金融机构的身影，他们凭借在市场中的权威和主导地位，发布有利于

自身的分析报告，引导市场跟风，从而达到操纵市场的目的。因此，我们可借此事件提出对上述机构和行为加强监管，考虑到很多发展中国家甚至发达国家也深受其害，应该会获得一定的支持。

（卢蕾蕾）

美国两党“财政悬崖”问题博弈的三种可能性结果

一、美国“财政悬崖”问题概述

所谓“财政悬崖”是指美国财政赤字出现断崖式下降的情景。2013 年初，美国多项减税和经济刺激政策将到期，其中包括小布什政府时期推出的税收减免计划，奥巴马启动的工资税减免和失业救助计划等。与此同时，美国国会超级委员会达成的“自动支出削减机制”也将启动。由此带来的税收增加和政府支出减少将导致美国财政赤字大幅下降。据估算，如果美国“财政悬崖”真的降临，2013 年美国政府将新增税收 4 000 亿美元，而支出则会减少 1 000 多亿美元，政府赤字将迅速减少。“财政悬崖”带来的紧缩效应将导致已缓慢复苏的美国经济再次陷入衰退。

美国“财政悬崖”实际上是 2011 年底美国民主党和共和党债务上限谈判之争的延续。2011 年美国债务上限谈判时，民主党和共和党进行过激烈的博弈。虽然在最后一分钟达成提升上限的临时协议，但两党并未能就是否削减政府支出以及相关问题达成一致意见，双方只好约定 2013 年前如达不成有关减赤的协议，政府支出将被自动削减。

根据白宫预算办公室测算，如果国会延续各项减税政策并推迟国会通过的政府赤字自动削减机制，美国经济将避免出现“财政悬崖”，但是十年后的 2022 年，美国政府预算赤字占 GDP 的比重将升至 5.9%，美国国债占 GDP 之比将达到 93%。如果美国出现“财政悬崖”，美国将回到克林顿政府较高税率时代，加上政府赤字自动削减机制的作用，美国联邦预算赤字在 GDP 中所占的比重将从 2012 财年的 7.5%迅速降至 2013 财年的 3.8%，2022 年美国国债占 GDP 比重也将由目前的 73%下降至 61%。但是美国目前刚出现的经济复苏势头将被扼杀。因此，无论是否避开“财政悬崖”，美国政府都将面临两难的选择。2012 年 5 月，伯南克就警告说，如果新政府不能在年内解决这个问题，“财政悬崖”将成为新一轮危机的导火线。

二、美国两党就“财政悬崖”问题博弈的三种可能

对于“财政悬崖”问题，美国民主党与共和党的主要分歧与以往相比并无不同：民主党认为美国政府向富人征税太少，共和党则认为政府为穷人花的太多；民主党期望增加富人税收，而不是削减美国社会福利支出，共和党则反对任何形式的增税，主张通过削减社会福利支出来减赤。如果双方像 2011 年债务上限谈判一样寸步不让，再次上演党派之争凌驾于国家利益之上的政治秀，2013 年美国经济将面临很大挑战。

较之 2011 年债务上限谈判时期，美国民主党在此轮博弈中处于较为有利的位置。由于减税法案期限临近，奥巴马政府可以坐等旧法案过期，然后重新提出针对中低收入群体的减税政

策，避开一开始就与共和党讨论为高收入阶层的减税问题。由于新减税法案涉及选民中占大多数的中低收入阶层的利益，共和党议员将很难投反对票。因此，民主党在未来谈判中占有一定上风。但考虑到共和党依然控制国会，“财政悬崖”问题以及之后的一系列重要问题的解决离不开两党合作。共和党必然拼命讨价还价，不会轻易放弃。围绕“财政悬崖”问题，预计两党博弈的结果有三种可能：

可能一，如果两党继续2011年底债务上限之争时各不让步，互相搅局，结果将是出现“财政悬崖”，政府将全面增税，并自动削减支出。按照2011年底两党达成的协议，预计2013年美国政府赤字将减少5630亿美元，占名义GDP比重的3.5%，进而造成美国GDP增速下降，预计GDP增长率为负，全球经济增长也将降至3.5%以下。

可能二，如果两党达成对相关规定的修改，形成对减税政策以及赤字自动削减机制的一揽子协议，美国经济将避免过度紧缩，避开“财政悬崖”，维持近期的复苏态势。2013年美国经济增长将超过2%。全球经济增长可能回到4%以上，全球贸易实现5%左右的增长。

可能三，两党各让一步，达成一个临时协议，保留部分减税减免政策，并减小政府支出削减的幅度，重要的议题如减税政策，留待以后再解决。这一解决办法将避免对当前经济造成重大影响，但给未来增加了不确定因素。在这种情况下，**美国经济将继续温和增长态势，全球经济增长也会在3.5%—3.7%之间增长，全球贸易可以达到4%左右的增长水平**。

三、美国“财政悬崖”前景预测

“财政悬崖”会对美国经济增长，特别是就业造成严重打击，这是两党都不愿看到的。并且，美国大选结束后，民主党与共和党的利益争夺暂告一段落，双方也有进行合作为各自选民谋取利益的需求，因此未来两党相持不下，出现“财政悬崖”即**第一种可能的概率最小**。

另外，由于美国国会正处于新旧更替时期，按惯例，国会不会在此期间进行大规模的修改相关法律条款的活动。因此两党达成一揽子计划，通过相关法律法规，统筹解决“财政悬崖”，出现**第二种可能的概率也不大**。

相比较而言，由于“财政悬崖”问题时间紧迫，牵扯的利益太多，双方通过达成临时协议，有选择地延长减税政策和执行政府赤字自动削减计划，绕过“财政悬崖”，即出现第三种可能的概率较大。

预计经过讨价还价，两党将很可能在2012年12月至2013年1月达成相关临时协议。协议的主要内容可能包括四个方面：第一，延长小布什政府时期减税计划中针对中低收入者的部分（规模约为1360亿美元），同时取消对富人的税收优惠；第二，为避免启动减赤机制，将适度压缩开支规模（市场预计约为150亿美元）；第三，适度压缩失业救济金的覆盖期限和范围；第四，继续取消“替代性最低税”[①]的征收。而真正的一揽子解决方案，将在国会交替完成后再进行商讨。

根据临时协议，2013年美国政府增税、减支的整体规模将降至2330亿美元，占名义GDP

① 替代性最低税（Alternative Minimum Tax）创建于1969年，它是针对收入等于或超过6万美元的高收入人群所征收的附加税，其初衷是为了避免高收入所得者过度使用税赋优惠政策，达到全免或大额度减免税金的目的而采取的一种措施。符合征收标准的纳税人的应缴税额为替代性最低税与享受各种税收优惠后的应税额的高者。

(国内生产总值)比重为1.5%,约为“财政悬崖”出现时的一半。“财政悬崖”将以“适度财政整固”的形式化解。

但到2013年中,美国目前16.39万亿美元的债务上限又将被突破,预计两党将会在新一轮的债务上限谈判中,通盘讨论增税和减支问题。新一轮债务上限谈判又或将成为影响2013年美国经济最重要的事件。

四、“财政悬崖”问题对中国的影响

美国“财政悬崖”问题对中国实体经济的影响并不大,但却有可能直接影响中国投资美国国债的收益性。

根据白宫预算办公室测算,如果美国出现“财政悬崖”,2013年美国消费者将减少支出2000亿美元,经济增速下降1.4个百分点。美国从中国进口商品总额约占其GDP的2.5%。因此“财政悬崖”仅会造成中国对美出口额下降53亿美元,约占其对美出口总额的1.65%,占其对全球出口额的0.28%。因此“财政悬崖”对中国实体经济的冲击并不大。前文已分析,未来两党形成妥协,达成一份临时解决方案的概率最大。在这种情形下,美国经济将继续保持增长,其对中国经济的影响将更小。

2011年8月,美国国债曾被降级,由于当时欧债危机正在恶化,美国国债缺乏其他替代品,其收益率不升反降。但若美国推迟减赤计划,不断提高债务上限,美国国债很可能再遭降级,其国债收益率将很难继续保持低位,中国持有的美国国债的收益风险就会上升。

(刘长青)

大选之后，美债务上限之争或再起

2008年以来，美国主权财务状况恶化，政府预算赤字严重，债务水平大幅上升，一度逼近政府债务上限，引发金融市场动荡。当前，欧洲主权债务危机悬而未决，而同为发达国家的美国主权债务问题若再升级，则将是金融市场乃至全球经济不能承受之重。那么，美国的主权债务形势到底如何？美国债务问题是否将演化成另一场欧债危机？本文通过对美国主权债务的现状、成因及以往的解决方法进行分析后认为，11月大选之后，尽管美主权债务问题可能会再次吸引全球注意力，但作为单一主权国家，美国国会在新一轮口水大战之后将再次通过提高债务上限的办法"化险为夷"。

一、美国政府债务现状

1. 美国政府债务总额及增长趋势

美国政府债务最近几年大幅攀升。2011财年末，美国联邦政府债务总额达到14.76万亿美元，占GDP的98.7%。除去联邦政府账户相互持有的债务，公众持有的联邦政府债务总额从2007财年末的5万亿美元翻番至2011财年末的10.1万亿美元，占GDP比例也相应由36.3%剧增至67.7%，除二战后那段时期外，可以说是美国历史上的最高水平。

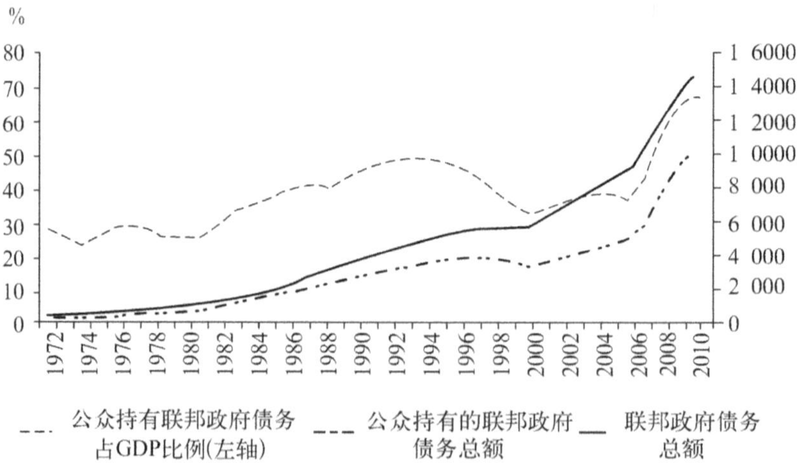

图1 美国联邦政府负债情况

2. 美国政府债务持有人结构

2011财年末，由公众持有的美国联邦政府债务总额达10.1万亿美元，其中，外国投资者持有的比例约为49%，美国联邦储备委员会持有比例约为16%，其他由美国国内私人投资者持有的比例约为35%。在外国投资者中，中国、日本和欧佩克持有的美国政府债务最多。

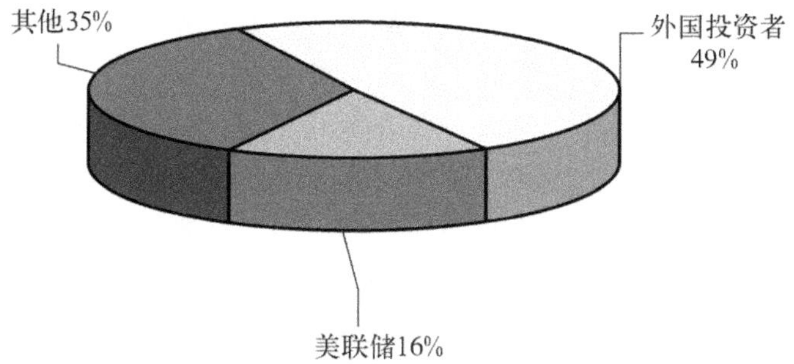

图 2　美国联邦政府债务持有人结构

3. 美国政府财政赤字情况

美国如此高的政府债务水平背后，必然是美国政府财政账户的严重赤字。除去世纪之交的几年(1998—2001 财年)，美国政府财政账户在过去几十年一直是处于赤字状态。2008 年金融危机后，美国政府财政状况进一步恶化。2009 财年美国财政赤字达到 10.1%，2010 财年和 2011 财年也分别达到 9.0%和 8.7%的较高水平。

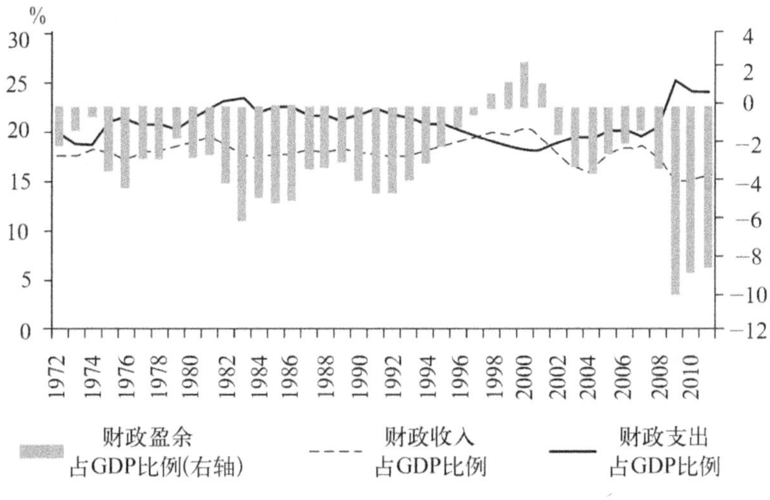

图 3　美国政府财政收支状况

二、美国债务问题成因

由于政府债务是财政赤字逐年积累的结果，分析美国债务问题的成因就是分析导致美国政府出现严重财政赤字的原因。一国财政状况是财政收入与财政支出两方面力量相平衡的结果。如图 3 所示，美国历史上，财政支出一般高于财政收入，由此形成财政赤字，但基本处于可控水平，没有出现重大财政危机。克林顿政府执政期间，美国甚至连续几年出现财政盈余。那么，美国政府的财政状况到底是如何一步步演变成今日格局的？

首先，小布什政府执政期间实行三次规模庞大的减税计划，不仅抹除了克林顿政府留下的财政盈余，还为奥巴马政府制造了滋生赤字的机制。为兑换竞选承诺，换取公众支持，小布什 2001 年 5 月推出号称美国史上第一减税方案的《2001 年经济增长与税收调整法案》，计划在 10 年内减税 1.35 万亿美元。另外，为刺激经济增长，小布什政府还在 2003 年推出规模3 500

亿美元的“第二减税计划”，在2008年推出规模1 500亿美元的“第三减税计划”。这些减税计划对经济的刺激作用有限，但却明显降低了美国的税收收入。

其次，财政支出，尤其是强制性支出，一直居高不下，近些年来甚至显著上升。美国财政支出主要包括可自由支配支出、强制性支出和净利息支出。过去几十年，强制性支出占非利息支出比例大幅上升，近几年平均达到60%的水平（见图4）。在强制性支出中，社会保障、医疗保险和医疗补助是三大主要组成部分（见图5）。这三大支出一旦上升便很难下降，具有较大粘性。老龄人口增多、经济衰退带来的福利保障支出上升进一步加大了美国政府的财政支出。根据CBO预测，在现行法律框架下（2010年奥巴马政府推进医疗保障体系改革，大幅度提高了保障的水平和范围），未来十年美国医疗保险开支将以年均7%的速度增长，医疗补助开支将年均增长9%。到2012年，医疗保险开支占GDP比重将由目前的1.9%上升到2.5%。

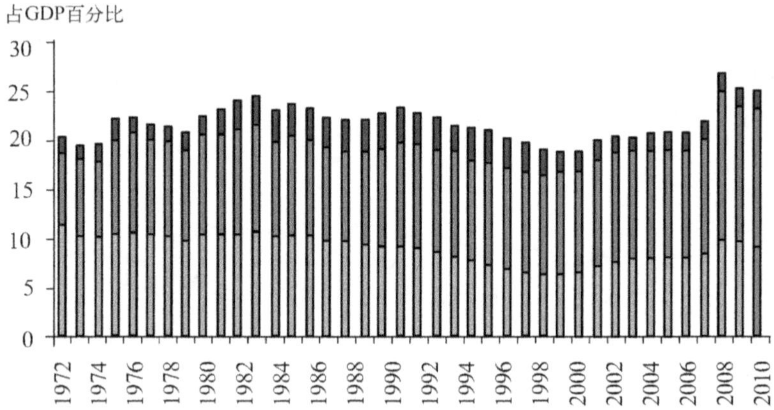

图4　美国财政支出构成情况

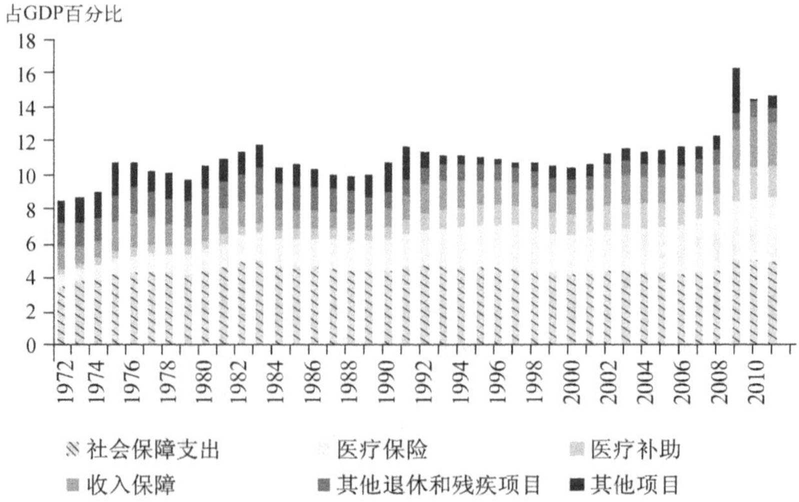

图5　美国政府强制性支出构成情况

再次，美国在“9·11”后连续发动阿富汗战争和伊拉克战争，两场战争持续十余年，耗资超过1.5万亿美元，对美国政府而言是一笔不小的财政负担。

最后，2008年金融危机在重创美国经济的同时，也对美国政府财政账户造成严重冲击，可以说是美国债务问题的直接导火索。一方面，受2008年金融危机影响，美国经济出现衰退，生产活动放缓，以税收为主的财政收入下滑，尤其是占比较大的个人所得税和公司所得税下滑幅度明显（见图6）。过去40年，美国联邦财政收入占GDP比例平均为18%。然而，由于经济滑坡，美国联邦财政收入占GDP比例大幅降至2009—2011财年约15%的水平。另一方面，美国从2008年开始采取减税和转移支付等财政刺激措施；美国政府通过问题资产救助计划(TARP)等项目向陷入困境的银行及其他金融机构施以援手；同时随着美国经济陷入衰退，失业保障计划等一些自动平衡器开始发挥作用，这都加大了美国政府的财政支出。根据美国国会预算办公室(Congressional Budget Office)的测算，经济下滑通过自动平衡器降低了财政收入而加大了财政支出，在2009—2011财年分别贡献了1.9、2.3和2.5个百分点的财政赤字。

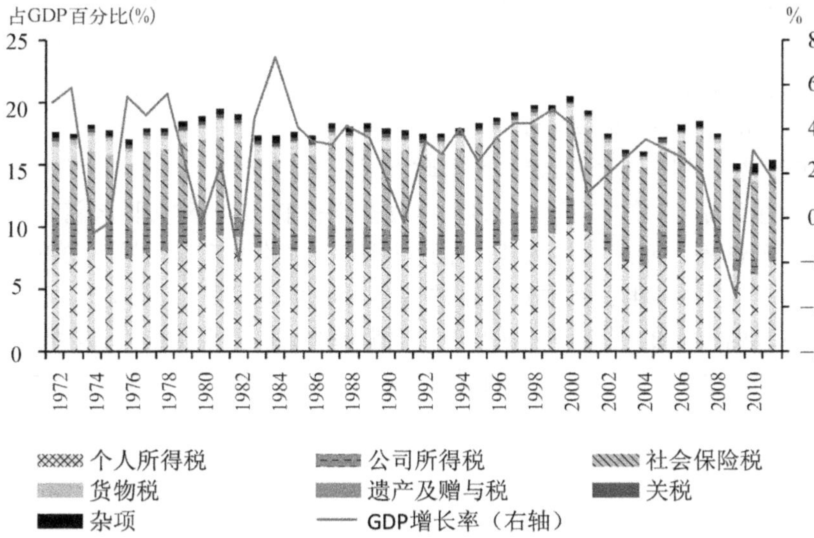

图6　美国财政收入构成情况

三、美国债务问题前景

虽然美国两党吵得沸沸扬扬，事实上，美国债务问题并不像欧债危机那么严重。而且，与欧元区国家不同，美国是单一主权国家，在政策上拥有更大的自主性，美国至少可通过发债或债务货币化解决其债务问题。因而，美国债务问题不会演变成另一场欧元区债务危机。但考虑到共和党和民主党截然不同的价值理念、两党之间的政治博弈，美国债务问题的解决也并不容易。

首先，从上文对美国政府债务持有人的结构描述来看，公众持有的美国政府债务中，约51%为美国国内机构和私人投资者持有，另外49%由以中国、日本和欧佩克为主的外国投资者持有。这就是说，与欧元区国家主权债大规模跨国持有不同，美国政府债务有一半以上为国内持有。同时，就外国持有部分而言，从替代投资、收益与安全的角度考虑，中日等持有大量美国国债的国家也不可能大规模抛售美国国债。因此，美国债务问题并不像欧债危机那么严重。

其次，美国并不存在偿付能力的问题，从美国国债的收益率走势看，美国国债仍是全球最受欢迎的避险资产之一，美国仍可以通过发行国债为债务融资，只不过要再次触及上调国债上限这一敏感问题。根据CBO的预测，美国2012财年预算赤字仍将高达1.3万亿美元，2012财年末联邦政府债务总额可能达到16.4万亿美元。因而，用不了多久，美国国会就将再次开始讨论是否上调国债上限。如果国会未能达成协议上调国债上限，美国政府则将破天荒地违约，引发金融危机并给经济带来灾难性后果。这显然是共和党和民主党议员都不愿看到的，尤其是在美国经济刚刚踏上复苏征程之际。回顾美国历史，美国总是能在关键时刻就上调国债上限达成协议。自1960年以来，美国曾先后78次上调国债上限，其中49次是在共和党治下，29次在民主党治下。有鉴于此，不管围绕上调国债上限的口水战如何激烈，可以预见的是，最终国会还是会就上调国债上限达成协议。

然而，美国国会若能就上调国债上限达成协议，必是以对未来财政收支方案的“妥协性”安排为基础。一方是奉行“小政府”理念、反对任何增税计划的共和党人，主张主要依靠削减社保和医保支出等来降低赤字；一方是有着“大政府”观、支持高福利开支的民主党人，主张依靠削减国防支出和对富人增税来降低赤字。由此可见，双方要就财政收支方案达成共识，必须互相让步，也就必然经历一场激烈的口水战。

目前，美国经济复苏刚见起色，如果美国政府任由减税措施到期，同时开始执行2011年8月签署的开支削减计划，并在2013年初启动自动减赤机制，必将对美国经济造成不利影响，拖延美国经济的复苏进程。而无论共和党还是民主党，一旦背上将美国推下“财政悬崖”的罪名，都无异于政治自杀。因此，年底大限到来之前两党可能会达成妥协，作出暂时延展减税措施或延后减赤机制启动时间点的决定，并借助发行国债等融资办法暂渡难关，以为经济稳步增长换取时间。长期来看，则需根据经济增长前景有计划、分阶段地实施财政收支改革，从根本上解决财政不可持续问题。

（卢蕾蕾）

美国货币市场基金监管改革进展与难题

出现于20世纪70年代初的货币市场基金[①]在美国金融市场中占有重要地位。货币市场基金既是受投资者青睐的现金管理工具，也是企业、政府重要的短期融资来源。但是，2008年金融危机暴露了货币市场基金的系统性风险及对金融稳定造成的不利影响。财政部、美联储和美国证券监管委员会(SEC)为此出台了一系列救助与改革措施。最近，美主要的金融监管机构再次提出对货币市场基金监管进行改革以防范系统性风险。

一、货币市场基金在美金融体系中的重要作用

2012年3月末，货币市场基金市值达到2.6万亿美元，占美国共同基金的四分之一。货币市场基金投资于政府及机构短期债券、大额存单、商业票据、回购协议等高质量短期金融产品，被视为安全性好、流动性高的现金管理工具。货币市场基金的安全性仅次于国债和银行存款，常被看作银行存款的替代品，由于不需要像银行一样持有资本，其回报一般高于银行存款。在美国，投资者包括约5700万个人投资者及公司、地方政府、金融机构等机构投资者。货币市场基金也是企业、政府和金融机构重要的短期融资来源，截至2012年3月末，持有政府支持机构短期债券的38%，商业票据的37%，短期国债的17%，回购协议的19%，大额存单的21%，欧洲美元存款的4%，州和地方政府为公共项目融资的短期债务的74%(见图1)。可以看出货币市场基金持有银行发行的商业票据、回购协议和大额存单，所以大型跨国银行短期批发性融资依赖货币市场基金。

美国货币市场基金主要的监管法律是1983年投资公司法Rule 2a—7条款。此类基金与其他共同基金最大的不同是估值标准：为保持每份额稳定的1美元净值，货币市场基金可采用成本摊销法代替市值法为份额定价。但当价格与市值相差超过0.5%，即每份额市值在0.995美元以下时，如果母公司不提供支持[②]，基金份额净值需按市值计算，将跌破1美元。

2008年危机前，在货币市场基金三十多年的历史中，仅发生过一家小型货币市场基金每份额净值跌破1美元的情况，就是1994年社区银行家美国政府基金(Community Bankers US Government Fund)，只造成了部分机构投资者的损失，并且没有引发系统性风险。货币市场基金良好记录主要得益于母公司支持，当份额市值将要跌破0.995美元时，为了让投资者看到份额净值始终为1美元，母公司经常提供支持保证份额市值在0.995美元以上。根据SEC统计，自货币市场基金出现后，母公司提供了总计300多次支持，导致母公司支持的信用事件包

---

① 中国的货币市场基金借鉴美国做法，与美国的货币市场基金基本相同，投资方向也是货币市场产品，保持每份额1元稳定净值，采取的会计方法同样为成本摊销法，当每份额净值跌到0.995元以下时，需按市值计算净值。

② 母公司提供的支持包括直接向基金注入现金或以高于市值的价格购买基金所持证券。

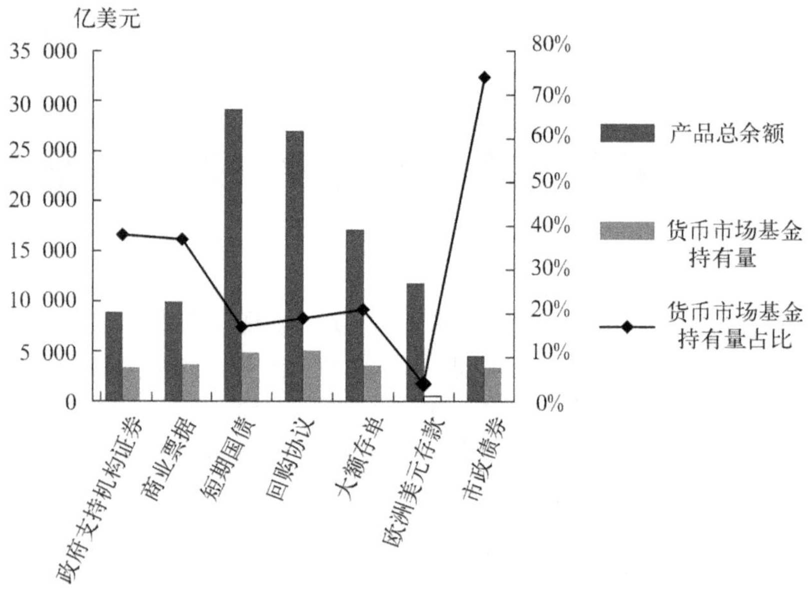

图 1 美国货币市场基金投资产品及占该产品在外发行量的比重

资料来源：美国投资公司协会(ICI)。

括 1994 年奥兰治县(orange county)破产，1999 年美国人寿公司(American General Life)评级下降及最终由州保险监管部门接管，2001 年太平洋电气(Pacific Gas&Electric)和南加州爱迪生公司(Southern California Edison Co.)商业票据违约。

二、2008 年的货币市场基金风波

(一) 货币市场基金受到挤兑的情况

雷曼兄弟破产前，投资者一直对货币市场基金保有信心。2007 年 7 月到 2008 年 8 月，货币市场基金新增 9000 亿美元资产，资产增加了三分之一。但到 2008 年 9 月，资产规模达 620 亿美元的美国历史最悠久的货币市场基金 Reserve Primary Fund 由于在雷曼兄弟破产时持有 7.85 亿美元雷曼的债券，导致份额净值跌破 1 美元，引发大量投资者赎回基金份额，仅 2 天的赎回量就达到约 400 亿美元。赎回潮很快传染到其他货币市场基金。2008 年 9 月 15 日起的一周时间里，投资者从货币市场基金中赎回约 3 000 亿美元，占整个行业资产规模的 14%。

为满足投资者的赎回要求，尽管当时市场情况不好，货币市场基金也不得不抛售(fire sale)所持证券。在 2008 年 9 月最后两周，货币市场基金总计出售了 2003 亿美元的商业票据，导致短期信贷市场，特别是商业票据市场的冻结。

(二) 货币市场基金易受到挤兑的原因

在没有资本和保险的情况下，货币市场基金既要维持稳定的 1 美元份额净值，又面临着信用、流动性和利率风险，一旦发生风险，必然需要母公司或政府的外部支持，否则份额净值将跌破 1 美元。货币市场基金的母公司为了保护名誉和维持基金评级，会使用自有资金弥补旗下的货币市场基金的损失。但母公司财力有限，不能始终保证基金净值稳定。而且约一半数量基金的母公司为存款类金融机构，这意味着基金需要母公司提供支持时，母公司自身也面临着

资本充足问题,增加了母公司的风险。根据穆迪公司统计,2007 年至 2011 年间,存款类金融机构为支持旗下的货币市场基金损失了近 90 亿美元,而当时,这些机构自身也面临较大资本和流动性压力。

具体来说,货币市场基金易受到挤兑主要有以下四个原因:

一是投资者的风险认识不足。每份额 1 美元的稳定净值使投资者认为资产安全性很高,但货币市场基金面临信用、利率和流动性的风险,又没有类似于联邦存款保险的保障,仅受到母公司的支持,而且该支持还受限于母公司的财力。

二是存在抢先赎回的激励。当货币市场基金出现问题苗头时,投资者有抢先赎回的激励。即使基金发生损失,但份额市值低于 1 美元高于 0.995 美元时,投资者仍能按每份额 1 美元净值赎回份额,将损失转移给其他份额持有者。而且,最先赎回者往往是机构投资者,因为他们有能力对投资进行监测,也有技术采取快速措施,这将造成财富从个人投资者向机构投资者的转移。

三是信息不对称。当出现信用事件后,投资者不能确定持有基金的风险敞口情况,为保证资金安全而盲目选择赎回。例如雷曼破产时,Reserve Primary 基金持有较多雷曼的债券,但投资者不能确定其他基金的风险敞口情况,所以当时很多没有雷曼风险敞口的基金也出现了大量赎回的情况。

四是溢出效应。当一家货币市场基金跌破净值时,投资者会质疑母公司的财务状况,担心该公司旗下的其他货币市场基金出现损失时也无法得到支持。同时,由于货币市场基金只能投资信用评级最高的资产,只有小部分公司拥有最高评级,因此基金持有证券相类似。出现挤兑时,基金紧急抛售所持资产,造成该资产市值下跌,从而引发其他基金证券组合市值的下降。

三、为应对风波所采取的改革措施

(一) 临时性救助措施

在货币市场基金挤兑事件发生后,2008 年 9 月,美国财政部用外汇稳定基金(Exchange Stabilization Fund)为货币市场基金的担保项目提供资金支持,保证基金每份额 1 美元净值。2008 年 10 月,国会禁止财政部以后再运用该基金为货币市场基金份额提供担保。该担保项目于 2009 年 9 月 18 日终止。

同样在 2008 年 9 月,美联储出台支持商业票据流动性便利(AMLF),向银行和银行控股公司提供信贷从货币市场基金购买高质量资产支持的商业票据,旨在支持商业票据市场和向货币市场基金提供流动性。该项目于 2010 年 2 月 1 日终止。

(二) 2010 年改革措施

这些临时稳定市场的措施到期后,2010 年,为防范货币市场基金出现系统性风险,更好地保护投资者,SEC 对货币市场基金监管进行了改革,修改了 Rule 2a—7 条款,主要包括以下五个方面:(1) **提高所持证券的信用质量**。要求基金至少 97%的资产为美国国债或其他最高信用评级的短期证券,并且持有的所有证券到期日在 13 个月以内。(2) **增加信息披露**。每个月向 SEC 和公众(60 天滞后期)披露所持有证券及份额市值。每个月月底,基金要在其网站上披露持有证券组合的信息。(3) **缩短证券组合久期**。久期的缩短有助于减少利率风险和信用风险。组合加权平均到期日缩短三分之一,从 90 天减为 60 天。(4) **第一次明确提出流动性**

要求。货币市场基金要保持一定的流动性以应对随时投资者的赎回要求。证券组合中10%的资产能在一天变现，30%的资产能在五个工作内变现。同时，要求基金"了解你的投资者"，预测投资者未来赎回情况，能相应调整组合的流动性。**(5) 暂停投资者份额赎回**。在基金每份额净值将要或已经跌破1美元时，SEC首次赋予基金执董会暂停投资者份额赎回的权利，有利于平等对待所有投资者，保证出现损失的基金能有序清盘，降低对其他基金的溢出效应，避免基金紧急抛售资产的损失。

(三) 2011年货币市场基金再次遭遇市场冲击

2010年监管改革后，货币市场基金在2011年下半年再次遭遇市场冲击，即美国国债上限危机和欧债危机恶化，由于投资者担心基金的风险敞口，冲击再次引发大量投资者赎回份额，抢先赎回的投资者中机构投资者远多于个人投资者，证明了机构投资者对风险和收益更敏感。这次赎回潮还增大了欧元区银行的融资压力，特别是他们的美元融资来源。货币市场基金在这次冲击中的表现好于2008年，体现为：投资者赎回量远小于2008年，这次投资者赎回约1 000亿美元份额，而2008年超过了3 000亿美元；投资者大量赎回时间持续较长，大概持续了3周，而2008年只有几天的时间；货币市场基金持有的证券组合未出现损失，未出现基金份额净值跌破1美元的情况。

从这次冲击中货币市场基金表现可以看到，2010年的监管改革起到了一定稳定市场的作用，但依然未能解决货币市场基金易受挤兑的现状，主要存在四个问题。一是当份额持有者担心基金可能遭受损失时，未能改变投资者赎回的激励；二是未从根本上改变挤兑的发生，一旦发生，迅速传染到其他基金；三是未能消除早期赎回者的激励；四是没能使货币市场基金经受住信用事件的冲击。

四、进一步改革的备选措施及利弊

由于2010年的改革未能完全解决货币市场基金存在的主要问题，目前，SEC、金融稳定监督委员会(FSOC)和美联储都力促进一步对货币市场基金监管进行改革。SEC是货币市场基金的主要监管部门。2012年6月21日，SEC主席夏皮罗在国会听证会上，指出目前的货币市场结构给金融系统造成不稳定的风险，需要进行进一步改革。2012年7月25日，美国财长盖特纳代表FSOC向国会证词中建议，为促进金融稳定，应继续推进货币市场基金监管改革。2012年5月2日，美联储理事塔鲁洛在有关金融危机后监管改革的演讲中表示，支持SEC对货币市场基金进行新的监管改革。2012年7月，纽联储发布的研究报告也认为，需采取进一步的监管措施以减少货币市场基金的系统性风险。

在监管措施备选方面，SEC提出了采取浮动净值和增加资本两种政策选择，纽联储提出设立最低风险账户的设想。

(一) 采取浮动净值

采取浮动净值，货币市场基金采取与其他共同基金相同的会计方法，基金份额净值定价采取市价法取代目前的摊销成本法，投资者将以市价购买和赎回份额。货币市场基金份额净值由稳定变为浮动，有利于提高投资者对风险的认识，增加基金份额风险透明度，促使最厌恶风险的投资者转向其他现金管理工具。当损失发生时，以市值而非稳定净值赎回份额，有利于保护其他持有者的利益。但基金净值稳定性的损害将影响其对投资者的吸引力，增加投资者会计、运营负担，也不能有效地避免抢先赎回激励，因为抢先赎回者将不必承担随后基金面临挤兑时紧急抛售资产发生的损失。目前欧洲的货币市场基金采取该方法。

（二）增加资本

允许货币市场基金保持稳定净值，但要求基金保持一定的资本，同时考虑对赎回附加限制性条款和收费。当基金出现损失时，损失由资本提供者承担，有利于份额净值保持稳定，降低抢先赎回者激励。对赎回附加条件将有助于阻止投资者赎回，使其承担份额变现成本，但影响基金的流动性，减少投资者收益。

要求基金增加资本也存在一些问题。首先，根据银行业实践情况看，资本不足以避免挤兑的发生，存款保险制度才从根本上解决了银行业挤兑问题。其次，就资本来源问题也存在争议，目前有三种意见。一是由母公司提供。将以前母公司自愿支持变为强制支持，增加了母公司的运营成本。以前隐性支持在基金出现损失时，母公司才支出资金，而新标准需要母公司在日常准备一部分资金作为资本。另外，如果母公司是银行，货币市场基金的财务报表可能将被要求并入母公司的报表，造成母公司资本充足的压力。二是从投资者收益中扣除。但在低利率的环境下，基金本来收益率就很低，还要扣除管理费用，如果再扣除资本积累，可能无法保持正收益。三是通过发行次级债券或资本从市场筹集。但在金融危机期间，次级债券或资本在市场发行可能受阻，同时，其要求的较高回报也难以满足。

（三）最低风险账户

设置最低风险账户（Minimum Balance at Risk，MBR），具体指投资者不能全额赎回所持份额，账户的一小部分（即 MBR，如 5%）将延迟一定时间（如 30 天），延迟时间能保证赎回的投资者仍保留部分资产直到承担了由他们赎回所引起和当时资产组合已发生的损失，扣除这些损失后剩余的份额再返还投资者。如果投资者只是赎回部分份额，剩余份额大于 MBR，将不受影响。

实际上该措施结合了增加资本和对投资者赎回设置一定限制。投资者的 MBR 能吸收损失，起到类似于资本的作用。由于抢先赎回者将承担其对其他份额持有者造成的损失，因此能解决抢先赎回的激励问题。而且损失发生后，首先承担损失的将是抢先赎回投资者的 MBR，因此能激励投资者不抢先赎回份额。但 MBR 占投资者账户的比例难以确定：比例太小，当信用事件发生时，无法阻止赎回潮，比例太大，又会对流动性造成显著影响。另外，合适的延迟天数也存在争议。

五、下一步监管改革的难点

（一）目前尚无各方达成共识的新监管改革措施

SEC 和纽联储提出的三种备选监管改革措施对于防范货币市场基金系统性风险有一定的积极作用，但都存在缺陷，损害了货币市场基金最重要的安全性或流动性，并且不能有效解决货币市场基金易受到挤兑的问题。因此，要推动下一步改革，首先要提出一个各方认可的改革措施。

（二）面临货币市场基金业的强烈反对

加强监管必然增加货币市场基金成本，以美国投资公司协会为代表的业界认为 2010 年的监管改革已见成效，经受住了 2011 年中的一系列冲击，如欧债危机、美国债务上限之争等，因而无需再进行改革。并且指出即使在2008年危机,政府没有真正意义上对货币市场基金进行过救助,财政部反而因出台的担保措施从该行业收入了120亿美元的担保费用。

(三) 可能威胁货币市场基金的生存

货币市场基金是投资者的现金管理工具,对投资者的吸引力主要在于流动性高,净值稳定。如果新的监管措施对产品流动性或安全性造成很大影响,将影响产品对投资者的吸引力,威胁到产品的生存。投资者可能转到规模小、监管程度低、投资者保护不足的其他现金管理产品,那么保护投资者和防范系统性风险的监管改革目标也将无从实现。

参考文献

[1] Mary L. Schapi, "Testimony on 'Perspectives on Money Market Mutual Fund Reforms' before U. S. Senate Committee on Banking, Housing, and Urban Affairs", http://www.sec.gov, June 21, 2012.

[2] Patrick E. McCabe, Macro Cipriani, Michael Holscher and Antoine Martin, "The Minimum Balance at Risk: A Proposal to Mitigate the Systemic Risks Posed by Money Market Funds", Staff Reports No. 564 of Federal Reserve Bank of New York, http://www.newyorkfed.org, July 2012.

[3] Eric S. Rosengren, Money Market Mutual Funds and Financial Stability, http://www.bos.frb.org, April 11, 2012

[4] Paul Schott Stevens, "Testimony on 'Perspectives on Money Market Mutual Fund Reforms' before U. S. Senate Committee on Banking, Housing, and Urban Affairs", http://www.ici.org, June 21, 2012.

(刘　薇)

关于德国央行在东京设立交易室的情况汇总

2012 年 9 月 6 日，德国央行在东京设立的交易室正式启用，这是德国央行继纽约交易室后在海外设立的第二家交易室。启用仪式上，德国央行执委会成员约阿希姆·纳格尔(Joachim Nagel)介绍了德国央行外汇储备管理基本情况以及在东京设交易室的原因。同时，东京交易室的设立受到广泛关注：有观点认为此举将进一步提升东京作为区域性金融中心的地位；也有观点推测德国央行外汇储备资产结构可能发生变化，或将扩大购买亚太地区货币计价资产。

一、德国央行外汇储备管理基本情况

欧洲央行数据显示，截至 2012 年 6 月底，德国央行持有 1 900 亿欧元储备资产，但多达 1 361亿欧元为不打算变卖的黄金储备，单计外汇储备为 308 亿欧元左右。2011 年末，德国央行外汇储备中美元资产占 93.1%，日元资产占 6.8%，余下为英镑、瑞士法郎等其他货币。德国央行年报显示，2010—2011 年，其日元净储备从 840 亿日元升至 2 010 亿日元(25 亿美元)。

约阿希姆·纳格尔指出，多年来德国央行外汇储备总量保持稳定。因采用市价估值，近年来黄金在其储备中的占比大幅上升。德国央行储备资产的构成主要是布雷顿森林体系下黄金转移以及欧洲货币联盟建立前外汇干预的结果，并非基于投资组合优化策略。德国央行管理外汇储备的原则是安全性、成本效益性与流动性。

二、东京交易室的职能

目前，德国央行东京交易室有两名交易员，主要负责在东京交易时段买卖日本国债以及监测、报告金融市场动态。德国央行在法兰克福的总部仍然负责制定战略性决策及协调投资活动，东京交易室是操作平台与信息平台。

三、德国央行设立东京交易室的原因

2009 年 4 月，德国央行在其纽约代表处设立交易室，负责在美国国债与货币市场进行储备投资操作。在海外设交易室的主要原因在于，身处金融中心能贴近市场，与当地金融机构增进交流，与市场参与者密切联系，获得更充分的市场信息，从而更好地把握国际金融市场状况。尤其在本次危机中，来自纽约代表处的信息发挥了重要作用。德国央行市场部汇总来自海外代表处的信息，以每日市场报告的形式供行内参阅。及时的市场信息不仅使行内部门受益，也有助于德国央行在 BIS、IMF、G7 等国际组织以及欧元体系中发挥更大作用。

约阿希姆·纳格尔表示，此次设立东京交易室，除上述考虑外，还有其他几个原因：一是亚洲的经济和政治重要性日益上升，而日本是老牌亚洲经济中心，因此，加强与日本市场和日本央行的联系对德国央行有重要意义。而且，日本市场本地投资者参与度高、影响力大。二是日本在外汇市场的重要地位。日本是世界最大经济体之一，与德国关联紧密；日元是重要的储备货币，其外汇市场交易量仅次于美元和欧元，美元/日元是位列欧元/美元之后世界上交易最频繁的货币对，对日本的外汇储备投资更是深化了两国央行的联系；加之德国央行东京代表处已成立 25 年，在其基础上增设交易室顺理成章。三是有利于加深对日本央行、日本经济及货币政策操作的了解，进而推动两国央行在政治层面的沟通。四是有利于弱化时差因素的影响，降低交易成本。之前，时差导致德国央行无法及时对日本的经济数据及市场突发事件作出反应，在东京直接参与交易将使潜在损失最小化。而且，由于日本金融市场交易量大、流动性高，买卖价差将明显低于欧洲市场，交易成本有望大幅下降。

四、相关评论

德国央行东京交易室的设立受到媒体和市场人士广泛关注。有评论认为，过去一年里，外国央行和机构投资者持有的日本国债大幅上升，而德国央行设立东京交易室更表明日元正成为越来越重要的替代性储备货币。对于逃离欧元和美元的资本，日元已不仅仅是暂时的避风港。资产向日元转移或推升东京作为区域性金融和投资中心的吸引力。

有报道称，作为外汇储备资产配置最谨慎的央行之一，德国央行经过长达两年半的研究，将于近期在外汇储备中加入澳元资产，正与澳大利亚央行商讨相关事宜，其意图明显在于分散美元资产缩水风险。德国央行东京交易室成立初期只会涉及日元及澳元投资，但未来可能扩大投资范围，将一部分外汇储备用于购买人民币、韩元以及东南亚国家货币计价资产。

（陈　松）

金融脆弱性评估和金融危机早期预警

2012年9月，亚洲开发银行（ADB）区域经济融合办公室与亚太金融发展中心在上海联合举办了“区域经济与金融监测”培训课程。此次培训课程包括宏观经济分析与宏观经济政策、金融体系和国际金融架构与标准、宏观审慎政策与危机管理以及金融脆弱性（vulnerability）评估等。其中，在金融脆弱性评估方面介绍了金融脆弱性与金融压力、金融脆弱性评估中金融危机的分类及相互关系、金融脆弱性的来源、金融脆弱性评估原理以及金融危机早期预警系统，综合了国际上的相关理论和亚洲开发银行的研究成果。在此基础上将相关资料内容整理如下。

一、金融脆弱性

（一）金融脆弱性的含义

金融脆弱性（Financial Vulnerability）的概念产生于20世纪80年代初，但其研究可追溯到费雪和凯恩斯。金融脆弱性与金融风险意义相近，但着眼点不同。金融风险指发生潜在损失的可能性，金融脆弱性不仅包括可能的损失，还涉及已经发生的损失。但国内对风险的使用趋于广泛，相比之下对脆弱性使用较少，常常使两者难以区分。

传统上，脆弱性是指遭到或面临攻击或损坏的状态。斯蒂格利茨（J. E. Stiglitz）认为，造成金融脆弱性最重要的原因之一，是金融市场和资本市场的自由化进程过快[①]。

（二）金融脆弱性评估的目的

金融脆弱性的评估，旨在通过评估宏观经济脆弱性和金融业稳定状况，来确认金融体系的弱点。针对出现的弱点，政策制定者将采取适当的政策措施，以减少金融危机的风险。

二、金融脆弱性的来源

（一）金融压力

产生金融脆弱性的原因是金融压力（Financial stress）。金融压力，指金融部门在压力下处于紧张状态，其作为金融中介的能力受到削弱。这些压力包括：资产价格发生大幅变动；风险或不确定性出现突然上升；流动性发生突然变化；银行业体系的稳健性出现问题。此外，内部和外部的不平衡也是造成金融压力的原因。

严重的金融压力可能会引发金融危机，从而使经济增速放缓。引发严重金融压力的原因可能是信贷出现迅速扩张，或者房价的快速攀升，也可能是企业和家庭的过度借贷。

如果要预测金融压力是否会引发经济下滑，比较好的办法之一是看与资产价格上升和信

---

① J. E. Stiglitz，2003，Globalization and its Discontents，P. 89.

贷扩张相关的资产负债表的脆弱度。

(二) 金融脆弱性的两个主要来源与衡量指标

金融脆弱性主要源于两方面：一是宏观经济动荡、宏观政策不一致；二是金融部门自身的弱点。宏观方面涉及经济总体的活动以及金融体系运行的环境，微观方面涉及单个金融机构。

有关金融脆弱性的各个要素之间的关系如下图所示：

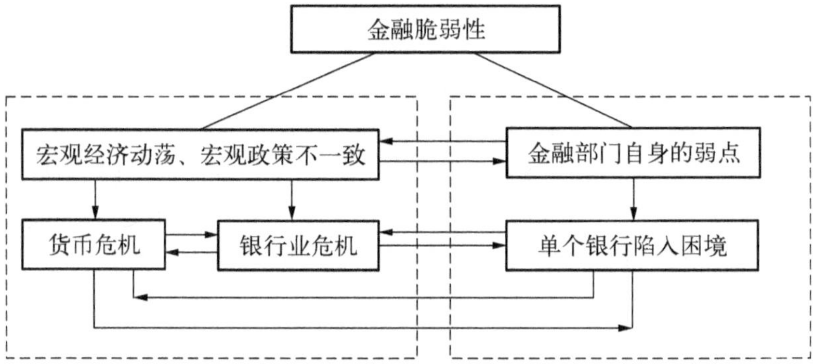

衡量宏观经济动荡、宏观政策不一致产生的脆弱性的指标类型有：经常项目、资本项目、货币部门、财政部门、实体部门和全球经济。衡量源于金融部门自身弱点的脆弱性指标类型包括：资本充足率、资产质量、管理稳健性、收入和盈利能力、流动性、对市场风险的敏感度、市场指标等。

三、金融脆弱性评估中金融危机的分类及相互关系

在金融脆弱性评估中，根据有关金融危机的理论研究将金融危机分为货币危机和银行业危机两个类别。

(一) 货币危机

有关理论文献将货币危机模型分为三代。开始于 20 世纪 70 年代末的货币危机**第一代模型**，将货币危机作为基本事件，认为由于政策不一致导致货币调整。政策不一致的原因可能是因为采取盯住汇率或固定汇率，也可能是由于经常项目不平衡、实际汇率错配。当市场参与者预期现有的汇率不再可行时，随着资本流动外汇储备会迅速出现大幅损失。

1992 年，欧洲货币体系瓦解后出现了货币危机**第二代模型**。该模型认为，由于在不同的政策目标之间存在各种平衡关系。从一种平衡转换到另一种平衡时，将可能导致货币发生突然的调整。特别是当这种平衡转换是从一种固定机制向浮动机制转换，或者一种固定汇率向另一种固定且贬值的汇率转换时，可能会在短时间内造成恐慌。

1997 年亚洲金融危机以来形成的**第三代模型**，将货币危机看作一国发生挤兑或是金融恐慌。该模式着重关注资产负债表的脆弱性和不平衡问题。由于银行、企业的过度风险投资造成经营失败而倒闭。错误的风险融资活动会使资产负债表出现货币或期限的错配，此时如果突然收回流动性，特别是在资本账户开放时，将很容易受到攻击。

(二) 银行业危机

发生银行业危机的原因，可能是宏观经济动荡，也可能是单个银行陷入困境。宏观经济动荡涉及：利率、汇率(货币危机)、商品价格、产出、资本流动等方面。此类动荡会有损于银行业

的稳健性,甚至造成银行破产。单个银行陷入困境也会导致系统性银行业危机。造成单个银行陷入困境的主要原因包括市场纪律问题、治理问题、道德风险、监管薄弱等方面。

（三）相互关系

货币危机与系统性银行业危机存在一定相互关系,两种危机可能同时发生,也可能其中一个危机会引发另一个危机,但究竟哪一个危机先爆发还不确定。此外,还需要就一些新的跨地区问题加以考虑：如果发达经济体的金融体系发生危机,新兴经济体是否会成为牺牲品;当某个主要的工业化国家陷入流动性危机时,是否对新兴市场产生溢出效应等。

四、金融脆弱性评估原理

（一）金融脆弱性评估包括宏观审慎分析与微观审慎分析

宏观审慎分析将宏观经济环境和金融体系看作一个整体,其目的是减少使经济整体遭受重大损失的金融风险的发生。微观审慎分析的对象是单个金融机构,其目标是减少单个机构的金融风险的发生,而不考虑其对整个经济的影响。

（二）宏观审慎展望与微观审慎展望的差别

宏观审慎展望与微观审慎展望在以下方面存在差别：

宏观审慎展望与微观审慎展望的差别

	宏观审慎	微观审慎
最近目标	减少金融系统陷入困境的风险	减少单个机构陷入困境的风险
最终目标	防止因产出(GDP)造成的各种成本	保护消费者(投资者/存款人)
风险模型	(部分)源于内部	源于外部
机构之间的相关性和相互影响	存在重要的相关性和相互影响	非相关性
审慎管理的调节	对系统范围的危机来说是从上而下的	对单个机构风险来说是从下而上的

五、金融脆弱性评估的早期预警系统

（一）金融危机早期预警系统的作用

早期预警系统(EWS),是对未来发生的危险发出信息的系统。其目的是为可能发生的危机作好准备。

金融危机的 EWS 是金融脆弱性评估中必要的组成部分,一方面对源于宏观经济动荡和宏观政策不一致的金融脆弱性进行监测和评估,另一方面运用了某些统计方法来预测一国在一定期间内是否会面临危机。

（二）金融危机早期预警系统模型

金融危机 EWS 模型的目标,是预测在某一特定时间段内是否会发生危机。EWS 模型主要基于宏观经济基本要素的各项指标和外部状况,同时需要金融和公司的脆弱性指标来加以补充。

EWS 模型有参数型和非参数型两种类型。**参数型模型**(parametric models)采用有限等价变量回归方法，通过等价变量的估值推断危机的可能性；运用概率和逻辑模型找出重要指标，根据已知概率分布估算金融危机的发生情况。而**非参数型模型**(non-parametric models)采用信号标志方法，该方法是经济学家卡明斯基和莱因哈特(Kaminsky and Reinhart)在1999年研究发现。

(三) 两种模型的比较与选择

参数型 EWS 方法能够在各种变量之间调节不同数据的差异，并将各种指标变换为通俗易懂的综合指标，缺点是没有考虑各种变量之间的关系，无法运用标准统计测试来检验其合理性。**非参数型 EWS 方法**考虑了各种变量之间的关系，易于检验单个变量的在统计上的意义，缺点是各种变量的数据发生变化时可用的数据集合受到限制，可同时考虑的变量数目也受限制。

比较而言，信号标志方法更为简便，但在指标影响危机概率的方式上存在限制(只有超过临界值才触发警报)。如果将两种方法加以整合或许是较好的选择，信号标志方法可以用来识别最佳的先行指标，而回归方法可用来计算危机概率。

总之，在对金融市场和实体经济进行监测时，需要谨慎运用适当的货币政策与财政政策，防止对实体经济造成负面影响。同时，鉴于金融危机随时可能发生，在有效利用金融市场时，还要不断监测和修复其脆弱性，提高金融部门的稳健性和适应性。

(邵勉也)

简析落实《巴塞尔协议Ⅲ》面临的主要挑战

2013年1月1日是落实《巴塞尔协议Ⅲ》资本要求的规定期限。虽然巴塞尔银行监管委员会[①]对执行资本要求、流动性要求、杠杆比率等分别设置了过渡期，旨在通过逐步落实的方法避免对银行体系造成负面冲击，但从目前形势看，落实《巴塞尔协议Ⅲ》仍存在两方面挑战：一是技术性挑战，包括流动性标准的制定、影子银行的监管等；二是落实监管规则的挑战，包括如何确保各方及时执行监管规则，如何保持执行力度及有效性等问题。本文分析认为，金融监管改革大势虽已确立，但短期内，BCBS成员国与地区难以如期按要求落实《巴塞尔协议Ⅲ》。

一、《巴塞尔协议Ⅲ》的主要特点

本轮金融危机爆发后，BCBS反思过去，在总结危机教训的基础上着手推动国际金融监管改革。2010年12月，BCBS公布《巴塞尔协议Ⅲ》，提出了一整套拟提高银行抗风险能力的改革措施，旨在从宏观与微观两方面应对金融风险。与此前的巴塞尔资本协议相比，《巴塞尔协议Ⅲ》有以下五个特点：

一是进一步提高资本质量与充足率要求，引入资本缓冲要求；二是扩大风险覆盖范围，将银行交易账户风险、场外衍生品交易对手的风险等，纳入确定资本要求时需要考虑的风险范畴；三是引入国际统一的杠杆比率，用于补充之前风险为本的资本衡量方法，并控制银行杠杆比率过高；四是首次引入全球最低流动性标准，以提高银行应对短期与长期流动性压力的能力；五是针对全球系统重要性金融机构，提出额外资本要求。

二、落实《巴塞尔协议Ⅲ》的主要挑战

(一) 技术性挑战

能否制定良好的监管规则，是金融监管改革成功与否的一个重要前提。因此，如何确保监管规则的针对性、可行性以及如何避免过度监管等问题，无疑是BCBS面临的巨大挑战。具体而言，技术层面的挑战包括以下四个方面：

一是流动性规则的出台缺乏前车之鉴。《巴塞尔协议Ⅲ》首次提出制定详细的全球流动性规则。但与资本规则不同的是，BCBS在制定流动性比率上无经验可循，一切从零开始。此外，由于流动性比率与央行政策操作、货币市场及整个金融体系的运行息息相关，BCBS必须仔细研究并分析流动性规则的潜在负面影响，从而避免新规则产生适得其反的效果。然而，缺乏相关经验与高质量数据，导致BCBS短期内完成影响评估工作难度较大。

二是亟待加强中央对手方的稳健性。针对危机暴露出的场外衍生品风险，国际金融市场

① 巴塞尔银行监管委员会（Basel Committee on Banking Supervision，BCBS）。

提出了通过中央对手方CCP[①]对标准化场外衍生品进行集中清算的要求，希望通过CCP清算降低机构间的关联性，防止风险传染。但这种清算模式会将对手方信用风险集中在CCP，一旦出现失误，CCP所服务的市场支付结算系统将被破坏，并可能蔓延至其他金融市场的支付结算系统，对整个金融市场产生巨大冲击。因此，CCP风险防控能力的提高，包括资本水平、监管措施以及风险处置机制的建立等，必须得到加强。

三是监控并处置影子银行风险难度系数较高。影子银行能为实体经济提供融资，并为银行及投资者管理信用风险、流动性风险及期限风险提供工具。然而，金融危机表明，影子银行体系会爆发系统性风险，出现监管套利行为。因此，监控并处置影子银行风险至关重要，但难度较大，主要表现在：一方面，影子银行在金融体系中演变速度快，监管当局很难跟上金融创新步伐，因而无法早期发现并遏制杠杆率过高、期限错配等风险；另一方面，在很多国家，特别是新兴市场经济体，由于影子银行缺乏透明度，且常与银行交织在一起，其存在形式、业务类型、具体规模等信息可能仍是未知数，因此，各国监管当局难以推动影子银行信息交换工作，相关监管工作更是无的放矢。

四是系统重要性金融机构SIFI[②]的监管工作是复杂的系统性工程。危机期间，一些全球性大型金融机构倒闭或受损，波及整个金融体系，进而损害了实体经济。结果，公共部门不得不展开大规模干预，以维护金融稳定。为提高系统重要性银行的抗风险能力，BCBS出台了包括额外资本要求在内的一系列改革措施。然而，《巴塞尔协议Ⅲ》只是最低标准，既无法应对全球系统重要性银行G-SIB[③]可能产生的特殊风险，也不可能应对"太大而不能倒"引发的道德风险以及G-SIB产生的跨境冲击。此外，SIFI不仅仅包括银行，还包括系统重要性保险公司、资产管理公司以及金融基础设施等，在缺乏非银行类SIFI监管措施的情况下，《巴塞尔协议Ⅲ》的覆盖面尚有欠缺。

（二）执行监管规则面临的挑战

《巴塞尔协议Ⅲ》的出台仅是金融监管改革的第一步，下一阶段的实施工作同样关键。能否及时、全面、一致地落实监管规则是金融监管改革成功与否的重要保障。然而，当前世界经济复苏举步维艰，欧洲主权债危机尚未解决，美国"财政悬崖"问题步步逼近，新兴市场经济体增速放缓。在此背景下，落实《巴塞尔协议Ⅲ》、执行有关监管标准面临严峻挑战。

首先，BCBS缺乏处罚机制将导致监管规则的执行大打折扣。伦敦政治经济学院教授古德哈特（Goodhart）曾指出，BCBS只是国际清算银行的一个委员会，不具正式法律地位。BCBS负责就国际金融监管制定规则与最低标准，但由于未建立处罚机制，即便成员国与地区未按要求落实《巴塞尔协议Ⅲ》，BCBS也无法对其进行处罚，这将导致《巴塞尔协议Ⅲ》的执行缺乏强制性制度保障。

其次，从当前国际经济金融形势看，各国很难及时、全面、一致地执行有关监管规定。危机伊始，针对刚暴露的金融体系问题，国际社会围绕金融监管改革展开热烈讨论，并频频出台相关监管规定，落实监管要求的热情高涨。但当前全球的主要关注点似乎已转向推动经济增长、

① 巴塞尔银行监管委员会（Basel Committee on Banking Supervision，BCBS）。
② Systemically Important Financial Institution.
③ Global Systemically Important Bank.

解决主权债危机以及应对潜在通胀风险。有些国家甚至担心，在经济疲软的背景下推进监管改革或导致经济复苏受到拖累。国际金融协会曾在2011年的一份研究报告中指出，未来五年监管改革给美国、欧元区、日本、英国与瑞士等国造成的总成本可能占其GDP的3.2%。鉴于监管改革的潜在负面影响和当前国际经济金融形势，各个国家与地区执行新监管规则与标准的积极性不高，难以及时按要求执行《巴塞尔协议Ⅲ》。此外，由于担心更为严格的资本、流动性等要求或损害已元气大伤的本国金融机构，影响其全球竞争力，因此，某些国家有可能选择性地执行《巴塞尔协议Ⅲ》，或放松执行要求，导致无法遵循全球一致的规则。

最后，国际经济持续低迷，导致《巴塞尔协议Ⅲ》部分规则的实施困难重重。目前，全球经济增长存在不确定性，下行风险加大。在此背景下，要求金融机构加强资本基础，很可能导致去杠杆化加剧，使金融机构无法通过信贷支持实体经济持续增长，这必然使乏力的复苏雪上加霜。此外，逆周期资本缓冲等措施，旨在经济繁荣期间提高资本水平。因此，在全球经济尚未明显好转情况下，《巴塞尔协议Ⅲ》部分措施的实施也较为困难。一旦处理不慎，将会产生反作用力。

三、BCBS应对挑战的主要措施

国际清算银行和BCBS已意识到当前落实《巴塞尔协议Ⅲ》面临的种种挑战，并出台了应对措施。

一是实施过渡期安排。BCBS对资本要求、杠杆比率以及流动性比率等设置了最长达6年的过渡期，旨在帮助金融机构逐步达标，避免过快达标给金融体系及实体经济带来的冲击。此外，在过渡期，可通过评估相关标准执行效果来不断改进监管规则。

二是简化技术性问题。面对日益复杂的监管框架，BCBS一直在研究如何简化监管规则。一方面，要防止规则过于简单给银行带来不正当激励；另一方面，要限制监管的复杂性，切勿盲目追求复杂、高深的模型。BCBS主席、瑞典央行行长斯蒂芬·英格韦斯(Stefan Ingves)认为，对于复杂问题，可采取简单化原则，从成本效益角度分析，做好权衡，不能一味追求精准。

三是实施同行评估与专题评估。2011年9月，BCBS首次提出对成员国执行巴塞尔监管框架的情况进行全面评估，旨在推动各方全面、及时、有效地实施与国际标准相一致的监管规则。目前，BCBS已对11个成员国与地区完成了基线评估，下一轮评估对象包括澳大利亚、巴西、中国、新加坡和瑞士。各类评估工作既能督促各方切实执行《巴塞尔协议Ⅲ》，又能尽早发现问题，并有针对性地出台应对措施。

尽管BCBS已出台多种应对挑战的措施，但短期内，由于受全球经济发展形势约束，各个国家与地区尚难以如期按规定严格执行《巴塞尔协议Ⅲ》的各项要求。目前，美国已宣布推迟实施，欧盟尚未明确其落实时间表。然而，从长期看，金融监管改革大势不会改变。未来，监管改革的推进速度在很大程度上，既取决于全球经济复苏情况，也与政治意愿密不可分。

（陈　松）

奥地利央行对企业信用评级系统概况

近日，奥地利央行资产投资与风险管理专家哈拉尔德·米勒(Harald Müller)先生到访上海，应国际部邀请就该行内部信用评级系统(ICAS)作了详细介绍。奥方表示，奥地利央行信用评估系统最早于1966年开发，自奥地利加入欧元区后进行升级，并纳入欧洲央行ICAS体系。该系统为奥地利央行研发，其基础模型被法国、德国和西班牙央行采用，在欧元区ICAS体系中发挥着蓝本作用。

一、欧元体系信用评估服务的四个渠道

欧元体系信用评估服务主要有以下四个渠道：一是外部信用评级机构，如标普、惠誉、穆迪等专业评级公司；二是央行内设信用评级系统，如奥地利、德国、法国与西班牙等央行拥有的ICAS系统；三是对手方①内部信用评级系统，如汇丰银行等金融机构的内部信用评级系统。此类系统须每年经过央行的审核与测试才能获准投入使用；四是专业化公司管理的评级工具，由于此类工具不够完善，奥地利央行目前尚不承认该类评级结果。

在审贷等金融业务中，对手方可按需选择一种评级渠道，获得相关企业信用评级结果。如一家评级机构的评级不能对所评级对象的资产进行充分覆盖，对手方则可选择第二家评级机构。但奥地利央行要求，必须在信用评估之前选定评级机构，以防止出现同时请多家机构评级后挑选最高评级结果的现象。此外在信用评估标准中，担保者机构属性也是重要的考虑因素。

据介绍，目前奥地利所有对手方均选择奥地利央行ICAS作为首选信用评级，其中一些对手方也将金融机构的内部评级作为第二选择。

二、欧元体系抵押品分类与合格性要求

为便于欧洲央行体系的货币政策操作，欧洲央行及各国央行对适用抵押品制定了一系列标准，并将抵押品区分为市场化资产和非市场化资产两大类。对于非市场化资产的评估，央行内部的信用评级系统发挥了重要作用。

欧洲央行对合格抵押品的规定，主要包括发行对象(债务人和担保人)所在地、可接受市场、货币种类、最低资产规模、适用法律以及跨境使用等，并根据资产是否为市场化资产进行分类，制定不同标准。

值得注意的变化是，2012年1月1日起，所有欧元区国家都对资产规模统一采用50万欧元的门槛标准。同时，欧元区国家规定债权人、债务人和适用法律的国别不能超过“两个”国家

---

① 对手方指欧元区内符合欧洲央行规定的相关资质标准的机构。其标准包含该机构应纳入欧洲央行最低准备金管理，并符合财务稳健性相关指标等。合格的对手方可使用欧元体系常设工具，以及参与欧元体系的公开市场操作。

(见下表)。例如,一家奥地利银行为一家德国企业提供贷款,不能采用英国法律,否则将违反上述“两国”的要求。

欧元体系抵押品分类及合格性要求

标准类别	市场化资产	非市场化资产	
1. 资产类别	ECB发行的债务凭证,其他市场化债务工具。	信用贷款	RMBD①
2. 发行人/债务人或担保人所在地	发行人所在地要求:欧洲经济区(EEA)或非欧洲经济区的G10国家。 担保人所在地要求:欧洲经济区国家。	欧元区	欧元区
3. 可接受市场	受监管的市场②,或欧洲央行可接受的未受监管的市场。	无	无
4. 货币类别	欧元	欧元	欧元
5. 最低资产规模	无	根据信用要求递交的日期,采用不同的准入额度: 于2007年1月1日至2011年12月31日内递交者: —如在国内使用,由该国央行制定准入额度; —如跨境使用,一般准入额度为50万欧元。 2012年1月1日后递交者: 欧元区准入额度均为50万欧元。	不适用
6. 适用法律	对于资产支持证券,购买基础资产必须采用某一欧盟成员国法律。	信用要求协议和融资协议必须采用某一欧盟国家法律,并且下述6项对象所使用的国别法律不能超过两国。 1) 对手方 2) 债权人 3) 债务人 4) 担保人(如存在) 5) 信用要求协议 6) 融资协议	不适用
7. 跨境使用	可以	可以	可以

资料来源:欧洲中央银行《欧元区货币政策的实施》(The Implementation of Monetary Policy in Euro Area)。

三、奥地利央行ICAS运行模式与人员配置

奥地利央行ICAS系统涵盖了奥地利约1万家企业的信用评级信息。系统由该行统计司

① RMBD:零售按揭抵押债券工具(Retail Mortgage-backed Debt Instrument)。
② 欧洲央行每年公布受监管市场名单和可接受的未受监管市场名单。

下设的“统计模型与信用质量评估监管处”负责运行。该处编制 30 余人，其中从事 ICAS 业务的员工分为两个团队。一个团队由 10 人组成，负责使用该行评级系统对 1 万多家企业每年进行一次评级，即每人负责 1 000 家企业。另一个团队 6—7 人，负责模型的维护与升级更新，确保模型的准确有效。奥地利央行统计司负责信用评级系统的运行和维护，而再贷款担保品的管理则由该行央行资产投资与风险管理部门负责。

四、奥地利央行信用评估的目的与优势

奥地利央行的 ICAS 系统主要根据欧洲央行的统一规定，为货币政策操作中抵押品评估提供科学依据。此外，它在金融监管、金融稳定与宏观经济研究中也能发挥重要作用。为实现上述目的，ICAS 系统经过多年研发与实践检验，具有灵活性高、独立性强、成本低廉等特点。

(一) 信用评估的四个目的

一是在货币政策操作过程中，实现对抵押品的信用质量评估。二是在监管工作中，可用以评估银行承担的信用风险与其风险承受能力是否相匹配。央行人员可运用 ICAS 中的数据，计算金融机构经营稳健度，并对其业务提出改善意见；三是在宏观审慎管理方面，可用以评估并维护金融市场稳定。对于大企业，ICAS 可评估相关企业证券的市场价格是否合理。对于没有做过外部评级的小企业，央行人员可运用 ICAS 系统了解总体情况，从而维护金融体系的稳定。四是从宏观经济角度，可用以监测经济的信用风险状况。宏观经济研究者也可以使用 ICAS 的数据，了解市场趋势，开展相关情景分析。

(二) 评级系统拥有五方面优势

奥地利央行的 ICAS 系统不仅能为完成上述四项目标提供数据支持，而且与国际评级机构的评级服务相比，央行采用自己研发的 ICAS 系统具有下述五大优势：一是央行对模型了如指掌。整套模型均由奥地利央行自主研发设计，各组成要素为奥地利央行准确掌握，从而为灵活地运用该系统奠定了基础。二是易于校准。评估模型可根据实际环境的变化及时进行调整，以提高模型的准确性。三是便于在欧洲央行体系(ESCB)内不断积累 ICAS 体系的相关经验。四是成本较低，尤其与其他国际评级公司的评级相比。五是独立性强，在技术层面与人力资源等方面均不依赖外部机构。鉴于上述优势，ICAS 的评级受到欧洲央行、金融机构与企业界的广泛欢迎，并被首选采用。

五、奥地利央行 ICAS 评级结果及其使用范围

(一) 评级结果有保密性要求

奥地利央行 ICAS 系统的评级结果具有一定保密性，不全面对外公开，仅限于特定的使用对象和使用范围。一般而言，金融机构或对手方在业务活动中如需查询相关企业的信用评级情况，可向奥地利央行询问，但获得有关结果后，金融机构不可将查询结果向社会公开。

(二) 评级结果有严格的使用范围要求

奥地利央行 ICAS 评级结果使用于特定对象和范围，主要包括四类情况：第一，在货币政策操作中，供奥地利央行公开市场操作或资产负债管理部门、ESCB 机构和对手方使用；第二，在银行监管中，供央行对银行现场检查与非现场审查部门使用；第三，在维护金融稳定中，供金融市场分析与监测部门使用；第四，供宏观经济研究部门使用。奥地利央行对上述四类用途的

信用评级结果使用均不收取任何费用，包括欧洲央行和奥地利央行内部相关部门以及对手方。

六、信用风险评估的频率、有效期及违约规定

奥地利央行 ICAS 的评级结果与其他外部专业评级机构的结果具有很强的可比性，同时由于它采用了《巴塞尔协议Ⅱ》中的违约定义，及时性强，因此 ICAS 使用范围较大，权威性较高。

（一）评估频率为每年一次

奥地利央行 ICAS 系统每年对奥地利约 1 万家企业进行一次评估。评估结果可直接转换为评分，评分等级由相对应的 1 年期时点法（point-in-time）评估违约概率，并运用《巴塞尔协议Ⅱ》的违约定义进行校准。在评估过程中，奥地利央行只就“发行者”的信用风险进行评估，而不对发行的“金融产品”进行评估。评级结果与标准普尔的评级档次相似，分为 17 个等级，所以与外部评级机构评级结果的可比性强。

（二）评估结果有效期为一年

通常情况下，奥地利央行至少每年一次在收到企业财务报表后重新评估该企业评级。评级结果有效期一般为 12 个月，可视情况缩短。同时企业财务报表的有效期不能超过 24 个月。如评级结果的 12 个月有效期到期后，企业仍不能提供新的财务报表，央行的评级分析师会利用报纸、网络、企业网页等相关信息，对该企业进行重新评估，并对评级进行调整，最迟在财务报表日之后 24 个月内给出新的评级。

（三）有明确的违约规定

奥地利央行采用《巴塞尔协议Ⅱ》的违约定义，因此整个体系完全符合欧元体系的信用评估框架要求。“违约”被定义为两类事件，一是债务人不可能向银行全额偿还债务；二是债务人在债务到期 90 天后出现未偿还现象。在上述定义中，判断是否“不可能支付”，奥地利央行列举了下述五类情况：（1）银行将该债务列为“非应计状态”；（2）由于信用质量下降，银行进行销账或提取拨备；（3）银行以亏本价格出售该债务；（4）银行同意对该债务进行坏账重组；（5）企业出现破产或资不抵债。

七、评级数据分类与来源

ICAS 的顺利运行必须以大量的数据作基础，因此数据来源的可靠性、准确性与及时性至关重要。奥地利央行 ICAS 系统五种不同数据均有不同原始来源：

（一）基础数据

包括来自工商登记部门等多个渠道的公司数据，如企业所有人的变更等，系统每日进行自动更新。

（二）财务报表数据

公司、银行以及商业信息登记中心向奥地利央行提供年度财务报表数据，系统每年自动录入。

（三）评级数据

一是拥有内部信用评级的银行每月通过“中央信用登记系统”自动将发行者违约概率评级提供给奥地利央行；二是外部评级机构以半自动方式向奥地利央行提供评级数据。

(四) 违约数据

违约数据来自商业信息登记中心或相关布告。外部评级机构和具有内部信用评级系统的银行也会向央行提供违约数据。

(五) 其他数据

奥地利央行新闻社自动向奥地利央行传送相关企业新闻信息,使分析师能够及时掌握相关企业的非数据类信息动态或重要事件。此外,奥地利央行有时也直接联系受评企业,了解详细情况。

八、评级模型与检验

为使评级结果更加科学准确地反映现实情况,奥地利央行 ICAS 系统采用统计模型与专家分析相结合的评级方法。在违约分析方面具有核心优势。

(一) 奥地利央行评级模型的七个特点

第一,将"评级人误差"纳入模型;第二,不仅能够区分"违约"与"不违约",而且能运用来自外部评级机构与银行内部信用评级系统的信息,进一步评估"未违约人"情况;第三,可以按照不同群组(如经济部门)进行分类;第四,对于低违约资产组合(low default portfolio)可进行模型校准,如主权评级和蓝筹企业评级等;第五,评级结果比传统模型(如 Logit 模型, SVMs, 判别分析等)更接近市场实际情况;第六,将违约信息用于验证及违约概率水平调整;最后,采用更严格的《巴塞尔协议Ⅱ》"违约"定义。

值得注意的是,奥地利央行 ICAS 在模型系统之外采用了"专家系统",在某些情况下,专家分析的结果可以更改甚至推翻统计模型的评级结果。

(二) 风险评估有严格的程序要求与检验方法

风险评估程序主要包含"数据输入"与"评级"两大步骤。数据输入包括数据的录入、校验、审核、计算以及评级必要性分析。评级程序包括评级结果产生、评级结果的记录描述、校验、结果审核以及最终评级确定。在评级结果检验方面,奥地利央行采用一系列检验手段来提升评级的准确性:

第一,重视校准。采用基于类别的二项式检验、Hosmer Lemeshow 检验、多变量 Sterne 检验、Spiegelhalter 检验及上述检验方法的综合运用。第二,提升判别力。采用基于类别或评分的 ROC 分析,并将违约或非违约用于 ROC 分析。第三,设立基准。采用外部评级机构或银行内部信用评级系统的原始评级数据作为基准,或采用以往评级结果作为基准。第四,提高可靠性。根据经济部门或国别进行抽样分析。

综上所述,基于上述独特优势,奥地利央行 ICAS 系统作为非营利性信用评级系统,对央行的货币政策操作、银行监管、维护金融稳定及宏观经济研究等工作发挥了重要作用。其自主研发的评级模型采用统计模型与专家分析相结合的方法,设计科学、准确度高、灵活性强、适用范围广,被德国、法国、西班牙央行引进为央行内部信用评级基础模型。此外,该模型严格采用《巴塞尔协议Ⅱ》的违约定义,使其评级结果更符合当前国际银行监管标准。奥地利央行根据 ICAS 运行经验和现实情况,不断对系统进行更新完善,实现系统的与时俱进。其系统开发以及管理运营的相关经验值得我们进一步研究借鉴。

(周　萍)

美联储再贷款担保品范围与担保品估值的相关做法

再贷款业务作为央行的重要政策工具，正受到越来越多央行的重视。各国、各地区根据本土金融体系结构与金融市场特点，在再贷款及其担保品[①]安排方面均有不同实践。美联储在本轮金融危机过程中，顺应市场需求，创新发展了多项新再贷款工具。尤其是根据再贷款对象类别、再贷款目的、再贷款工具种类、担保品类型等的不同，对担保品范围和估值作了详尽的差异化安排。但尽管如此，从总量看，美联储向市场提供流动性的主要工具仍以公开市场操作为主，而再贷款工具只处于补充地位。

一、美联储再贷款业务简介

（一）健全的法律依据

美联储的再贷款业务从基本原则到具体操作程序，均有详尽的法律规定。《联储法案》第10B部分"对各成员银行发放贷款"[②]规定了各联储银行从事再贷款业务的原则性纲要，明确了再贷款业务服务对象的限制性条件。基于上述原则，联储进一步制定了《联储银行发放贷款规定》（简称"规定 A"）[③]，对美联储再贷款业务的对象、范围与相关程序等作了具体规定。此外，联储还发布了《联储担保品指引》[④]和《联储银行操作公告第 10 号——贷款》[⑤]，分别明确了担保品的类别、担保程序与操作安排。上述文件成为联储向存款类金融机构和其他实体开展再贷款业务的法律依据。

（二）将放贷对象区分为三个类别

根据《联储银行发放贷款规定》，联储放贷的主要目的是为了实现货币政策基本目标并维护金融市场健康有序运行。

放贷对象主要分为三类：第一类是存款类金融机构（Depository Institutions），第二类是一级交易商（Primary Dealers），第三类是其他再贷款工具特别指定的对象（Other Lending Facilities）。本次危机前，美联储再贷款业务主要以存款类金融机构为重点。危机爆发后，为拓宽对金融机构和市场注入流动性的渠道与效率，维护金融市场正常运行，联储将放贷对象扩展到了第二与第三类。每一类对象对应不同的再贷款工具，每种工具要求的担保品范围、估值与利率安排均存在差异。

---

① 本文中的担保品包含抵押品与质押品。

② 原文为："Section 10B. Advances to Individual Member Banks"。

③ 原文为"Extensions of Credit by Federal Reserve Banks (Regulation A)"。

④ 原文为"Federal Reserve Collateral Guidelines"。

⑤ 原文为"Federal Reserve Banks Operating Circular No. 10 LENDING, effective October 15, 2006"。

值得注意的是，对于存款类金融机构的再贷款，联储先要判定该机构是否属于资本不足[①]机构。如果不是，则采用普通再贷款程序；如果属于资本不足或严重资本不足机构，则采用特别规定程序，同时与美国存款保险公司的相关程序相配合。

（三）再贷款工具区分为常设与非常设两个类型

联储的再贷款工具可分为常设工具与非常设工具两大类。常设工具中包括“一级贷款”（Primary Credit）、“二级贷款”（Secondary Credit）与“季节性贷款”（Seasonal Credit）三种，根据金融机构的稳健性情况与需求时间有所差异。非常设工具包含“其他机构应急性贷款”（Emergency Credit for Others）和“定期竞价工具”（Term Auction Facility）两种。在使用上述两类工具时，联储根据金融机构与金融市场的现实需要，推出相关工具，并设定明确的起讫时间（见表 1）。在此次危机中，联储推出了一级交易商信贷工具（Primary Dealer Credit Facility，PDCF）、定期证券借贷工具（Term Security Lending Facility，TSLF）、资产支持商业票据货币市场共同基金流动性工具（Asset-backed Commercial Paper Money Market Mutural Fund Liquidity Facility，AMLF）等多款非常设再贷款工具。

表 1　美联储再贷款工具分类

类别	工具名称	期　限	对　象	利　率	其他说明
常设工具	一级贷款	较短期，一般为隔夜，有时可以为几周。	运行良好的存款类机构。	一级贷款利率。	当上述机构难以在市场上获得价格合理的资金时，为其提供融资支持。
	二级贷款	较短期，一般为隔夜。有时为了支持相关机构渡过财务难关，可发放长期性贷款。	不能享受一级贷款的存款类机构。	高于一级贷款利率。	支持金融机构在获得贷款后能够及时转回市场融资。
	季节性贷款	比一级贷款期限长。	小型存款类机构。	根据短期市场利率变动。	根据相关机构的存贷量周期性特点，满足其资金需求。
非常设工具	其他机构应急性贷款	可根据需要制定。	非存款类机构的个人、合伙制企业或公司。	高于对存款类机构发放的再贷款利率。	在非常或紧急情况下使用。如果相关个人或机构难以从其他渠道获得融资，并且这种情况将对经济产生严重负面影响时提供。如果借款方提供的担保品不是美国政府债券或未持有美国政府机构的全额担保，则不能使用该类再贷款，只能使用联储的再贴现工具。
	定期拍卖工具	联储根据市场状况，确定每次拍卖工具的期限。	运行良好的存款类金融机构，并且再贷款期间仍能保持良好运行。	通过拍卖方式决定。	通过拍卖方式进行。每次拍卖对应的工具都有不同的对象、规模、期限、拍卖最低与最高额度、最低利率等安排。

来源：根据《联储银行发放贷款规定》相关内容整理。

① 英文为：undercapitalized。

二、再贷款担保品范围与危机后的扩展

此次金融危机爆发以前，美联储再贷款担保品范围较窄，对手方也有限，因此影响了向金融市场和金融机构注入流动性的渠道和效率。危机爆发后，美联储及时对抵质押品的操作框架和对手方范围进行了扩展，通过设立多种新再贷款工具，加强了对金融市场和金融机构注入流动性的便利性。

(一) 常设再贷款工具的担保品范围

常设再贷款工具（包括一级贷款、二级贷款和季节性贷款）的担保品范围，是存款类机构所持所有优质资产①。（见表 2）

表 2　美联储常设再贷款工具担保品一览

1. 美国政府债券或完全担保的机构类债券	17. 定期存款工具
2. 美国存款保险公司临时流动性担保计划与美国信用社管理局临时公司信用社流动性担保计划票据与债券	18. 定期凭证、银行承兑汇票、商业票据、资产支持商业票据
3. 政府支持企业的票据与债券	19. 政府担保企业股份
4. 外国政府机构债券（美元计价；外币计价必须评级为 AAA）②	20. 农业贷款
5. 外国政府债券、外国政府担保债券和布雷迪债券（美元计价必须评级在 BBB 以上；外币计价）	21. 商业贷款与租赁
6. 超国家债券（美元计价；外币计价必须评级为 AAA）	22. 美国政府机构担保贷款
7. 公司债券（美元计价必须评级在 BBB 以上，外币计价必须评级为 AAA）	23. 商业房地产贷款
8. 资产担保债券（美国发行且评级在 BBB 以上）	24. 建筑贷款
9. 德国 Jumbo 潘德布雷夫债券（评级为 AAA）	25. 未开发土地贷款
10. 市政债券（美元计价；外币计价评级为 AAA）	26. 1—4 口家庭住房按揭贷款
11. 资产支持证券（评级在 BBB 以上）	27. 私人银行贷款
12. 有担保债务（评级为 AAA）	28. 消费贷款（无担保）
13. 商业按揭支持证券（评级为 AAA）	29. 消费贷款与租赁（车、船等）
14. 政府机构支持按揭	30. 消费贷款（信用卡应收账款）
15. 私人机构发行的按揭担保债券（评级为 AAA）	31. 消费贷款（次级信用卡应收账款）
16. 信托优先证券	32. 助学贷款

资料来源：美联储："Federal Reserve Discount Window & Payment System Risk Collateral Margins Table"（Effective Date：October 19，2009，updated January 3，2011）。

(二) 危机爆发后新增的非常设再贷款工具及其担保品范围

危机爆发后，美联储根据市场需求增设了非常设再贷款工具，为银行、非银金融机构，以及

① 美联储的表述为：Sound assets。
② 可选外币币种为日元、欧元、澳元、加元、英镑、丹麦克朗、瑞士法郎和瑞典克朗。

社会相关机构获得央行再贷款拓宽了渠道。同时,美联储从控制风险角度出发,设立并完善了各类工具的担保品标准,便于金融机构和其他市场参与者利用所持资产获得融资便利,并进一步增强市场流动性。其相关工具与其抵押品要求如下:

第一类,扩展对存款类金融机构提供再贷款。如定期拍卖工具(Term Auction Facility, TAF),其抵质押品要求是存款类金融机构持有的各类优质资产。

第二类,扩展对一级交易商提供再贷款。包括一级交易商信贷工具(Primary Dealer Credit Facility, PDCF)、定期证券借贷工具(Term Security Lending Facility, TSLF)和TSLF期权计划(TSLF Options Program, TOP)。PDCF的抵质押品要求是可与清算行进行第三方回购安排的各类资产。TSLF和TOP的抵质押品要求是公开市场操作所适用的抵押品、投资级公司债券、市政支持证券、住房按揭支持证券和资产支持证券。

第三类,扩展对社会提供再贷款。包括资产支持商业票据货币市场共同基金流动性工具(Asset-backed Commercial Paper Money Market Mutural Fund Liquidity Facility, AMLF)、商业票据融资工具(Commercial Paper Funding Facility, CPFF)、定期资产支持证券贷款便利(Term Asset-Backed Securities Loan Facility, TALF)。对AMLF作为抵质押品的要求,是评级在A—1/P—1/F—1以上的所有美元资产支持商业票据,且上述票据必须购自货币市场共同基金。对CPFF作为抵质押品的要求,是评级在A—1/P—1/F—1以上的3月期美元商业票据。对TALF作为抵质押品的要求,是涵盖各类资产支持证券,包括以车贷、助学贷款、信用卡贷款、小企业贷款、住房按揭贷款、设备租赁、游艇租赁、保费融资贷款、商业房产按揭作为支持的证券。同时这些证券必须至少在两家持证评级机构获得最高评级(如AAA),且未出现任何评级机构给予非最高评级。此外,对于SBA资产支持证券,应具有美国政府担保。

表3 新再贷款工具与担保品要求

工具名称	担保品要求
1. 定期拍卖工具(Term Auction Facility, TAF)	存款类金融机构持有的各类优质资产。
2. 一级交易商信贷工具(Primary Dealer Credit Facility, PDCF)	可与清算行进行第三方回购安排的各类资产。
3. 定期证券借贷工具(Term Security Lending Facility, TSLF)和TSLF期权计划(TSLF Options Program, TOP)	公开市场操作所适用的抵押品、投资级公司债券、市政支持证券、住房按揭支持证券和资产支持证券。
4. 资产支持商业票据货币市场共同基金流动性工具(Asset-backed Commercial Paper Money Market Mutural Fund Liquidity Facility, AMLF)	评级在A-1/P-1/F-1以上的美元资产支持商业票据,且上述票据必须购自货币市场共同基金。
5. 商业票据融资工具(Commercial Paper Funding Facility, CPFF)	评级在A-1/P-1/F-1以上的3月期美元商业票据。
6. 定期资产支持证券贷款便利(Term Asset-Backed Securities Loan Facility, TALF)	各类资产支持证券,包括以车贷、助学贷款、信用卡贷款、小企业贷款、住房按揭贷款、设备租赁、游艇租赁、保费融资贷款、商业房产按揭作为支持的证券。同时这些证券必须在所有受托评级机构(至少两家)获得最高评级。此外,对于SBA资产支持证券,应具有美国政府担保。

资料来源:美联储“Collateral and Rate Setting”。

综上，金融危机的爆发促使美联储进一步完善再贷款操作框架，在再贷款对手方、再贷款工具与合格担保品范围方面都有所扩展。通过在危机时期设定一定期限的应急再贷款工具，放宽担保品要求，以及向市场释放高等级担保品①等操作，增加金融机构和市场参与者获得流动性的渠道。其政策创新与操作经验，丰富了央行危机管理的政策工具，值得进一步研究。

三、再贷款担保品的估值

担保品作为央行再贷款业务的重要组成部分，其范围与估值对再贷款业务的正常运行至关重要。美联储对于所有再贷款工具，均要求提供合格担保品，并通过美联储的估值确定其可贷价值②。

（一）一般计算方法

可贷价值由担保品的市场价值与折扣所决定。其计算关系可简单表示为：

可贷价值＝担保品的市场价值—折扣

折扣体现了该资产的信用风险、资产价格历史波动和资产的市场流动性。美联储设定的折扣标准与市场一般标准较为接近。如果该类资产难以获得市场价值，则美联储通过内部模型计算，给出“公平市场价格估算”③来替代市场价值。

在实际操作中，美联储为各类担保品分别设定“担保率”④来计算可贷价值。其关系可表示为：

可贷价值＝担保品的市场价值×担保率

担保率根据该类资产的风险价值历史分析设定，从而有效减少联储面临的市场风险和信用风险。由于美联储对风险分析手段、技术和模型的不断改进，因此担保率会有不定期调整更新。最近一次调整自 2009 年 10 月 19 日开始生效，目前仍采用上述版本。

（二）证券类担保品的估值方法

证券类担保品的估值一般为市场价格，根据美联储规定，该价格由外部服务商确定并提供。如果外部服务商难以确定价格，则由美联储运用内部模型给出价格。

证券类担保品的担保率，可通过风险价值分析计算获得，该工具主要基于各类担保品历史价格变化。证券类担保品的担保率，主要取决于担保品的类别和持续期。对于外部服务商不能提供价格的担保品，则采用该类资产的最低担保率。

证券类资产相对应的担保率如表 4 所示。

---

① 美联储曾在 2008 年 3 月推出 TSLF 工具时，允许一级交易商将流动性较弱的证券换为国债，以大幅增加市场持有的合格抵押品数量，便于市场参与者运用这些抵押品获得流动性。美联储推出上述措施，是基于对市场持有合格抵押品数量的预估。当时预计美国国内市场现存的国债已几乎用于被动性持有（为符合长期资产与负债的匹配）或已充当抵押品，美联储判断市场出现合格抵押品短缺，因此通过“交换”的方式，向市场释放美联储所持有的部分国债。

② 即 lendable value。

③ 即 internally modeled fair market value。

④ 即 margin。

表 4　证券类资产担保率一览表

担保品类别	担保率		
	持续期时段		
	0—5	>5—10	>10
1. 美国政府债券或完全担保的机构类债券			
长期/中期/短期/通胀指数型	99%	97%	96%
零息票，STRIPs	98%	96%	92%
2. 美国存款保险公司临时流动性担保计划与美国信用社管理局临时公司信用社流动性担保计划票据与债券			
长期/中期/短期——美元计价	98%	96%	95%
长期/中期/短期——外汇计价	92%	90%	89%
零息票——美元计价	97%	95%	91%
3. 政府支持企业的票据与债券			
长期/中期/短期	98%	96%	95%
零息票	97%	95%	91%
4. 外国政府机构债券			
美元计价	98%	96%	93%
外币计价——评级为 AAA	92%	90%	87%
5. 外国政府债券、外国政府担保债券和布雷迪债券(外币计价)			
美元计价——评级为 AAA	98%	96%	95%
美元计价——评级在 BBB——AA	97%	95%	94%
外币计价	92%	90%	89%
6. 超国家债券(美元计价；外币计价必须评级为 AAA)			
美元计价——长期/中期/短期	98%	96%	95%
外币计价——长期/中期/短期——评级为 AAA	92%	90%	89%
零息票	97%	95%	91%
7. 公司债券			
美元计价——评级为 AAA	97%	95%	94%
美元计价——评级为 BBB—AA	95%	93%	92%
外币计价——评级为 AAA	91%	89%	88%
8. 资产担保债券			
美国发行——评级为 AAA	97%	95%	94%
美国发行——评级为 BBB—AA	95%	93%	92%

续 表

担 保 品 类 别	担 保 率		
	持续期时段		
	0—5	>5—10	>10
9. 德国 Jumbo 潘德布雷夫债券			
美元计价——评级为 AAA	98%	96%	95%
外币计价——评级为 AAA	92%	90%	89%
10. 市政债券			
美元计价	98%	96%	95%
外币计价——评级为 AAA	92%	90%	89%
11. 资产支持证券(评级在 BBB 以上)			
评级为 AAA	98%	95%	83%
评级为 BBB—AA	89%	86%	82%
12. 有担保债务(评级为 AAA)	92%	91%	90%
13. 商业按揭支持证券(评级为 AAA)	97%	93%	92%
14. 政府机构支持按揭			
Pass throughs	98%	96%	95%
商业按揭债务	98%	96%	90%
15. 私人机构发行的按揭担保债券(评级为 AAA)	90%	84%	83%
16. 信托优先证券	93%	92%	91%
17. 定期存款工具	100%		
18. 定期凭证、银行承兑汇票、商业票据、资产支持商业票据	97%		
19. 政府担保企业股份	65%		

资料来源：美联储“Federal Reserve Discount Window & Payment System Risk Collateral Margins Table”(Effective Date: October 19, 2009, updated January 3, 2011)。

美联储对于大多数证券类担保品设定了评级要求，一般为投资级以上，有些要求 AAA 级。如果对于某项资产存在多个不同的评级结果，美联储则将采用最保守(即最低级别)的评级结果作为判定依据。此外，对于某些再贷款工具担保品的信用评级，如 TALF[①]，美联储对评级机构的资质有严格要求。评级机构须向联储申请开展 TALF 担保品评级业务，并通过联储的各类资质审核后才能开展评级。否则评级机构对各类资产支持证券所作的信用评级结果，美联储不予认可。

(三) 贷款类担保品的估值方法

对贷款类担保品进行估值时，美联储根据贷款现金流特点构建模型，然后根据净现值来计

① 即定期资产支持资产贷款工具(Term Asset-Backed Securities Loan Facility)。

算公平市场价格。如果金融机构提供的担保品为贷款组合，在不能获得详细现金流信息时，美联储将对现金流设立一般假定，然后算出贷款组合的公平市场价格。

在担保率方面，对于单独存入贷款[①]，美联储主要基于贷款的类型、息票率和期限设定担保率。对于组合存入贷款，美联储根据再贷款机构提供的说明来确定担保率。具体安排如表5所示。

表5 贷款类资产担保率一览表

担保品类别	担保率	
	单独存入贷款	组合存入贷款
1. 农业贷款		
评定为最低风险[②]	91—96%	91%
评定为正常风险[③]	67—95%	67%
2. 商业贷款与租赁		
评定为最低风险	87—96%	87%
评定为正常风险	63—95%	63%
3. 美国政府机构担保贷款	96%	96%
4. 商业房地产贷款		
评定为最低风险	78—96%	78%
评定为正常风险	57—95%	57%
5. 建筑贷款		
评定为最低风险	71—96%	71%
评定为正常风险	63—94%	63%
6. 未开发土地[④]贷款		
评定为最低风险	54—96%	54%
评定为正常风险	44—94%	44%
7. 1—4口家庭住房按揭贷款(第一留置权)	78—96%	76%
1—4口家庭住房按揭贷款(第二留置权，房屋抵押贷款)	77—95%	72%
8. 私人银行贷款	90—96%	90%
9. 消费贷款(无担保)	60—96%	60%
10. 消费贷款与租赁(车、船等)	76—96%	76%

① 单独存入性贷款指 Individually deposited loans，表示通过“自动贷款存入系统”(Automated Loan Deposit system)向美联储银行提供贷款质押的贷款。美联储规定，通过其余方式向美联储提供贷款质押，均视为组合存入性贷款(Group Deposited Loans)。

② 根据美联储规定，最低风险相当于投资级风险水平。

③ 根据美联储规定，正常风险指低于投资级，但监管部门视为 pass credit 的风险水平。

④ 即 raw land。

续 表

担 保 品 类 别	担 保 率	
	单独存入贷款	组合存入贷款
11. 消费贷款(信用卡应收账款)	—	59%
12. 消费贷款(次级信用卡应收账款)	—	54%
13. 助学贷款	—	83%

资料来源：美联储“Federal Reserve Discount Window & Payment System Risk Collateral Margins Table” (Effective Date：October 19，2009，updated January 3，2011)。

(四) 美联储对再贷款机构的监测与风险控制

上述评估手段是针对正常运行的再贷款机构设立的标准。为有效降低美联储面临的风险，美联储利用内部评级系统，对再贷款机构实行持续监测，以确保在第一时间发现风险，减少美联储不必要的损失。美联储的评级系统主要依靠再贷款机构对应的监管部门所提供的数据，例如 CAMEL 评级，来发现潜在的问题机构。随后根据其带给美联储的风险严重程度，采取不同的风险控制措施。一般而言，风险越大，美联储对担保品的条件及利率要求越严格。此外，各地美联储银行可根据需要增加额外要求。

四、当前美联储再贷款规模与担保品构成

由于美联储于危机期间推出的多项再贷款工具已陆续退出，当前美联储正在使用的再贷款工具主要是对存款类机构的常设再贷款(包括一级贷款、二级贷款和季节性贷款)，以及对各类机构提供非常设再贷款工具——定期资产支持证券贷款便利(Term Asset-Backed Securities Loan Facilities，TALF)。根据美联储统计，截至 2012 年 7 月 25 日，对存款类机构常设再贷款工具余额仅为 1.23 亿美元，对其他机构的 TALF 再贷款余额仅为 40 亿美元。

在担保品总量与构成方面，获得再贷款的存款类金融机构提供的担保品可贷价值余额不足 5 亿美元，包含贷款类与证券类抵押品(担保品构成见表 6)。但加上未作再贷款的存款类机构提供给美联储的担保品，则可贷价值余额达到 1.4 万亿美元。此外，为 TALF 提供的担保品价值约为 40 亿美元，主要由各类贷款支持证券构成(见表 7)。

表 6 获得再贷款的存款类机构担保品构成

抵押品类型	可贷价值
贷款	
商业贷款	<5 亿美元
住房按揭	无
商业地产	<5 亿美元
消费信贷	<5 亿美元
证券	
美国政府债券和机构债券	<5 亿美元

续 表

抵押品类型	可贷价值
市政债券	<5 亿美元
企业市场工具	<5 亿美元
MBS/CMO：政府机构担保	<5 亿美元
MBS/CMO：其他	无
资产支持类	无
国际类	无
其他	
定期存款工具类存款	无
总计	<5 亿美元

资料来源：美联储“Credit and Liquidity Programs and the Balance Sheet”。

表 7 TALF 担保品构成

抵押品类型	可贷价值
汽车贷款—支持证券	<5 亿美元
商业按揭贷款—支持证券	10 亿美元
信用卡贷款—支持证券	10 亿美元
设备贷款—支持证券	无
库存贷款—支持证券	<5 亿美元
保费融资贷款—支持证券	<5 亿美元
小企业贷款—支持证券	<5 亿美元
助学贷款—支持证券	10 亿美元
总计	40 亿美元

资料来源：美联储“Credit and Liquidity Programs and the Balance Sheet”。

从上述数据看，当前美联储的再贷款业务总量与其金融体系规模相比相对较小。其主要原因在于：第一，美联储的货币政策已逐步向常态调整，多项危机时期推出的再贷款工具已到期或退出，如 PDCF、TSLF、TOP、AMLF 和 CPFF，因此再贷款余额相对较小。第二，尽管美联储设立了常设再贷款工具，可随时为存款类机构等提供流动性，但由于多德·弗兰克法案要求对存款类机构获得再贷款的相关信息进行披露，因此，为避免对市场发出负面信号，影响声誉，金融机构一般优先选择市场融资，只在市场融资确实遇到困难时才考虑向美联储融资。第三，美联储向市场提供流动性的方式仍以公开市场操作为主，通过买卖政府债券等工具向市场释放或回笼基础货币，并将联邦基金利率调整到目标水平。本次危机爆发后，美联储还推出了若干特殊计划，向市场注入了巨额流动性。如在“大规模资产购买计划”[①]中，美联储购买了房

① 指“Large-scale Asset Purchase Programs”。

利美、房地美、联邦房屋贷款银行的债务、MBS和美国国债等巨额资产。根据美联储对外公开的数据，总金额已超过2.27万亿美元。此外，美联储还推出"展期计划"①，延长了持有国债的期限。上述计划成为美联储在危机期间向市场提供流动性的主力。第四，美联储的再贷款业务主要服务于运营正常的机构，一旦金融机构出现资本不足或需要政府救助的情况，根据法律规定，美联储不能采用再贷款业务框架，而是安排其他专项救助方案。如对贝尔斯登、AIG、花旗和美国银行等机构的救助。这也成为美国再贷款业务余额较小的原因。

五、小结

综上所述，美联储基于《联储法案》规定的基本原则，根据美国金融体系市场化程度较高的特点，建立了较全面的再贷款业务框架。本次金融危机凸显了央行最后贷款人的重要职能。为有效应对市场需求，加强央行向金融机构和市场注入流动性的渠道和能力，美联储适时推出新型再贷款工具，拓宽了再贷款对手方和担保品范围，加强了担保品管理，有效缓解了市场流动性紧张的局面，维护了金融市场正常运行。其创新与实践，丰富了央行再贷款业务的意义、范围与内涵。

在再贷款业务中，美联储还将自身面临的信用风险置于重要地位，根据再贷款对象类别、再贷款工具种类、担保品性质以及再贷款机构运营状况等要素进行细致严格的差异化管理，提高了再贷款工具的有效性与针对性，并严格控制风险。与此同时，美联储再贷款业务的制度设计与操作安排，尤其是担保品范围与估值方面的实践经验，值得我们作进一步研究。

参考文献

[1] FED: *Federal Reserve Act*

[2] FED: *Federal Reserve Collateral Guidelines*

[3] FED: *Extentsions of Credit by Federal Reserve Banks (Regulation A)*

[4] FED: *Federal Reserve Banks Operating Circular No. 10, LENDING, Effective October 15, 2006*

[5] FED: *New Discount Window and Payment System Risk Collateral Margins Table, Effective October 19, 2009*

[6] FED: *Discount Window and Payment System Risk Margins Table Change History*

[7] FED: *Collateral and Rate Setting*

[8] FED: *Lending Facilities to Support Overall Market Liquidity*, August 2012

[9] FED: *Credit and Liquidity Programs and the Balance Sheet*

[10] FED: *Collateral-Frequently asked Questions*

[11] ECB: Occasional Paper Series No. 107, 2009 December, *The Collateral Frameworks of the Euro System, the Federal Reserve System and the Bank of England and the Financial Market Turmoil*

（周　萍）

① 指"Maturity Extension Program"。

法国央行内部对企业信用评级系统(ICAS[①])简介与启示

一、法国央行内部对企业信用评级系统简介

法国央行评级系统，是法国央行对非金融企业未来 3 年[②]偿债能力进行评估的系统，包含两个部分，即营业额评级和信用评级。营业额评级根据营业额大小将企业分为 14 个等级(见表 1)，信用评级根据偿债能力将企业分为 13 个等级(见表 2)，其中，评级“3＋＋”，“3＋”，“3”等同于评级机构的“A”及以上评级，即一年内违约率小于或等于 0.10％。法央行评级对象主要是营业额超过 75 万欧元或从银行贷款超过 38 万欧元的企业。目前，法国央行对约 25 万家非金融企业进行了评级。

表 1　法国央行按企业营业额设置的评级

评　级	营　业　额
A	大于等于 7.5 亿欧元
B	大于等于 1.5 亿欧元小于 7.5 亿欧元
C	大于等于 5 000 万欧元小于 1.5 亿欧元
D	大于等于 3 000 万欧元小于 5 000 万欧元
E	大于等于1 500万欧元小于 3 000 万欧元
F	大于等于 750 万欧元小于1 500万欧元
G	大于等于 150 万欧元小于 750 万欧元
H	大于等于 75 万欧元小于 150 万欧元
J	大于等于 50 万欧元小于 75 万欧元
K	大于等于 25 万欧元小于 50 万欧元
L	大于等于 10 万欧元小于 255 万欧元
M	小于 10 万欧元
N	不重要(不合并报表的控股公司)
X	未知或最近(报表截止日前 21 个月)信息不足

资料来源：法国央行网站。

① ICAS 全称为“In-house credit assessment systems”。

② 法国央行选择 3 年为期限的原因是 3 年为一个经济周期，可减少短期因素(如销售额下滑、盈利能力下降)的干扰。

表 2　法国央行对企业的信用评级

评　　级	含　　义
3++	优秀
3+	很好
3	好
4+	较好
4	接受
5+	较差
5	差
6	很差
7	关注(至少发生一次支付问题)
8	风险(有支付违约记录)
9	偿债能力显著减弱(支付记录表明企业现金流出现严重问题)
P	资不抵债(重组程序或法定清盘)
0	无不利信息

资料来源：法国央行网站。

(一) 法国央行对公司进行评级的原因

法国央行对公司进行评级的原因有五个方面：一是执行欧元体系货币政策，为银行向欧洲央行申请再贷款所需抵押品[①]提供参考标准，欧洲央行对抵押品有严格的信用等级要求，法国央行对企业的信用评级获得欧洲央行认可；二是在进行审慎监管时，便于有效评估银行资产质量；三是向信贷机构提供贷款对象信用风险信息，便于银行监测和评估对企业的贷款风险，进行风险管理；四是帮助企业管理层识别财务状况影响因素及面临的风险；五是通过提供一个普遍认可的法国央行评级，有助于银行和企业间的沟通。

(二) 法国央行评级与一般评级机构评级的四点区别

法国央行评级并不能取代外部评级机构的评级，而是一个有效补充，两者存在四点主要区别。**一是评级对象不同**。法国央行仅对国内非金融企业信用风险进行评级，不涉及金融产品，而评级机构评级范围更广。**二是评级结果受众不同**。法国央行评级结果不向公众公开，只提供给订购 FIBEN 的银行和被评级企业，而评级机构的评级结果对社会公众公开。**三是评级服务收入来源有别**。法国央行评级向银行收费，对企业免费，避免了被评级公司与评级机构的利益冲突，而评级机构向被评级企业收费。**四是被评级企业的范围不同**。法国央行评级包括一些中型企业，而评级机构评级的是在市场直接融资的大型企业。

(三) 评级使用范围

法国央行在 2007 年 6 月被认定为《巴塞尔协议Ⅱ》框架下合格的外部信用评估机构。因

① 符合条件的企业贷款也可作为欧洲央行再贷款的抵押品。

此,信贷机构可根据法国央行的评级结果,来计算监管资本。尽管一些主要信贷机构自己也开发了内部信用评级工具,但法国央行的评级既为信贷机构提供了评估客户或潜在客户信用风险的选择,也可作为信贷机构内部评级模型的参照标准。

受《专业保密法》限制,目前法国央行的评级结果仅限于授权银行、被评级企业、法国央行内部负责货币政策和审慎监管部门等使用。法国央行评级结果已获欧元体系的广泛认可,成为欧洲央行再贷款可接受抵押品的信用评级标准。欧洲央行以事后检验的方式,保障评级结果实际违约率满足设定标准。2008 年 10 月,欧洲央行将合格抵押品门槛降至“BBB—”,对应法国央行评级“4+”。企业评级结果将与每家企业管理层沟通,符合 1978 年 1 月的《数据处理和自由法》,企业管理层还可要求法国央行提供公司评级结果的相关说明,并有权获得、更改企业在法国央行数据库中的有关数据。

二、对企业评级工作的组织与管理

(一) 评级数据来源

根据法律和监管规定,尤其是 1978 年 1 月 6 日出台的《数据保护法案(修订版)》,法国央行建立了企业信用数据库(FIBEN①),由央行内设的公司部(Companies Directorate)运营,公司部向法国央行的总秘书处(General Secretariat)汇报。FIBEN 负责管理公司评级和相关信息,包括会计报表、银行贷款、支付情况及其他定性和定量数据的收集、分析与评级。数据信息来自企业、商业法院登记处、法国统计和经济研究所、银行和法律公告期刊等。法国央行根据所获信息,每日更新评级结果。法国央行的评级质量同时受到内部和外部的严格控制,其中外部控制主要来自两个方面:一是欧洲央行欧元体系再融资操作框架的要求;二是法国银行与保险监管机构执行巴塞尔委员会银行监管条例的合规性要求。

(二) 评级人员

参与法国央行此项评级工作的人员来自法国央行在全国各地的分支机构,这些分支机构下设的公司部门分析师,根据自身金融专业知识以及对公司所在地区和行业的深入了解,开展风险评估工作。每名分析师负责几家公司,当出现与评级分析相关问题时,分析师可随时和公司联系。在从事评级工作前,所有分析师必须接受培训,掌握标准方法和程序,并形成自己的独立判断。为确保分析师知识和技能不断更新,分析师还需接受后续高级培训。为改善集体决策,分析师一般集中在公司部工作。同时,法国央行同地区不同分支机构之间以及不同地区之间需要做好沟通与协调,以分享成功经验和案例,并在一些领域形成专业化优势。

(三) 评级方法与管理

为指导评级工作,法国央行制定了一套评级方法和准则,并对评级方法和准则进行定期审查,以确保符合要求。在进行评级时,分析师一是会利用辅助评级工具 ASCOT,尽可能地根据所有可获得数据分析公司的财务结构;二是会参考一些定性因素,如公司运营市场的变化、公司的市场地位、股东实力、管理团队策略、中期前景以及公司透明度等,形成对公司评级的独立判断。

评级依据数据须经多方审查,以确保评级准确反映公司的具体情况。同时,如果有新信息

① FIBEN 是法语“Fichier bancaire des entreprises”的简称,对应的英语为“The central bank of France's database on companies”。

进入FIBEN，法国央行会及时更新公司评级，尤其是在FIBEN收到大公司年度会计报表时。如果信息过时，法国央行也会相应调整公司评级。法国央行给予所有非永久信息一个有效期。一旦有效期满，有关信息必须经过再次审核才能再被采用，甚至不再被采用。在授予公司评级时，FIBEN会同时公布授予评级的日期、更新评级的日期以及授予该项评级的原因。

另外，为确保评级质量，法国央行还制定了一套行为准则，通过相关法律和监管规定，来约束参与评级的分析师的行为。

（四）法国央行对企业的评级结果

截至2012年4月底，被评级企业在各信用评级结果上的分布情况见图1，其中，满足欧洲央行再贷款抵押品要求的评级“4＋”及以上评级的企业占被评级总数的38％。另外，处于评级“4”的企业数量最多，占总数的近四分之一。法国央行为保证信用评级的准确性，一是保证数据的可靠性，二是建立专家队伍检查评级质量，特别是采取事后检验来评估评级对应的违约率情况。图2为事后检验的每一类信用评级企业的3年违约率情况。

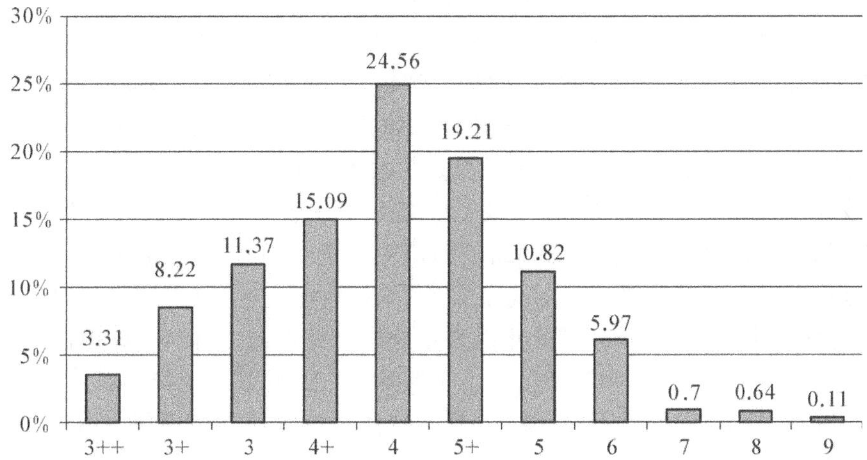

图1　法国央行企业信用评级结果分布(%)

资料来源：法国央行网站。

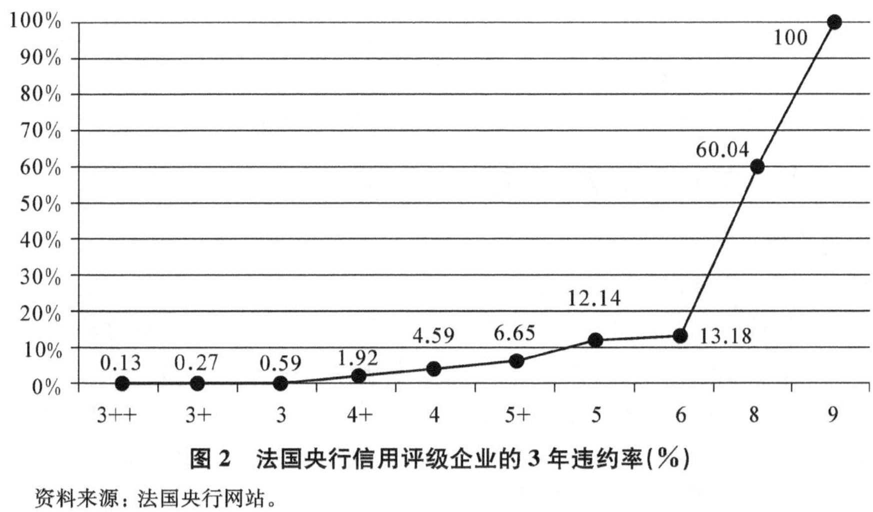

图2　法国央行信用评级企业的3年违约率(%)

资料来源：法国央行网站。

三、启示

(一) 对企业评级是央行业务的最新发展,值得高度重视

除法国外,欧元体系内德国、奥地利和西班牙央行也对非金融企业进行了类似评级。由于目前国际上最大的三家评级公司均为美国公司,而且评级机构营业模式存在利益冲突,其公正性受到普遍质疑,特别是 2008 年危机中,评级机构没有起到预警作用,反而加重了市场动荡,因此培育本土评级机构列入了欧洲监管当局的日程,而央行内部对企业评级的独立性和公正性能够得到较好保证,从而成为欧洲央行鼓励成员国央行拓展业务的新领域。从央行自身的优势看,不仅坐拥企业财务报表等征信信息资源,而且具备较强的研究分析能力;此外,央行对企业开展评级,不仅可以满足自身判断抵押品资质的需求,而且与央行宏观审慎监管、扶持中小企业优化信贷结构以及提供金融服务的职能相契合,此外,央行的参与也有利于形成良好的评级行业竞争环境,实现评级的独立性和公正性,重塑市场信心。因此,欧元体系对央行内部信用评级业务非常重视,专门成立了中央资产负债数据办公室欧洲委员会(European Committee of Central Balance-Sheet Data Offices),通过促进成员国央行的沟通交流,提升央行内部对非金融企业资产负债表的分析能力和评级水平,并推动评级标准的统一。在当前反思国际评级机构行为及其改革的大背景下,欧元体系银行的成功实践将推动其他央行关注此项业务。

(二) 我行征信数据库为开展相关工作奠定了良好基础

目前,欧洲四家央行建立 ICAS 的主要目的之一是评估央行对银行再贷款抵押品的资质。如果未来中国央行对银行再贷款的抵押品范围扩大至银行对企业的贷款,为准确掌握抵押品质量,央行有必要建立内部评级体系对企业进行信用评级。中国人民银行现有的企业信息资源主要是征信系统,该系统拥有自 1999 年以来企业的财务报表、银行贷款、担保等信息,并在逐渐增加法律诉讼等非银行信息,为开展对企业评级奠定了良好基础。鉴此,提出以下政策建议:

一是提升征信数据库的企业数据质量,数据质量是评级质量的基础。保证数据和信息的准确、全面和及时。

二是建立一套评级模型和方法,定期对模型进行改进,并对评级结果进行事后检验。

三是注重评级质量。央行对企业的评级服务面临激烈的市场竞争,只有评级质量得到市场认可,银行和企业才会选择央行的评级产品,才能成为银行内部评级和外部评级机构评级的有效补充,为银行和企业经营管理活动提供参考。

四是考虑着手相关机构的设置及制度建设,着力培养专业评级人员。

附录　法国央行内部对企业信用评级方法细览

(一) 评级流程

法国央行对企业进行评级的流程,贯穿于数据收集、评估及后续检验之中。以截至 2008 年底的财务报表数据为例:法国央行在 2009 年 7 月底前收到大多数公司截至 2008 年 12 月 31 日的财务报表,并进行处理和评级。那些没有按时提供财务报表的公司最迟需在 2009 年底前,向法国央行报送报表。评级结束后,法国央行在接下来的一年时间中进行追踪考察,通过实际观测到的违约事件,计算企业的违约率,并检验评级的可靠性。最后,法国央行一直到 2011 年才编制并发布相关评级数据及结果。

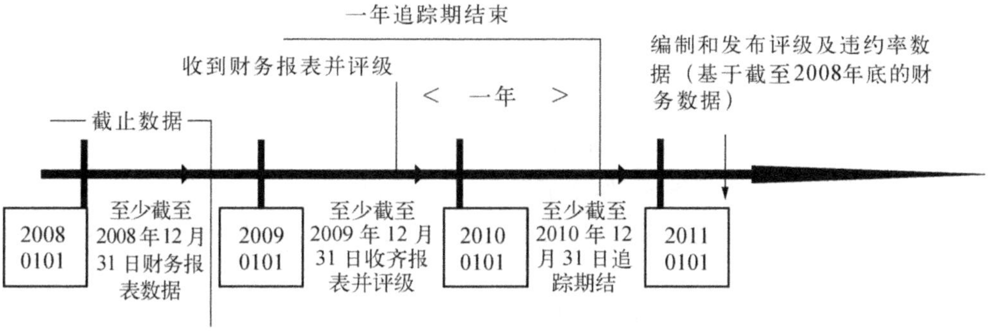

图3 法国央行评级流程

资料来源：法国央行网站。

（二）评级依据

法国央行的企业评级工作，不仅涉及对公司财务报表的分析，还要结合一些定性信息。具体来看，法国央行企业评级的依据包括以下六个方面：

1. 财务分析

根据公司会计财务报表对公司财务状况的分析，主要关注：

(1) 盈利能力。根据净收入、EBITDA等指标考察公司业绩。

(2) 财务独立性。根据自融资能力、负债稳定性、利息和相关支出等指标评估公司产生现金流以偿还债务的能力。

(3) 清偿力。根据净股本、财务负债情况以及整体资产负债表等，评估公司股本水平。

(4) 资产负债表平衡状况。根据净营运资本总额、期限短于1年的资产以及期限短于1年的负债等指标，评估公司流动性，考察公司的资产与负债是否匹配。

财务分析考虑到了公司所在行业的内在特点，是专门针对公司会计和财务报表进行的分析，并未考虑可能存在的与特定类负债（如担保等）相关的外部抵押。

2. 法人代表或合伙人（作为自然人）的历史纪录

如商事或民事法院是否曾就商业问题等对其判刑或施以个人处罚等。

3. 整体财务环境

评估公司的财务环境（合伙人或所持有的公司等）、与其有密切往来的经济行业和公司，包括从事经济类活动及商业性的客户或供应商。

4. 特定重大事件

如公司股本损失过半，公司新成立。

5. 是否发生账单支付事件或面临法律诉讼

6. 是否隶属于集团

对隶属于集团的公司，如果法国央行能获得集团并表后的会计记录，或能对集团进行可靠的财务调查，在对这些公司进行信用评级时，会对集团的整体财务状况统一考虑。

（三）信用评级级别

法国央行的信用评级体系涵盖13个不同评级：3++、3+、3、4+、4、5+、5、6、7、8、9、P、0。一般而言，评级结果越靠后，信用状况越差。

1. 信用评级 3++：公司兑现财务承诺能力非常强

根据盈利能力和清偿力等标准来看,公司财务状况非常令人满意。另外,公司对环境的不利变化以及一些特殊事件具有非常强的抵御能力。

2. 信用评级 3+：公司兑现财务承诺能力很强

(1) 公司财务状况令人很满意,但达不到 3++评级要求。

(2) 公司财务状况非常令人满意,公司抵御环境不利变化和特殊事件的能力很强,但达不到 3++评级要求。

3. 信用评级 3：公司兑现财务承诺的能力强

(1) 公司财务状况令人满意,但达不到 3++和 3+评级要求。

(2) 公司财务状况令人非常满意或很满意,公司抵御环境不利变化和特殊事件的能力强,但达不到 3++和 3+评级要求。

4. 信用评级 4+：尽管存在一些不确定性或脆弱性因素,但公司兑现财务承诺能力仍较强

(1) 根据近期会计财务信息,公司财务状况不具有获得更高评级的特征。

(2) 公司刚成立。

(3) 尽管从公司会计财务信息判断,公司可获得更高评级,但近期刚确定一项业务持续性计划或后备计划,或批准一份和解协议。

5. 信用评级 4：公司兑现财务承诺能力差强人意,尤其是考虑到公司面临的重大不确定或脆弱性因素

近期会计财务报表分析显示：

(1) 从盈利能力、财务独立性和清偿力来看,公司财务状况弱。

(2) 尽管从公司会计财务信息看,公司可获得介于 3++和 4+的信用评级,但公司发生甚至不足使其获得 8 或 9 信用评级的支付事件。

分析或未经分析近期会计财务报表：

(3) 公司为另一家公司的法人实体代表,且这家公司过去 3 年内为司法清盘的对象。

6. 信用评级 5+：公司兑现财务承诺能力较差

近期会计财务报表分析显示：

(1) 从盈利能力、资产负债表结构和平衡性看,公司财务状况出现一定失衡,但这些失衡在性质上较为有限。

(2) 公司在其他公司持股,后者对其具有重要经济意义,且评级为 5+或 5。

分析或没有分析近期会计财务报表：

(3) 公司任命一位临时管理者。

(4) 法人代表(自然人)出现问题。

(5) 重要合伙人(自然人)被给予 050 指标[①],或大股东(法律实体)被给予 5+或 5 的信用评级。

① 法国央行对合资公司经理等自然人进行指标评级。050 指标表明,根据法国央行获得的有关信息,此处所指重要合伙人(自然人)出现严重问题。

7. 信用评级5：公司兑付财务承诺能力差

近期会计财务报表分析显示：

(1) 从盈利能力和财务结构等方面来看，公司财务状况出现重大失衡。

(2) 公司对其他公司拥有控股权，后者对其具有重要经济意义，且在实施扭转程序(turnaround procedures)后被给予6、8、9或P的信用评级。

分析或未经分析近期会计财务报表：

(3) 扭转程序中的复兴计划(recovery plan)令公司受益。

(4) 法人代表(作为自然人)出现严重问题。

(5) 重要合伙人(法律实体)在实施扭转程序后被给予6、8、9或P的信用评级，重要合伙人(作为自然人)被给予060指标①。

(6) 后备计划或和解协议获批令公司受益。

(7) 公司为另外两家公司的法人代表，而这两家公司在过去五年曾遭遇司法清盘。

(8) 公司(合资公司)在36个多月股本损失过半，且没有进行资本补充。

8. 信用评级6：公司兑现财务承诺能力很差

近期会计财务报表分析显示：

(1) 公司财务状况出现重大严重失衡，未来堪忧。

(2) 公司控制的、对其具有重要经济意义的其他公司收到司法清盘令。

分析或未经分析近期会计财务报表：

(3) 公司发布破产公告。

(4) 公司(合资公司)在36个多月股本损失过半，且没有进行资本补充。

(5) 法人代表(自然人)出现极其严重的问题，如收到个人破产或禁止管理的判决。

(6) 重要合伙人(法律实体)进入司法清盘程序。

(7) 公司刚接手一项评级为“P”的业务，而没有对管理团队进行任何重大调整。

(8) 公司为超过两家公司的法人代表，而这些公司在过去五年遭遇司法清盘。

9. 信用评级7：鉴于公司至少发生一起支付事件，公司兑现财务承诺能力令人担忧

法国央行没有公司近期的会计财务信息，公司至少有一起支付事件记录，但还不会使其获得8或9的评级。

10. 信用评级8：考虑到公司发生的支付事件，公司能否兑现财务承诺值得怀疑

支付活动不能正常进行。

11. 信用评级9：公司发生的支付事件表明公司出现严重现金流问题，公司兑现财务承诺的能力受到损害

支付活动受到严重影响。

12. 信用评级P：公司面临破产诉讼(扭转程序或司法清盘)

一旦复兴计划得到批准，公司的信用评级将由P变为5。

13. 信用评级0：法国央行没有该公司的任何不利信息

(1) 在FIBEN数据库，但无法取得会计财务信息。

---

① 060指标表明，根据法国央行获得的相关信息，此处所指重要合伙人(自然人)出现极其严重的问题。

(2) 法国央行没有该公司近期的任何会计财务信息,或有会计财务信息,但由于公司活动的特殊性质而不能加以利用,如一些控股公司、为地产开发项目成立的法律载体等。

(刘　薇　卢蕾蕾)

流动性风险区域论坛学习报告

2012年5月8日—10日，人民银行上海总部国际部陆屹等一行三人，在菲律宾马尼拉参加了由国际清算银行金融稳定学院(FSI)和东新澳央行组织(SEANZA)联合举办的流动性风险区域论坛。此次会议由菲律宾央行主办，与会专家和各国代表围绕《巴塞尔协议Ⅲ》和流动性风险进行了为期三天的研讨。根据会议讨论情况，并结合我们对《巴塞尔协议Ⅲ》的理解及有关思考，现形成如下报告。

一、《巴塞尔协议Ⅲ》出台的背景

这场源于美国次贷危机、至今仍不断深化的全球金融危机暴露了金融监管方面的重大缺陷。危机以来，按照G20领导人确定的金融监管改革目标，在金融稳定理事会(FSB)的主导下，全球主要经济体携手共建金融监管新框架，力图通过严格审慎的监管防止大规模的金融危机再次爆发。2009年9月召开的G20匹兹堡峰会专门指出：2010年底完成资本和流动性监管改革，主要经济体2011年底前开始实施《巴塞尔协议Ⅱ》，从2013年开始实施新的资本和流动性监管标准。根据G20峰会确定的目标和时间表，2009年以来，基于本轮金融危机中银行业暴露出来的缺陷，如资本数量不足、资本质量较差、杠杆率过高、过度依赖批发融资的脆弱性、银行业务模式的高度复杂化、银行经营行为的顺周期性、系统重要性机构导致金融体系高度关联等问题，巴塞尔委员会对现行银行监管规则进行了重大改革，发布了一系列银行业监管新标准，统称为"第三版巴塞尔协议"。《巴塞尔协议Ⅲ》包括《关于构建更稳健银行和银行体系的全球监管框架》和《关于流动性风险测量、标准和监测的国际框架》两个文件，目标是增强银行体系吸收冲击的能力，弱化银行体系和实体经济之间的正反馈效应，使银行体系成为"缓冲器"而非"加速器"。《巴塞尔协议Ⅲ》于2010年11月得到G20首尔峰会的批准，将于2013年在成员国开始实施。我国是G20、FSB和巴塞尔委员会的成员，已经承诺实施《巴塞尔协议Ⅲ》，因此《巴塞尔协议Ⅲ》是对我国有约束力的国际协议。我国银行业监管机关曾在2011年4月发文，提出要在2012年开始实施《巴塞尔协议Ⅲ》，并规定了更高的实施标准。

二、对《巴塞尔协议Ⅲ》主要突破的理解

《巴塞尔协议Ⅲ》最重要的突破就是引入了宏观审慎理念，将系统性风险纳入了金融监管框架。

(一) 加强微观审慎监管，强化金融体系稳定的微观基础

一是提高资本的损失吸收能力，使普通股占主导地位。《巴塞尔协议Ⅲ》严格界定了两个层次的资本：一级资本要能在银行持续经营的条件下吸收损失，包括普通股(含留存收益)，附属一级资本(如永久优先股、一般准备)；二级资本要能在银行破产清算的情况下吸收损失，如

长期次级债。此外,《巴塞尔协议Ⅲ》严格规定了资本扣除,提高了资本的含金量。

二是扩大资本覆盖风险的范围,主要是与资本市场有关的业务。《巴塞尔协议Ⅲ》调整了风险加权方法以扩大风险覆盖范围,包括：大幅提高对证券化产品的风险权重,大幅提高交易账户的资本要求,大幅提高场外衍生品交易和证券回购业务的交易对手信用风险资本要求,降低对外部评级的依赖。

三是提高最低资本要求。普通股充足率由 2%升至 4.5%,一级资本充足率由 4%升至 6%,资本充足率维持 8%不变。同时在最低资本要求之上设立 2.5%资本留存缓冲,全部由普通股构成,以增强银行在经济衰退和金融危机期间吸收损失的能力。此外,通过设立资本留存缓冲,还赋予了监管机关干预银行分配的权力：如果银行的资本留存缓冲达不到 2.5%,监管机关有权对银行的分红、奖金进行约束。

四是确立两个流动性风险监管标准。流动性风险,指商业银行虽然有清偿能力,但无法获得资金或无法以合理成本获得资金的风险。流动性风险如不能有效控制,将会损害商业银行的清偿能力。为防范流动性风险,降低金融机构对短期批发融资的依赖性,《巴塞尔协议Ⅲ》提出了两个流动性风险监管标准。

一个是流动性覆盖比率(LCR=高质量的流动性资产储备/未来 30 天现金净流出总量>100%),用于度量短期压力情境下单个银行的流动性状况,确保银行拥有足够多高质量的、无变现障碍的流动性资产,以满足压力情景下 30 天的流动性需要。目的是提高银行应对短期流动性中断的弹性,降低银行对批发融资的依赖。

另一个是净稳定资金比率(NSFR=可用的稳定资金/所需的稳定资金>100%),用于度量中长期内银行解决资产负债期限错配的能力,覆盖整个资产负债表,并包括表外项目,确保银行拥有足够多的权益类和负债类资金,以满足压力情景下 1 年的流动性需要。目的是引导银行尽量使用稳定资金来源支持资产业务,限制银行对批发融资的依赖。

(二) 引入宏观审慎理念,将系统性风险纳入金融监管框架

宏观审慎管理,指将风险监管视角从单个金融机构扩展至整个金融体系,以及金融体系与实体经济之间的内在联系,简单说就是将系统性风险纳入监管。系统性风险,指对整个银行体系产生影响的风险积累,包括两个维度。一个是时间维度,指顺周期性,即金融体系和实体经济之间的正反馈效应;另一个是空间维度,指系统重要性机构的存在导致金融体系高度关联,使得风险传播的广度和速度大幅提高,单个机构的风险现在具有了全局影响。

一是制定杠杆率标准。银行体系的杠杆率具有典型的顺周期性。针对这一问题,《巴塞尔协议Ⅲ》规定了银行的杠杆率标准,杠杆率=一级资本/(表内总资产+表外风险暴露)>3%。杠杆率基于规模,与具体风险无关,目的是确定风险承担能力的底线,弥补风险权重的顺周期问题,防范银行在经济上行时期过度承担风险,同时防范银行滥用计量模型。

二是建立逆周期资本缓冲。银行的信贷投放具有典型的顺周期性。针对这一问题,《巴塞尔协议Ⅲ》要求银行在信贷过快增长时建立额外的资本缓冲,一方面限制经济上行时期银行的放贷能力,另一方面用于经济下行时期吸收损失,目的是保持信贷供给的跨周期平稳。逆周期资本缓冲全部为普通股,占风险加权资产的 0—2.5%。监管机关可以根据信贷总量/GDP 偏离长期趋势的程度作出建立逆周期资本缓冲的决定。

三是推动建立前瞻性的动态损失拨备制度。现行资产减值会计规则基于“已发生损失”,

导致损失拨备具有典型的顺周期性。针对这一问题，巴塞尔委员会与国际会计准则理事会合作，推动资产减值会计规则的改革，目标是要求银行预测金融资产在整个生命周期的预期损失，按照预期损失提取拨备，在信贷扩张期积累更多的资源，用于经济下行期吸收损失。

四是着手解决过度依赖外部评级所导致的顺周期性。信用评级体现出顺周期性，过度依赖外部信用评级会导致金融机构行为高度趋同，进一步增强银行体系的顺周期性。针对这一问题，《巴塞尔协议Ⅲ》要求：银行应建立自己的一套信用风险评估方法，不能机械地依靠外部信用评级；银行如果有自己的内部评级体系，就不应把交易对手或抵押品资产的外部信用评级的变化作为"自动触发器"，大幅、任意要求调整抵押品。

五是高度重视系统重要性金融机构(SIFIs)的风险。SIFIs 强化了金融体系的相互关联性，并导致"太大而不能倒"、"关联度太高而不能倒"等问题。《巴塞尔协议Ⅲ》提出，SIFIs 应具备更高的损失吸收能力，以体现这些机构对金融体系带来的更大的风险，更高的损失吸收能力可以通过提高资本要求、应急资本和自救债券等方法实现。2011 年 6 月，巴塞尔委员会的监督机构——央行行长与监管机关负责人小组(GHOS)要求"全球系统重要性银行"(G-SIBs)额外增加 1—2.5%的普通股资本。系统重要性银行考虑五个因素，规模、国际活跃性、关联性、复杂性、可替代性，权重各占 20%。

三、对《巴塞尔协议Ⅲ》在中国实施的相关思考

金融危机后中国宏观经济基本面复苏强劲，为中国银行业顺利推行《巴塞尔协议Ⅲ》创造了良好的外部环境。中国银行业自身相对稳健也为推动《巴塞尔协议Ⅲ》的落实创立了有利的先决条件。但是当前银行自身存在的诸多问题也将影响《巴塞尔协议Ⅲ》的实施进程和效果。

(一) 从资本结构看资本充足率

至 2011 年二季度末，中国商业银行加权资本充足率是 12.2%，核心资本充足率达 9.9%。总体看来，中国银行业的资本充足率较高，大部分银行已经满足了《巴塞尔协议Ⅲ》的最终目标。但中国商业银行的资本结构与发达国家不同，资本几乎都是普通股，资本质量总体上较高，但也造成核心一级资本和一级资本趋同，虽普通股权益拥有最强吸收风险的能力，但缺乏一级资本工具造成短期内对一级资本的补充只能以普通股和留存利润为主，商业银行资本补充渠道狭窄。

在中国的监管资本标准高于《巴塞尔协议Ⅲ》的前提下，中国监管当局要求的达标时间也早于《巴塞尔协议Ⅲ》要求的达标时间。过渡期缩短对中国银行造成了较大的融资压力。在《巴塞尔协议Ⅲ》的重新定义下，中国商业银行资本在扣减项不全、部分债务资本工具不合格、股权投资处理方法不严格等问题，新的资本定义不仅会使商业银行面临的实际资本充足率要求更高，还使得补充资本使可选择的资本减少，需要补充资本。

因此，从这两个角度来看，外源性融资的资本补充机制可以短期内缓解资本金的压力，但长期必须通过内部积累建立新的资本补充机制，增强盈利能力，并加强风险管理和成本管理。急于用过高的资本充足率的要求来控制银行的风险，可能造成银行没有时间实施长期规划，以改变资本结构、转变盈利模式，不利于银行建立长期有效的内源性资本补充机制。此外，对于小银行而言，通常吸存能力弱，主要靠银行间资金市场融通资本。同时小银行通过发行普通股融资能力也低于大银行，因而较大银行而言，新的资本监管要求将对小银行产生更大的影响。

（二）从银行不良贷款率看贷款损失拨备率

贷款拨备率的引入有其内在的必然性，反映出监管当局认为银行体系以五级分类结果存在改进的空间，可以通过引入贷款拨备比率增提拨备。同时，因为贷款拨备比率是基于所有贷款计提拨备的，因而具有较强的逆周期性。在经济上行时期，贷款总额较多表现出不良贷款少，贷款拨备比率实施可以达到经济上行时期多提拨备的要求，反之亦然。

从中国上市银行的实际情况来看，不同银行的拨备率分化较大，不良贷款率较高的银行，其贷款拨备比率更容易达到监管标准。以中国上市银行 2011 年年报为例，在 16 家上市银行中，中国农业银行的贷款拨备率最高为 3.64%，达到 2.5%的标准，但同时其不良贷款率也最高，达到 1.67%。从这个角度看，贷款拨备率可能产生“奖劣限优”的结果，主要原因是拨备率＝不良贷款率×拨备覆盖率，不良贷款率与拨备率成正相关关系。

从银行实际的操作层面看，当监管当局确实推出拨备率指标时，商业银行的应对策略可能会产生负面效果：一是为保证拨备覆盖率达标，在压缩拨备率分母，即减少贷款总额时，可能对经济增长造成一定冲击；二是在实现较多的拨备计提或减少不良资产的核销进度时，特别是对于那些拨备率达标压力较大的银行，减少核销进度不失为一种有效的临时手段，较多的计提拨备会对当期盈利产生一定负面影响，而减少不良资产核销则在使拨备率提高的同时，却不利于银行体系化解累积的风险。

（三）从盈利模式看杠杆指标

杠杆指标是作为风险资本充足率的补充工具，能够防止表外业务的过度扩张，也可以防止模型和计量错误所导致的风险。而基于中国银行业的盈利模式，杠杆率在监管过程中可能会存在一些问题。从杠杆率的实际水平看，中国银行普遍较高。根据银监会公布的按照《指导意见》杠杆率的计算，中国 5 家大型银行平均杠杆率为 4.7%，全部超过 4%；5 家中型银行平均杠杆率为 3.9%，处于 4%的附近。如果考虑到过渡期的安排，对中国银行业不会产生影响。之所以形成这样的结果，主要是因为中国商业银行长期以来从事存贷款业务，利润的主要来源是利息收入。目前，中国银行业的盈利模式主要是靠资本消耗大的信贷业务，中国银行业必须转变业务发展模式，积极开拓表外业务，随着中国银行业转型力度的加大，杠杆率指标将显著影响中国银行业的未来盈利能力。

（四）从银行资产结构看流动性监管的适用性

目前，在中国流动性的监管体系中，存贷比依然占据重要地位。然而，随着银行负债多元化，银行信贷资金来源不仅仅只依靠存款，还可能是其他稳定性较好、与资产期限匹配的负债，银行的资产也朝多元化发展。除贷款外，还包括其他证券化资产。所以，存贷比并不能完全反应银行的流动性状况。从流动性管理的角度看，仅仅匹配存贷款间的关系就有失偏颇。《巴塞尔协议Ⅲ》的 LCR 和 NFSR 两个指标，在计量时，主要取决于机构的经营模式，以及其优质流动性资产的构成情况，按照相关的折算要求，如果机构中拥有的现金、稳定存款的币种较大，则对其流动性评价将会较高，因而这些指标是适合于评估银行的流动性的。而大型银行拥有优质流动性资产的途径较多，因而流动性覆盖指标达标难度不大，但小银行却因自身经营规模的限制，短期流动性比率偏低，需要补充优质流动性资产。

在采取相关指标对中国银行业进行核算时，部分处理规则对中国商业银行有失公平。如按照流动性覆盖比率的标准，金融机构发行的债券被排除在优质流动性资产之外，而中国的商业银行中持有相当比重的政策性金融债券，由于有政府的隐性担保，政策性金融债的违约概率较低，因而这部分债券被排除后大大增加了运用新指标度量下的流动性缺口。解决的途径有二：一是购买国外高等级债券，二是保持较高的现金比率。

其次，《巴塞尔协议Ⅲ》下的指标分析主要集中于普遍的业务模式。当前中国银行业的竞争日益激烈，不同银行表现出来的发展路径和模式都有所区别。有专注零售业务的，有着力发展批发业务的，有的擅长资产业务、表内业务，而有的擅长表外业务。对不同银行采取相同监管指标，对银行监管部门提出的分类监管政策构成挑战。

（五）从叠加效应看监管指标的多管齐下

在监管部门推出一系列监管要求时应考虑到政策的叠加效应。如果把拟推行的资本充足率、杠杆率、流动性指标和贷款拨备指标等结合起来考虑，都增加了银行的经营成本，降低了银行的收益水平。其内在联系表现为，如果要同时提高资本充足率要求、降低杠杆率、增加对流动性指标的要求，并通过实施贷款拨备率来促使银行多提拨备，则银行的盈利和净利差必须保持在较高的水平。因为过低的净利差水平将可能让银行选择少投放贷款，多投资国债等措施来减少资本要求和拨备要求，将可能影响金融对实体经济的支持力度。

一方面这些监管政策具有同向的效果。表现较为明显的是资本充足率和杠杆率的提出。对于杠杆率为4%的标准，直接导致资本充足率指标的失效，至少是一级资本充足率的失效。同时，拨备和资本的双重要求将直接导致监管过度。

另一方面，比同向效果更值得关注的是指标间的相互排斥，将促使银行走同质化道路。基于风险中立的杠杆率使得基于内部模型法节约资本的做法受到很大限制，风险管理和计量技术不能被过度滥用于节约资本上。还有拨备覆盖率和贷款拨备率的指标。不良贷款率与拨备覆盖率是负相关关系，而贷款拨备率却与不良贷款呈正相关，这两个指标变现出一定的排斥性。在同时实施时，要特别关注两者的排斥性而带来银行同质化发展道路的选择。

（陆　屹）

伊斯兰保险“大家福”(TAKAFUL)风险管理

——TAKAFUL风险管理标准制定工作组第四次会议情况汇报

2012年1月5日，应伊斯兰金融服务委员会(IFSB)秘书处邀请，国际部派员参加了伊斯兰金融服务委员会在马来西亚吉隆坡举行的伊斯兰保险“大家福”(Takaful)风险管理标准制定工作组第四次会议，会议一致通过了第三次会议的会议纪要，介绍并讨论了“大家福”风险管理初步披露(PED)草案初稿。PED草案的主要内容如下：

一、Takaful风险管理标准

1. 关于Takaful的指导文件

伊斯兰金融服务委员会关于Takaful现有的指导文件包括：一是Takaful治理原则(IFSB-8)；二是Takaful偿付要求标准(IFSB-11)；三是商业行为指导准则(IFSB-9)；四是伊斯兰律法(Shariah)治理系统指导准则(IFSB-10)。

伊斯兰金融服务委员会与国际保险业监管协会(IAIS)共同发布的文件涵盖四个主题：公司治理、财务和审慎监管、透明度、报告和市场行为及监管评估过程。

2. PED的总体原则

第一，不规定定量指导，但不排除某些领域需要定量指导。第二，为所有Takaful经营者提供平等的竞争环境。第三，包括IFSB-8和IFSB-11的内容。

3. PED的主要目标

主要目标有三个方面：第一，识别Takaful经营者的风险；第二，为风险管理框架提供指导；第三，为Takaful行业发展创造一个安全、审慎的环境。

4. PED的适用范围

(1) 个体，不适用于集团实体。

(2) Takaful经营者，包括伊斯兰人身险经营者(Takaful Family)、伊斯兰财产险经营者(Takaful General)、伊斯兰窗口[①](Takaful Windows)。

(3) 伊斯兰再保险(Retakaful)。

(4) 可能扩展到其他遵守伊斯兰律法的保险功能和模式。

5. Takaful风险管理的特点

Takaful风险管理的特点：一是Takaful和传统模型原则不同，体现在利益相关者发生风险的概率不同以及Takaful所特有的风险；二是参与者风险基金(PRF)、股东基金(SHF)和参与者投资基金(PIF)具有各自的风险管理；三是股权所有者承担受托责任。

---

① 传统保险公司提供符合伊斯兰律法的保险产品，而不单独设法律实体。

二、Takaful 的风险分析

1. Takaful 特有的风险

一是不符合伊斯兰律法的风险；二是因 PRF、PIF 和 SHF 分离而引发的风险。

2. 从不同基金角度看风险

PRF、PIF、SHF 的分离需要对影响各个基金的风险有清晰的认识。

3. 监测和管理风险

监测和管理风险包括：伊斯兰律法违规风险、储备不足的风险、承购管理风险、信用风险、开支风险、市场风险、运营风险、流动性风险、投资风险、法律风险。

三、伊斯兰保险经营企业的风险管理(ERM)

1. 基本框架

企业风险管理框架，旨在指导 Takaful 经营者日常活动，包括：明确的风险政策和战略、风险确认、风险控制和评估、风险处置、风险监测和风险报告。

内部控制常用的模型是“三级防御”模型：第一级，每日进行风险监测；第二级监管级别高于第一级，包括监测风险管理机制的有效性；第三级，建立保证机制，确保经常审计第二级监管。

2. 公司治理

董事会的职责有：识别所有的风险、检查风险敞口和战略、批准风险管理团队的任命、批准首席风险控制官员的任命、了解风险管理过程和风险敞口变化、监管自我评估、批准风险管理框架、建立风险管理框架、亲自参加监管风险管理活动、监督和审查高层管理是否符合 Takaful 经营者风险偏好。

伊斯兰律法监管机构的职责不同于董事会职责的两点在于：一是保证合格的产品设计和投资指引；二是确保遵守伊斯兰律法。

管理层的职责包括：风险管理、精算、投资、内部操作审计及法律与合规。

3. 自身风险和偿付能力评估(ORSA)

自身风险和偿付能力评估是风险管理框架的重要方面，目标是便利连续监督 Takaful 经营者财务情况。PRF、PIF 和 SHF 分别应用 ORSA。ORSA 的内容涉及：内部典型资本要求、监管资本要求、压力测试和资本负债管理(ALM)。

ALM 是 ORSA 的核心部分，影响 Takaful 经营者 ALM 政策的因素包括：一是影响 ALM 的风险，主要是回报风险、承销风险和流动性风险；二是机构增长和业务方向；三是外部因素，监管者对 Takaful 行业的监管要求。

四、Takaful 风险管理监管审核程序的关键因素

适当的风险管理框架涉及：构架的存在和运营、全部风险的承担者、风险承担者与风险审计员之间的责任划分、在框架下基金分离的问题、压力测试情景与公司的相关性、明确伊斯兰律法的合规责任。

此外，适当的风险管理结构还包括：伊斯兰再保险问题、收集信息的权限(包括定期和特

别的报告要求)、非现场和现场的定期检查、发布及实施风险减缓措施的能力。

五、Takaful 系统性风险

Takaful 面临的系统性风险与传统保险相同,引起系统性风险的因素包括:一是伊斯兰再保险(Retakaful),其业务的性质导致了系统性风险,再保险业越集中,公司的倒闭就越容易引起系统性风险;二是灾难事件,虽然灾难超过了金融体系的控制范围,但有效的风险管理机制有助于降低灾难的影响;三是恐怖活动;四是跨部门商业风险,特别是 Takaful 经营者将大部分存款投资到有限的符合伊斯兰律法的产品,如果这些投资产品出现问题,其集中度将影响整个行业。

六、下次会议

第五次风险管理工作组会议将于 2012 年 4 月举行,地点待定,将讨论 PED 的修改稿,并进一步补充完善 PED。

(刘　薇)

第三届全球伊斯兰金融论坛情况汇报

2012 年 9 月 17—21 日，第三届全球伊斯兰金融论坛（Golbal Islamic Finance Form，GIFF）在马来西亚央行总部召开。中国人民银行作为伊斯兰金融服务委员会（Islamic Financial Service Board，IFSB）的观察员，派员参加了会议。

一、论坛举办基本情况

第三届全球伊斯兰金融论坛由马来西亚央行主办，马来西亚伊斯兰银行及金融协会（IBFIM）、马来西亚证券委员会、马来西亚伊斯兰银行协会（AIBIM）、马来西亚大家福协会（MTA）、伊斯兰金融国际研究会（ISRA）以及伊斯兰金融国际培训中心（INCEIF）协办。此次论坛之前，马来西亚已于 2007 年和 2010 年成功举办了两届全球伊斯兰金融论坛，取得了一定的影响力。本次论坛共邀请了来自 56 个国家或地区的 806 名正式代表，举行了 31 场专题讨论会，有 155 位发言者。论坛还安排了 64 场商务交流会，吸引了 25 个参展金融机构。约有 11 种有关伊斯兰金融的指数及产品在论坛期间启动亮相。

二、论坛讨论的主要内容

本次论坛的主题是“伊斯兰金融国际化：经济体间的纽带”。主要目的是从国际视角审视伊斯兰金融在国际金融体系中日益重要的地位，以及反映伊斯兰金融在跨国投资和融资活动中不断增加的功能。本次论坛讨论的主要内容分为三大块：(1) 伊斯兰金融国际化；(2) 伊斯兰金融与实体经济间的联系；(3) 金融包容性与伊斯兰小微金融。

(一) 伊斯兰金融国际化

马来西亚一直致力于将吉隆坡打造成为国际伊斯兰金融中心，因此如何推动伊斯兰金融的国际化一直是其关注的焦点之一。

马来西亚央行行长 Zeti 认为，伊斯兰金融国际化要取得成功，关键在于：一是提供大量的伊斯兰金融产品和服务满足全球的需要，二是培养一批国际化的各类伊斯兰金融机构，三是将伊斯兰金融业更有效地与商业相联系起来，不断改善立法、税收和监管。

世界银行执行总裁 Mahmoud Mohieldin 博士则指出，伊斯兰金融在维护全球金融稳定方面具有一定的优势，相比普通金融，伊斯兰金融在本轮金融危机中表现出很好的稳健性，所受损失很小。但他也提到伊斯兰金融需要进一步发展的地方：一是加强监管，二是加强产品违约处理机制，三是推动伊斯兰金融产品的标准化，四是加强金融创新，五是确保长期投资的流动性。六是建立良好的风险控制规程。

伊斯兰金融国际教育中心（INCEIF）首任主席 Abbas Mirakhor 认为，当前以负债为基础的金融体系很不合理，必须转变为以风险分担为主的体系。他认为，一旦经济增长速度小于利息率，那么现有体系下，经济体的偿债能力就会恶化，目前的欧债危机即是这种原因造成的。基于利息的国际债务体系注定会垮掉，唯一的替代方案是建立风险共担的债务体系。

其他来自汇丰银行、科威特金融局、巴基斯坦央行的代表就伊斯兰金融国际化的商业模式、风险、风险分担模型以及监管发表了各自的看法。其中论坛多次提到 Reinhard 和 Rogoff 所写的《这次有所不同》一书，该书通过对全球近八百年来的数据的分析认为，只有建立风险共担的模式，才可能让全球经济走出恶性循环的怪圈。

与会者还提到了当前伊斯兰金融以资产为基础的金融产品为主，缺乏相应的短期伊斯兰金融产品。由于海湾地区国家房地产业繁荣，这使得该地区伊斯兰金融产品中约有一半以上是与房地产资产相关。与会者还提到了伊斯兰金融的最后贷款人问题，认为金融监管部门应承担起这一责任。

（二）伊斯兰金融与实体经济间的联系

论坛讨论了伊斯兰金融在亚洲、欧洲以及海湾地区的发展。参会者认为，不同区域的伊斯兰金融处于不同的发展阶段。伊斯兰金融在欧洲的发展不确定性较大，但是在北非、东南亚和中亚，伊斯兰金融的发展前景非常乐观。

土耳其副总理 Ali Babacan 认为，伊斯兰金融资产目前只占全球金融资产中的百分之一，还有很大的发展空间。随着穆斯林人口的不断增加，伊斯兰金融还会持续地发展。以土耳其为例，土耳其四家伊斯兰银行占全国银行资产总额的 5.6%。伊斯兰金融在土耳其的发展速度要快于普通金融。

一家位于意大利的伊斯兰金融咨询机构则认为，相比伊斯兰金融，欧洲的传统金融业在公司治理、环境保护、社会权利和劳工权利等方面都有很大的优势，伊斯兰金融还需要多向传统金融学习。一位比利时的律师 Paul Wouters 指出，伊斯兰金融只服务于穆斯林群体是一种战略性错误。他建议伊斯兰银行应致力于成为所有人的银行，向全球推销伊斯兰的普世价值观。一位爱尔兰财政部官员认为，批发型伊斯兰金融业务在欧洲很有前景，原因是伊斯兰国家有钱，而欧洲需要钱。

对于亚洲地区伊斯兰金融业的发展，部分参会者认为，不存在一条捷径，亚洲应进一步推动适合伊斯兰金融的法律体系的改变。当前亚洲对于伊斯兰保险产品“大家福”的需求日益增加，急需更多的资本介入。马来西亚介绍，为了提高伊斯兰保险产品的普及率，马来西亚已开始向非穆斯林群体推销“大家福”产品。

一位金融机构的分析师认为，中东地区伊斯兰金融发展得很好，北非、撒哈拉以南等地区应向中东地区学习。大部分参会者对于伊斯兰金融未来的成功表现出乐观的态度，认为伊斯兰金融有可能成为未来金融的主流，并可解决金融业“太大而不能倒”的问题。

（三）金融包容性与伊斯兰小微金融

印度尼西亚央行副行长 Halim Alamsyah 作了题为“监管的职责：为伊斯兰小微金融创造良好环境”的主旨发言。与会者认为，伊斯兰金融机构应该开拓伊斯兰小微金融市场，提供符合伊斯兰教义的金融服务给贫困人口，让贫困者也能获得金融支持。部分参会者讨论了公共部门与私人部门成功合作的要素，以及为消除贫困应该以慈善的理念还是商业化的理念。他们认为，伊斯兰小微金融应该引入商业化运作的理念而不是慈善。

金融包容性的核心是增加贫困人口的金融服务可获得性，发展伊斯兰小微金融应把握两个原则,一是成本要低,二是分布要广,从而提高贫困人口介入金融市场的容易度。论坛介绍了金融机构开发的一些微型"大家福"产品以及个人小微保险产品。会议还介绍了一些政府最新的支持金融包容性的举措。

三、论坛整体印象

此次全球伊斯兰金融论坛得到了马来西亚政府的大力支持。三天的论坛吸引了众多国家的金融业内人士,研究人员以及金融监管官员。论坛尽管设有主题,但是实际讨论几乎包含了有关伊斯兰金融发展遇到的各方面问题。大量媒体对本次论坛进行了报道。彭博和汤森路透公司都派出了代表参会,并摆出专门展台,推荐各自的伊斯兰金融信息服务产品。总体看来,商业机构对于伊斯兰金融的未来发展潜力很有信心,愿意投入资源跟进,希望伊斯兰金融成为未来重要的业务类别。但对于未来伊斯兰金融的发展方向,不同背景,特别是来自不同国家的参会者,在理念上有明显差异。大家对于伊斯兰金融的理解也是如此。有时即使是小分歧,但是协调一致的难度却大得惊人。

近年来,伊斯兰金融服务发展很快。伊斯兰金融认为不应将金钱视为一种商品,而应视为一种记账单位。伊斯兰教禁止对借贷或收款征收或赚取利息,即认为钱不可以生钱。但是它允许通过贸易和资产投资来创造财富,鼓励公平透明的贸易以及共担风险。伊斯兰金融建立于金钱本身不具备内在价值的这一理念之上,其看待金钱的视角值得重视。另外,伊斯兰金融在风险分担方面具有一定的优势,也值得传统金融业借鉴。

(刘长青)

第五部分

国际金融观点摘编

外国主流媒体对中方提出“更多参与”解决欧债危机的评价

2012年2月2日，温家宝总理在会见来访的德国总理安吉拉·默克尔时表示，中国正在考虑“更多参与”解决欧债危机，并呼吁国际社会通力合作，尽快解决欧洲债务问题。在欧债危机仍未现缓和迹象的背景下，中方表态立即引起外国主流媒体的广泛关注。总的来看，各媒体对中方在解决欧债危机问题上的表态评价积极，认为中国参与救助欧洲有利于提振市场信心，有助于欧洲走出主权债务危机。

一、外国主流媒体的评价

《金融时报》认为，温总理的有关表态使人们再次看到中国可能动用其外汇储备参与欧洲纾困基金的希望。该报援引欧洲官员的话称，中国在欧债危机问题上的立场出现明显变化，双方很可能在即将召开的中欧峰会上探讨中方参与解决欧债问题的具体事宜，方案之一是投资“共同投资基金”，即欧洲金融稳定基金(EFSF)首席执行官克劳斯·雷格林(Klaus Regling)一直向全球公共及私人投资者所力推的基金。

《华尔街日报》认为，中方公开传递了一个最强烈的信号，即可能动用巨额外汇储备帮助缓解欧洲主权债务危机。该报同时指出，中方此次并未作出具体承诺，从温总理的表态来看，中方更加强调欧洲应依靠自身力量解决问题。

《华盛顿邮报》刊文认为，默克尔访华之前，欧洲领导人峰会就财政支出条约达成一致，以期结束债务危机、恢复经济增长，默克尔此次访华旨在消除中国对欧洲财政稳健性的担忧。欧洲领导人期望拥有3.2万亿美元外汇储备的中国及其他全球投资者参与EFSF及欧洲稳定机制(ESM)。欧洲是中国最大的出口市场，同时随着中国的公司不断进驻欧洲，中欧之间的金融联系也越来越紧密。

《纽约时报》撰文认为，温总理此次表态并未明确中方在给予欧洲援助时是否会放弃附带条件。此前，中方提出含有附带条件的援欧计划未能引起欧洲国家的兴趣。中国出资救助欧洲有利于恢复国际投资者对欧洲的信心，同时也向外界发出信号，即相信默克尔及其他欧洲领导人已采取必要措施，开始着手解决欧洲主权债务危机，但中国希望欧洲在政治或贸易方面作出哪些让步来换取援助还是一大疑问。

路透社援引观点称，中国通过国际货币基金组织(IMF)参与解决欧债问题是安全选择。一是可避免中国国内在应对欧洲问题的具体措施上出现分歧；二是有利于中国履行作为IMF成员的责任并扩大在多边机构中的参与度和话语权；三是可向经验丰富的IMF学习如何运用储备；四是不直接参与救助，从外交层面而言，有利于中国未来实施国际救助时处理好与发展中国家的关系，避免“有了西方盟友、忘了发展中国家等传统盟友”的言论压力。此外，文章认为中国参与救助欧洲也面临来自国内的压力：一方面由于欧洲国家人均国内生产总值为中国的四倍，因此许多人反对“穷国救济富国”的做法；另一方面，由于国际金融危机爆发伊始，中国首笔储备直接投资迅速亏损，储备运营管理机构担心因投资再次亏损而成为众矢之的。随着评级机构不断下调欧洲国家主权信用评级，中国储备管理机构也不敢轻易承担风险。

二、简要分析

总体而言，中方此次表态提振了市场信心。《金融时报》、路透社等多家媒体指出，温总理关于中国“更多参与”解决欧债危机的表述经报道后，欧元对美元迅速走强。根据外国主流媒体的评论，可以判断目前各方关注的焦点主要包括两个方面：一是中国参与解决欧债问题的具体途径及出资规模；二是中国会向欧方提出哪些交换条件。

目前在应对欧债危机问题上，中方所面临的问题已不再是“救不救”，而是“如何救”。相对而言，“救不救”这个问题容易回答。鉴于中欧贸易依存度及欧洲银行业与实体经济的衰退可能带来的灾难性影响，加上经济全球化与一体化意味着各国间的联系越来越紧密，欧洲问题得不到妥善解决，中国难以独善其身。因此，中国应参与解决欧债危机，参与救助既是救欧洲，也是帮自己。然而，“如何救”是一个相当棘手的问题。首先，应确保参与救助资金的安全性。正如有关媒体所述，国内有关方面在动用外汇储备参与救助欧洲时所担忧的也正是储备的安全性问题。若不能保证储备的安全，国内舆论压力势必上升。其次，应研究提出参与救助欧洲的具体方法及交换条件。其中，亟待解决的问题是如何巧妙地提出交换条件，一方面做到交换条件符合我方长期利益，另一方面确保所提条件不至于触痛欧洲领导人的神经。最后，应明确欧洲问题还需靠欧洲人自己解决。温总理也明确提出欧洲自身的努力才是解决危机的关键。外部的援助更多的是提振市场对欧洲的信心，而非解决欧洲问题的良方。

（陈　松）

港媒建言内地央行 2012 年渐进式推进利率市场化

1 月 30 日发改委发布《十二五时期上海国际金融中心建设规划》文件，提出力争在 2015 年在上海“基本确立全球性人民币产品创新、交易、定价、清算中心地位”，并“巩固上海金融市场在服务我国金融对外开放和人民币跨境使用中的主导作用”。为此，上海金融市场的发展、开放进程与推进方式再次成为境内外专家学者关注的焦点。近日，港媒刊载文章①，呼吁推进内地利率市场化之迫切性，并为央行在当前形势下如何渐进式推进利率市场化建言。本文对其主要观点进行摘录，供领导参阅。

近年来，关于内地利率市场化改革问题争论不断。中国的利率市场化改革实际已走过 12 年。西方发达国家利率市场化速度，最谨慎的也不过 16 年，而一般新兴经济体往往走得更快更猛。

一、内地利率市场化改革迫切性的原因

一是汇率改革紧随其后，已在倒逼利率市场化改革，以理顺国内价格形成机制；

二是利率市场化滞后导致银行改革踌躇不前，稳定的利差收入，让银行陷入资本消耗型发展模式难以自拔。银行习惯于粗放式经营、同质化竞争，除了拉存款放贷款之外并无意创新；

三是利率市场化改革滞后加剧了投资饥渴症，尤其鼓励了国有企业和地方政府利用廉价资金大规模扩张，导致投资的效益和效率被忽视，经济发展方式难以转变；

四是存款利率非市场化刺激了民间借贷，在监管层过度管制金融市场的政策背景下，民间高利贷案件频发，增添了社会不稳定因素；

五是利率市场化改革滞后，扭曲了社会资本配置，权力寻租大行其道，从而不断恶化中小企业融资难问题，最终导致实体经济遭受损失。

二、面临的困境

实际上，中国内地的利率市场化改革已走了一大半。尽管贷款利率市场化早已经起步，但存款利率的非市场化拖累了贷款利率市场化的深入。其中很重要的原因就在于：地方政府和国有企业凭借行政权力，要求享受存款低利率的银行给予贷款利率优惠便利。然而近年来，尤其是 2011 年货币相对紧缩，在不断推高贷款利率之后，银行不得不通过更高收益的理财产品来吸引流失的存款。

2008 年至 2011 年各商业银行理财产品发行量年复合增长率约为 41.8%，2011 年同比更

---

① 来源：香港《经济日报》(2012 年 2 月 2 日)，原文作者为安邦咨询研究员杨志荣。

是增长了97.0%,创出历史天量。银行发行理财产品实际上是变相的存款利率市场化实践。尽管这与民间借贷一样都是被扭曲了价格的市场化。

三、建言央行——渐进式推进利率市场化

由于近年中央和地方都面临着政府换届,可能不适合推动重大改革,但这并不意味着2012年利率市场化改革无可作为,渐进的方案依然是可取的。

由于过去几年货币的超量发行已经极大地限制了近年的货币发行空间,这从近期央行大规模逆回购和停止央票发行中可见一斑。因此央行2012年要维持2011年的贷款水平,只能通过下调存款准备金、扩大货币乘数来创造贷款供给。

同时,鉴于各商业银行的存贷比大多已逼近甚至超过75%的监管红线(尽管监管部门已将小微企业贷款列在存贷比考核之外),2012年要实现甚至超过2011年的信贷供给,在过去几年的政策影响下,监管部门将不得不考虑提高存贷比指标。

当下四大国有银行已经成为推动利率市场化改革的最大阻力。在当前中国体制下,渐进调整利益格局似乎成了必由之路。为此,提出如下利率市场化改革政策建议:

一是逐步解决负利率问题。央行渐进上调存款利率,不仅有利于负利率现象,也有利于缓解居民存款流出银行系统走向民间借贷的紧张局面,从而增加各商业银行的存款规模。目前,央行至少要上调两次利率(按25个基点一次)才能实现利率为正。

二是继续给商业银行创造扩大贷款的机会。央行通过渐进下调存款准备金率并放松存贷比指标控制,让各商业银行可以进行更多的放贷。存贷比指标上调5个百分点、存款准备金率下调10个百分点都无碍系统风险,但其中创造的政策调整机会可充分融合利率政策调整,这种“胡萝卜加大棒”式的货币政策调整组合,可轻松化解商业银行的阻力。

在这个过程中,央行可以同时调整存贷款基准利率,但存款利率的上调幅度要稍大于贷款利率,从而缩小存贷款基准利差。

事实上,由于商业银行对中小企业的贷款利率上浮较大,商业银行对此类利率调整的阻力一定不大,只是依然让国有企业和地方政府融资得利。但事实上,国有企业和地方政府融资成本也相应上涨,从而可以遏制其过度投资行为。

三是在存贷基准利差逐步缩小的情况下,全面利率市场化改革的时机水到渠成。利率市场化改革的滞后已拖累了银行业发展方式的变革,扭曲了国内价格形成机制,恶化了中国不注重效率的投资行为。经济发展方式的转变需要利率市场化改革为驱动。而化解利率市场化改革的阻力,请央行不妨考虑上述渐进改革之路。

(周　萍)

埃斯沃·普拉萨德教授对人民币成为储备货币条件的论述

IMF前中国部负责人埃斯沃·普拉萨德[①]今年以来在全球重要财经报刊发表多篇评论文章[②],论述人民币成为全球储备货币的条件及相关问题。其重要观点摘译如下:

目前在全球六大经济体货币中,人民币是唯一非全球性储备货币。关于人民币在全球货币体系中的作用主要包含三个方面:

一是国际化:指人民币作为一种交易媒介,在跨境结算与金融交易中的使用。但货币的国际性使用并不保证它一定获得储备货币地位。

二是资本账户可兑换:指一国对金融账户项下资金流入与流出的限制程度,完全开放的资本市场不存在任何限制条件。

三是储备货币:指外国央行是否选择持有人民币作为应对国际收支危机的保护手段。

当前,中国不断推进人民币国际化步伐,并逐步取消对部分资本账户资金流动的管制。尽管规模有待进一步提升,但发展势头良好。

一、人民币成为储备货币的若干条件

(一)经济规模

一国参与全球贸易和国际金融的规模及其在全球经济中的份额是该国货币成为全球储备货币的重要因素之一,但它不是决定性因素。例如,瑞士GDP占全球比例较低,但瑞士法郎是国际公认的储备货币。根据已公开数据,中国GDP已占全球的15%,(如采用"购买力平价"方法计算为15%),对外贸易占全球的9%。预计2011年全球数据公布后,中国GDP将达到全球的25%。

(二)资本账户开放

储备货币应能便捷地在国际金融市场上进行交易,同时不面临任何资本流动管制。中国目前已经逐步选择性放开资本流入与流出管制,但仍存在较大范围的资本控制。

(三)灵活的汇率

储备货币一般可以被自由交易,货币对外价值由市场决定。目前中国仍实行有管理的浮动汇率制度。当资本账户继续开放时,这种管理则会变得日益困难。

---

① 埃斯沃·普拉萨德(Eswar Prasad)目前任美国康奈尔大学(Cornell University)教授,并任布鲁金斯学院(Brookings Institute)高级研究员。

② 包括《中国敏感的人民币政策》(《华尔街日报》)、《人民币在全球货币体系中的作用》(布鲁金斯学院)、《适逢人民币放开良机》(《金融时报》)等。

（四）金融市场发展

一国必须拥有多层次、深度的、流动性高的金融市场，为国际投资者提供各种以该储备货币进行计价的金融资产。这项条件最为关键。尽管各储备货币都是因不同历史条件与社会需求之产物，但其共性是：外国投资者都能够买到以该种储备货币计价的高质量资产，一般是以该币种政府债券与公司债券为代表。金融危机中，各国竞相购买美债的主要原因，就是美国市场高度的流动性，而非安全性（由于美债的不断累积将负面影响美国财政的可持续性）。美国的核心优势就是其金融市场的深度和广度在全球首屈一指。相比之下，中国当前的政府债与公司债市场的深度仍然较浅，发展仍不够充分。

（五）宏观经济政策

投资一国主权资产的投资人必须对该国维持低通胀率并实行可持续性公共债务水平持有信心。与大部分储备货币经济体相比，中国对外公布的公共债务对 GDP 的比率仍然较低，同时在近几年保持温和的通胀率。

此外，值得注意的是，经常项目赤字并不是成为储备货币的必要条件。人们容易受到美元的误导，认为经常项目赤字体现了该国对外部世界提供净金融资产的情况。而日元与欧元的经验表明，经常项目盈余或者平衡的条件下，该国（地区）货币也能成功地成为储备货币。

二、人民币成为储备货币的主要挑战

一是资本市场开放与落实其他重要经济金融政策之间的顺序问题。这些政策包括提高汇率灵活性、发展金融市场等。对这些政策的收益与成本进行权衡非常重要。

二是金融市场的发展问题。包括加强银行体系，发展有深度、流动性强的政府与公司债券市场和外汇即期与衍生品市场。

中国应对上述挑战的能力将决定中国外来经济发展的可持续性与平衡，并决定人民币在全球货币体系中的地位。大力发展中国金融市场，加强人民币汇率弹性应是中国的明智选择。

三、对人民币成为储备货币的前景预测

鉴于中国庞大的经济规模与国际影响力，目前中国正在采用一种更实际的、有选择性的、易控的资本账户开放的方法，我们称之为“具有中国特色的资本账户开放”。此外，中国已成功地在资本账户未完全开放、人民币汇率未自由浮动的条件下有效提升了人民币的国际使用。

对于人民币成为储备货币的前景预测如下：

(1) 政府的中期目标是：实现较开放的资本账户，但仍保持较多的“软性”控制，而非完全自由的资本账户可兑换。预期上述目标将在未来 5 年内完成。该目标的实现能够提升人民币在国际贸易与国际金融中的地位，并允许政府对资本流动保持一定的控制力。

(2) 在未来五年，人民币将成为 IMF 特别提款权一篮子货币的币种之一。

(3) 尽管中国快速的经济增长有助于提升人民币的国际使用，但中国较低的金融市场发展水平将制约人民币实现储备货币地位的可能性。

(4) 在未来十年，人民币将成为储备货币，并削弱美元的主导地位，但不会替代美元。

（周　萍）

欧洲央行执行委员会成员帕拉莫有关完善欧元架构的观点

5 月 18 日，欧洲央行执行委员会成员何塞·曼努埃尔·冈萨雷斯·帕拉莫(Jose Manuel Gonzalez-Paramo)在货币与金融机构官方论坛(OMFIF)主办的世界货币系列讲座活动中发表讲话，提出完善欧元制度性架构的设想。他指出，继续推进欧洲一体化是解决当前欧洲问题的唯一办法。其主要观点如下：

一、当前的危机不是欧元危机，是单一货币制度设计的危机

虽然主权债务风险令欧洲面临严峻挑战，欧元备受质疑，但这场危机不是欧元危机。欧元的经济和政治基本面根本不到陷入危机的程度。欧元诞生以来，整个欧元区的平均通胀水平接近 2%；自 1999 年到危机爆发前，欧元区创造了1 500万个就业机会，是美国的两倍，失业率降低了两个百分点，达到 7.6%；人均收入在 10 年间增长近 14%，生产率提高 7%；储蓄率一直是美国或英国的两倍以上；外部账户基本平衡，公共财政尽管面临困难，但 2011 年赤字约占 GDP 的 4%，不到美国的一半。最近的"欧洲晴雨表"(Eurobarometer)民调结果显示，7/10 的欧元区居民对欧元持肯定态度。而且，自 2009 年，特别是 2011 年秋天以来，欧洲多国政府也积极致力于巩固欧元架构，支持一体化的热情不减。所以，有关欧元行将消亡的言论未免夸大其辞。但是，当前危机也暴露出了欧元的制度性弱点，说明单一货币的基础性制度设计亟待完善。

二、欧元的制度性弱点主要在于缺少联邦式的"减震器"(shock absorber)制度设计

本次危机的教训表明，欧元区内部经常账户失衡是脆弱性的重要表现。当政府被迫重组问题银行或为其资金担保，容易在私人部门债务和主权债务之间形成恶性循环。而这样的问题在联邦政治制度框架下有可能得到妥善应对。例如，如果美国某一个州的私人债务高企，危及当地的银行，可通过财政部和联邦存款保险公司等机构，由联邦政府承担资本重组等方面的责任，出现问题的州不会陷入财政困境。而欧洲缺乏这样的具有减震功能的联邦机制。

从另一个方面看，欧元区内长期的贸易失衡也反映出赤字国家的竞争力在不断下降。尤其自 2008 年以来，随着外资断流、消费萎缩，某些国家可能面临长期高失业、低增长。联邦制度同样有助于应对此类问题：联邦区域内文化和语言趋同，利于劳动力自由流动，发挥调节作用；再者，联邦可通过失业保险、税收等措施实现国家间的收入再分配，建立相对充裕的共同预算，发挥减震作用。

三、持久、稳定的欧元体制需要四大支柱

欧元区成立后的实践表明，由于缺少有效的制度架构来协调各国财政和宏观经济政策，共同的货币政策孤掌难鸣。展望欧洲一体化进程，中长期不排除联邦化的可能性。目前，完善欧元体制应着力构建四大稳定支柱：

（一）支柱一——经济治理

第一支柱在于强化经济治理，通过加强财政规定，建立监督和纠正宏观经济失衡的机制。为加强经济治理，欧盟推出“六大措施”法案（“six pact” legislation），旨在监管财政和宏观经济的失衡。

为在早期发现和纠正财政失衡，《稳定与增长协定》（SGP）的改革方案强化了它的预防功能，相应的制裁将不仅针对违反财政赤字 3%的上限规定，还包括偏离中期财政预算目标，制裁措施采取“有效多数”否决制等。新的财政协议（fiscal compact）则是通过新的“第一道防线”加强预防财政失衡，即在成员国引入财政平衡规定，将合规的首要责任放在国家层面，而不是欧盟。

过去十年的经验表明，公共财政的稳健不是唯一需要监控的因素，宏观经济失衡和竞争力损失同样会导致严重的系统性震荡。新的《宏观经济失衡规程》（MIP）使得早期监控竞争力走势、私人信贷流动、住房价格、实际有效汇率和单位劳动成本等变量成为可能。作为《稳定与增长协定》的并行和补充机制，MIP 可对信贷“繁荣”和竞争力损失更早地发出预警。此外，欧洲委员会通过推动结构性改革等方式，解决经常账户赤字问题，例如《欧元附加条约》（Euro Plus Pact）和《欧洲 2020 战略》（Europe 2020 Strategy）。

自 2011 年以来，欧盟启动所谓的“欧洲学期”（European Semester），试图加强财政政策和宏观经济政策的协调，修补欧元区的体制性缺陷。在该机制下，欧盟在上半年讨论指导方针和改革重点，为各国议会讨论和策略细化提供可依据的方向。

（二）支柱二——危机管理

一个稳定的货币联盟必须建立在第二个支柱基础上，即危机管理和处置机制。无论多么小的欧元区国家，都可能危及整个系统，并给他国的纳税人带来税务负担。目前，欧盟机构、各国政府以及国民议会在要求和监测经济改革方面发挥着更加突出的作用。这种变化体现在欧元区国家政府首脑在所谓的“欧洲首脑会议”机制中发挥的积极作用中，同时也体现在国民议会对他国经济政策采取更加严格的审查制度上。例如，在通过援助计划前，一些议会会要求欧盟和国际货币基金组织准备合规报告和有关债务可持续性的分析报告。

为弥补欧元区缺少金融稳定机制的缺陷，2010 年 5 月成立了欧洲金融稳定基金（EFSF），为处于困境中的欧元区国家提供贷款。2012 年 7 月，欧洲稳定机制（ESM）开始运行，其资本总额达到7 000亿欧元，到 2013 年中将成为新项目融资的主要工具。

欧洲委员会还通过今年夏天即将推出的“双重措施”法案（“two pack” legislation）在危机管理中发挥更加突出的作用。如果成员国处于金融困境或受此威胁，无论是否申请援助，欧洲委员会会加强对该国的监督。欧洲银行业管理局（EBA）会对银行体系进行压力测试，欧洲委员会将与欧央行一起对宏观经济失衡进行严密的监测。同时，欧洲委员会有权拒绝成员国政府的预算草案，如果草案在采用前未能达到《稳定和增长协定》中的要求。

（三）支柱三——金融监管

任何经济或货币联盟的良好运行需要第三支柱，即金融监管。金融监管和操作的多样性

使监管套利成为可能，甚至导致不同国家金融市场间的保护主义的出现。为加强对欧盟的宏观审慎监管，欧洲系统风险委员会（ESRB）得以建立，这是泛欧洲监管方式确立的里程碑，填补了危机中最明显感受到的制度性缺失。

由于跨境监管缺少协作，国界对于合规程序的分裂，欧盟机构通过采用“单一规则”（single rulebook），使监管标准更加协调一致。欧洲银行业管理局和其他欧洲监管当局（ESMA 和 EIOPA）推出的技术标准一旦被欧洲委员会采用，这些标准将从法律上直接适用于各个法人机构，无须国别转化。

针对具有大量跨境业务的系统性重要金融机构的风险管理和处置问题，在未来的几个月中，欧洲委员会的立法建议将可能明确细化监管和处置的常用工具，以及适用于跨境机构间的合作和调解原则，并包括欧洲银行业管理局的职责。从中期来说，有必要建立泛欧洲处置基金（pan-European resolution fund）和泛欧洲处置机构（pan-European resolution authority），这将使金融联盟利益最大化，让纳税人最少地介入危机，分散风险，并能有效地降低银行和相关主权间的风险关联度。

（四）支柱四——货币政策

第四个支柱是货币政策。欧洲中央银行在危机中不仅成为了欧元的第一道防线，还在国际社会中树立了典范。首先，它在原材料和能源价格疯狂上涨的危机中完成了维护价格稳定的使命；其次，通过比其他中央银行更快采取非常规手段并更具灵活性，欧洲央行在很大程度上修复了货币政策的传导机制，加强了信贷支持；再者，欧洲央行对于维护欧元区稳定的作用越来越清楚，这间接源自它的货币政策职能，直接来自欧元体系（Eurosystem）在新成立的欧洲系统风险委员会中所发挥的作用。值得强调的是，即便是在确保物价稳定的情况下，欧洲央行应该只是为金融体系稳定作出贡献，维护金融稳定的首要职责应该在监管者和政府。

四、迈向政治联盟是确保欧元区未来稳定的唯一途径

欧元制度设计中的缺陷主要源于欧元缔造者对市场自律能力的天真幻想，他们认为市场会进行自动矫正，警示那些财政政策欠稳健、失衡严重、竞争力下滑的国家。但事实情况并非如此，而且市场还常常出现矫枉过正和顺周期问题，因此，建立治理体系已成为各方共识。目前欧元区治理的突出问题在于各国领导人难以“用一个声音说话”，所有的重大决定由 17 个主权国家作出，牵涉 17 国政府首脑、部长和议会，导致危机应对过程中争论不休，政策决定无法及时付诸实施，反映出政治和市场之间的复杂关系。

鉴于此，为确保欧元未来平稳，一方面应继续推进经济金融一体化，而更重要的是，应建立一个欧洲层面的政府以有效实施或协调某些经济金融政策，应将民主问责制由国家扩大到欧洲层面，将集体决策制度化以加强政治联盟。如果获得 12 个成员国批准，《稳定、协作和治理条约》将于 2013 年 1 月 1 日生效，单个国家或少数国家将不能再行使否决权。随着三个欧洲监管机构成立、“单一规则”出台以及其他措施相继实施，欧元区正向政治联盟迈进。眼前的挑战不仅在于整顿资产负债、重获竞争力，最大的挑战在于使欧元区各国认识到，共享主权并不等于失去主权，而是确保未来稳定和进步的唯一途径。

（陆　屹）

国际清算银行总经理：当前金融改革的四个指引与三个难题

6月6日，国际清算银行(BIS)总经理卡鲁阿纳(Jaime Caruana)在第21届国际银行业大会(International Banking Congress)上发表讲话，阐述金融改革应遵循的指引与工作难点。他指出，在当前背景下更应该坚定推进金融改革，以确保金融体系长治久安。

一、当前金融改革应遵循四个指引

目前，全球金融体系面临极为复杂的挑战，经济复苏存在不确定性，且各国复苏步伐不一，因此有人提出放松金融改革。但卡鲁阿纳认为，当前背景下坚持推进金融改革尤为重要，改革旨在降低杠杆率、加强风险管理、改进激励机制、降低道德风险、强化监管并提高透明度，虽然面临诸多短期挑战，但不应动摇改革意志。他认为，当前金融改革应遵循四个指引：

(一) 建立有效的缓冲机制

应在金融体系中建立包括资本、流动性、健全的基础设施以及处置机制在内的缓冲机制，防止宏观经济突变及个别市场问题影响整个金融体系。

(二) 综合运用多种政策措施维护金融稳定

为维护金融稳定，不仅应采取宏观与微观审慎政策，还应出台稳健的货币与财政政策，以保护消费者利益、保障金融基础设施并强化市场纪律。

(三) 全球化金融体系要求有全球统一规则与之相匹配

在全球化金融体系中，如无法建立全球统一规则，另一个选择是竞相走下坡路，各国自成体系，催生监管套利。但没有金融中心会参与此类角逐。

(四) 建立稳健的金融体系是公共与私人部门的共同责任

建立更加稳健的金融体系不应仅是公共部门职责，私人部门也应参与其中。维护金融稳定并应对危机符合私人部门利益。银行经理与主管能够且应该强化风险管理、改善治理、增强激励机制并建立可持续的业务模式。更加稳健的经营意味着股本回报率会降低，但银行可获得更加稳定且可持续的回报。

二、当前金融改革面临三大难题

(一) 各国很难按统一标准执行有关决策

《巴塞尔协议Ⅲ》从宏观与微观两方面加强了监管框架，提出了更高的资本与流动性要求，特别是对具有系统重要性金融机构(SIFI)的要求更为严格。例如在资本方面，《巴塞尔协议Ⅲ》要求从2013年开始逐步建立资本缓冲，并于2019年初完成目标；监管当局可在信贷增长失控时，对银行体系设置逆周期缓冲机制；提高SIFI的吸损能力。在流动性方面，《巴塞尔协议Ⅲ》提出了两个流动性标准，一是应对短期流动性问题的流动性覆盖比率；二是应对长期问题的净稳定融资比率。

然而，《巴塞尔协议Ⅲ》的出台仅是第一步工作，下一阶段的实施工作同样关键。目前，如何推进各国全面、一致并及时执行有关规则是巴塞尔银行监管委员会(BCBS)的首要工作。为此，BCBS、金融稳定理事会(FSB)及标准制定机构已开展各类同行评估，以监测各国落实巴塞尔框架协议的情况，确保执行工作的及时性与一致性。

（二）监管改革任务繁重

尽管目前各项工作已取得显著进展，但仍有三项工作需优先考虑：

一是强化处置框架。此项工作旨在降低有关当局被迫救助金融机构的可能性。此外，建立处置框架可降低对官方救助的预期，进而减少道德风险。2011 年 11 月，FSB 公布了金融机构有效处置机制的关键特征，但要列出关键国家与地区处置框架的所有要素尚需时日。

二是加强场外衍生品市场基础设施建设。首先，二十国集团(G20)已同意通过中央对手方(CCP)对标准化场外衍生品进行集中清算。然而，这种清算模式会将风险集中在 CCP，因此 CCP 应具备充足资本并应受到严格监管。其次，应通过电子化方式将所有场外衍生品交易细节录入交易库(trade repository)，进行报备。最后，银行与市场监管当局目前正在制定相关规则，拟通过适当的资本与保证金要求来抵补非集中清算的衍生品风险。此外，要建立稳健的全球衍生品平台体系，需具备相关制度保障，包括实行多边跨境监管、跨境提供流动性以及建立 CCP 处置机制等。目前，各项工作都在推进中。

三是监控并处置影子银行风险。影子银行能为实体经济提供融资，并为银行及投资者管理信用风险、流动性风险及期限风险提供工具。然而，金融危机表明，影子银行体系会爆发系统性风险、出现监管套利行为。因此，监控并处置影子银行风险至关重要。目前在国际层面，FSB 采取了“两步”法。一方面，在 FSB 指导下，各国家与地区会定期交换影子银行数据与信息，并找出问题；另一方面，FSB 正在从监管角度研究处置影子银行风险的方法，涉及货币市场基金、证券化市场与回购市场等五大领域。预计几个月后，FSB 将发布相关监管建议。

（三）加强金融体系监管的主动性有待提高

为确保按统一标准并有效实现新监管框架的目标，必须有相关机制与制度保障。一方面，各国正在建立宏观审慎监督框架，以支持微观审慎监管改革。市场监管者、审慎监管当局及央行需通力合作，制定统一政策。另一方面，为落实新监管规则，需加强监管单个银行，包括其资产构成与风险管理措施。此外，监管当局还必须积极关注金融体系的发展，以应对金融创新与监管套利引发的问题。

卡鲁阿纳指出，在全球经济金融形势不确定的背景下，只有让企业与家庭相信金融体系不再会爆发危机，才能恢复他们投资的信心。为此，完成各项监管改革任务并对改革执行情况加以监督是关键。此外，财政、货币与审慎政策应相辅相成，以推动全球经济强劲、可持续增长。

（陈　松）

日本央行副行长：日本与欧洲不同，不会出现主权债务危机

7月25日，日本银行副行长山口广秀(Hirohide Yamaguchi)在广岛的一次公开演讲中，系统地比较了日本债务问题与欧洲债务危机的异同，认为日本当前不会出现主权债务危机。其主要观点整理如下：

一、欧洲债务危机必须从根本上切断经济衰退——财政压力增大——金融环境恶化的恶性循环，并寻求快速解决之道

欧洲债务问题始于雷曼兄弟破产引致的西班牙房地产泡沫破灭，快速下降的财政收入无法支持消化银行大量坏账、刺激经济增长所需大量资金，外界对政府经济治理能力产生怀疑，政府债券收益率急剧升高，进一步抬高了政府治理成本。当前，解决欧洲债务危机关键在于从根本上切断经济衰退——财政压力增大——金融环境恶化的恶性循环。尽管欧洲货币当局通过向金融市场提供超长期资金支持暂时稳定了市场，但在欧元区各国无法采取独立货币政策的情况下，解决问题仍需要危机国家采取严厉的(drastic)财政紧缩政策及经济结构改革，为中长期经济增长奠定基础。考虑到欧元区规模、问题的复杂性及各国政治因素，这一过程或将持续相当长时间。而对市场而言，长期、温和(tepid)的政策将进一步激发市场失望情绪。因此，**日本及其他深受欧债危机影响的国家应该在国际会议及其他场合向欧洲施压，以寻求欧债危机的快速解决**。

二、日本未爆发债务危机得益于较低的融资成本，保证债务稳定的关键在于实施财政整合以保持市场信心

日本政府债务余额占GDP比重现已超过200%，这一比例远高于希腊的130%。然而，日本政府债券(JGBs)发行相当平稳，利率也保持在稳定的低水平。日本未出现类似欧元区的债务危机原因有三：一是日本政府债券主要购买者来自国内，家庭及企业的高储蓄率使得政府无须担心资金来源不足；二是各方对日本未来政策抱有信心，相信“日本政府有意愿也有能力实施财政整合(fiscal consolidation)”，这也是日本与希腊债务情况的根本区别；三是世界经济的动荡使得美国和欧洲市场的吸引力下降，日元资产避险功能日益突出，大量国外资金的涌入推高了日本政府债券的价格，拉低了政府举债成本。当然，日本政府也并非高枕无忧，如人口结构变化造成储蓄率降低或过高债务水平使得市场对日本政府治理能力产生怀疑，都有可能推升日本政府债券的收益率。**因此，政策当局必须努力实施财政整合以保持金融市场对日本政府的信心**。

(王凡平)

日本银行将采取多种措施刺激经济增长

7月25日，日本银行副行长山口广秀（Hirohide Yamaguchi）就货币金融政策发表观点，表示日本银行将继续推行包括量化宽松在内的货币政策刺激经济增长，并积极引导金融机构向企业提供资金支持。

一、日本银行坚信量化宽松政策为刺激经济复苏的灵丹妙药，且不排除推出其他货币宽松政策

日本银行仍视克服通货紧缩、实现物价稳定及经济持续增长为日本的首要挑战。因此，**日本银行2012年2月再次声明应对通货紧缩是其货币政策目标，并宣布将继续采用强有力的宽松货币政策，直至实现CPI增长1%的既定目标**。日本政府已数次实施资产购买计划（the Asset Purchase Program），以降低长期利率及政府债券的风险溢价，并减轻企业的利息负担。目前，资产购买计划数额已达53万亿日元，而**日本银行将继续推进这一计划，并在2013年6月底实现70万亿日元的目标**。目前，日本银行正在紧密监测资产购买的实施效果，**一旦外部冲击或其他风险造成经济复苏前景生疑，日本银行也将毫不犹豫地实施其他宽松货币政策以保证经济增长**。

二、日本银行引导金融机构向企业提供资金支持，并希望以此带动经济的整体复苏

日本银行认为企业是经济整体复苏的微观保证，因此正在实施“帮助夯实经济增长基础的资金支持计划”，引导金融机构以长期、低利率基金形式向有助于日本经济增长的部门提供贷款或投资。这一计划于两年前启动，2012年3月起规模小于1 000万日元的小额贷款也被纳入项目范围。另外，日本银行最近还决定为有需求的企业提供外币贷款支持。尽管这一计划目前尚未形成规模，但日本银行仍希望其成为促进企业发展并带动经济增长的催化剂。

（王凡平）

日本银行应对“未知的未知”风险的经验

8月29日，日本银行副行长西村清彦（Kiyohiko G. Nishimura）在瑞士巴塞尔召开的第六次费雪[①]委员会会议（Irving Fisher Committee Conference）上发表的主旨演讲中，提出了中央银行制定政策时，面临“未知的未知”的信息制约，而中央银行应通过市场情报的收集，来防范“未知的未知”所带来的潜在风险，并以日本银行经验为例阐述了这一理论在实践中的应用。

一、“未知的未知”是中央银行面临的巨大挑战

（一）中央银行面对的信息可按知晓度及影响力分为三大类

当前，中央银行面临两大挑战。首先是要为其制定的政策负责（accountable），即政策要建立在事实根据基础上；其次是要与公众以有说服力的方式（in a persuasive manner）进行有效沟通（effective communication），以消除公众对政策的猜测，正确引导公众预期。这两大挑战都需要数据信息支持，这也是统计发展迅速的原因之一。

现有信息大致可以分为三类。第一类信息称为“已知的已知”（known knowns），指过去发生、已被广泛知晓的事情，这类信息已包含在统计数据中。第二类信息称为“已知的未知”（known unknowns），特指正在或即将发生的事情，但人们尚无法知晓其细节。此类信息的典型例子是“即时预测”（now-cast），即“估计”正在发生的事情，与“未来预测”（forecast）相对应。第三类信息称为“未知的未知”（unknown unknowns），特指过去发生的、不为人知的事情，但却对未来经济走势有潜在重大影响。美国前国防部长拉姆斯菲尔德一句名言可以用来诠释三者之间的关系：“有些东西是已知的已知，那些东西我们知道我们知道。我们还知道存在已知的未知，即我们知道有些东西我们不知道。但也存在未知的未知——那些我们不知道我们不知道的东西。”[②]

（二）“未知的未知”是中央银行制定政策时面临的最大挑战

在制定总需求管理政策时，中央银行需要知道宏观经济和金融市场的走势，但这只是必要条件而非充分条件，中央银行还必须对市场中的未知因素保持警惕。在各国统计实践中，对过去数据的挖掘整理已经取得巨大进展，除了GDP、CPI等定量数据之外，问卷调查等定性数据

---

① 费雪（Irving Fisher，1867～1947），美国经济学家、数学家，计量经济学先驱者之一，耶鲁大学经济学博士，对经济学的主要贡献是在货币理论方面阐明了利率如何决定及物价为何由货币数量来决定，其中尤以费雪方程式为当代货币主义者所推崇。此外，费雪在计量经济学、价值和价格理论、资本理论及统计学方面亦有所建树。

② 原文为：There are known knowns. These are things we know that we know. There are known unknowns. That is to say, there are things that we now know we don't know. But there are also unknown unknowns. These are things we do not know we don't know. 这句话通常被用来讽刺拉姆斯菲尔德思路混乱、语无伦次。

也发展迅速。此外，各种非政府机构也积极生产并发布数据。这些数据为我们提供了海量的“已知的已知”数据，并为估计“已知的未知”打下了坚实基础。但是，统计数据在发现经济潜在风险、预警“未知的未知”时却无能为力，这也是中央银行政策制定者们深感困扰之处。因此，2009 年 11 月的 G20 财长与央行行长会议提出统计信息要弥补所谓的“数据缺口”(data gap)，并在 G20 应对信息缺口倡议(G20 Data Gap Initiative)中提议建立实时报告机制，以监测“已知的未知”与“未知的未知”。

(三) 防范“未知的未知”关键是市场信息收集

防范“未知的未知”关键是中央银行的信息收集，它包括两个部分。**第一部分是所谓的“市场情报”(market intelligence)**，即中央银行每日与市场主体交易中的信息，包括市场参与者变动、金融产品发展及其他“新闻”。这些信息对掌握个别机构和整个市场实时、准确的信息至关重要，而信息收集与分析则是市场情报的核心。**第二部分是监测与反馈**，即通过与被监管金融机构对话来获取定性信息，并通过深入分析信息来掌握市场更多细节，必要时还可将结果反馈给受访金融机构。此外，中央银行还必须认识到来自市场主体的所有信息都有主观偏差，必须正确辨别并试图纠正这些偏差。

二、日本银行在影子银行监管中应对“未知的未知”的经验

影子银行的监管是当代中央银行监管的重要课题之一。影子银行问题是引起过去多次金融危机的诱因，也将是影响未来金融稳定的潜在风险点。尽管监管越来越严格，但影子银行也会为逃避监管采用新的形式。我们对影子银行当前的情况“知之甚少”，但其对未来的金融稳定有潜在影响，因此影子银行是一种典型的“未知的未知”。日本银行认为，应对影子银行风险关键仍在于市场情报的收集与分析。

(一) 拓宽市场情报来源、收集足够信息是应对“未知的未知”的前提

日本银行通过不同渠道获得市场相关信息。在所有途径中，直接加强对主要影子银行的监管是最重要的(见图 1)，日本银行也在相关监管领域增加了人员。尽管如此，想覆盖所有具备影子银行特点的金融机构仍然是不可能的，而且影子银行也会根据市场发展和监管要求迅速作出改变。尤其值得注意的是，影子银行通过融资和投资等形式与其他金融机构紧密相联，因此对银行和支付结算系统的监管及对所有市场参与者信息的收集就显得尤为重要。此外，日本银行还密切关注影子银行在证券化、融资融券及回购等领域的活动。

在收集信息的基础上，对信息的交叉比对(cross-check)也至关重要(见表 1)。商业银行等机构作为影子银行的交易对手方(counterparties)，其日常经营活动与影子银行业务紧密相关，加强对商业银行监管有助于获得影子银行信息。此外，影子银行主要活跃于金融市场，收集金融市场上的金融创新等信息也可以为金融稳定提供早期预警。

(二) 将获得的情报反馈给市场并以此引导金融机构的经营行为

收集市场情报的另一个重要用途是将其反馈给市场，进而发现需要填补的信息缺口。日本银行利用收集的市场情报设计编写了《东京货币市场调查》(Tokyo Money Market Survey)，为参与者提供了对货币市场的定量评估。调查表明，当前金融机构间主要通过回购交易联系在一起(见图 2)。证券公司通过特别抵押回购(SC repo)借入日本政府债券(JCB)以轧平其债券交易中的空头头寸，而其短期资金主要来源于向信托银行的一般抵押回购(GC

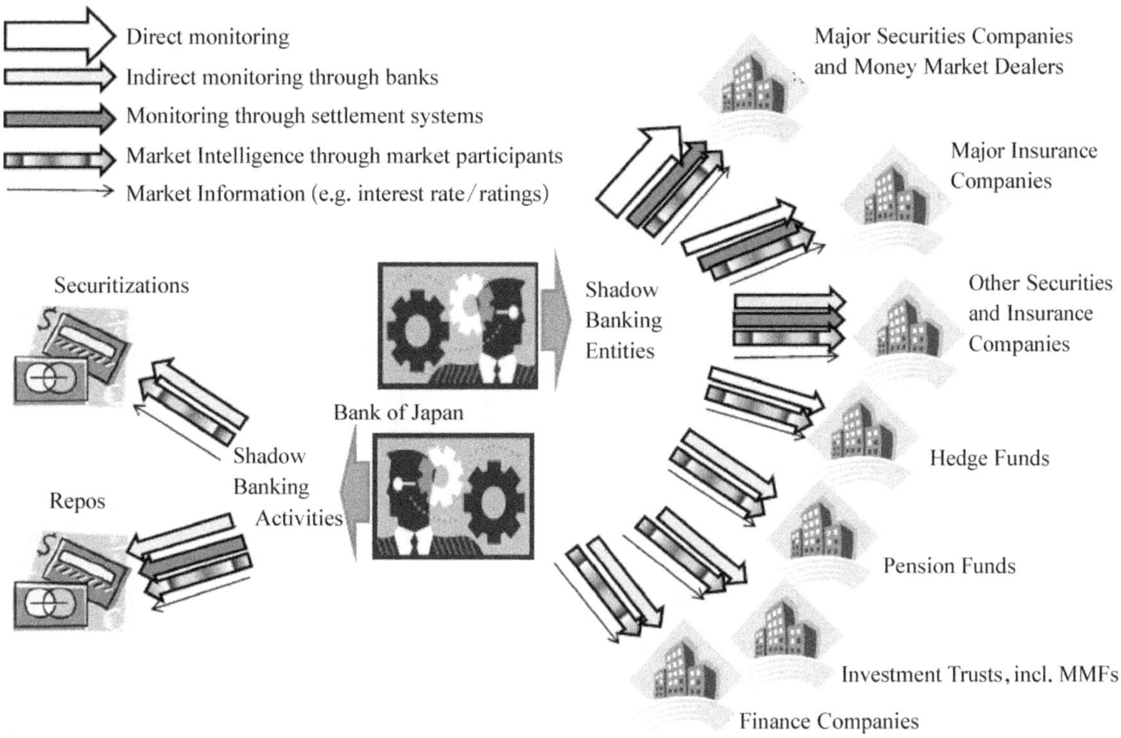

图 1　不同市场情报获得途径

Source of Information / SB Entities	Information through Banks	Market Intelligence through market participants	Market Information (e.g. interest rate/ratings)	Settlement systems
Major Securities Companies and Money Market Deakers				
Major Insurance Companies				
Other Securities and Insurance Companies				
Hedge Funds				
Pension Funds				
Investment Trusts incl MMFs				
Finance Companies				

表 1　对收集到的信息进行横向比对

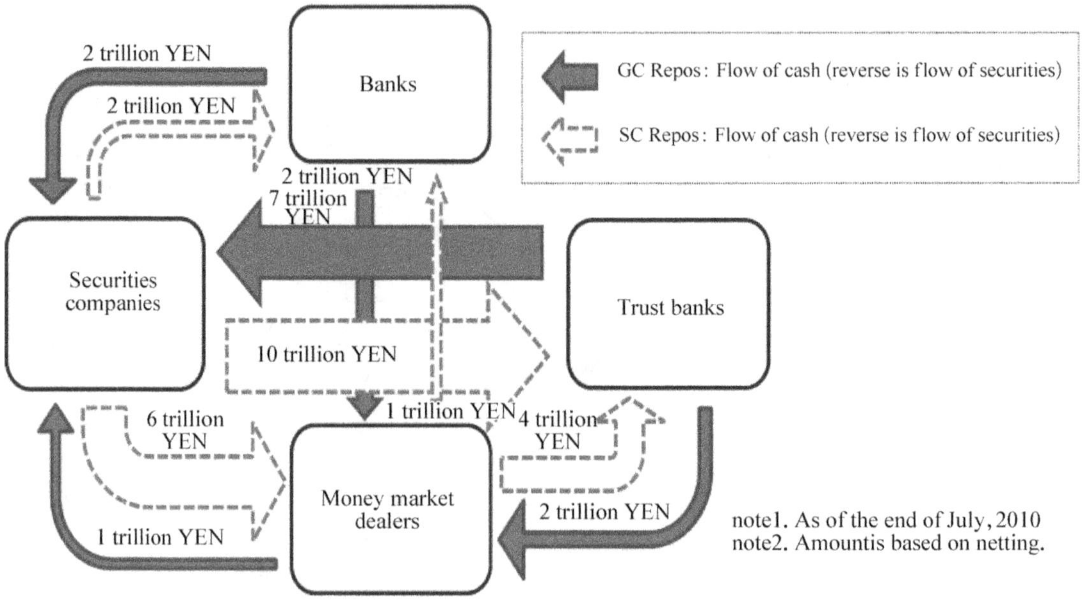

图 2　市场情报反馈——东京货币市场调查结果

repo)，另有一些资金来自银行及货币市场。此类定量调查为日本银行与金融机构及市场参与者的沟通提供了全新途径及广泛基础，金融机构利用这些调查结果来进行更稳健的经营，重要信息的反馈也会反映在下一期调查中。日本银行计划自 2012 年起使此类调查定期化。日本银行相信其基于市场情报的影子银行监管体系也能为他国中央银行发现并及时应对潜在金融市场风险提供借鉴。

（王凡平）

欧洲央行执委会理事反驳外界对于欧元区危机管理的批评观点

2012年7月20日，欧洲央行执委会理事贝努瓦·克雷(Benoit Coeure)在墨西哥城召开的拉丁美洲货币研究中心(CEMLA)成立60周年纪念研讨会上发表演讲，反驳当前外界对于欧元区危机管理的三大批评观点。主要内容如下：

一、外界对欧元区危机管理的认识存在误解

贝努瓦·克雷指出，现在外界普遍认为欧元区缺乏可安抚市场并稳定经济的清晰策略，对欧元区危机管理举措的认识明显存在误解。与此同时，欧洲被当成全球经济动荡的罪魁祸首，而其他大的区域经济体可持续增长所面临的挑战未得到应有重视。

目前对欧元区危机管理的批评观点主要有三：一是没有得力的危机应对工具；二是只重财政整顿，忽略了增长；三是欧元不可能克服其设计上的缺陷。贝努瓦·克雷表示，从6月28日至29日欧洲理事会与欧盟峰会的成果便可看出，上述观点均站不住脚。外界人士并未完全了解欧洲在应对危机上取得的进展。

二、欧元区已采取的危机应对举措意义重大

针对第一点批评，即欧洲缺乏合适的危机应对工具，贝努瓦·克雷认为，欧元区还不可能拥有像美国那样的反应机制。为管理庞大且多样的经济体系并应对危机，美国花了两百多年的时间建章立制。即便这样，其政治体系有时也面临决策困境。而欧元区仅有13年历史，且两年前才开始强化相关机制。在此背景下，建立欧洲金融稳定基金(EFSF)和欧洲稳定机制(ESM)、实施“六项规则”以及达成“财政契约”已具有非常重要的意义。

6月29日，欧盟峰会进一步采取一系列措施加强危机管理。与会者同意，向西班牙提供的用于银行资本重组的贷款不享有优先受偿权，这消除了投资者的一大顾虑。与会者还承诺将灵活、有效地使用EFSF与ESM工具应对危机。最重要的是，峰会决定，一旦建立起由欧洲央行(ECB)参与的单一监管机制，ESM可直接向银行注资。上述举措的重要意义在于：

首先，由ESM直接参与银行资本重组对于切断银行与主权国家间的恶性循环至关重要。这样一来，在稳定银行业的同时无需增加主权债务负担，可避免进一步损害主权债市场及银行资产负债表。这将使欧元区更接近美国或瑞士那样的财政联盟，即在联邦层面解决银行业问题，不影响联邦各成员的财政。当然，这一做法须辅以适当的激励机制以限制道德风险，还应设立相应的政策条件，如按照欧盟的国家援助规则制定重组计划，针对问题机构处置以及公共资金使用限制建立原则。

其次,承诺建立单一监管机构是关键,因其有助于推动直接资本重组。单一监管机构还可发挥其他重要作用。一是单一监管机构被赋予适当权力后,有助于提高各国银行业的透明度,降低监管俘获,进而增强投资者信心。二是将重点监管工作“欧洲化”对一体化进程有促进作用。该监管机制应具有明确的欧元区视角,与单一市场及欧盟范围的监管完全兼容。在货币政策与金融稳定互利的前提下,欧洲央行乐于在该监管机制中发挥作用。当然,在扩大欧洲央行职能范围的同时,应提高对其民主问责的标准。

再者,关于放弃优先受偿地位及充分使用 EFSF 与 ESM 工具的决定向市场发出了重要信号,即政策制定者明了危机的复杂性,已准备好灵活运用救助资金应对危机。同样的讯息还表现在,欧盟峰会决定允许通过 EFSF/ESM 向遵守财政与结构性改革计划的国家提供援助,以减轻这些国家申请救助的尴尬。

总体而言,认为欧洲没有危机应对工具的观点很难站住脚。欧元区建立7 000亿欧元的防火墙在两年前会被视作前瞻性举措,然而如今建立起了这样的防火墙,却被外界批评为火力不足。究其原因,是人们的预期发生了变化。不可否认,欧元区为应对危机已采取的政策措施具有重要意义。

三、强调财政整顿的同时,欧洲理事会已采取多项措施促进增长

目前对欧元区的第二点批评是,财政整顿正在摧毁未来经济增长。有观点认为,在私人部门去杠杆化、经济低迷之时,活跃的公共部门是维持需求的关键。削减预算只会导致增长减速、失业率上升以及赤字扩大。

贝努瓦·克雷指出,财政整顿与可持续增长间并无矛盾,事实上,两者相辅相成。实行财政整顿短期内确实会对需求产生负面影响,但从长期看,稳健的财政政策是降低融资成本与鼓励投资的关键。此外,对于主权债务问题严重的国家而言,要维持市场融资能力,整顿财政在所难免。

尽管如此,进行财政整顿的同时,还必须采取措施加强欧元区经济体的增长潜力。而且,这些措施需在短期奏效以缓解财政整顿造成的短期冲击。欧洲理事会已意识到增长的重要性,于6月28日至29日召开的会议上同意签署《增长与就业公约》,斥资1 200亿欧元促进增长与投资,约占欧元区 GDP 的1%。其中,600亿欧元将用于增强欧洲投资银行的放贷能力,通过结构基金的再分配获得的550亿欧元将用于支持促增长的措施,通过试点发行“项目债券”为投资融资45亿欧元。

此外,欧洲理事会还采取了多项措施,改善单一市场运行并促进货币联盟内部调整。即将建成的服务业单一市场有望产生高达3 300亿欧元的经济效益。为提高劳动力在欧洲内部的流动性,欧洲将建立泛欧招聘机制,并采取措施加强养老金权益的可携带性以及跨国专业资格认可。

贝努瓦·克雷指出,上述做法表明,欧洲政策制定者的想法已有了重大提升——他们意识到,单一货币体系的顺利运转离不开灵活的商品、服务与劳动力市场。他们力图将世界最大单一市场的效益最大化,而不是27国各自发展本国市场;他们正利用欧盟基金推动整个欧盟的增长。欧洲经济一体化加上各国实施的结构性改革将为未来实现可持续增长奠定基础。

四、欧洲正朝着真正的经济与货币联盟迈进

还有观点认为，由于存在制度性缺陷，经货联盟行不通。持此观点的批评家认为，欧元区集权程度太低，同时太多样、太松散，无法成为单一货币区域，因此欧元区难以存续。

显然，欧元区存在制度差距。其实，总体看，其基本面好于美国或日本，却被视为投资风险较高的区域。例如，根据国际货币基金组织（IMF）预测，2012 年欧元区整体赤字水平略超过 GDP 的 3%，而美国约为 8%，日本将近 10%；2012 年欧元区总债务水平为 GDP 的 90%左右，而美国和日本分别为 106%和 235%。

贝努瓦·克雷指出，面对基本面与认识间的差距，正确的反应不是自甘失败，而是纠正导致差距的制度缺陷。欧洲理事会在近期召开的峰会上再次朝着消除制度缺陷的方向迈出了重要一步。基于欧洲理事会、欧盟委员会、欧元集团与欧洲央行共同提交的报告，峰会要求为实现真正的经货联盟制定具体且带有时间表的路线图，于 2012 年底提交。峰会的上述举动具有重要意义：首先，向外界发出明确信号，表明各成员国致力于支持欧元与经货联盟，有助于消除投资者对未来欧元区完整性的担忧；另一方面，四大机构共同提交的报告影响深远，内容全面，探讨了经货联盟面临的所有重大挑战，提出了四大并行任务。具体包括：

一是建立金融联盟，在单一框架下，对银行实施监管与处置，并保证存款人利益。这项工作将以目前正在筹建的单一监管机制为基础，理想的发展方向是建立一家由私人部门出资的欧洲版联邦存款保险公司。

二是建立财政联盟，以在欧元区层面有权阻止不可持续的财政政策及限制成员国发债。有了这样的权力，最终有望实现发行共同债券。

三是建立经济联盟，帮助欧元区成员国维持经济健康发展并在货币联盟中灵活调整经济。为了建立经济联盟，有必要从成员国结构性改革的软协调逐步过渡到在欧元区层面建立一个强制性框架。

四是建立政治联盟，旨在加强民主参与。该工作与前三项同等重要，因为上述措施若得不到政治支持、不具备合法性，则无法有效发挥作用。因此，对于欧洲议会与各国议会如何参与欧元区决策，要有创新思维。

五、克服困难推进一体化是欧元区的唯一选择

向更强经货联盟迈进的路线图、ESM 和《增长与就业公约》等决策反映出欧元区全面应对危机的努力，显然，欧元区已经明白，到了彻底解决问题、全面推进改革的时候。

在实施应对措施的过程中必然困难重重，这是由 17 国组成的联盟在运转中会面临的现实问题。但是，维护欧元的政治决心不可低估。如果放弃紧密融合之路，只能延续当前市场割裂之势，引发保护主义并最终导致民粹主义（populism）。

为了实现联盟内经济金融充分融合，确保欧洲货币联盟有效运转，进一步共享主权在所难免。然而，如果将主权提升至欧盟层面，民主控制必须随之上升至欧盟高度。贝努瓦·克雷相信，如果上述措施得以实施，欧元区仍将是国际经济的基石。

（陈　松）

国际货币基金组织前首席经济学家谈欧元区的未来

2012 年 8 月 1 日，国际货币基金组织（IMF）前首席经济学家、彼得森国际经济研究所高级研究员西蒙·约翰逊（Simon Johnson）在美国参议院外交关系委员会欧洲事务分委会的听证会上发表作证词，介绍了欧元区面临的主要问题及其解决方法，简要分析了可能导致欧元区问题急速恶化的四个因素。

一、欧元区面临的三个系统性问题

过去两年，欧洲领导人承诺采取一切措施挽救欧元区，但由于判断错误、缺乏政治意愿以及欧元区 17 个成员国的政策不当，欧洲至今仍未遏制不断发酵的债务危机。总体而言，目前欧元区面临三个系统性问题：

一是欧洲主权债如今成了次级债。主权债过去被视为无风险债券，但希腊债务重组事件表明欧洲主权债蕴含巨大风险，政治家选择让希腊重组债务，如同给欧洲主权债增加了三个隐性条款。第一，如果主权发行人无法以合理价格在市场融资，且欧盟理事会、欧洲央行（ECB）及 IMF 等认为债券重组是权宜之计，则可对该主权债进行重组。这一不成文条款导致债权人面临减记风险。第二，一旦发生违约，IMF 和 ECB 等官方债权人享有优先受偿权，非官方债权人则处于次级受偿地位。第三，欧洲主权债发行人有权视情修改法律，剥夺非官方债权人的权利。为抵补潜在风险，投资者在购买欧洲主权债时，自然会要求获得更高收益，这恰好解释了为何在接受 EU/IMF 联合贷款后，希腊、葡萄牙等重债国国债收益率仍在高位徘徊。

二是危机蔓延至欧洲核心银行并引发资本从欧元区外围国出逃。IMF 总裁拉加德在 2011 年的一场演讲中指出，IMF 工作人员的分析显示，主权违约风险会导致欧洲银行业面临 2000 亿至 3 000 亿欧元的资本缺口。这是 IMF 首次承认欧洲大型银行应考虑主权违约风险。由于欧洲监管体系未对银行持有的主权债提出资本要求，多年来银行不断积累主权债。如今，监管当局应针对主权违约风险出台资本充足率要求，以提高银行的抗风险能力。同时，银行业应汲取教训，降低对重债国的风险敞口。此外，随着资本从欧元区外围国逃至以德国为首的安全国，外围国银行业的融资来源正急剧减少。

三是宏观经济方案不够大胆，不足以恢复信心和增长。欧元区成员国无法通过货币大幅贬值实现经济调整，因此必须通过削减价格、工资与预算支出重拾竞争力。一个成功的经济改革方案首先必须意识到，由于存在主权违约风险，且外围国债务存量上升，投资者对外围国主权债的偏好不会恢复到危机前水平。其次，必须采取措施迅速提高竞争力。然而，除了爱尔兰的单位劳动力成本相对有所改善外，意大利、葡萄牙及希腊均未能降低单位劳动力成本。随着主权风险溢价上升，资本流出外围国，同时财政赤字及经济竞争力并未改善，外围国如今陷入困境不足为奇。

二、解决问题的方法

(一) 启动火箭筒式的大规模救助

有分析人士呼吁,为遏制危机传染,如果欧洲央行提出为外围国提供大规模融资,投资者将重新购买这些国家主权债与银行债。低利率将为这些国家调整预算赤字以及银行建立资本基础提供喘息空间。然而,欧洲央行不会动用火箭筒,主要原因包括:一是大规模救助会给其他健康的欧元区成员国造成潜在损失;二是单纯的资金救助无法解决外围国缺乏竞争力及高赤字问题;三是欧洲央行行长们可能被迫发挥本不应该具备,且被《马斯特里赫特条约》禁止的政治角色;四是可能引发市场对欧债问题继续恶化、救助规模或将进一步上升的担忧,从而导致欧元区最终解体。

(二) 采取一个更加全面的应对措施

另一个解决方法是帮助相关国家恢复偿债能力。然而,此举并非易事。通过带有前瞻性的债务重组使重债国债务回归可管理的水平意味着有些国家的债务减记规模可能超过 50%。如"欧洲重债五国"(葡萄牙、爱尔兰、意大利、希腊与西班牙)全部重组债务,欧洲核心银行、保险公司与养老基金将需进行大规模资本重组,这将导致核心国陷入债务危机。因此,应谨慎实施债务重组。此外,外围国应更加大刀阔斧地降低预算赤字、提高竞争力。

如果债务重组以及提高竞争力的措施得以实施,欧洲央行参与救助计划的风险则会降低。欧洲央行不需提供大规模救助资金,而是发挥稳定器作用,让市场相信欧洲央行会采取措施维稳。然而,目前债权国反对债务重组,也不同意大幅扩充救助基金;问题国因政治原因拒绝大规模减赤及降薪。走出危机之路仍待探寻。

三、可能导致欧元区问题急剧恶化的四个因素

政策制定者常会忽略小的尾部风险给杠杆体系造成的危害。然而,低概率的负面事件会迅速在杠杆体系中蔓延,引发系统崩溃。与其他地区金融危机相比,引发欧元区崩溃的潜在触点较多。

(一) 单边退出

2011 年 11 月,德法会晤,决定对希腊采取强硬路线,要求其要么履行现行改革计划,要么退出欧元区。然而,一旦希腊退出,该国储户便无法从希腊银行中提取欧元存款或将其转至非希腊银行账户,从而引发银行挤提。目前,希腊银行每月流失的存款占该国 GDP 的 2.5%。

希腊的无序退出会产生巨大负面影响:一是希腊与其合同方可能就以德拉克马还是欧元履行合约产生争论,导致金融与债务合同价值存在不确定性;二是一国退出很可能引发资本继续逃离其他问题国家,导致经济迅速下滑,这又将影响欧洲核心银行与核心国的健康;三是欧元可能大幅贬值,出现"货币风险"。

(二) 薄弱的外围国与德国针锋相对

危机总会导致债权人与债务人之间针锋相对,他们的矛盾可能导致争权夺利。欧元区问题国家目前已在欧洲央行掌握了决策权,很可能篡权,以扩大欧洲央行对外救助规模,这将引发市场对欧元区国家稳健性的担忧,推高欧元债务的长期收益率。德国将被迫增加融资成本,

其储户最终可能因救助外围国而承受通胀及欧元贬值之苦。鉴于此，德国国内要求退出欧元区的呼声会高涨。一旦出现德国退出的风险，欧元资产市值又将急剧变动。对于货币可能走软的国家而言，其国债将包括新的风险溢价，而德国国债风险溢价会继续下降，这将加剧核心国与外围国两级分化趋势，同时会引发金融市场动荡。

(三) 紧缩政策可能无济于事

欧元区面临的另一风险，就是政治、经济与社会现实最终可能证明，欧元单一货币体系根本行不通。欧元区毕竟是政治领导人的梦想，是强加在迥然不同的经济体之上的体系。欧元区民众对欧元的支持度并不高。尽管大多数欧洲领导人极力维护欧元之梦，但无人能确定维护成本的大小。

从目前情况看，欧元区外围国将经历多年甚至十年的困难紧缩与高失业时期，未来增长希望渺茫。这与20世纪80年代拉美“失去的十年”相似，但拉美国家拥有灵活汇率制，欧元区外围国经济缺乏竞争力，处境更为艰难。此外，外围国的境况还可与20世纪20年代债台高筑的英国相比。尽管当时全球经济繁荣，英国经济却低迷十年。但这个对比有所欠妥，因为与欧元区外围国相比，英国的工资与价格体系更为灵活。1920—1921年间，英国名义工资水平下跌28%。

(四) 市场失去信心

最后一个情景最可能发生。鉴于经济改革方案未得以成功实施、政治困难重重、更多国家出现问题的风险上升以及德国可能放弃参与救助，投资者可能会认为欧元区存在解体的中度风险。

如果投资者认为欧元区会解体，便不再会投资欧洲金融机构与欧元资产，导致欧元资产价格急跌，欧元本身也可能迅速贬值，即便是德国也可能面临融资成本上升的风险。此外，名义价值已达欧元区GDP数倍的欧元掉期市场也会迅速瓦解，一旦此景发生，欧洲金融体系无疑会面临立刻发生系统性崩溃的风险。

四、结语：梦想与现实

欧洲政治领导人肯定会极力维护欧元区，目前商界领袖以及民众也表现出广泛支持，加上欧元区无序解体恐将给全球经济造成不可预计的损失，所有这些因素暗示欧元区会挺住。

然而，小概率的极端负面事件会引发动荡。欧元区任何一国的溃败都会影响其他16国的违约风险与利率水平。鉴于欧元区债务水平高，经济调整缓慢，预计未来几年欧洲仍将被主权违约事件及危机缠身。这种预测暗示货币联盟限制了欧元区国家的腿脚，如果外围国可以灵活使用汇率政策，其复苏步伐或许更快。

如果经济持续停滞，金融机构杠杆率高，金融市场忧心忡忡，一般性危机很可能迅速升级为系统性崩溃。欧洲领导人可以采取措施降低风险，例如继续重组主权债、更加大刀阔斧地实行经济调整以及扩大救助基金规模等。然而，采取必要措施的政治意愿几乎为零。因此，欧洲经济仍处于危险之中。

（陈　松）

国际货币基金组织总裁拉加德谈全球重大政策挑战

在国际货币基金组织(IMF)与世界银行2012年年会即将于下月在东京召开前夕,9月24日,IMF总裁拉加德在彼得森国际经济研究所发表演讲,阐述对全球经济前景的判断以及欧美、世界其他地区和IMF面临的重大政策挑战。她特别指出,为确保全球复苏,当务之急是政策制定者切实采取行动、履行各项政策承诺。

一、全球经济前景

IMF的预测仍旧认为全球经济将缓慢复苏,但全球增长可能低于7月预测的水平。过去12个月,IMF对全球增长的预测不断下调。

拉加德表示,目前全球主要央行的政策方向是正确的:欧洲央行的OMT购债计划、美联储的第三轮量化宽松和日本央行扩大资产购买规模的举措,均发出了重要政策信号。未来,央行应可在带领全球经济走出衰退中发挥重要作用。

但困扰全球经济的因素很多,核心因素是不确定性,即政策制定者能否履行承诺,存在不确定性。欧元区经济形势日益分化和美国复苏乏力,就是上述不确定性所致,且已产生全球范围的影响:新兴市场增长减速;低收入国家受到食品价格上涨和大宗商品价格动荡的冲击;中东形势堪忧等。此外,某些国家失业率和公共债务居高不下,以及金融部门存在的问题,正成为难以医治的痼疾,令全球经济前景蒙上阴影。

二、重大政策挑战

拉加德指出,虽然近期相继出台的应对政策曾经让市场鼓舞,但好景不长。当前全球经济需要的是持续复苏而不是短暂反弹,不确定性亟待消除。在此背景下,欧美、世界其他国家和地区以及IMF均面临重大政策挑战,亟待决策者成为真正的行动者,履行各项承诺。

(一)欧美面临的挑战

IMF一直认为,欧洲应尽快建立强有力的、有效的银行业联盟,以打破银行与主权国家间的恶性循环。建立银行业联盟要求欧元区领导人履行6月29日峰会的承诺,即建立单一监管机制,允许直接为银行注资。

IMF呼吁欧元区各国采取必要行动,包括启动欧洲稳定机制(ESM),落实财政联盟计划以及在国家层面实施各项有利于增长、就业及提高竞争力的改革。IMF意识到欧元区国家推进改革困难重重,但结构改革与财政整顿是重拾增长的必由之路。拉加德认为,应结合各国国情制定改革方案,必要时可放缓财政调整步伐;应重点关注具体政策措施而非政策目标本身;最重要的是,不能仅强调紧缩而忽视增长,两者应可兼顾。此外,国际社会应看到相关国家作出的努力，给予其资金等方面的支持。

欧元区的不确定性依旧是当前全球经济面临的最大风险，另一大风险来自美国。“财政悬崖”问题是关注焦点。按照现行法律，2013 年美国将大幅削减赤字，规模约为 GDP 的 4%，这将导致美国经济下滑 2%。此外，国会两党若无法就债务上限问题达成一致，大幅紧缩财政将在所难免。作为世界最大经济体，美国自身的问题无疑会影响全球经济。因此，IMF 希望美国尽快明确态度，采取措施避免“财政悬崖”，出台具体计划在中期逐渐降低债务水平。美国政府能否履行承诺对全球至关重要。

（二）全球其他国家和地区面临的挑战

危机伊始，新兴市场起到了引领全球经济的作用，低收入国家也应对自如。然而，经历多年强劲增长后，如今主要新兴市场经济增长正在放缓。他们需继续采取必要行动，重点是应对其国内外脆弱性，从而将自身定位为未来全球经济增长的引领者。为此，一些国家可能需要搁置货币与财政紧缩，甚至加大经济刺激力度；另一些国家必须防止信贷高速增长影响金融稳定或危害未来经济增长。对所有新兴市场而言，关键是做好准备，防止来自其他地区的潜在溢出影响。近期 IMF 推出了灵活信贷额度（Flexible Credit Line）和预防性与流动性额度（Precautionary and Liquidity Line），专门用于在不确定状况下提供支持。

危机期间，低收入国家表现相对较好，已安全度过危机。然而，如今这些国家面临多重风险与挑战。一是发达经济体与新兴市场的不景气会影响其经济增长。二是 2012 年 6 月全球食品价格上涨 20%。面对粮食价格上涨，严重依赖进口的国家脆弱性明显。之前政策得当帮助这些国家度过了危机，继续实施合理政策有望帮助他们应对未来冲击。同时，国际社会需加大援助力度，包括确保 IMF 有足够的资源在未来几年向这些国家发放优惠贷款。拉加德表示将在东京年会上力推此项工作。

本届年会的另一讨论焦点是中东问题。拉加德认为，近几周，中东发生的一系列事件令人震惊。然而，政权更迭后的过渡绝非易事。新政府需花时间制定政策、与各方达成共识并向共同的目标努力。此外，为包容性增长与就业奠定基础是实现真正转变的核心，而这也需要时间，且一切须以实现经济稳定为前提。

中东同样需要外部支持，这不仅包括金融支持，还包括 FDI、市场准入及技术援助等各种形式的支持。虽然一些双边捐赠者加大了援助力度，但一些国际捐赠者尚未按预期兑现承诺。IMF 正在向许多中东国家提供支持，包括提供建议、技术援助及贷款等。

（三）IMF 面临的挑战

拉加德指出，IMF 主要面临巩固全球稳定、强化全球金融安全网以及加强治理三方面的挑战。

首先，巩固全球稳定是 IMF 的核心职能。IMF 正在加强监督工作并重点关注整个系统的稳定。IMF 拟提升三方面的工作：（1）推进对溢出效应与跨境影响的分析研究；（2）推出新的《外部部门报告》，以多边视角加强对各国政策包括汇率的评估；（3）进一步加强对关键金融部门的分析。

其次，为强化全球金融安全网，IMF 近期增强了救助能力。37 个成员国共出资4 560亿美元以增加 IMF 资源。此外，IMF 正在努力确保通过减贫与增长信托（Poverty Reduction and Growth Trust）加大对低收入国家的支持力度。

最后，加强治理是IMF面临的第三个挑战。2010年通过的改革决定是IMF历史上最有意义的治理改革，具体措施包括将新兴市场与发展中国家份额再提高6%，确保金砖四国位列IMF前10大股东以及首次建立一个全部经选举产生的执董会。目前，IMF的治理改革工作已接近目标。例如，IMF已达到份额改革需得到持有70%份额的成员国同意这一要求。此外，同意改革执董会的成员国已接近113个，希望东京年会上能达到113这一数量规定。同时，IMF正在争取推动执董会改革所需的85%投票权。IMF的目标是在东京年会上，就整个一揽子改革措施最终达成一致。拉加德坚信，所有IMF成员均会履行2010年提出的治理改革承诺。她认为，目前除了政策制定者、各国及各机构需信守承诺外，全球还需履行一个集体承诺，即为全球共同利益，加强国际合作，以全球利益为先，携手重塑对未来的信心。

（陈　松）

伦敦经济学院教授古德哈特谈央行职能的演变

2010 年 6 月，国际清算银行(BIS)召开第九届经济学家年会，主题为“后危机职责框架下央行的未来”。伦敦经济学院教授查尔斯·古德哈特(Charles Goodhart)为该年会撰文《变化中的央行职能》。时隔两年，文中的观点依然受到关注。古德哈特认为，虽然各央行的首要职能目标都是物价和金融稳定，但对于央行角色的实际诠释在不断变化。央行职能的演变已经历三个时期，第三个时期以 2007 年的危机告终，说明宏观经济稳定、大缓和(Great Moderation)及有效市场都不能确保金融稳定。因此，当前任务是寻求新的宏观审慎工具，在运用这些工具的同时需妥善控制系统流动性和央行资产负债表。古德哈特强调，管理自身资产负债是央行的核心职能，比设定短期利率更为重要，后者或可授权他人去做。文章还探讨了央行和政府间的关系在下一阶段将如何变化。主要内容编译如下：

一、央行职能的历史演变

央行通常具有以下三大职能目标：在当前货币制度下(如金本位、盯住汇率或通胀目标制)保持物价稳定；维护金融稳定，促进金融发展；危机时期支持国家的融资需求，平日防止政府滥用金融权力。

虽然最早出现的央行多是因为战争筹资需求而成立，如英格兰银行和法兰西银行，但战时之外央行最受关注的还是其货币政策职能和金融稳定职能间的平衡关系。这种平衡关系相对稳定的三个时期是：19 世纪 40 年代至 1914 年的维多利亚/爱德华时代，20 世纪 30 年代至 60 年代的政府控制时期和 20 世纪 80 年代至 2007 年的市场主导时期。每个时期最终都被大事件颠覆，随之而来的是一段摸索建立新体制的过渡期。1914—1931(1933)年间就是一段混乱的过渡期。有观点认为，这期间爆发的一战不如大萧条对央行职能的影响显著，古德哈特对此表示不赞同：一战不仅打破了金本位，而且造成贸易等条件的改变，使得日后也无法重建金本位；而且，一战导致的失衡，如德国的赔款，也是大萧条的诱因之一。20 世纪 70 年代同样是一段摸索方向的时期，由政府控制货币政策向自由市场体制过渡。

而在本次金融危机之后，很可能进入央行职能发展的第四个时期。回顾历史有助于展望央行今后的发展方向。

(一) 推崇真实票据论的维多利亚时代

19 世纪的货币银行学家最关注的问题是如何在实行金本位的同时保持金融稳定，尤其是在危机状况下。因此就有了帕尔默规则(Palmer rule)、巴杰特规则(Bagehot rule)和真实票据论(real bills doctrine)。

真实票据论认为，由于真实票据以真实产出和贸易为基础，通过再贴现将其货币化不会产生通胀；而且真实票据通过商品的流通具有自偿性，不像融资性票据可能导致资产泡沫，带来通胀和通缩。

在维多利亚时代，政府财政通常只在战争时期才会出现赤字，因此，那时普遍认为政府债券没有真实产出或贸易基础。按照真实票据论，购买这样的国债和在公开市场操作中买卖融资性票据一样，应受到谴责。实际上，在大萧条中美联储不愿扩大购买美国国债的规模也是出于同样的原因——他们担心这样做会导致通胀。回顾这段历史的意义在于：当前某些经济学家宣称，央行应该进行公开市场操作购买国债——而历史已证明这种观点是错误的。

回顾真实票据论还有一个原因：它提供了联通货币政策和金融稳定的理论基础。基于“真实票据”的贴现和借贷能同时确保物价稳定和金融稳定。自维多利亚时代至今，还没有哪个理论能发挥这样的作用。也许应该让央行的单一利率工具承担双重责任：一方面稳定通胀和通胀预期，另一方面逆向调节资产价格和信贷波动。亦或应该再开发一套宏观审慎监管工具以单独调控金融稳定。

真实票据论的问题在于，它认为私人部门可以进行自我调节，具有内在稳定性。只要政府不进行错误的干预，产出总能回归均衡。大萧条摧毁了这一认识。通缩随之而来。

（二）央行服从于政府控制的时期(20 世纪 30 年代至 60 年代末)

大萧条到来和金本位崩溃标志着央行的巨大失败。在应对经济萧条和通缩的过程中，政府的作用逐渐提升。二战爆发后，政府通过直接配给而非价格机制来调控资源需求，随后在德国、瑞士和美国以外的多数国家，形成了由政府设定利率、政治家主导货币政策的局面。

在这一时期，各国政府普遍对金融体系加强管控。在战后的英国，为了推动投资和降低国债偿债成本，政府采取低利率政策，同时对银行贷款实行直接数量型管制以防信贷过度扩张，还采取了外汇管制、资本市场准入管制等措施。另一方面，基于 1929—1933 年金融危机的教训，多国推行反竞争改革，限制存款利率、中介业务范围、私人部门信贷等。管制之下的金融体系虽然安全但缺乏生气。

但是在这一段政府主导的时期，央行并非毫无影响力，其作用主要表现在三方面：

(1) 提供政策建议。由于央行对市场行为以及国内外货币政策的了解，其建议依然受到重视。例如，在 20 世纪 50 和 60 年代，由于实行布雷顿森林体系下可调整的盯住汇率制，外汇市场脆弱。在此背景下，英国的决策者会注意聆听英格兰银行的声音。

(2) 实施政府制定的各项管控措施。在这一时期，多家央行把大量人力投入实施各项管控的工作。20 世纪 60 年代，外汇管理部曾是英格兰银行人数最多的部门。

(3) 管理金融市场。这一时期英格兰银行的核心职能是管理三个至关重要的市场：国债市场、货币市场和外汇市场。虽然由政府决定各市场的重大政策方针，但具体策略的选择权仍在英格兰银行手中。

（三）市场主导时期(1980 年至 2007 年)

二战后早期被管制的金融体系显然缺乏效率，在市场压力下逐步瓦解。冲击首先来自 20 世纪 60 年代后期兴起的欧洲美元市场。虽然央行行长们试图通过国际清算银行(BIS)维护原有的管制，但欧洲美元市场势不可挡，为国际资本流动创造了条件。可调整的盯住汇率制遭遇严峻挑战，布雷顿森林体系最终于 1972—1973 年崩溃。

摆脱了盯住汇率制对增长的束缚，世界经济迎来了繁荣时期。20 世纪 70 年代，在高通胀之下，货币主义者和凯恩斯主义者在政策制定领域争论不休，直至 1979 年美联储主席沃尔克

(Volcker)实行非借入准备金制度。随后,多国开始采用货币总量目标。但是,由于货币增长与名义收入和通胀之间的关系存在短期不稳定性,货币目标很快被放弃。

1988年,一种全新的政策目标——通胀目标制在新西兰出现。古德哈特认为,通胀目标制下利率的设定完全可以交由财政部去做,而不必由央行承担。英国自1992—1993年实行通胀目标以来就一直由财政大臣掌握利率决定权,直至1997年英格兰银行获得操作自主权。但是,央行的操作自主权有助于确保通胀目标政策的可信度。与央行相比,财政部会面临利益冲突,例如,财政部长倾向于采取扩张性政策(尤其是在选举来临之际),出于偿付国债的考虑,他往往希望保持低利率。当前,国债负担有上升之势,因此,财政政策、债务管理和利率设定之间的协调将再度成为关注的焦点。

全球金融体系尤其是欧洲美元市场的发展,使银行业发生了根本改变。过去,银行的放贷能力取决于其持有的公共部门债券等流动资产。但是,随着欧洲美元市场和其他批发市场的兴起,银行有了融资来源,不再受到存款和流动资产的束缚。

资本也因此成了银行资产负债规模的决定性因素,同时给监管机构带来了麻烦。虽然增加资本能提高银行的安全性,却降低了其净资产收益率,因此,银行往往不会主动保有充足的资本。但另一方面,由于银行的规模和相互关联性,银行倒闭具有传染性,金融体系会受到各种自我放大机制的影响。

监管改革的催化剂是1982年的墨西哥、阿根廷、巴西危机。20世纪70年代,西方国家尤其是美国的银行充当中介,将石油出口国的资金拆往阿根廷、巴西等石油进口国,在当时实际利率偏低甚至为负的大环境下获利丰厚。但是,随着沃尔克的举措带来实际利率飙升,加之"主权国家不会违约"的信念被严重动摇,相关国家的主权债在二级市场的估值大跌,许多美国大银行陷入资不抵债。

正是在此背景下,美国决意加强银行资本。同时,为了不使本国银行因此对外国银行丧失竞争优势,美国向巴塞尔银行监管委员会(BCBS)施压,于1988年出台了银行资本的国际标准,即《巴塞尔协议Ⅰ》。《巴塞尔协议Ⅰ》规定的资本要求缺乏实证分析和理论依据,改进后推出的《巴塞尔协议Ⅱ》引入信用风险估值的内部评级法(IRB)来确定风险权重,但对于资本的界定未作重大改变。《巴塞尔协议》中隐含的观念是,银行只要达到了一定的资本要求就能确保其偿付能力,就不会出现流动性困难。2007年爆发的危机证明这一认识显然是错误的。

实际上,在危机到来前的几十年里,银行对私人部门的信贷扩张速度就一直高于存款的增长。为了融资,银行卖出公共部门债券,还从批发市场借入更多短期资金,并且将贷款证券化,导致风险敞口不断扩大。此外,杠杆过度也加剧了银行的脆弱性。而上述问题之所以未引起重视,一部分原因就在于《巴塞尔协议Ⅱ》的顺周期性和盯市会计制度导致银行的资本和盈利状况虚高,大多数银行家、监管者和评论家被繁荣的表象蒙蔽。

无论事后的指责是否有意义,此次金融危机的教训很可能对整个金融体系的运行和监管以及央行的作用与职能产生深远影响。

二、央行职能的新变化

2007年8月之前,央行似乎已经令货币政策操作尽善尽美。常规做法是给予央行调整官方短期利率的独立性,进而实现通胀目标。但现在以此方式实现通胀目标无法确保金融稳定。

因此，有必要另外设立一套宏观审慎监管工具，专门用于维护金融稳定。

央行应在维护金融稳定中发挥何作用？央行是否应负责系统性金融稳定工作？如果央行不承担系统性金融稳定职能，那么央行与系统性监管当局间应是何种关系？这些问题实际是研究央行职能变化的很好切入点，因为其答案取决于并能反映央行业务的精髓。

（一）央行业务的精髓

维护系统性稳定依靠一系列新颖的宏观审慎工具，例如资本、流动性以及杠杆比率等，而传统维稳方法主要依靠央行的贷款能力。央行或是作为最后贷款人向单个银行提供流动性支持，或是通过公开市场操作向整个市场注入流动性。如果央行继续承担流动性管理单一职责，同时设立一个无流动性管理权的金融稳定当局，那么问题将复杂化。由此推断，金融稳定当局应被赋予流动性管理权，但这暗示金融稳定当局将有权控制央行资产负债表。届时，金融稳定当局事实上将成为真正的央行。

英格兰银行前行长科博尔德（Cobbold）曾说过："央行是银行，并非研究团体"，意在强调央行业务的精髓在于其有能力通过控制资产负债表创造流动性。与流动性管理这一核心职能不同，设定官方利率并非央行核心业务。许多国家多年来一直由政客设定利率，而非央行。由谁设定利率并不重要，关键是如何设定，且需建立一个确实能平稳恢复供求平衡的反应机制。

如何发挥央行利率在市场上的作用曾是 19 世纪英格兰银行的主要关切之一。在常规情况下，央行货币管理部门的主要职责是实施公开市场操作，进而使市场利率与官方利率一致。然而，在金融动荡与危机时期，调节官方利率对流动性管理作用不大，这时需采取量化宽松、信贷宽松等非常规措施。如今，通过设定"利率走廊"来管理短期利率，央行在原则上可独立采取不同的流动性政策与利率政策。央行在公开市场操作中应买卖哪类资产是流动性管理中一个更具争议的话题。根据真实票据论，央行偏向于将私人部门的商业票据作为公开市场操作对象。但二战后，大多数央行偏爱在公开市场买卖短期国债、票据和短期债券。此外，瑞士和香港等经济体不必大力发展自己的政府债市场，他们有时通过外汇等其他类资产管理流动性。

不论公开市场操作哪类资产，其均可能影响财政，因此由央行负责公开市场操作，旨在避免政客决策时受到利益冲突影响。但人们不应过于关注央行操作对财政的影响，而应关注其操作对相对价格的扭曲程度及产生的分配效应。

（二）央行与政府的合作

标准通胀目标制下，央行可独立设定利率。但在实现金融稳定目标过程中，央行无法拥有独立性，需与政府在多个方面协同作战。

1. 银行税

目前政府财政紧张，银行备受诟病，征收银行税可被视为平等换取纳税人对银行及金融体系支持的合理举措。

有学者指出，政府征收银行税时，有关措施可能过于严厉，进而阻碍银行体系发挥媒介与资源配置功能。鉴于此，可考虑采用在低基础税率上加附加税的做法。其中，附加税是一个由宏观审慎委员会确定的变量，央行应在该委员会中发挥重要作用。基础税率与附加税所得归政府所有。鉴于银行税定会对金融稳定产生影响，因此有必要在开征前彻底了解其与金融稳定目标间的关系。

2. 制裁措施

BCBS不具正式法律地位，只会向央行行长们提出意见与建议。行长们将此理解为应由各国自己决定如何落实资本充足率等各项标准，而非巴塞尔银行监管委员会。由于缺乏严格的惩罚措施，巴塞尔标准被各方视为需时刻遵守的最低标准。鉴于此，巴塞尔银行监管委员会与金融稳定理事会等机构应果断针对不达标行为提出制裁建议，从而改善相关标准的执行情况。但银行税等税收类制裁措施的实施取决于各国民主立法制度与法治情况。因此，各国系统性监管当局必须与政府合作，共同商讨合理的制裁措施。

3. 债务管理

英格兰银行的一个主要职能是管理国家债务。但随着债务水平下降，债务管理逐渐成为一项常规工作。其他国家情况基本类似。在此背景下，很少有人注意到前财政大臣戈登·布朗(Gordon Brown)于1997年将债务管理工作移交一个独立的专业性债务管理办公室。

然而，目前许多国家的债务水平或将急剧攀升，再次考验市场参与者的信心。债务管理不能再被视为可交由某一独立机构完成的常规工作，而是一项既涉及货币政策，又与财政相关的管理工作。当市场出现困境时，国债市场很可能随之受到影响，这时应将总体财政策略与高明的市场战术相结合。后者是央行的专长。未来，应鼓励央行重新承担国债管理职能。

4. 银行处置

央行无法提供资本，只能提供流动性。如果不允许对某家问题银行进行清算，且无法从市场获得更多资本，那么唯一的救助办法是使用纳税人的钱。只要有可能使用纳税人的钱，政府就必须时刻参与银行处置工作。

当然，如果不存在“太大而不能倒”的问题，政治当局则不必过多参与处置工作。为避免“太大而不能倒”的问题，美国参议员多德的法案强调：一是提前制定好“生前预嘱”和“葬礼计划”；二是建立一个由银行出资成立的“有序清算基金”；三是按优先顺序，对有担保与无担保债权人实施扣减。然而，在可预见的未来，政府仍将为具有系统重要性的金融机构提供安全保障。作为最终保险人，政府希望且需要与负责系统性稳定当局保持紧密联系。

5. 设定利率

流动性管理是维护系统性稳定不可或缺的工作，也是央行业务的核心。因此，管理系统性稳定的机构实际上应该是央行。但央行没必要负责设定利率。

赞成将利率设定职能从央行剥离的观点认为，设定利率需央行具有独立性，但管理系统性稳定需央行与政府合作，而且集多项职能于一身易造成利益冲突。但是，在古德哈特看来较有说服力的观点是，同时赋予央行利率设定、流动性管理和未来的宏观审慎监管职能会导致央行这一非选举产生的机构权力过大。反对者则认为，利率设定与流动性管理两者间关联紧密，互为配合，不宜分置。

(三) 央行与国内外监管当局的合作

当监管侧重点不同时，有必要从两个不同视角观察大型系统性金融中介机构。因此，不应将所有监管职能集于一家机构。如果央行既负责设定利率，又负责流动性管理与系统性稳定，那么不应赋予其微观审慎监管职能。如将设定利率的职能剥离，央行则可同时承担宏观审慎与微观审慎监管。即便如此，央行也应回避消费者保护等问题。如果宏观、微观审慎职能被分开，金融中介机构的处置工作应由微观审慎监管当局或其他专业机构负责。

发达国家可能有若干监管机构，这时可能需要成立一个监管协调委员会。在正常情况下讨论危机预防问题时，委员会应由央行行长牵头；在危机时期讨论危机的应对措施时，委员会应由相关部长牵头。

全球监管协调更加困难。其根本问题是面对跨境金融交易，相关监管法律框架与财政支持仍停留在国家层面。为解决该问题，可考虑：一是禁止跨境金融交易，但这将引起大多数跨境金融中介机构和单一欧洲市场支持者的强烈反感；二是建立一套统一的、与跨境金融机构处置相关的法律，并就分担财政负担达成一致。如无法达成一致，跨境金融危机的应对工作将一直是项危险任务。

三、下一时期央行职能的定位

(一) 金融业的结构性变化

20 世纪 30 年代至 60 年代，政府对金融业的直接干预深远，金融业的结构主要取决于管制和控制。1979—2007 年，政府只负责制定总体框架，金融业的结构性变化由市场机制和创新决定。然而，现在又正朝着第二个时期的干预主义回归。也许下一个时期的干预措施会减少使用直接数量型工具，更多依赖价格机制。但此类干预仍将决定金融体系未来的结构性变化。

当前关于系统性监管的讨论只是在总结过去，这点令人担忧。相关当局应进行前瞻性思考，考虑如何构建理想的金融体系。由于央行认为自身应在确定金融体系结构中发挥作用，因此过去常关注此类结构性问题，但近期回避了该项工作。随着向政府(与央行)加强市场干预时期回归，央行应加强对结构性问题的理解与参与。

(二) 第四时期

第一时期和第三时期中央银行业的特点是：货币机制(金本位和通胀目标制)相当成功、央行依靠市场机制且具有独立性。一战后，第一时期在 1929—1933 年的大萧条中终结，通货紧缩导致政府成为主导力量，央行发挥辅助作用。现在，很有可能正在步入第四时期。这一阶段，很可能出现倒退至第二时期的情况。央行不应处于从属地位，也许应与政府建立更加平等的合作。

未来，央行与政府合作的范围与规模可能扩大。加强双方的合作不一定影响央行设定利率的独立性，但一些人可能更希望将设定利率的职能划分给一个独立的、由经济学家组成的研究团体。然而，科博尔德的名言是有道理的——不能将研究团体与央行混为一谈。

(刘孜群　陈　松　邵勉也　陆　屹)

西班牙央行行长奥德内兹对国内银行业改革情况的总结[①]

西班牙财政部计划于本周四拍卖主权债券，分析认为该国可能在不久后需要国际纾困。欧盟和德国官员也表示，既便仅针对西班牙银行体系提出纾困方案，也将会附带条件和国际监督。但西班牙在急于获取欧盟的资金，以对一些痛苦挣扎的银行进行资本重组的同时，又避免外界干预，以防欧盟和国际货币基金组织(IMF)强加苛刻的条件。

近来西班牙债务规模不断攀升，银行业正面临重大的融资问题。西班牙银行业的风险可能对欧元区经济造成严重的负面影响。在此背景下，我们对此次金融危机以来西班牙银行业状况和改革进程的情况进行跟踪。主要内容如下，供参考。

一、危机对西班牙银行业的影响

1996年到金融危机前，西班牙宏观经济金融失衡状况日趋严重，外部赤字扩大，私人债务高企，房地产泡沫形成。与此同时，银行业规模扩张，突出表现为信贷快速增长，金融分支机构和人员数量迅速上升。危机前的2006年，有迹象表明这一轮债务危机已开始显现。由此可见，危机来袭之际，西班牙经济已经清楚暴露出某些弱点。

起初，国际金融危机没有对西班牙的金融体系造成严重的直接影响，因为西班牙的银行对美国次贷相关资产的敞口微不足道。这主要得益于该国银行业普遍采取的经营模式以及西班牙央行的监管。在银行风险整合等方面，西班牙监管当局比其他国家要求更严格。

但是，危机令西班牙银行业出现融资困难。由于该国经济对外赤字高，资金供给尤为重要。再加上全球经济增长放缓，西班牙经济随之进一步减速。

二、随危机的演变西班牙银行业的弱点显露

面对危机，西班牙银行业主要的优势之一是没有介入与美国次贷相关的复杂金融产品。此外，该国最大的几家银行比较稳健，业务多元化有利于分散风险，这一点对于其金融体系近年来保持稳定至关重要。

但随着危机的演变，西班牙银行体系暴露出六方面的结构性弱点：一是行业内部四分五裂，数量众多的小型金融机构难以从市场融资，也难以达到应对危机的监管要求；二是银行业明显存在产能过剩，应降低产能以适应银行业务活动大幅回落的形势；三是银行资产负债表扩张的同时，风险过度集中在房地产领域；四是过度依赖国际金融市场进行融资易产生风险；五

① 主要内容根据2012年5月22日西班牙央行行长奥德内兹(Miguel Fernández Ordóñez)在IIF/BdE高级研讨会上就西班牙银行业改革发表的演讲整理。

是储蓄银行业问题凸显。其结构性弱点源于其特殊的所有制和公司治理结构，这些弱点导致其无法从市场筹得高质量资本，治理水平和管理机构的专业化都受到影响，也无法将其置于市场约束之下；六是西班牙在监管和制度框架方面存在种种薄弱环节，妨碍了危机管理。例如，银行处置规章没有按照欧元区的要求加以改进，对储蓄银行的潜在问题未制定相应的措施。

三、西班牙银行业改革的原则与措施

在受到上述结构性问题影响的同时，西班牙银行业经历了一连串危机的考验，首先是国际金融危机，然后是西班牙自身的危机，最后是欧元区主权债务危机。这些危机相互重叠、关联，需要银行和监管部门共同努力来加以应对。

西班牙银行业改革有五个原则：一是纠正西班牙银行业规模过大、构成过散的问题；二是清理银行资产负债表以处置与房地产相关的资产，为资本重组创造有利条件，避免形成永久结构性问题；三是着力提高透明度以恢复外界对银行体系的信心，如，公布潜在风险较高的敞口，要求所有相关银行参加压力测试，通过增加优质资本改善银行偿付能力；四是重点解决储蓄银行的结构性问题，通过推行监管新规改变其治理和所有权结构，鼓励其转型为商业银行；五是尽量降低纳税人为银行重组付出的代价，尽可能采用私人部门解决方案。

需强调的是，西班牙政府无意对所有银行实行全面资本重组，而是提倡进行资产负债表清理，推动采用私人部门解决方案，尽量少动用公共资金。这一策略的缺点是较为复杂、耗时，优点是能够对行业进行深入重组，并且可避免因大规模注入公共资金而危及公共财政可持续性。欧元区的另一个国家已经出现此类问题。

自危机开始至 2012 年初，计提拨备已超过 GDP 的 10%；银行通过大幅提高资本金增强了偿付能力；大多数储蓄银行已经转型为商业银行；最薄弱的银行大多已被并入较稳健的机构(已减少 2 家银行和 28 家储蓄银行)；以资产衡量，银行的平均规模已增长两倍。

欧洲央行推出的长期再融资操作(LTRO)对缓解中短期融资和流动性风险发挥了重要作用。欧洲央行的措施之外，值得一提的是，2012 年 2 月西班牙通过了新的皇家法令(Royal Decree-Law)，该法令大大提高了对银行的拨备和资本要求，有助于改善对西班牙金融业的信心，特别是消除对房地产相关资产的疑虑。

四、最新举措与结论

针对西班牙银行业长期存在的不确定性，新近采取的措施包括：第一，加速清理所有银行资产负债表，增强其偿付能力。对目前“无问题”的建筑及房地产开发类贷款的拨备要求大幅提高，以防范可能出现的风险。如果银行经过上述清理出现资本金不足，须通过市场融资补充资本，或者向银行重组基金(FROB)申请援助，是否给予援助视重组计划而定。第二，为了提高资产透明度，允许银行从资产负债表中剥离止赎的问题资产，将其移交新的资产管理公司，还决定聘请独立专家协助评估整个银行业资产。

总的说来，西班牙围绕重组、清理、增强偿付力和提高透明度所采取的各项金融改革措施应有助于消除外界对西班牙银行体系的不信任。一方面，改善透明度有助于相关各方就西班牙银行业资产质量形成共同判断；另一方面，如此规模的资产负债表清理、整固有助于确保银行体系在任何风险状况下的稳健性。最终，稳健的银行体系才能为经济复苏提供支持。

（邵勉也）

《撒哈拉以南非洲地区经济展望》(国际货币基金组织 2012 年 5 月)观点综述[①]

2012 年 5 月,国际货币基金组织(IMF)发布了最新的《撒哈拉以南非洲地区经济展望》。报告认为,撒哈拉以南非洲地区在全球经济不确定背景下,将保持增长态势。报告还讨论了全球金融危机对撒哈拉以南非洲银行业的影响,以及该地区资源出口国近期经济表现。

一、在全球不确定环境中保持增长

(一) 整体经济保持较快增长

尽管全球经济疲软,撒哈拉以南非洲地区国家继续保持较快经济增长,2011 年经济增长率达 5%。由于新资源不断被发现,以及西非地区经济复苏,预计 2012 年撒哈拉以南非洲地区将维持经济增长势头,增长率达 5.5%。预计通胀预期将有所减弱。

(二) 未来主要风险

该地区经济增长面临的主要风险包括:欧债危机溢出效应导致全球经济进一步放缓,地缘政治冲突加大导致油价大幅攀升。前者将对区域内 2012 年和 2013 年经济增长产生影响,后者则对区域内通胀构成挑战。

(三) 宏观政策建议

尽管不同国家的政策药方有很大差异,所有国家都需加强政策缓冲,以应对未来宏观经济波动。与此同时,在实施反周期政策时,区内国家应注意保持不同政策之间的一致性。对于那些需要治理通胀的国家,应继续实施紧缩的财政政策。

二、银行业整体健康,欧债危机对区内银行体系影响不大

(一) 区内未有发生银行业危机的风险

2008—2009 年的全球金融危机以及近期的欧债危机,对于撒哈拉以南非洲地区产生了一定影响。但区内大部分国家银行体系在这场压力测试下表现稳健。尽管贷款质量、盈利水平和银行流动性受到一定影响,但不会形成危机。由于区内银行业的海外资产和负债规模较小,全球金融危机对于撒哈拉以南非洲地区的影响主要是间接的。大部分银行跨国负债较少,主要依赖本国融资,并保持了良好的流动性。在所有间接影响机制中,最重要的是全球经济和贸易增长放缓影响大宗商品价格和外部需求的变化,进而影响到区内经济,直至银行资产质量。

2008—2009 年金融危机对于区内宏观经济影响明显,但持续时间较短。汇率大幅波动对部分国家银行和企业的汇率敞口构成威胁,尤其是对美元化程度较大的国家更是如此。近期

① 本文根据基金组织 2012 年 5 月的《撒哈拉以南非洲地区经济展望》编译。

欧债危机对区内宏观经济的影响则相对较小,首要原因是 2012 年以来全球经济和贸易增长放缓情况要好于 2008—2009 年,其次是区内银行体系的全球一体化程度不高,这限制了银行体系对国际金融市场的风险敞口。但考虑到欧债危机有长期化趋势,未来区内银行资产质量有进一步恶化可能。

(二) 尽管外部环境变化不会直接威胁到区内银行体系,但该地区维护金融稳定形势不容乐观

在有关巴塞尔核心资本充足率的评估中,撒哈拉以南非洲地区有 16 个国家情况良好,但其他国家仍存在不少问题。

区内一些国家的私人部门贷款增长较快,虽然这可能反映了金融深化的效果,但同时也显露出未来可能存在银行资产质量下降风险。

在过去几年,泛非银行集团区内扩张较快。他们在许多东道国掌握了较大份额的国内存款。这将引起银行业竞争加剧,并对金融监管提出更高要求。

撒哈拉以南非洲地区的银行业在欧洲银行中持有一些资产头寸,因此其海外资产有可能受损。

(三) 政策建议

(1) 政府应继续加强监管能力和金融部门的韧性。信贷增长较快国家的当务之急是对银行实施近距离监管。

(2) 泛非银行集团的发展,要求开展区域监管合作,以确保这些银行受到综合监管。在区域监管合作中,应引入限制风险在区域内传播的机制。

(3) 考虑到欧债危机的长期性,监管当局应对商业银行和中央银行有关海外投资的业务进行全面评估。

(4) 宏观经济发展对非洲地区金融稳定的影响,应该进行更深入的评估,国际金融组织在这方面可发挥协助作用。加强区内金融体系规模较大的国家之间的合作,将有助于增进系统风险评估能力。

三、区域内资源出口国近期表现及面临的挑战

撒哈拉以南地区半数国家为资源出口国。在过去十年中,受大宗商品价格上涨以及新发现资源的影响,资源出口国家经济保持快速增长。财政收入依赖资源出口的国家比区域内其他国家经历了更大的波动。

(一) 资源出口国的基本情况

在 45 个撒哈拉以南非洲地区国家中,有 20 个国家是资源出口国,其余 25 国是农产品出口国。20 个资源出口国的类型包括:石油出口国 7 个,黄金、钻石以及其他宝石出口国 9 个,基础金属出口国 2 个,混合矿藏出口国 2 个。在全部资源出口国中有 10 个国家的财政主要依赖于资源出口——即五分之一以上财政收入来自资源出口,而其他资源出口国(除马里之外)的资源出口收入对财政的贡献都小于 15%。

1. 2000—2011 年资源出口国人均 GDP 增长相对较快

不同于 20 世纪 80 年代和 90 年代所谓的“资源诅咒”,自 2000 年以来,资源出口国的人均 GDP 增长明显快于其他撒哈拉以南非洲地区国家,财政主要依赖资源出口国的增长率则更

高。主因是全球大宗商品价格高涨，以及大量新资源被发现。

2. 出口情况及实际汇率

2000年以来，区内资源出口国汇率总体小幅升值。对于石油出口国、铜和铜矿石出口国（赞比亚），实际汇率与出口价格成正向关系，但黄金出口国和其他类资源出口国的，出口价格增长，并没有伴随明显的汇率升值。

资源出口国中，大部分非资源出口增长较弱，刚果共和国因农产品出口发达是例外。非资源类产品出口增长相对较多的资源出口国，其财政对资源出口依赖较小。资源价格上涨和新资源发现，会导致一国实际汇率上升，进而影响其他产品出口，而资源类产品逐步枯竭，会导致汇率疲软，进而促进其他产品出口。

3. 公共财政情况

财政主要依赖资源出口的国家，其资源出口方面获得的收入要远大于其他行业的出口，而普通资源出口国则差异不明显。资源出口国非资源出口带来的财政收入占总收入的比例要低于其他非资源出口国，甚至低于区域之外资源出口国的水平。

4. 宏观经济波动性

资源出口国的出口价格波动明显大于非资源出口国。但这仅对财政主要依赖资源出口的国家的宏观经济带来较大影响。

5. 资源出口国的各项社会指标

国际经验表明，拥有丰富资源的发展中国家，并不一定比普通发展中国家拥有较低的贫困率和较高的社会发展指标。许多时候，资源出口国的资源收入主要被国内少部分精英阶层获取，全社会的福利增加反而不明显。由于外国投资者获得了大量资源开采收益，部分资源出口国的国内生产总值与国民总收入之间的差异较大。尽管资源出口国的人均国民收入高于非资源出口国，但其在人类发展指数方面的得分并没有明显高于其他非资源出口国。究其原因在于，相对于资源丰富度，一国的制度质量更为重要。另外，国别研究表明，较快的经济增长并不一定意味着较快的社会总体福利改善。

6. 制度质量和资源丰富程度

良好的制度通过为私人部门提供稳定的环境，减少寻租行为等，有助于经济增长。但在撒哈拉以南非洲地区国家中，资源依赖程度与制度质量呈负相关性。具体原因并不清楚，像刚果、安哥拉这样自然资源丰富的国家，也许是因资源丰富而导致内部争斗，也许因内战本身导致国内制度环境恶劣。不过让人振奋的是，近十年来，资源丰富国家的制度环境改善速度相对较快。

（二）资源出口国宏观经济管理

1. 宏观经济政策框架

区内的财政依赖资源型国家实施了一系列平稳财政收支政策。一些国家的年度财政预算，对资源出口价格实行保守预估，一些国家引入了储蓄或稳定基金计划。IMF也一直在帮助这些国家建立合适的财政预算框架，来应对资源出口波动。部分国家建立明确的财政框架为未来储备资金，或通过建立缓冲基金，让财政预算独立于收入波动。没有通过立法方式建立正式预算规则的国家，也通过各种其他方式保障宏观经济稳定和合理的储蓄/投资比率。

2. 收入波动管理

资源出口国收入波动主要来源于资源出口。当资源出口增加时,政府收入增多,于是增加投资推动经济繁荣;然而当资源出口减少时,政府收入急剧减少,导致投资减少并引起经济进一步紧缩。可喜的是,财政依赖资源型国家的财政支出与资源出口之间的相关性并不大。尼日利亚经验表明,在油价飞涨时期建立额外的储蓄账户,为油价大幅下跌时期提供补贴,是较好的制度安排。别国经验还表明,当实施有力的财政预算框架后,政府对资源收入波动性管理的效率将大大提高。

3. 外汇储备管理

由于出口波动较大,资源出口国应持有超过平均水平的外汇储备规模。实行盯住汇率制度的国家,应持有比实行浮动汇率制国家更多的外汇储备。当前区域内各国外汇储备水平普遍偏低。

4. 财政可持续性与资源出口收入

低收入国家应如何使用资源出口带来的财政收入,一直存在许多争议。有人认为应留存一部分供后代使用。也有人认为,后代的生活肯定好过当代人,因此不必过多为后代担心。提高低收入国家储蓄率,还应考虑该国吸收投资的能力。研究表明,在现有资源条件下,低收入的资源出口国,其赤字水平在未来 30 年很难维持可持续发展水平。因此,资源出口国还应注意增加非资源类财政收入。

(三) 结论

(1) 受大宗商品价格上涨和新发现资源的影响,撒哈拉以南非洲地区的资源出口国,其人均 GDP 在过去十年的增速要快于非资源出口国。

(2) 财政主要依赖资源出口国家,其宏观不稳定情况较为明显。当资源出口带来的财政收入大幅增长时,财政支出增幅也很大,但增幅较 2000 年以前的水平要低。当前财政政策的周期性和腐败现象,较过去明显改善。

(3) 资源出口国已意识到,应更透明地管理资源出口收入,其中大部分国家加入了采掘业透明组织(EITI,Extractive Industries Transparency Initiative)。

(4) 建立应对经济波动的宏观政策框架,是区内国家的一项重要任务。在财政政策制定过程中,较完善的政策框架和规则,要比相机抉择机制更有利于维护经济稳定。

(5) 建立足够的外汇储备缓冲来应对大宗商品价格波动应作为宏观政策框架中的重要内容。合理的外汇储备,要根据各国实际加以确定,但总体看来,在经过了 2009 年大宗商品价格剧烈波动之后,多数国家都应补充外汇储备。

(6) 资源出口国财政平衡是有时间维度的,在一定时间内,资源将被开采完,因此资源出口国在享用资源出口带来好处的同时,应提前考虑资源开采完后该如何发展经济。

(刘长青)

第六部分

专题研究

利率市场化背景下金融机构系统性风险研究

2012年6月和7月，中国人民银行连续两次放宽存贷款基准利率浮动范围，同时在《2012中国金融稳定报告》中宣布，未来将进一步探索推进利率市场化的有效途径。利率市场化是中国金融体制改革的必由之路，但是历史经验表明，利率市场改革也充满了风险，并不总是一帆风顺。利率市场化改革对于中国金融机构的行为有重要的影响，将给中国金融机构系统性风险带来重大变化。要成功推进利率市场化改革，必须先准确把握利率市场化所带来的系统性风险。只有全面地认识利率市场化背景下金融机构的系统性风险，央行才能找出推进利率市场化的正确方法和路径。为此，课题组深入分析和调研了当前利率市场化所处的阶段以及未来金融机构可能的应对战略，揭示出在当前宏观经济形势下，利率市场化对金融系统性风险的影响，认为，近期推进利率市场化的系统性风险可控，并有针对性地提出了五点推进利率市场化的政策建议。课题分为四个部分，第一部分是中国利率市场化的现状，重点对中国利率市场化的阶段作出判断，认为中国利率市场化已有坚实的基础。第二部分是分析不同类型金融机构应对利率市场化的战略，认为利率市场化将缩小当前利差，增大银行间的竞争，对中小银行以及影子银行体系产生较大的压力，而对大中型金融机构影响相对较小。第三部分是综合评判利率市场化所带来的金融机构系统性风险。认为利率市场化增加了银行体系的系统脆弱性，增加了资产价格大幅波动的概率，加大了宏观调控的难度，但它对资产价格的影响为中性，减少了影子银行业过度膨胀带来的风险，其风险总体可控。第四部分是政策建议。认为中国利率市场化改革已经完成大半，进一步推进利率市场化改革带来的金融机构系统性风险基本可控，因此应抓住历史机遇，加快推进利率市场化改革，实现金融体制的转型。进一步提高金融机构风险定价和管理能力，完善利率传导机制；完善中央银行市场化利率调控机制；加快推动存款保险制度以及金融机构退出机制建设。

一、当前利率市场化程度判断

利率市场化，指利率不再由货币当局直接决定，而由市场自由决定的过程。利率市场化包括两个方面：一是利率决定方式的市场化，即利率的品种结构、风险结构、期限结构以及利率水平由资金供需双方依据市场供求状况通过交易决定。二是利率管理方式的市场化，即货币当局对利率的管理，除了确定基准利率外，主要通过市场机制来干预利率走势。利率市场化意味着利率作为资金价格信号可以有效调节资源的配置，利率市场化涵盖的范围是全部融资活动，包括间接融资和直接融资。因此，利率市场化的程度包括，各类金融市场的市场化程度以及相关制度安排的完善程度。

利率市场化是一个系统工程，包括存贷款市场、货币市场、债券市场、外汇市场、资产证券化市场等一系列子市场的市场机制的培育，此外还包括，合格金融市场主体的培育，金融当局为适应利率市场化在货币政策执行和金融监管领域的制度建设等。研究利率市场化对于金融机构系统性风险的影响，首先要把握当前中国利率市场化的程度。

(一) 中国利率市场化改革历程

早在20世纪90年代，我国就开始讨论利率市场化改革。1995年《中国人民银行关于"九五"时期深化利率改革的方案》初步提出利率市场化改革的基本思路。1996年以来，中国利率市场化改革以放开同业拆借利率为起点正式启动。2002年中国人民银行在《中国货币政策执行报告》中首次提出了利率市场化改革总体思路："先外币、后本币；先贷款、后存款；先长期、大额，后短期、小额。"

表1　中国利率市场化改革进程

1996年6月	放开银行间同业拆借市场利率。
1997年6月	银行间债券市场正式启动，同时放开了债券市场债券回购和现券交易利率。
1998年3月	改革再贴现利率及贴现利率的生成机制，放开贴现和转贴现利率。
1998年9月	放开了政策性银行金融债券市场化发行利率。
1998年10月	将金融机构对小企业的贷款利率浮动幅度由10%扩大到20%，农村信用社的贷款利率最高上浮幅度由40%扩大到50%，大中型企业贷款利率最高上浮幅度10%不变。
1999年9月	国债在银行间债券市场利率招标发行。
1999年10月	对保险公司大额定期存款实行协议利率，对保险公司3 000万元以上、5年以上大额定期存款，实行保险公司与商业银行双方协商利率的办法。
1999年	允许县以下金融机构贷款利率最高可上浮30%，将对小企业贷款利率最高可上浮30%的规定扩大到所有中型企业。
2000年9月	实行外汇利率管理体制改革，放开外币贷款利率；300万美元以上的大额外币存款利率由金融机构与客户协商确定。
2002年	扩大农村信用社利率改革试点范国，进一步扩大农信社利率浮动幅度。
2003年7月	中国人民银行放开了境内英镑、瑞士法郎、加拿大元的小额存款利率管理，由各商业银行自行确定并公布。至此，由中国人民银行制定并公布小额存款利率的外币币种由7种减少为4种，即美元、欧元、港元和日元。
2003年12月	自2004年1月1日起，商业银行、城市信用社贷款利率的浮动区间上限扩大到贷款基准利率的1.7倍，农信社贷款利率的浮动区间上限扩大到货款基准利率的2倍，金融机构贷款利率的浮动区间下限保持为货款基准利率的0.9倍不变。同时推出一系列扩大商业银行贷款定价自主权的措施：放开贷款计、结息方式，由银企双方协商确定；人民币中、长期贷款利率由原来的"一年一定"，改为由借贷双方按商业原则确定，可在合同期间按月、按季、按年调整，也可采用固定利率的确定方式；人民币5年期以上档次贷款利率，由金融机构参照人民银行公布的5年期以上贷款利率自主确定。
2004年3月	实行再贷款(再贴现)浮息制度。

续 表

2004 年 10 月	进一步放宽金融机构贷款利率浮动区间，同时允许存款利率下浮。金融机构(不含城乡信用社)的贷款利率原则上不再设定上限，贷款利率下限仍为基准利率 0.9 倍。城乡信用社贷款利率仍实行上限管理，最高上浮系数为贷款基准利率的 2.3 倍。所有存款类金融机构对其吸收的人民币存款利率，可在不超过各档次存款基准利率的范围内浮动。存款利率不能上浮。
2005 年 3 月	放开金融机构同业存款利率。
2006 年 8 月	为进一步推进商业性个人住房贷款利率市场化，商业性个人住房货款利率的下限由贷款基准利率的 0.9 倍扩大为 0.85 倍，其他商业性贷款利率下限保持 0.9 倍不变。
2007 年 1 月	开始公布上海银行间同业拆放利率，作为中国货币市场基准利率。
2008 年 10 月	为刺激居民房地产需求，商业性个人住房贷款利率的下限由贷款基准利率的 0.85 倍扩大为 0.7 倍。
2012 年 6 月	(1) 将金融机构存款利率浮动区间的上限调整为基准利率的 1.1 倍；(2)将金融机构贷款利率浮动区间的下限调整为基准利率的 0.8 倍。
2012 年 7 月	将金融机构贷款浮动区间的下限调整为利率的 0.7 倍，个人住房贷款利率浮动区间不作调整。

2004 年 10 月，中国利率市场化实现了“贷款利率管下限、存款利率管上限”的阶段目标。2004 年之后，SHIBOR 在金融市场定价中的作用日益增加。利率调控由过去单一依靠存贷款利率调整转向存贷款基准利率调整与引导市场利率并重。但存款利率上限和贷款利率下限管理一直未被突破，利率市场化进入了一个相对审慎阶段。

(二) 中国利率市场化的现状

2012 年 6 月和 7 月，中国人民银行两次调整了存贷款利率浮动的范围，再次引发了各界对于利率市场化改革提速的猜测。为了把握我国利率市场化的发展现状，本文拟从：(1) 存贷款市场；(2) 货币市场；(3) 债券市场；(4) 外汇市场；(5) 金融资产转让市场；(6) 央行利率管理机制；(7) 利率市场化配套制度七个方面先对中国利率市场化程度加以分析和判断。

1. *存贷款市场化程度判断*

商业银行在我国金融体系中占有绝对优势，2012 年一季度银行信贷仍占到社会融资总量的 63.5%。因此考察利率市场化首先得看商业银行存贷款业务的市场化程度。

现状：**“存款利率有上限，贷款利率有下限”**。下表为 2012 年 4 月我国商业银行执行的利率表。由表中数据可以看出，1 年期存贷款法定利差为 3.15%。

表 2　2012 年 12 月商业银行利率表

存 款 利 率	年 利 率 (%)
一、城乡居民及单位存款	
(一) 活期	0.35
(二) 定期	
1. 整存整取	

续 表

存款利率	年利率(%)
3个月	2.6
半年	2.8
1年	3.00
2年	3.75
3年	4.25
5年	4.75
2.零存整取、整存零取、存本取息	
1年	2.85
3年	2.90
5年	3.10
3.定活两便	按1年以内定期整存整取同档次利率打6折
二、协定存款	1.15
三、通知存款	
1天	0.80
7天	1.35
贷款利率	年利率(%)
一、短期贷款	
6个月(含)	5.6
6个月至1年(含)	6.00
二、中长期贷款	
1至3年(含)	6.15
3至5年(含)	6.40
5年以上	6.55
三、贴现	以再贴现利率为下限加点确定

存款方面，目前仅有特定的大额定期存单(中资金融机构和中资保险公司、全国社会保障基金理事会、邮政储蓄办理的3年或5年期以上、金额3 000万元以上的人民币存款品种)可协商确定利率。2012年6月，存款利率区间上浮幅度改为1.1倍。

但作为存款利率市场化的替代，商业银行理财产品发展迅速。中国银行业协会数据显示，截至2012年9月，我国理财产品资金余额为6.73万亿元，比2011年末4.59万亿元增长了近47%。2012年前三季度，我国社会融资规模11.73万亿，银行理财产品占同期社会融资规模比例达到18%。

贷款方面，人民币贷款利率市场化改革的总体思路是先扩大贷款利率上浮幅度，再放开贷款利率上限。2003 年前，银行贷款定价权浮动范围限 30%以内。2004 年贷款上浮范围扩大到基准利率的 1.7 倍。2004 年 10 月，贷款上浮取消封顶，下浮的幅度为基准利率的 0.9 倍，目前为 0.7 倍。我国金融机构人民币贷款利率已经基本过渡到上限放开，实行下限管理的阶段。

从商业银行贷款定价方式来看，大多银行是根据中国人民银行公布的基准利率，结合银行内部对借款客户评定的信用等级、贷款风险状况以及客户综合贡献度等因素，在允许的浮动范围内确定贷款利率。根据中国人民银行对全国金融机构 2004 年到 2005 年第三季度末扩大人民币贷款利率浮动区间的政策效果的调查统计显示，商业银行对于优质企业的议价能力在逐步下降，具体表现为：贷款利率上浮比例逐渐下降，下浮比例逐步上升。从调研情况来看，贷款定价对货币市场资金供求变动状况缺乏敏感。SHIBOR 在银行贷款定价中并未发挥基准利率的作用。

2. 货币市场市场化程度判断

中国货币市场包括，同业拆借市场、债券回购市场、短期融资市场。自 1996 年我国开放了银行间同业拆借市场利率以来，货币市场利率市场化程度不断完善。市场交易活跃，市场规模继续保持较快增长，利率波动幅度逐步增大。SHIBOR 逐步成为我国货币市场中重要的指标性利率，在浮动利率债券以及衍生产品方面发挥了定价基准的作用，并为拆借及回购交易、票据、短期融资券等产品提供了定价参考。

2011 年，中国同业拆借市场累计成交 33.44 万亿元，日均成交1 337亿元，同比增长 19.91%。全年加权平均利率为 3.97%，同比上升 180 个基点。2011 年，同业拆借市场交易主体仍以银行类金融机构为主。股份制商业银行的交易量占比最大，为 42.94%；其次是四大国有商业银行，为 16.83%；城市商业银行占 16.58%，外资银行占 8.5%，非银行金融机构交易量占比总体较小。

2011 年，银行间债券回购市场累计成交 99.46 万亿元，同比增长 13.54%。其中，质押式回购累计成交 96.66 万亿元，同比增长 14.19%；买断式回购累计成交 2.79 万亿元，同比减少 5.10%。据测算，2011 年，同业拆借与质押式回购的日加权平均利率序列相关系数为0.994 5，与同业拆借利率高度同步。

2011 年，短期融资券一级市场发行总量持续增长，发行利率更加市场化。发行主体主要以高信用等级机构为主。二级市场交易活跃累计现券交易 5.8 万亿元，较 2010 年上升 30.93%。票据交易市场也保持活跃。

由于货币市场参与主体相对单一，各子市场发展失衡和市场分割现象较严重等问题，货币市场基准利率并不能全面、真实地反映各微观市场主体资金供需状况。通过干预货币市场利率影响宏观经济的渠道并不畅通。货币市场利率无法直接影响存贷款利率。存贷款利率的调整对于货币市场利率的影响也具有非对称性，主要表现为，降息会使市场利率下降，加息却对短期市场利率产生显著的负向效应。这些都限制了货币市场利率在金融定价中发挥更大的作用。

3. 债券市场化程度判断

从 1988 年财政部在全国 61 个城市进行国债流通转让试点开始，中国债券市场经过二十几年的发展，债券品种日益丰富，参与范围不断扩大，市场功能逐渐完善。形成了一个包括国债、地方政府债、央行票据、金融债、短期融资券、企业债、公司债、中期票据、资产支持债券、可转债、分离交易可转债等 11 个品种，政府、企业、国内外机构、个人多方参与，银行间市场、交易所市场、柜台市场多层次交易的多功能、大范围债券市场。2011 年，全国债券市场累计发行各类债券 7.68 万亿元。

表 3　各种债券发行形式

债券类型	发行人	发行对象	流通方式	期限	发行管理部门
记账式国债	财政部	视发行市场而定	在其所发行的市场流通		全国人大
凭证式国债	财政部	个人及机构	不能流通，可在原购买网点提前赎回	1—5 年	全国人大
电子式储蓄国债	财政部	个人	不能流通，可以提前兑取、质押贷款和非交易过户	1—7 年	全国人大
地方政府债券	财政部代理地方政府发行	视发行市场而定	银行间或交易所流通	3—5 年	国务院
央行票据	中国人民银行	公开市场一级交易商	银行间市场流通	3—36 个月	中国人民银行
金融债券	金融机构	银行间市场参与者	银行间市场流通		中国人民银行
企业债券	国有独资企业国有控股企业	视发行市场而定	在其所发行的市场流通	3 年以上	发改委
公司债券	股份有限公司有限责任公司	交易所市场参与者	交易所市场流通	3—10 年	证监会
中期票据	非金融企业	银行间市场参与者	银行间市场流通	3—5 年	交易商协会
短期融资券	非金融企业	银行间市场参与者	银行间市场流通	1 年以内	交易商协会
资产支持证券	证券公司信托机构	视发行市场而定	在其所发行的市场流通		交易商协会
可转债	上市公司	交易所市场参与者	交易所市场流通	3—8 年	证监会
分离交易可转债	上市公司	交易所市场参与者	交易所市场流通	3—6 年	证监会

早期债券发行利率需要由中国人民银行审批，后随着利率市场化的逐步推进，政府逐步放开了金融债券、国债、企业债的利率管制，债券市场利率基本通过市场机制形成。然而由于我国债券市场多头管理，不同市场的分割现象严重。银行间债券市场、交易所债券市场、场外交易市场三者管理体制、交易制度不同，造成三者的参与者、交易量、流动性存在巨大差异。从债券发行类型看，那些具有政府背景的，如国债、政策金融债、央行票据等发行量巨大，低信用等级主体发行的债券严重不足。从二级市场交易来看，相关债券交易品种单一，与债券挂钩的衍

生产品也不发达。尽管现有债券市场基本实现了市场化运作，但由于债券发行和二级市场交易的参与者仍受到一定限制，债券评级体系还不完善，债券市场规模相对于经济总量的比例仍然偏低，这在很大程度上限制了债券市场的利率发现能力和对宏观经济的影响力。

4. 外汇市场市场化程度判断

在开放经济条件下，汇率市场化与利率市场化是紧密相连的。一国无法在汇率管制的情况下实现利率市场化，或是在利率管制的情况下实现汇率自由化。因此考察外汇市场化程度也可反映出我国利率市场化的实际情况。外汇市场市场化的衡量标准包括五个方面：一是外汇交易主体是否独立自主的经济实体；二是外汇交易是否不受限制；三是中央银行干预外汇市场的方式是经济的、间接的，还是行政的；四是外汇市场是否实现了国内外市场的连接；五是外汇交易品种是否能满足外汇交易主体的需求，品种是否丰富。考察以上五点，我国外汇市场的市场化程度还不理想，企业和居民参与外汇市场的比例还很低。国内人民币汇率与海外 NDF 市场之间还存在较大差异。由于存在一定程度的资本账户管制，外汇市场的供求也并不完全反应真实供求，外汇市场的深度和广度有限。但自 2012 年 10 月以来，中央银行已大幅减少对外汇市场的干预。人民币汇率双向波动的特征日益明显。

5. 金融资产转让市场市场化程度判断

发达的金融资产转让市场，对于利率市场化也非常重要。金融资产转让市场包括多种类型，如非标准化的贷款转让市场，集中的金融资产交易所、资产证券化市场、金融衍生品场外交易市场等。当前中国的金融资产转让市场包括：地方成立的金融资产交易所，金融机构之间的信贷资产转让市场，以及央行推出的资产证券化市场等。

(1) 金融资产交易所

2010 年 6 月 11 日，中国首家金融资产交易所在天津市正式揭牌开市。截至 2012 年 4 月，我国北京、上海、天津、重庆、深圳、安徽、四川等七地都成立了金融资产交易所。所承接的业务包括金融资产公开交易，信贷资产、银行理财产品、股权投资基金权益、信托产品等金融产品交易，投资银行服务等。然而受金融监管，以及其他整顿政策[①]的影响，中国金融资产交易所总体交易量还不大，市场深度和广度还很有限。

(2) 信贷资产转让市场

目前我国商业银行通过自行协商进行的信贷资产转让的情况还很少。针对信贷转让市场，银监会先后多次发文，极大地提高了此类业务的门槛和标准。

表 4　银监会有关信贷资产转让的文件

发文时间	文件名
2009 年 12 月	关于规范信贷资产转让及信贷资产类理财业务有关事项的通知(即 113 号文)
2010 年 8 月	关于规范银信理财合作业务有关事项的通知(即 72 号文)
2010 年 12 月	关于进一步规范银行业金融机构信贷资产转让业务的通知(即 102 号文)
2011 年 1 月	关于进一步规范银信理财合作业务的通知(即 7 号文)

① 如《关于清理整顿各类交易场所切实防范金融风险的决定》，以及银监会有关禁止信贷资产拆分转让的规定。

其中以“102号文”和“7号文”最为严厉。102号文要求银行信贷资产转让须遵守“同意原则”(即“信贷资产的转出方应征得借款人同意方可进行信贷资产的转让”)、“真实性原则”(即“转出方不得安排任何显性或隐性的回购条款;转让双方不得采取签订回购协议、即期买断加远期回购等方式规避监管”)、“整体性原则”(即“转让的信贷资产应当包括全部未偿还本金及应收利息”)和“清洁转让”(即“实现资产的真实、完全转让,风险的真实、完全转移”)等,使银行转让信贷资产的难度大为增加。

7号文要求“银行在2011年底前将银信理财合作业务表外资产转入表内,原则上银信合作贷款余额应当按照每季至少25%的比例予以压缩”,并对信托公司提出了更严格的要求,事实上使信托公司再难以作为贷款转让的合法载体。从这些监管文件来看,虽然银监会监管的重点是防止银行监管套利,并未限制贷款转让,但它实质上增加了贷款转让的环节,限制了可以合法地持有贷款的主体,因而使贷款转让业务的发展受到限制。场外信贷资产转让市场更是没有发展起来。

(3) 资产证券化市场①

中国资产证券化试点始于2005年。2005年4月22日,监管机构首先发布《信贷资产证券化试点管理办法》和《金融机构信贷资产证券化试点监督管理办法》,随后国家开发行和建设银行分别进行了信贷资产证券化和住房抵押贷款证券化,发行规模为71.96亿元;2007年,监管机构出台了规范信贷资产证券化信息披露及资产支持证券在银行间市场质押式回购交易的相关规定,信贷资产证券化进入扩大试点阶段,规模不断扩大,范围延伸到不良资产,当年发行规模达到178.08亿元;2008年,发行规模达302.01亿元。但总体而言,无论在数量还是规模上,信贷证券化在债券市场中占比均较低。2008年底,随着国际金融危机爆发和深化,监管机构出于审慎原则和对资产证券化风险的担忧延缓了市场发行速度,于2008年底暂停不良资产证券化试点。2009年以来,资产证券化进程基本停滞。直至目前,除信贷资产外,其他类型的资产证券化尚未试点,因此我国的资产证券化市场还处于准备阶段。

6. 央行利率管理机制现状

中国人民银行是经国务院授权的利率主管机关,代表国家依法行使利率管理权。1999年4月1日公布的《人民币利率管理规定》明确规定了央行与金融机构制定利率的权限:

表5　中国人民银行与金融机构利率管理权限比较

中国人民银行制定、调整以下利率	金融机构根据中国人民银行的有关规定确定以下利率
(1) 中国人民银行对金融机构存、贷款利率和再贴现利率; (2) 金融机构存、贷款利率; (3) 优惠贷款利率; (4) 罚息利率; (5) 同业存款利率; (6) 利率浮动幅度; (7) 其他。	(1) 浮动利率; (2) 内部资金往来利率; (3) 同业拆借利率; (4) 贴现利率和转贴现利率; (5) 中国人民银行允许确定的其他利率。

① 资产证券化是近三十年来金融业最重大和发展最快的金融创新和金融工具。它指以缺乏流动性但具有稳定现金流的资产作为信用交易基础,通过结构重组和信用增级发行证券融资。

《人民币利率管理规定》还要求，金融机构不得(1) 擅自提高或降低存贷款利率；(2) 变相提高或降低存贷款利率；(3) 擅自或变相以高利率发行债券；(4) 从事其他违反国家利率政策的行为。

在实践中，中国人民银行的利率管理主要从调整基准利率和存贷款浮动范围两方面进行。1998—2004 年中国人民银行连续多次扩大金融机构贷款利率浮动幅度，2004 年 10 月 28 日，央行完全取消商业银行贷款利率上浮的限制，与此同时，允许银行的存款利率下浮，不设限制，给予了商业银行更大的利率定价权。

但是相比西方发达经济体，当前利率管理体制也存在一些不足。首先是中央银行对于利率的管理依然过多，调整相对滞后，难以做到及时灵活地反映经济基本面变化。中国人民银行对于各类金融机构的存贷款利率，包括利率的种类、档次、浮动幅度、罚息标准，甚至计收利息的方法、时限等等，都作了统一的、严密的规定。中国人民银行调高调低利率或作其他调整时必须上报国务院批准后方能执行，往往是在经济出现明显问题后才作相应调整，利率政策变动很难做到迅速、及时。其次是利率管理的公平性不足，现行的利率管理政策对不同类型机构以及不同类型业务执行不同的标准，造成不同类型金融业务和机构承担的监管成本差异很大，人为扭曲了市场。第三，现行利率管理制度较多地是站在金融机构利益的角度，而非金融服务使用者的角度，造成利益分配向金融机构倾斜。例如国外活定期存款一般都计复利，而我国银行只计单利。再如《人民币利率管理规定》明确规定，如果贷款人提前还款，金融机构有权按照原贷款合同收取利息。现有利率管理体制还保留了部分计划经济的思维和做法。

7. 利率市场化的配套制度建设情况

利率市场化改革涉及金融领域的多个方面。除了利率管理制度外，利率市场化的配套制度还包括：合格市场主体的培育、存款保险制度的建立、金融机构市场退出机制的完善、金融监管制度的完善、外汇管理制度的完善，等等。这些领域的改革相互交叉、相互影响，利率市场化改革必须考虑这些配套制度的建设情况及其相互的影响。

目前，经过多年的现代企业制度改革，我国大部分金融机构被改造成为合格的市场经营主体。四大国有商业银行以及股份制商业银行都已实现了上市，券商、保险公司、信托机构及其他金融机构都建立了现代企业制度。金融机构直接接受行政性指令，从事明显违反市场规律的活动已不多见。

金融管理部门建立了较为严密的分业金融监管体系。但不足的是，由于金融监管严格，监管部门对于金融产品创新支持力度不足。金融机构根据市场需求开发适合客户需要的金融产品往往因防止监管套利或风险控制而被叫停。

我国的外汇管理体制自 1994 年以来逐步放开，目前实行有管理的浮动汇率制。人民币自由浮动的区间不断扩大，人民币汇率已进入均衡区间。但是从实际来看，我国的外汇管理体制仍存在管制过多，市场主体自由交易受限等不足，不利于利率市场化推进。

在利率市场化配套制度中，最令人不满意的是，存款保险制度和金融机构退出机制建设落后。目前中国没有建立存款保险制度，对存款人实行的是隐性的存款保险制度，中国也没有建立较为明晰的金融机构破产机制。这使得最为关键的市场约束机制不能充分发挥作用。在存款保险制度以及金融机构退出机制建设不能跟上的情况下，如强行快速推进利率市场化，很可能给整体金融体系带来难以控制的风险。与此同时，市场主体也会因此而对利率市场化推进失去紧迫感，从而不利于金融机构及早作出转型应对。

（三）总结

经过多年不懈努力，我国的利率市场化已有了很大的进步。除了存款上限和贷款下限管理外，中国存贷款利率的市场化程度已显著提高。诸如银行理财产品之类的替代性金融工具也得到很大发展。商业银行对于利率的敏感性不断加大，利率在中国金融资源配置中的作用不断增强。中央银行利率体系也逐步向利率间接调控的方向转变，中央银行通过运用货币政策工具引导市场利率的利率间接调控机制、由市场供求决定的利率形成机制和利率传导机制也逐步完善。

但是“行者一百，半九十”，通过对现状的梳理我们也发现，中国利率市场化还有一些重要的条件缺失：(1) 金融业还未能实现对各种所有制开放，严格的市场准入制度依然存在。(2) 金融机构的退出机制不清晰。金融机构破产在中国依然很少见，政府对金融机构事实上提供了隐形担保。(3) 部分国有企业受公司治理机制的限制，还不能称作合格的市场竞争主体。其行为对于金融市场的资金价格产生了扭曲。(4) 中央银行的利率管制，特别是存款利率上限的控制，事实上扭曲了商业银行激励机制。使得中国金融宏观调控既离不开价格控制也离不开数量控制。金融调控的难度和成本不断增大。

随着未来利率的放开，金融机构的生存环境、竞争战略将明显变化，企业的融资行为和成本也会发生改变，进而对宏观经济金融体系产生重要的影响。为了把握利率市场化引致的金融系统性风险，下面我们将重点分析利率市场化背景下金融机构行为的转变。

二、利率市场化推进背景下金融机构经营行为的转变

中国的商业银行体系非常发达，间接融资约占社会融资总量的 70%。因此本文将围绕中国金融体系的主体——银行业，以及影子银行体系两方面来考察利率市场化改革对金融机构系统性风险的影响。着重研究银行以及影子银行金融机构这两类市场主体在利率市场化改革后的行为转变。

（一）商业银行行为的转变

经过多年发展，中国银行业在经营管理、资产规模、盈利能力等方面都取得了巨大进步。首先，商业银行经营模式逐步从传统的规模扩张向创新驱动、科学发展转变。资产负债结构、业务结构、盈利结构等各项经营结构不断趋于优化，手续费及佣金收入以及投资交易收入等非利息收入占比大幅提升，经营领域拓展到投行、保险、基金、金融租赁等多个领域；同时充分依托信息技术和外部专业化组织，推动了全行管理和业务等各方面的创新。其次，风险管理水平大幅提升。股份制改革后，商业银行风险管理的内容日益精细化、全面化和主动化，由传统的单纯注重信用风险管理逐步向全面风险管理转变，构建了与现代公司治理结构相适应的风险管理架构，健全了覆盖境内外机构包括信用风险、市场风险、操作风险等在内的全面风险管理体系，研发了一系列与国际接轨的先进风险管理技术和系统，资产质量经受住了经济周期性波动和国际金融危机等严峻考验。第三，银行业整体实力持续改善，国际影响力提升。中国银行业资产规模大幅度增长，“银行家”2012 年全球 1 000 家大银行排名中国国有四大银行全部进入前十名；税前利润名列前茅，国有大型商业银行共有 5 家进入全球前 25 名。

表 6　近两年来中国银行业主要监管指标

指标名称	不良贷款率	净息差	拨备覆盖率	存贷比	人民币超额备付金率	资产利润率	非利息收入占比	资本充足率	核心资本充足率
2012—2009	0.95	2.77	289.97	65.28	2.66	1.39	19.47	13.03	10.58
2012—2006	0.94	2.73	290.18	64.33	2.74	1.41	20.63	12.91	10.41
2012—2003	0.90	2.80	287.40	64.50	3.00	1.40	20.60	12.70	10.30
2011—2012	1.00	2.70	278.10	64.90	3.10	1.30	19.30	12.70	10.20
2011—2009	0.90	2.70	270.70	65.30	3.10	1.40	20.10	12.30	10.10
2011—2006	1.00	2.70	248.90	64.00	2.80	1.40	20.70	12.20	9.90
2011—2003	1.10	2.60	230.20	64.10	3.00	1.40	20.80	11.80	9.80
2010—2012	1.10	2.50	217.70	64.50	3.20	1.10	17.50	12.20	10.10

资料来源：同花顺 iFinD。

然而虽然中国银行业有了长足进步，但是随着利率市场化改革的推进，商业银行的经营环境发生根本性的转变。银行利差减少，牌照价值降低，竞争日益加剧，各类商业银行将不得不主动或被动地实施战略转型：

1. 国有商业银行经营战略的转变

利率市场化给国有商业银行带来严重挑战。在利率市场化背景下，优质大中型企业将越来越多地利用发债等手段筹集资金，金融脱媒的压力日益增大；面对其他银行的竞争，国有商业银行垄断优质大中型客户资源的现象将不复存在。利率市场化引起资金成本上涨，国有商业银行的盈利能力也将受到考验。

国有商业银行拥有遍布全国的营销网络，为开展存款、贷款、结算及其他中间业务带来极大便利，这是其最大的竞争优势。为了应对利率市场化，国有商业银行主要从以下几个方面着手提高竞争力：

(1) 在保持基本业务稳定的基础上，通过金融创新大力发展中间业务。重点争夺投资理财、财务顾问、资产管理国内外结算、担保、代理保险等附加值高的业务品种，使经营收益从以赚取利差为主逐步向以赚取服务费为主的方向转移。国有商业银行在业务转型方面目前已取得一定成效。以某国有大型商业银行为例，2010 年末，其非信贷资产占总资产比重已提高至 52%以上，信贷利差收入降至 60%，投资收益和手续费收入均占营业收入的 20%。未来非利息收入比重还将会进一步增加。

(2) 调整客户结构，从主要服务大中型企业，转变为关注中小企业和个人客户。根据不完全统计，2012 年整个银行业中小企业贷款比率约为 16%，国有商业银行贷款中中小企业贷款占比仅为 10%。随着利率市场化推进，中小企业贷款在国有商业贷款中的比例将有较大增长空间。

(3) 增加金融产品定价的灵活性，比拼风险管理能力。国有商业银行在利率市场化后，将进一步完善风险管理体系，提高风险管理实力和能力，推进风险管理的独立性、集中化、专业化水平。遵循“适中型”的风险偏好，按照“理性、稳健、审慎”的原则给贷款定价。国有商业银行将逐渐建立全面风险管理文化，并将风险管理框架扩展至所有业务部门、分行及子公司。定价放开带来了国有商业银行周期性增强，在经济繁荣时倾向过度放款，在经济低迷时倾向过度紧缩。

(4) 积极介入国际市场，开拓新的利润增长点，在全球范围内竞争。目前五大国有商业银行以及部分股份制商业银行都积极地在海外布设网点，力求成为全球化的银行集团。

以上战略调整都要求国有商业银行投入更多的资源，提高金融服务能力，从盲目做大资产规模，转为强调资产质量和负债风险管理。但无论成功与否，国有商业银行利润空间都受到挤压，风险加大。

2. 股份制商业银行经营战略的转变

中国的股份制商业银行的规模其实并不小。截至 2012 年 10 月末，股份制商业银行总资产为 21.9 万亿元，占银行业全部资产的 17.4%，已接近国有商业银行总资产的 4 成。以上海某银行为例，其资产规模在全球排名 69 名，资产规模为 3.14 万亿元，属于大型银行。股份制商业银行既有服务大企业的能力，也有开拓中小企业的潜质。为了在未来竞争中获取优势，股份制商业银行主要从以下几个方面实施战略转型。

(1) 加大中小企业业务发展力度。中小微企业是中国经济内生动力释放的主要源泉。股份制商业银行的业务重心主要集中在大型客户身上，这导致客户结构和议价能力的双重受限，股份制商业银行逐步把资源匹配的重心由金字塔顶端的大中型企业向塔基、塔身的中小企业转移，加快形成专业化服务能力，提升定价能力，确保持续获得超额收益。

(2) 大力发展中间业务收入。落实集中战略，细分市场，重点推进债券、信托、资金交易、理财为代表的新兴业务，以应对外部监管环境的变化和利率市场化政策的影响，达到优化业务结构，降低资本消耗，增加非利差收入的目的。充分发挥电子银行“渠道为王”作用，为结算和营销提供重要渠道，同时弥补股份制银行网点不足带来的短板。大力开展零售银行业务，挖掘个人客户中的优质客户，抢占个人优质客户财富至高点，为私人银行业务开展奠定基础。

(3) 坚持以创新为手段，走差异化竞争之路，不断拓宽业务新领域。加快建立以客户需求为中心的金融创新机制。加大理财产品开发力度，强化期限短、回报率高的理财产品研发。大力推进与利率、汇率、股指期货等有关的产品创新；适应国内企业兼并重组的趋势，重点研究开发并购贷款、股权融资等产品和业务，拓展投资银行业务市场；对传统业务产品创新，积极研究仓单融资等创新工具，积极拓展有良好发展前景的物流业市场。加大对资本市场、保险市场及汽车金融服务、融资租赁等行业渗透，积极推进由单一银行业务向证券、保险、基金、信托、投资等多个金融领域拓展，由传统的支付、融资功能向资产管理、信托投资、财务管理、保险、经纪、投资银行等综合经营功能发展。

以课题组实地调研的某股份制商业银行为例，其具体竞争战略包括：

(1)“坚持一心一意办综合性商业银行的经营理念”。将客户分为两大类：战略客户和中小型客户；前者主要是大型和特大型客户，提供的服务模式定位于“商业银行＋投行服务”，对于后者，则是“交易银行＋授信服务”。

(2)“强化零售业务战略”。强化零售业务战略的几个发力点包括，一是大力发展网点，包括物理网点和虚拟网点，两条腿走路；二是重点推进信贷、信用卡透支、移动支付等业务；三是客户定位上，中间地段的贵宾客户应该成为其主要客户，高于一般大众客户与私人银行客户。

(3) 抢占市场制高点，实施差别化市场策略，集中资源抢占中心城市市场，加大资源投入。

(4) 主动与集团内其他公司开展协同业务，提升市场竞争力和客户服务能力。"加强与产业集团之间的协同业务"等。

从股份制商业银行的竞争战略可以看出，他们一方面继续与国有商业银行竞争大客户，另一方面又集中精力经营中小客户，挤占原先中小银行机构的市场。股份制商业资产规模快速扩张的时代已经过去，经营难度将加大，盈利前景也不容乐观。

3. 中小商业银行及信用合作机构经营战略的转变

对于中小商业银行而言，利率市场化带来的冲击更为明显。由于自身资源及人员素质的限制，中小商业银行的风险控制以及运营成本要高于国有商业银行以及股份制商业银行，加上客户群体相对集中，业务同质化等问题，中小商业银行极易受到市场波动的冲击。利率市场化对于中小商业银行将是生与死的考验。根据调研，中小商业银行及信用合作机构主要的竞争战略包括：

(1) 走差异化、特色化、专业化道路，建立自身优势。改变同质化，找准自己的定位，迅速转型，走差异化、特色化、专业化的道路。改变什么都做的"大而全"粗放模式。从中小企业对金融的需要，从银行自身的持续发展，进行转型。通过对民营企业、中小微企业的服务，实现特色银行的目标。

(2) 走集约化、电子化道路，降低运营成本。中小商业银行分支机构较少，只在某一特定地区发展。由于中小银行风险大于国有商业银行以及股份制，在利率市场化条件下，其取得资金的成本也相对较高，要克服这一劣势，必须走集约化、电子化道路，降低成本。

(3) 提高风险定价能力，提高贷款收益。中小商业银行与信用合作机构由于资金成本较高，其资金运营压力相对较大。为了较好经营业绩，中小银行必须更多地将资金投向风险较高的项目，收取较高的利息和费率。而在这过程中，中小商业银行的风险管理和定价能力成为核心竞争力。

尽管中小商业银行大部分都能认识到利率市场化带来的威胁，并积极实施战略转型。但调研发现，由于经营理念以及人员素质的制约，部分金融机构对利率市场化明显准备不足。风险定价和风险管理的能力很低，未来很可能走上高息揽储，高息放贷的风险之路。面对国有商业银行以及股份制商业的竞争，中小商业银行的未来不容乐观。未来利率市场化过程中，不排除会有一大批中小金融机构，特别是小型城商行、农信社、农商行暴露风险，破产重组。

(二) 影子银行金融机构经营行为的转变

影子银行金融机构，指在传统银行监管范围之外提供基础银行类服务的金融机构和金融活动网络。影子银行金融机构主要包括信托、证券、保险、基金、大型企业，以及民间金融机构等。影子银行机构在不受监管的条件下，提供了大量类似银行信贷的服务，因而蕴含了大量的金融风险。

在利率管制背景下，中国影子银行金融体系快速发展，目前已成为金融体系重要的组成部分。以信托业为例，2012 年第三季度规模已达到 6 万亿元。截至 2012 年 9 月，企业债券融资（包括短期和中期债券）较上年同期增长了 46%；委托贷款（委托银行进行的企业间企业借贷）规模较上年同期增长了 24%；未贴现商业票据在过去一年里也增长了将近 20%。据瑞银估计，2012 年中国“影子银行”总规模为 20.9 亿元左右，约占当年 GDP 的 40%。

当前中国影子银行业务主要是围绕着利率限制、存贷比限制以及资本金限制而不断发展的。因此利率市场化之后，我们预计中国影子银行金融机构的行为将发生重要改变。

1. “影子银行”金融机构的利率套利行为将减少

利率市场化意味着更多的企业能够从银行体系获得贷款，居民存款收益也会有较大提高，这将挤压现有影子银行业务中规避利率管制的融资活动。近年来，由于中国社会资金整体偏紧，资金供需矛盾催生了各类借道理财的“影子银行”活动。当前“影子银行”主要有两部分：一是银行理财产品和非银行金融机构的类信贷类产品；二是以高利贷为代表的民间金融活动。当前中国民间高利贷情况十分严重，局部地区甚至已经爆发风险。它们之所以发展迅速，主要原因是商业银行的利率受到较多的管制。可以预见，随着利率管制的消除，这两部分的影子银行业务将逐渐失去发展空间，趋于萎缩。民间金融利率居高不下的现象也将相应减少。

2. 影子银行金融机构的业务形态向更高级发展，将从银行的竞争者转变为互补者

在利率管制背景下，由于长期存在负利率，商业银行面临存款流入影子银行体系的压力。大量存款在高利率的吸引下，流入理财、信托，以及民间借贷市场。这使得影子银行金融机构与商业银行之间存在激烈的竞争关系。而利率市场化之后，影子银行金融机构的价格优势大幅削弱，以往依靠挖银行体系墙角牟利的好日子一去不返。影子银行业务将不得不向着规避资本监管、改变融资期限等其他更高级、更复杂的形态发展。并逐步与银行形成互补关系。

三、利率市场化对于金融机构系统性风险的真正影响

利率市场化促进了银行业的战略转型，也促使影子银行金融机构从规避利率监管转为规避其他金融监管。从中国银行业以及影子银行金融机构行为变化的预判来看，利率市场化整体上加大了金融系统的脆弱性。但是，在当前中国的经济金融条件下，该系统性风险基本可控。

(一) 利率市场化增加了银行体系的系统脆弱性

通过利率市场化对商业银行行为的影响可以看出，随着竞争加大，商业银行整体利差收窄，收入减少，资产质量下降，脆弱性上升。利率市场化对银行体系的系统性风险产生了一定的冲击：

(1) 存贷利差趋于缩小，银行盈利能力受损。在实现贷款利率市场化定价后，受银行同业竞争等因素影响，大多数国家的存贷利差普遍呈缩小趋势。美国 1980—1985 年存贷款平均利差为 2.17%，1986—1990 年则为 1.63%，减少了 54 个基点。日本平均存贷利差由 1984 年的 3.15%缩小为 1994 年的 2.33%，减少了 82 个基点。

(2) 实际利率水平普遍上升，银行资金成本上升。利率市场化是否提高实际利率水平取决于资金状况和利率管制时期利率被抑制的程度。由于大多数国家的管制利率出于刺激投资、消费需求，促进经济增长的目的，均低于利率均衡水平，在利率市场化实现的初期，各国实际利率水平普遍上升，许多国家的实际利率由负值转为正值。根据一项利率市场化改革对利率水平影响的研究表明①，实现利率市场化后，在名义利率资料比较完整的 20 个国家中，15 个

① 萨奇：《利率市场化与高利率关系的国际经验》，《国际金融研究》1996 年第 1 期。

国家名义利率上升，仅有5个国家名义利率下降；在实际利率资料比较完整的18个国家中，有17个国家实际利率均有不同程度的上升，只有1个国家实际利率出现下降。实际利率上升增加了商业银行的成本。

(3) 信贷总量出现不同程度的扩张，银行业整体承担的风险增加。在放松利率管制后，由于利率水平的上扬，利差缩小，一定程度上刺激了银行的贷款投放，信用总量也出现不同程度的扩张，利率市场化过程信用总量的增速都高于其前后一个较长时期的增速。以美国为例，1980—1986年其货币供应量平均增速为9.3%，远高于1990年的货币供应量增速3.8%。利率市场化使得银行业客户整体下移，为了弥补融资成本提高，无论是大银行还是小银行都被迫寻找收益率更高的项目，并倾向放松贷款条件，而高收益项目相应的风险也高，银行整体承担的风险加大。

(4) 银行同业必然出现过度竞争。利率管制在一定程度上保护了利率定价能力和风险管理能力较弱的中小商业银行。取消利率管制后，金融同业竞争必然加大。在实践当中，大银行资金实力雄厚，业务范围广泛，在竞争中明显处于优势。中小商业银行受制于信用程度较低、利率风险管理能力有限等客观条件，在同业竞争中往往处于被动，面临生死考验。为了生存许多中小银行不得不铤而走险，进一步加速了灭亡。以美国为例，1980年至1988年间，美国有将近1 100家储蓄贷款协会被关闭或兼并。日本在20世纪90年代中期也经历了大量银行倒闭事件。

(5) 银行顺周期性增强。在利率管制和信贷总量管制的作用下，商业银行信贷规模波动较小。而在利率市场化之后，商业银行将根据预期自主发放贷款，这将带来银行贷款顺周期性增强。银行将放大而不是熨平经济波动，增加了经济的不确定性。利率市场化增加了金融机构创新的动力，但也增强了商业银行冒险性和投机性。在利率市场化进程中，德国的部分中小银行曾因从事高风险贷款和外汇投机业务而造成重大损失；在利率市场过程中，英国银行业也曾因过度扩张房地产业务，爆发了次级银行危机。

由此可见，利率市场化后商业银行系统性风险将大幅上升。商业银行中的中小机构因竞争力不足，经营难度增加，竞争失败的可能性很大。

(二) 利率市场化减少了影子银行业过度膨胀带来的风险

当前中国的影子银行体系还处于发展初期，远未形成国外的成熟的资产证券化信用链条，但种种迹象表明，影子银行体系与银行之间的信用链条已然形成。影子银行体系透过银信合作业务、银行理财及民间高利贷为许多高风险项目提供融资服务，蕴含了较大风险。以信托行业为例，许多信托项目依靠的是政府信用融资或银行信用，而不是项目本身产生的现金流，缺乏履约保障。再看近期发展迅猛的银行理财产品。银行发行的“资金池”运作的理财产品，由于期限错配，需要用“发新偿旧”来满足到期兑付，本质上已接近高风险的“庞氏融资”，一旦投资者撤资，后果不堪设想。目前民间金融的风险也不容忽视，越是高利贷现象严重的地区，资产泡沫越严重。

利率市场化之后，实际利率将上升，这将有效遏制资金向影子银行体系流入的趋势，影子银行金融机构套利融资规模将逐步萎缩。以往游离于银行体系的一些信贷业务将回到银行体系。影子银行体系对商业银行体系的威胁下降。

(三) 利率市场化对资产价格的影响为中性，但增加了资产价格大幅波动的概率

利率市场化一方面使得银行体系的资金成本大幅上升，对银行利率形成上涨压力，但另一

方面银行的风险偏好也上升，增强了其放款的动力。利率市场化还丰富了其他的融资渠道，增加了整个社会的流动性。因此，利率市场化对于资产价格的影响为中性。从国际经验来看，利率市场化之后，一国资产价格出现大幅上升和下降的案例同时存在。资产价格主要受预期收益和宏观经济周期的影响，利率本身对资产价格的影响较小。

虽然利率市场化不会直接带来资产价格出现单向变化，但是随着利率市场化程度提高，金融体系的顺周期性增强，资产价格暴涨暴跌的概率加大。在经济繁荣时，风险资产溢价下降，易于形成泡沫，而在经济萧条时，风险资产溢价上升，导致过度紧缩。因此如果不配合以逆周期的宏观审慎政策框架，利率市场化将增加资产价格大幅波动的可能。对于我国而言，由于宏观经济周期运行平稳，经济前景相对发达国家更优，推进利率市场化或对资产价格形成较强支撑作用。

(四) 利率市场化加大了宏观调控的难度

各国在货币政策调控方式选择上一般有两类：一种是以货币供应量、基础货币等为调控目标，即数量调控模式；一种是以利率、汇率等为调控目标，即价格调控模式。选择数量调控模式或价格调控模式，取决于一国金融市场完善程度、最终目标的选择等综合因素。一般而言，当金融市场发育程度较低，市场机制不成熟，利率市场化程度低，难以反映货币实际成本和价格水平，中央银行可采取数量调控模式，通过对货币数量调控达到政策目标。当市场体系完善、市场机制发达，金融市场成熟，利率的市场形成机制健全，货币当局可选择价格调控模式，即以利率作为货币政策调控目标。

利率市场化使得宏观调控的方式和手段都产生变化，增加了宏观调控的难度。原来直接调整存贷款利率的方式将让位于间接调控的方式：中央银行通过货币政策工具，特别是公开市场操作引导市场利率走势，通过利率水平的变动准确体现货币政策意图，并影响金融机构存贷款利率走势。利率市场化后，中央银行对于金融体系货币创造的干预能力进一步削弱，通过影响 M2 进而影响实体经济的方法逐渐失效，利率逐步成为调控的中间目标。

(五) 利率市场化的系统性风险总体可控

利率市场化后银行间价格竞争增加，垄断利润逐步消失，银行特许经营权价值受到侵蚀，银行风险偏好上升。利率市场化带来名义利率波动加大，金融机构所承担的利率风险会上升。那些缺乏利率风险管理能力的中小金融机构和政策性金融机构的风险将显著放大。利率市场化后，资本账户开放程度增加，金融风险跨境传播成为可能。利率市场化带来的挑战包括：

(1) 金融机构市场破产退出的可能性增加。经过多年改革，我国金融业市场化竞争程度不断提高，但是金融机构的退出机制未能完全建立，市场约束机制未能发挥实际作用。利率市场化后，那些低效率的金融机构生存空间将日益被挤压。未来将有更多的金融机构退出市场。金融机构破产、重组将成为一种常态，这将难以避免地给局部地区的金融稳定带来冲击。如何让金融机构有序退出市场将成为金融监管当局长期的课题。

(2) 现有货币调控体系趋于失效。利率市场化改革有助于形成合理的利率信号，正确反映资金稀缺程度，有助于形成逆周期货币供给，促进经济稳定和经济增长。但是利率市场化将资金定价权交给市场，也造成了货币创造内生性增强，货币乘数变化更加难以预测。央行以控制货币供应量为核心的货币政策工具无法对市场利率产生直接和确定性影响，因而调控效果将大打折扣。为促成利率市场化改革成功，央行必须改变现有的以调整法定存款保证金和再贷款规模为主的货币调控体系，建立以利率为中介目标的货币政策调控体系，让市场相信，央行将通过市场手段而不是有形之手干预利率。

(3) 利率市场化倒逼汇率市场化。在利率市场化背景下，监管当局将不得不放弃固定汇率制度。当一国货币的购买力发生变动而汇率固定时，本币汇率就会出现高估或低估的现象。本币被低估或高估时，要维持固定汇率，货币当局将被迫在外汇市场上持续地抛售或购入大量外币，基础货币将剧烈变动，国内利率将随之受到影响，失去货币政策的独立性。因此监管当局必须采用较为灵活的汇率政策以保证国内市场利率的平稳。灵活的汇率制度带来了汇率风险增加。

但是考虑到我国经济金融体制改革已取得的成绩和当前改革所拥有的基础，利率市场化改革带来的系统性风险总体可控，原因如下：

首先，我国的商业银行整体上保持健康和稳健。经过多年经营，商业银行公司治理、经营管理等方面都取得了很大的进步。商业银行利润逐年增长，资本金较为充足，坏账率保持低位。商业银行应对外部冲击的能力加大。根据 2011 年底央行进行的压力测试，在整体不良贷款率上升 400%的重度冲击下，17 家商业银行的资本充足率仅从 12.33%下降至 10.89%。而即使国内生产总值(GDP)增速降至 4%，银行体系的整体资本充足率也仅会下降 1.68 个百分点。在利率市场化过程中，即使有部分中小银行出现破产倒闭，整个银行体系也能维持稳定。

其次，当前中国从数量型调控转为价格型调控的基础已基本具备。一是从利率间接调控的可行性看，近年来中央银行公开市场操作体系逐步完善，对市场利率的引导能力逐步提高。二是经过本轮大规模的金融机构改革，商业银行公司治理得到明显改善，资本充足率提高，资本约束增强，为实现市场竞争奠定了良好基础。三是金融市场发展迅速，以拆借和回购交易为主的货币市场、以各类债券为主的资本市场以及衍生产品市场都得到较大的发展，并且已经实现市场化运行。四是金融机构的定价能力逐步提高，企业和居民对利率市场化了解程度以及对利率的敏感度有所提高。这些因素为建立和完善利率调控机制打下了较好的基础。

第三，各项利率市场化配套措施正在稳步推进。利率市场化要求培育合格的市场主体、建立显性的存款保险制度、进一步完善金融机构破产退出机制，建立以市场供求为基础的汇率机制。而在这四个方面，我国都已有了较长时间的准备。2002—2009 年，我国共出台资本账户改革措施 42 项。人民币汇率体制从事实上的盯住美元汇率发展到参考一篮子货币有管理的浮动汇率制。在此过程中，货币市场和债券市场已实现市场化定价。这些改革的协调推进提高了我国金融深化的程度，改善了整体金融环境，是利率市场化后金融市场有序运行的重要保障。

第四，宏观调控以及金融监管水平提高成为利率市场化改革的坚强保证。经过多年摸索，中国的宏观调控水平日益提高，近十年来对可能出现的通货膨胀以及其他影响系统性稳定的因素都作出了正确的预判，科学地进行了货币政策调控，从而实现了经济平稳较快增长。我国的金融监管体制也日益完善。“一行三会”的监管框架覆盖了整个金融体系。为防范跨行业、跨市场、跨境金融风险，“一行三会”还摸索建立了金融监管协调机制，从更高的层面建立了金融风险识别、预警和控制体系，防范和化解系统性风险。这些都是确保利率市场化改革的有力保证。

第五，中国宏观经济保持稳定。从当前宏观经济运行来看，我国经济保持平稳较快增长，经济的外部依赖性逐步下降，内需对经济增长的影响逐步增加。国内通货膨胀由累积释放转呈缓解迹象，一直处于可控区间。房地产价格在调控作用下，开始趋稳，资本市场价格大幅下降，价格泡沫减少。人民币汇率浮动机制进一步市场化，人民币汇率保持稳定。政府持有充足的外汇储备。根据国际经验，利率市场化推进过程中，有可能带来通胀压力进一步上升，短期资产价格上升，汇率波动加大。稳定的宏观经济环境有利于稳定政策预期，协调各种利益关系，为利率市场化改革提供支持和保障。我国当前的宏观经济状况，为平稳推进利率市场化创造了良好的条件。

综合以上条件来看，我国推进利率市场化改革虽然会造成金融系统性风险上升，但无论是从金融机构能力、金融监管水平还是中国的宏观经济发展阶段来看，该系统性风险总体可控。利率市场化改革的条件与时机已初步成熟。

四、政策建议

目前中国进一步推进利率市场化改革的条件已基本具备。一是各类市场主体的公司治理机制得到明显改善；二是金融机构对利率市场化的了解程度和对利率的敏感度有所提高；三是各类金融市场发展迅速，基本实现了市场化运行；四是央行公开市场操作体系逐步完善，间接调控利率的可行性增加。

金融监管当局必须审时度势，抓住机遇，加快完善利率市场化改革的各项配套措施，从全局上协调推进利率市场化改革。

（一）把握利率市场化改革的机遇与时机，加快推进利率市场化改革

自 2011 年以来，我国经济逐季放缓，企业利率不断收窄，加之居民存款利率长期处于负利率状态，这为推进利率市场化改革提供了难得的历史机遇。当前应抓住时机逐步扩大利率浮动区间，而不是完全放弃利率管理。监管当局可将贷款利率下限由现行的贷款基准利率 0.9 倍放宽至 0.8 倍；并进一步简化利率管理，只公布 1 年期以内以及 1 年期以上两种存贷款参考利率，给与金融机构更大的利率定价权。在充分考虑金融机构和企业、居民的接受程度的基础上，逐步放松对存贷款利率的管制。

（二）进一步完善利率传导机制

当前我国金融市场已有多种基准利率，SHIBOR、CHIBOR、国债利率、定期存款利率等都在利率产品定价方面发挥了重要作用。目前关键任务是要在这些利率基础上，建立一系列的市场化利率曲线。从金融市场发展看，当前的主要任务是完善金融基础设施，扩展金融市场深度和广度。一方面，要进一步推进 SHIBOR 体系建设，做实交易基础，提高报价的基准性。同时，推进国债市场建设、逐步实现关键品种的滚动发行，使国债收益率曲线为中长期金融产品定价提供有效的利率基准。另一方面，要加大市场建设力度，在市场准入退出、消除垄断、信息透明、交易品种创新等方面有所突破。

（三）完善中央银行市场化利率调控机制

完善中央银行市场化利率调控机制，一是要建立中央银行利率调控框架。筛选适合国情的货币政策操作目标利率和公开市场操作工具，观测和评估操作工具对目标利率调控效果，最终通过一系列制度安排，完善货币政策操作机制。当前我们可以选择 SHIBOR 作为央行基准利率。二是疏通央行利率传导机制。要通过发展金融市场和提高金融机构定价能力，使货币

政策操作目标利率对包括存贷款利率在内的市场利率水平发挥指导性作用。三是协调汇率改革与利率市场化的关系，使外汇市场和本币市场通过市场机制基本达成均衡，确保金融市场平稳运行。

（四）加快推动存款保险制度以及金融机构退出机制建设

我国的金融市场是一个新兴加转轨的市场，面临很多改革和发展的任务。从金融市场主体看，我国银行类金融机构达 5634 家，其中全国性的大型商业银行 17 家，其余为中小金融机构。与大型金融机构比，部分中小型金融机构产权约束相对较弱，在追求利润目标时具有更高的风险偏好。此外，政府对于一些经营不善、难以清偿债务的金融机构救助，也成为一种隐性担保，部分金融机构存在道德风险。为此，一是要完善金融机构产权约束，以此强化自律机制，维护市场竞争秩序；二是要建立存款保险制度，使政府的隐性担保显性化，通过加强信息透明和存款保险外部监管消除道德风险。

（五）进一步完善金融机构风险定价和管理能力

应从金融机构经营管理各个层面推进风险定价和管理能力建设。从金融机构公司治理结构看，商业银行要按照现代银行制度的要求，建立以股东利益为核心的公司内部制衡机制，健全决策、执行及监督链条内控机制，通过完善公司治理结构为提高定价能力提供制度保障。从金融机构经营机制看，要逐步实现信用成本、会计核算、利益激励的精细化管理，有效控制对各类产品和客户的定价边际，防范非理性利率竞争的风险。从金融机构定价技术看，应逐步实施和优化内部资金转移定价系统和风险定价系统，为利率定价提供技术支持，提高识别、量化和消除风险的能力。通过给予金融机构足够的压力和动力，完善其风险定价和管理能力，从而提高整体金融机构的稳健性。

参考文献

［1］ 艾晨、蒋桂波、袁媛：《利率市场化对城市商业银行盈利模式的影响分析》，《海南金融》2011 年第 12 期。

［2］ 曹妹娟：《利率市场化改革进程中利率传导效应的实证研究——以山东省为例》，《山东财政学院学报》2011 年第 9 期。

［3］ 陈东：《国有商业银行应对利率市场化风险管理研究》，《财经论坛》2010 年，第 5 期。

［4］ 陈逸：《中国利率市场化改革中基准利率选择的比较研究》，复旦大学，2008 年。

［5］ 陈彧：《利率市场化进程中商业银行利率风险管理》，厦门大学，2002 年。

［6］ 陈国伟、金柏林：《利率市场化趋势下中小商业银行风险辨识及对策分析》，《河北金融》2011 年第 8 期。

［7］ 褚思翔、王静：《发展中国家利率市场化改革的条件分析》，《经济研究导刊》2008 年第 19 期。

［8］ 戴国强：《我国商业银行利率风险管理研究》，上海财经大学出版社，2005 年。

［9］ 樊胜：《利率市场化进程中商业银行利率风险管理》，西南财经大学出版社 2004 年版。

［10］ 傅晓初：《利率市场化的制度供求分析》，《金融研究》2002 年第 3 期。

［11］ 黄隽：《银行竞争与银行数量研究——基于韩国、中国和中国台湾的数据》，《金融研究》2007 年第 7 期。

［12］ 黄海、卢祖帝：《VaR 的主要计算方法述评》，《管理评论》2003 年第 7 期。

［13］ 黄金老：《利率市场化与商业银行风险控制》，《经济研究》2001 年第 1 期。

[14] 贺春临：《我国银行业市场结构与绩效研究》，《经济评论》2004 年第 6 期。

[15] 胡子娟：《商业银行如何应对当前的利率市场化》，《企业家天地》2010 年第 4 期。

[16] 蒋国政、黎和贵、刘曦：《利率市场化：印度改革的启示》，《中国经济导报》2012 年 5 月 1 日。

[17] 梁建华：《从银行经营者行为差异看利率市场化》，《金融研究》2003 年第 4 期。

[18] 李琳：《利率市场化条件下商业银行与企业贷款利率的博弈分析》，《内江科技》2007 年第 1 期。

[19] 李祺：《利率市场化趋势下商业银行转型思考》，《中国外资》2011 年第 5 期。

[19] 李扬：《中国利率市场化：做了什么，还要做什么》，《国际金融研究》2003 年第 9 期。

[20] 刘静：《利率市场化进程中的商业银行风险控制》，《财政监察》2003 年第 2 期。

[21] 刘婷：《利率市场化条件下商业银行如何管理利率风险》，《财经论坛》2010 年第 8 期。

[22] 刘婷、耿欣昶：《利率市场化条件下商业银行面临的调整及应对措施》，《经济纵横》2010 年第 9 期。

[23] 刘伟、黄桂田：《银行业的集中、竞争与绩效》，《经济研究》2003 年第 11 期。

[24] 利率市场化国际比较研究分析组：《我国利率市场化风险分析》，《中国金融》2002 年第 3 期。

[25] 孟建华：《日本利率市场化的背景、方式及特点》，《上海金融》2004 年第 1 期。

[26] 邵伏军：《利率市场化改革中的风险及控制》，中国金融出版社 2005 年。

[27] 苏重任：《我国利率市场化改革过程中的利率风险及控制》，首都经贸大学，2004 年。

[28] 孙刚、毛向乾：《金融发展环境、利率市场化与债务融资决策》，《广东金融学院学报》2010 年第 7 期。

[29] 盛朝晖：《从国际经验看利率市场化对我国金融运行的影响》，《金融理论与实践》2010 年第 7 期。

[30] 盛松成、吴培新：《中国货币政策的二元传导机制——"两中介目标，两调控对象"模式研究》，《经济研究》2008 年第 10 期。

[31] 邵伏军：《利率市场化改革中的风险及控制》，中国金融出版社 2005 年。

[32] 萨奇：《利率市场化与高利率关系的国际经验》，《国际金融研究》1996 年第 1 期。

[33] 田华臣：《中国利率市场化进程中银行风险管理》，华中科技大学 2005 年。

[34] 王红娜、乔东灵、韩雅静：《利率市场化下各因素与利率关系分析》，《财经论坛》2010 年第 6 期。

[35] 徐明胜：《利率市场化进程中金融机构利率风险管理研究》，东北财经大学 2004 年。

[36] 解川波、尹志超：《利率市场化与利率风险管理》，西南财经大学 2006 年。

[37] 熊建华：《我国利率市场化改革存在的问题及应对》，《宏观经济》2010 年第 8 期。

[38] 许健：《利率自由化的约束及其实践》，《金融研究》2003 年第 8 期。

[39] 杨咸月：《金融深化理论发展及其微观基础研究》，中国金融出版社 2002 年。

[40] 易纲：《中国改革开放三十年的利率市场化进程》，《金融研究》2009 年第 1 期。

[41] 易纲：《中国的货币化进程》，商务印书馆 2004 年。

[42] 张兆玺：《完善我国商业银行风险管理机制的对策》，《金融财税》2010 年第 10 期。

[43] 张元元：《商业银行最优缺口的实证分析》，《南方金融》2001 年第 6 期。

[44] 张珉：《浅谈我国商业银行风险管理文化》，《金融研究》2010 年第 2 期。

[45] 张健华：《利率市场化的全球经验》，机械工业出版社 2012 年。

[46] 张涛、冯润祥：《宏观审慎政策：亚洲视角》，中国金融出版社 2010 年。

[47] 张孝岩：《中国利率市场化的效果研究》，《数量经济技术经济研究》2010 年第 6 期。

[48] 郑玄：《发达国家利率市场化的经验及其启示》，《投资》2004 年第 3 期。

[49] 朱霞、刘松林：《我国利率市场化背景下商业银行利率风险管理》，《金融改革》2010 年第 2 期。

[50] 中国人民银行调查统计司课题组：《我国利率市场化的历史、现状与政策思考》，《中国金融》2011 年第 15 期。

[51] 中国人民银行福州中心支行调查统计处：《日本利率市场化的经验及对中国的启示》，《福建金融》

2011年第5期。

[52] 周静娴：《利率市场化对我国商业银行的影响及对策》，《金融研究》2010年第9期。

[53] 周小川：《逐步推进利率市场化》，《中国金融家》2012年第1期。

[54] Abiad, Abdul, Nienke Oomes, and Kenichi Ueda. 2004, "*The Quality Effect: Does Financial Liberalization Improve the Allocation of Capital*? IMF Working Paper 04/112

[55] Angelini J, N Cetorelli. *The effect s of regulatory reform on competition in the banking industry* [J]. Journal of Money, Credit and Banking, 2003, 35(5): 663-684.

[56] Appelbaum E. *The estimation of the degree of oligopoly*[J]. Journal of Econometrics, 1982, 19(2-3): 287-299.

[57] Bresnahan T F. *The oligopoly solution concept is identified*[J]. Economics Letters, 1982, 10(1-2): 87-92.

[58] Berg, L., 1994, "*Household Saving and Debts, the Experience of the Nordic Countries*," Working Paper 1994: 10

[59] Bushnell, James, Erin Mansur, and Celeste Saravia, 2004, "*Market Structure and Competition: A Cross-Market Analysis of US Electricity Deregulation*," CSEM Working Paper 126

[60] Caprio, G., J. A. Hanson, and P. Honohan, 2001, "*Introduction and Overview: The Case for Liberalization and Some Drawbacks*," in Financial Liberalization, ed. by Caprio, Honohan, and Stiglitz

[61] Demirguc-Kunt Asli, and Enrica Detragiache. 2001, "*Financial Liberalization and Financial Fragility*," in Financial Liberalization, ed. by Caprio, Honohan, and Stiglitz

[62] Edison, H. J., and D. Pauls, "*A reassessment of the relationship between real exchange rate and real interest rates*: 1974-90"[J]. Journal of Monetary Economics, 1992(3)

[63] John Williamson, Molly Mahar. *A survey of financial liberalization*. [M]. Princeton University, 1998.

[64] Lau L J. *On identifying the degree of competitiveness from industry price and output data* [J]. Economics Letters, 1982, 10(1-2): 93-99.

[65] Shaffer S. *Competition in the U. S. banking industry* [J]. Economics Letters, 1989, 29(4): 321-323.

[66] Shaffer S. *A test of competition in Canadian banking* [J]. Journal of Money, Credit and Banking, 1993, 25(1): 49-61.

[67] Yuan Y. *The state of competition of the Chinese banking industry* [J]. Journal of Asian Economics, 2006, 17(3): 519-534.

[68] Tarhan Feyzioglu, Nathan Porter, and Elod Takats. *Interest rate liberalization in China*. IMF, WP/0917.

（何建雄、冯润祥、李玉青、刘长青、刘薇、卢蕾蕾）

中日两国中小企业金融比较研究

日本银行国际局、中国人民银行上海总部联合研究小组①

本文回顾总结了日本中小企业金融发展的历史与经验，并在对浙江省三个中小企业较发达地区进行实地考察的基础上分析了中国中小企业金融发展的现状，并对正在展开的中国中小企业金融改革提出政策建议。

一、日本中小企业金融的历史、现状与新挑战

(一) 日本中小企业金融的历史回顾

根据中小企业金融工作重点不同，日本中小企业金融历史可大致划分为三个阶段。

1. 第一阶段：20 世纪 40 年代中期到 70 年代中期

这一阶段是日本战后中小企业高速增长阶段。日本政府设立了隶属于通商产业省的中小企业厅，专门负责研究和制定中小企业政策，《中小企业基本法》的颁布标志着日本中小企业政策法律支持体系初步形成。针对中小企业资金来源短缺、正规金融机构支持较少的弱点，日本政府将传统民间融资机构改组成现代银行，设立国民金融公库、中小企业金融公库等政策性金融机构，作为商业金融的有效补充，颁布《信用保证协会法》，并对信用保证协会的债务保证提供再保险，初步解决了中小企业担保不足问题。

2. 第二阶段：20 世纪 70 年代中期到 80 年代末

这一阶段日本经济从高速增长期逐渐过渡到稳定增长期，日益壮大的日本企业也逐渐从资金需求者变成了资金提供者。直接融资市场管制的取消使得大企业转向债券融资，各银行被迫重视中小企业贷款的开拓。20 世纪 80 年代日本经济泡沫使得作为担保品的房地产及股票的价值大幅增加，中小企业向银行过度借贷成为日本中小企业金融的新课题。

3. 第三阶段：20 世纪 90 年代初至今

1991 年，日本经济泡沫破灭，企业和银行均陷入严重困境，经济萧条引起的大量坏账降低了银行和其他金融机构的贷款能力。日本政府放松了政策性金融机构对中小企业贷款的条件，加强了对中小企业的金融支持。金融再生委员会要求主要商业银行接受存款保险机构的援助性出资时，需在经营改善计划中包含增加对中小企业贷款的方案。此外，日本还设立了有期限的特别信用保证制度，规模更大，审批条件也更为宽松。

(二) 日本中小企业金融的现状

从 2001 年开始，日本政府、金融界、产业界和学术界开始反思以往金融业的经验和教训，

---

① 课题组组长：凌涛
课题组成员：冈崎久实子、冯润祥、潘琼琦、吴色那、钟晓清、王凡平

并探讨适合新时代的金融体制，建立有效、灵活的政策性金融体制及改善区域性金融机构的经营模式成为这一阶段的重要课题。

1. 发挥政策性机构功能，更好地支持中小企业金融

2002 年开始，日本开始对政策性金融机构进行改革，日本政策投资银行和商工组合中央金库经过数年调整，最终改组为无政府出资的完全民营金融机构，全新的金融体制基本建立（见图 1）。

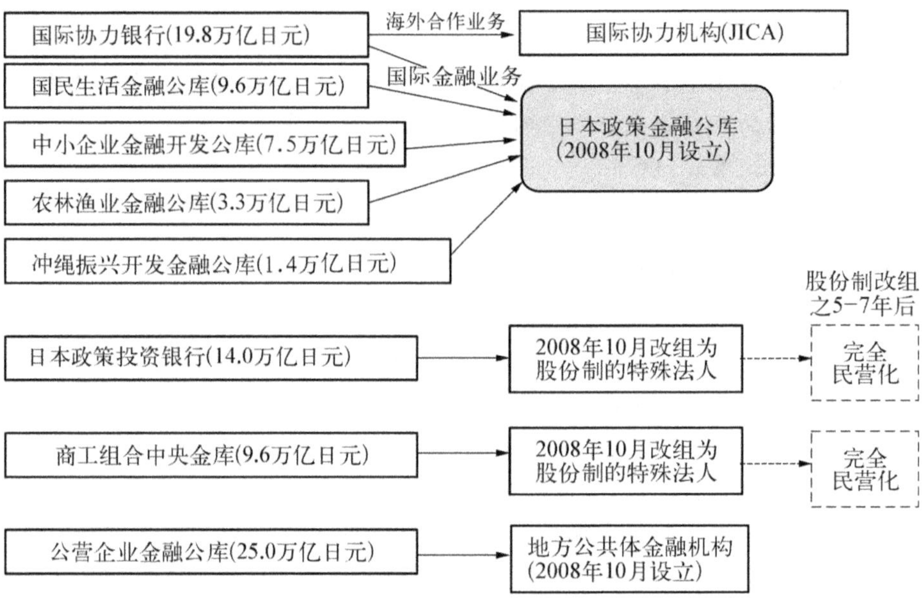

图 1　日本政策性金融机构的改革方向

资料来源：日本财务省网站；清成(2009)。

2. 制定倾斜性中小企业金融政策，加强关联银行业务

2002 年 10 月，日本金融厅公布针对中小企业金融的倾斜性政策，允许更多金融机构参与中小企业贷款，建立支持中小企业再生的金融机制。监管部门督促未满足中小企业贷款计划的银行进行业务改进，并监测银行对中小企业贷款的实施情况。此外，日本金融厅引导商业银行发展关联银行业务，致力于服务当地中小企业再生及地方经济复苏。

3. 推进中小企业担保创新，建立政策性信用补充制度

为解决中小企业担保不足问题，日本政府鼓励金融机构发展动产抵押担保贷款（asset based lending, ABL）。根据这一精神，中小企业厅创立了以应收账款担保融资为代表的一系列全新信用保证制度，并通过信用保证协会提供担保和对信用保证协会提供的担保进行再保险等政策性信用补充制度来改善中小企业担保问题（图 2）。

4. 大力推动企业信用数据库建设，为商业银行向中小企业贷款提供依据

日本近年来大力推动中小企业数据库建设，取得了较好的成效。2001 年，日本建立了信用风险数据库（Credit Risk Database, CRD）机制，通过会员收集中小企业信息以建立数据库，并自主研发数据模型，评估中小企业信用风险。这一机制发展迅速，截至 2011 年 3 月底，CRD 已经积累了全国 188 万家企业及 91 万家个体户的 1 500 多万财务报表，利用 CRD 信息评估

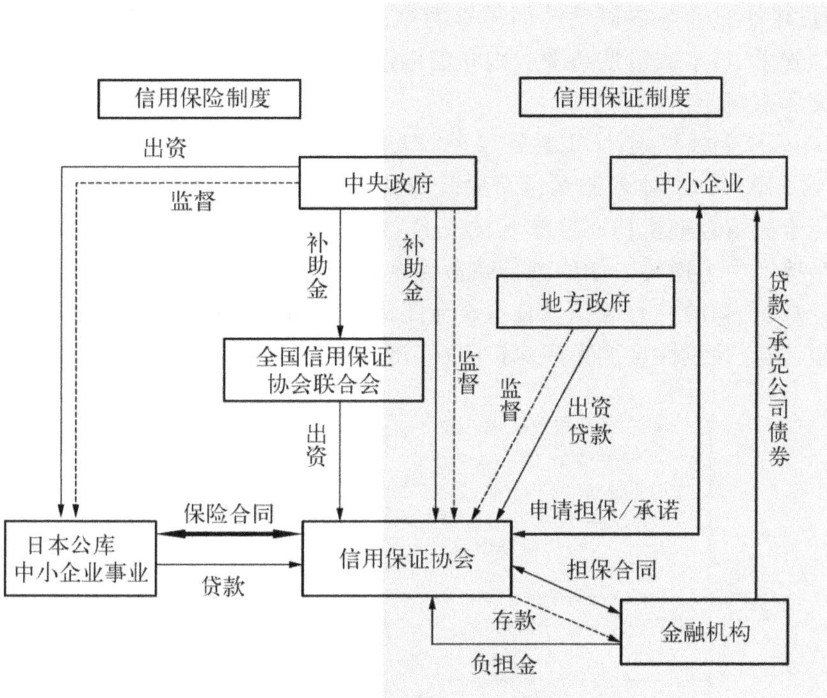

图 2 日本的信用补充制度概况

资料来源：日本政策金融公库（简称日本公库）网站。

中小企业客户风险的金融机构也逐年增加。

5. 引导中小企业直接金融，以市场创新实现债权证券化

2000 年左右，日本中小企业厅提倡推进直接金融改革，中小企业的直接金融筹资逐渐增加，49 人以下“少人数私募债”发展尤为迅速。地方政府和信用保证协会对发行少人数私募债的企业提供利息补贴或担保等支持，亦有部分地方政府支持通过特别目的公司（Special Purpose Company，SPC）发行以中小企业债券为担保的证券，并规定非股份制公司也可发行债券，中小企业直接金融渠道进一步拓宽。此外，实施贷款证券化、增加贷款的流动性也是日本推进中小企业利用直接金融市场的重要手段。

（三）后金融危机时期日本中小企业金融面临的新挑战

2007 年国际金融危机给日本经济带来了严重影响，经济萧条使得日本中小企业再次陷入金融困境，2011 年日本大地震也给中小企业金融带来了新挑战。

1. 重新审视危机应对措施，防止保护政策带来道德风险

2009 年 12 月，日本金融厅颁布《关于为了推进就中小企业等金融顺利化的临时措施的法律》，以保证对中小企业贷款。但部分中小企业申请贷款条件调整后却未能带来生产经营的好转。因此，日本政府认为中小企业危机应对重点应从单纯的中小企业保护转向中小企业事业再生支持，并防止道德风险。

2. 建立危机灾害紧急应对机制，降低对中小企业的影响

为应对金融危机和东部地震，日本政府采取了财政拨款、便利贷款等一系列有效措施。2008 年金融危机爆发后，日本政府通过“景气应对紧急担保制度”和“安全网贷款制度”等危机

应对措施，帮助中小企业解决流动性周转等困难。2011 年，日本政府先后三次提高受灾中小企业资金援助规模，日本政策性金融机构和信用保证协会也通过特别贷款、提供贷款担保等支持中小企业灾后重建。

3. 限制政策性金融规模，防止政策性金融无限扩张

2002 年到 2005 年，日本对政策性金融改革的核心目标一直是“从官向民”，认为政策性金融应严格限定于民营金融机构不愿参与的高公益高风险项目（见图 3），但金融危机及日本大地震使这一趋势产生了逆转。如何维持政策性金融适当规模，权衡并向国民公开政策成本和收益，是当前政策金融的核心课题。日本企业团体经济同友会提议，应对危机的政策性金融应设定明确期限，防止政策性金融无规律扩张（经济同友会，2011）。

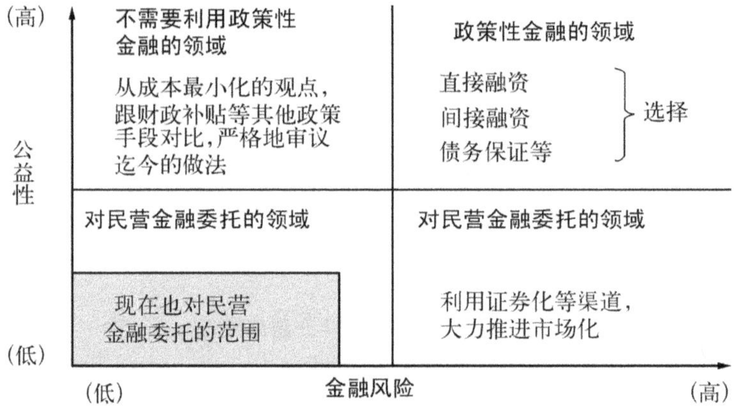

图 3　政策性金融机构业务应限定于高公益高金融风险领域

资料来源：经济财政咨询会议。

4. 促使金融机构适应全新业务模式，续推金融创新

尽管日本金融机构积极推进改革，建立全新业务模式，但对新业务的适应仍需时日。一方面，多数银行的关联银行业务尚未发展成熟，现有机构设置、人员素质还不能适应该业务要求；另一方面，以财务报表和担保价值等“硬性信息”为基础判断客户企业风险程度仍然面临客户企业报表真实性不高、企业破产数据不足、以往信用记录不全、利率高于一般贷款等问题（小野，2007）。金融创新方面，扩大以企业应收账款和库存为担保的金融产品仍面临企业应收账款及库存的担保价值评估、应收债权的转让等问题。

二、中日中小企业金融比较分析

与日本相比较，中国中小企业发展历史虽然较短，但成长速度可观。中国中小企业在改革开放后的 30 年中从无到有、由弱变强，已从公有经济的补充发展成为社会主义市场经济的重要组成部分。中日中小企业拥有一些共同之处：首先，中小企业金融对中日两国经济发展意义同等重要。其次，政府支持对中日中小企业金融都至关重要，促进了中小企业的健康发展。

但由于两国国情不同，中日中小企业金融也存在较为明显的差异性，主要表现为以下四点：

(一) 中国中小企业资金来源单一,但中小企业金融发展迅速

与日本商业银行、政策金融机构、地方金融机构等组成的多元化、多层次中小企业金融体系相比,以大型国有银行为主的中国中小企业金融仍显单一。但在中央及各级地方政府的引导下,商业银行对中小企业贷款呈现不断加速趋势,中小企业资金状况有明显改善。课题组调研数据也表明,虽然资金问题仍然是制约中小企业发展的因素之一,但其重要性已显著下降(见表1)。除受危机影响严重的2008年出现增长停滞、坏账率增加情况外,各受访商业银行对中小企业贷款总体保持稳定增长(见图4)。

表1 制约企业发展的五大因素比较

重要性排序	中国人民银行调查数据		商业银行调查数据	
	某分行	某中心支行	某国有银行	某地方股份制银行
	2011年6月	2012年初	2012年初	2012年初
1	原材料成本上升	原材料成本上升	开工率不足	原材料成本上升
2	劳动力成本上升	劳动力成本上升	劳动力成本上升	订单下降
3	资金困难	企业用地紧张	市场前景悲观	劳动力成本上升
4	国内需求低迷	资金困难	资金困难	资金周转困难
5	人民币升值	其他	销售下降明显	—

资料来源:课题组调研整理。

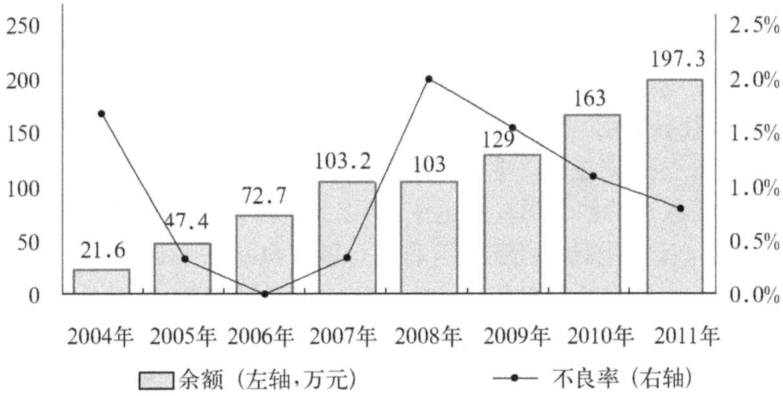

图4 工商银行某市分行历年对中小企业信贷情况

来源:课题组调研整理。

(二) 中国征信体系建设发展迅速,但银行融资仍以抵押担保为主

相比于日本中小企业信息数据的翔实完备,中国中小企业信誉度较低,银行获得企业真实信息难度大,贷后管理成本高。近年来,中国人民银行致力于征信体系建设,中小企业信息采集已取得一定成效。此外,为解决无信用记录或信用历史欠佳的中小企业贷款问题,各地还注意引导信用担保机构发展,并通过风险补偿等方法鼓励其为中小企业提供担保服务。征信体系虽在一定程度上为商业银行评价企业信誉度提供了参考,但出于风险控制考虑,商业银行对中小企业的信贷投放相对谨慎,信用贷款比例普遍不高,抵押、质押和保证仍是中小企业获得

贷款的主要方式。其中，抵押物以固定资产为主，其他权利抵押尚处于探索阶段。而中小企业大多为轻资产企业，房地产及机器设备总价较低，通过抵押贷款获得资金的难度较大（见表3）。

表2　浙江省某市中小企业贷款抵押结构(2011年末)

贷　款　种　类	短期贷款(1年以内)
信用贷款	2.91%
保证类贷款	36.05%
抵押、质押贷款	61.05%
其中：房地产及机器设备抵押 存货、应收账款等权利抵押	89.99% 10.01%

来源：课题组调研资料整理。

(三) 中国融资担保公司作用受限，企业互保联保蕴含较大风险

针对中小企业信誉度较低的现状，融资性担保公司的存在提高了中小企业获得资金的可能性。与日本融资担保公司运作成熟稳定相比，中国融资性担保公司运作不规范，监管不严格。因此，银行通常要求较高的资产保证率，担保公司的杠杆效应大大降低。2010年，融资性担保公司平均放大倍数只有2.1倍，远低于3倍的保本点及5倍的盈利点。2011年开始，银行对融资性担保公司要求的保证率持续上升，更有甚者要求100%。担保公司业务积极性受到较大打击，资产额较少的担保公司基本无法正常开展业务。不少中小企业开始探索采用互保、联保的方式获得银行贷款，这在一定程度上增强了企业资金的可得性，但其风险也在逐渐显现。一方面，中小企业对互保、联保理解不足，对连带责任认识不清，缺乏主动合作激励，导致个体信用难以发展成社会信用，总体违约率仍然偏高。另一方面，互保联保企业间经营情况差距较大，企业间缺乏互相了解，对困难企业认识不足，单家企业经营风险易扩散至整个联保体。

(四) 中国非银行融资机构近年发展迅速，但相关法律法规还有待完善

在银行贷款仍存在诸多限制的情况下，非银行融资机构已经成为中小企业资金的重要补充来源。与日本相比，中国非银行融资机构主要以小额贷款公司、担保公司、融资公司、咨询公司、寄售行、典当行等形式存在，近年来发展势头迅猛。但相对于日本非银行融资机构的平稳有序发展，中国针对中小企业金融的立法尚不完备，缺乏一部专门针对中小企业的基本法律，对中小企业金融的规范零散分布于不同时期、不同部门、不同效力的各种法律法规当中，不同法律法规条文时有出入，甚至相互抵触，中小企业金融发展缺乏有效的法律环境。法规前瞻性不足，对中小企业金融的快速发展应对不够及时，相关法律法规的滞后造成一定时期的监管空白，非银行融资机构等问题积累，解决问题的成本较高。

三、启示与建议

近年来，中国中小企业发展较快，但中国金融改革进程远不能满足中小企业实际融资需要，简单的增设金融机构或搭设银企合作平台不能从根本上解决中小企业金融服务问题。2012年3月，在国务院大力推动下，国家启动了新一轮针对中小企业的金融改革，以温州综合

金融改革实验区建设十二项主要任务为抓手，在金融体制规范、金融市场培育、金融机构发展、金融产品创新、金融风险防范等方面为中小企业金融发展指明了方向。为更好地落实这一改革措施，我们提出如下五点具体实施建议。

（一）推动银行体系改革与治理，探索服务中小企业新模式

（1）强化地方金融机构在中小企业贷款中的主导作用，加大政策金融扶持。一是坚持地方性金融机构服务当地中小企业的战略定位。监管机构应限制区域性中小金融机构前往大中城市扩张、开设异地分支机构。借鉴日本关系银行成功经验，鼓励地方金融机构向基层延伸，推进村镇银行和农村信用社等小型金融机构的发展。二是通过定向调增中小企业信贷规模等手段，补充地方金融机构资金，提高地方金融机构服务当地中小企业能力。三是中小企业发达地区政府考虑设立专项基金，条件成熟时适度提高地方金融机构对中小企业贷款的补偿金，探索成立区域性政策银行，重点扶持中小企业实体经济发展。

（2）拓宽资金来源，完善考核体系，满足中小企业资金需求。首先，商业银行继续探索通过发行中小企业金融债等新手段拓宽中小企业专项资金来源，将获得资金优先用于中小企业贷款。其次，商业银行逐步改进中小企业贷款审核评价体系，考虑不同企业贷款的差异性，构建有针对性的客户评价体系，实施定量分析和定性分析相结合的评价办法。对抵押率实行差别管理，适度放宽抵押贷款审批条件。此外，完善中小企业信贷考核体系，对中小企业贷后管理实行专项考核，适度提高对中小企业贷款不良率的容忍度和坏账核销率，建立信贷人员尽职免责机制。

（3）积极改变经营模式与管理理念，稳步推进金融创新。首先，大型金融机构利用资金雄厚、网点众多的优势，努力将资源向中小企业倾斜，切实履行支持实体经济发展、服务社会民生的职责，减少外界经济金融环境变化对中小企业金融的冲击，为中小企业正常发展周期创造相对平稳的资金平台。其次，改变贷款形式单一、金融创新不足的现状。一方面，各金融机构要加强金融创新产品研发，将抵押物质押物范围扩大到动产和权利，发展应收账款、无形资产等多种新型抵押品（见图5），引入供应链关系担保等新型担保方式（见图6）。另一方面，加强与行业协会、社会中介等合作，创新适合需求特点的联动模式，加大银团贷款力度，分散融资风险。同时，优化业务管理流程，给予中小企业票据业务方面的便利，或赋予中小企业更加灵活的还款方式和还款期限，减轻企业还款压力。

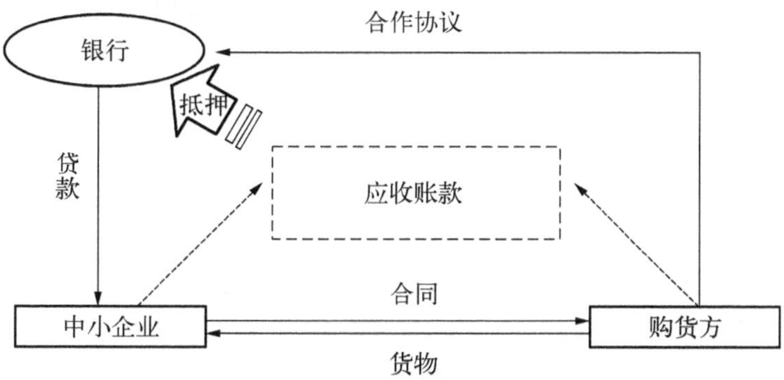

图5　应收账款融资流程设计

资料来源：课题组根据资料整理。

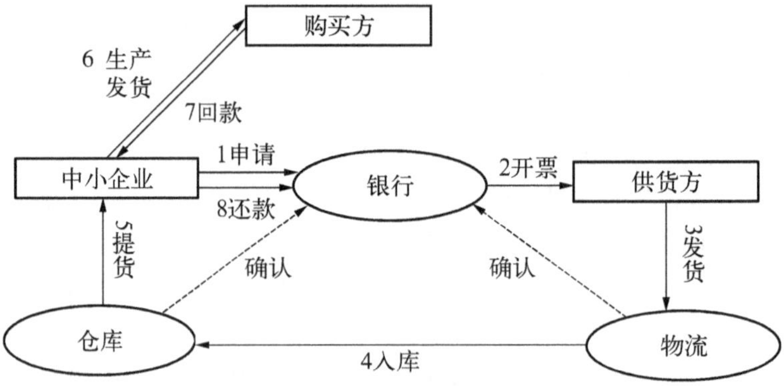

图 6　供应链担保融资流程设计

资料来源：课题组根据资料整理。

(二) 法规先行、探索创新,建立多方位、立体化的中小企业信用担保体系

(1) 总体规划、多方合力,建设更为完备的中小企业信用信息平台。首先,全国统一规划和部署社会征信体系建设,指定牵头部门,明确各相关部门职责。其次,尽快出台《征信管理条例》,建立健全适合我国国情的资信采集制度、资信评定制度和资信评估制度,明确资信评估中介机构的连带责任制。同时,继续利用中国人民银行征信系统在中小企业信用查询中的优势,以企业基本账户为依托,争取覆盖更多企业,探索将非财务信息纳入征信体系,努力扩大与中小企业相关的信息量。加强中国人民银行、工商、税务、司法、海关、环保等一系列中小企业主管部门的横向沟通与协调,实现对中小企业监管信息的联网与共享。此外,进一步完善中小企业现有信息平台,提高村镇银行等基层金融机构接入征信系统的便利性。加强信息应用建设,引入针对性模型和软件,便于金融机构量化征信信息,进一步深入信息资源的分析利用。建立全国与区域信息流动机制,实现纵向信息共享。

(2) 探索地方政府主导的再担保制度,建立多元化的信用担保体系。一是着力改变当前信用担保机构监管实践中法律依据不足、主管部门不清的局面。在现有法规基础上,整合、优化其他地方性、部门性法律法规,为加强对信用担保机构的监管提供法律依据。二是充分发挥现有中小企业信用担保机构的作用,不断扩大信用担保机构的资金来源。逐步改善担保业发展环境,支持担保机构拓展担保业务、创新担保方法,对符合条件的担保机构给予税收优惠等奖励。三是建立银行与融资性担保公司风险分担机制,在分散担保公司风险的同时促进商业银行对贷款的后续管理,防止道德风险。四是探索建立地方政府主导、中国特色的信用担保自律性组织。在政府部分拨款的基础上,鼓励担保公司、商业银行、中小企业三方自愿出资参与,实现信用担保协会的市场化运作,并加强对担保机构日常运行的监测。

(三) 积极拓宽融资渠道,着力发展导向明确、层次清晰的中小企业直接融资市场

(1) 鼓励有发展潜力的初创期中小企业发行高收益债募集资金,并通过政府专项基金给予支持。针对初创期企业的高风险特征,鼓励其发行高收益次级债或私募债募集发展资金。适度放宽高收益债准入标准,将传统审批制改为备案制,设定合理的债权人保护制度,建立政府专项偿债基金,并吸收发债主体、交易商和证交所资金参与,对发行企业不能偿债的风险进行一定程度补偿,增强市场参与者信心。

(2) 鼓励稳定经营的成长期中小企业发行集合债,为企业做大做强创造条件。对于发展到一定规模但实力尚不足直接在债券市场融资的中小企业，鼓励数家行业相同、规模相近、地理相邻的中小企业联合发行集合债。政府在中介、担保、承销等方面给予企业相应优惠，鼓励商业银行等金融机构购买或在财政能力允许的情况下允许政府部门审慎投资中小企业集合债。

（3）通过产业导向和政策扶持，引导风险资本投资新兴产业。对于符合国家政策和未来发展方向的新兴产业，制定针对性产业扶持政策，通过减免税收等手段给予投资者相应优惠、赋予未来退出获利便利性，吸收风险投资基金及私募股权等风险资本，解决新兴产业的资金问题。

（四）标本兼治，促进非银行融资机构的健康发展

（1）建立健全法律法规，规范非银行融资机构合法经营。一方面，尽快出台专门法律法规，建立准入与退出机制，明确对非银行融资机构的注册资本、人员配置、内部控制、风险防范与处置等方面的准入要求，使其在规定范围内运作，严控民间融资过度扩张。同时，明确非银行融资机构借贷主体双方的权利义务、期限利率、交易方式、违约责任及纠纷解决途径，促进融资机构的规范化经营。另一方面，组织对现有机构进行重新审核，对不符合资质、未正常开展业务、风险系数较高的机构实行警示制度并限期整改，对确实不能达到要求的企业组织清盘退出。

（2）建立非银行融资机构监测体系，防范潜在的金融风险。在明确非银行融资机构经营范围的基础上，建立非银行融资机构登记平台与监测体系。一方面，逐步将中小企业与非银行融资机构间借贷关系在平台中录入登记，监测合约履行情况，记录不良情况，并纳入个人与企业信用记录。另一方面，加强对非银行融资机构资金的总体监测和调控，动态跟踪把握融资总量、资金来源与投向、利率水平、违约纠纷等数据。同时，注重对风险的早期识别、监测与预警，预判、防范和化解潜在的金融风险，维护地方金融稳定。

（3）明确职责，切实履行对非银行融资机构的监管责任。根据机构注册属地管理原则和“十二五”规划中关于“完善地方政府金融管理体制，强化地方政府对地方中小金融机构的风险处置责任”的重要论述，进一步明确地方政府金融办为非银行融资机构的主管部门，建立协调机制，形成监管合力。注重监管队伍建设，吸收培养高素质、懂金融的专业监管人才，以适应新形势下对非银行融资机构的监管要求。

（五）协调配合，加强货币当局与其他监管机构对中小企业金融的引导

1. *央行制定倾斜性信贷政策，引导商业银行重视中小企业信贷。*中央银行要继续贯彻“有保有压”的政策，通过货币信贷手段引导商业银行贷款向中小企业倾斜，并通过非对称降息减轻中小企业负担。首先，强化差别准备金率政策，对支持中小企业发展得力的银行适当放宽其准备金要求，为中小企业信贷释放更多可用资金。其次，加强窗口指导，要求地方金融机构制定有针对性的信贷投放计划。再次，重视核查督导，明确中小企业信贷考核标准，定期对重点金融机构中小企业信贷情况进行检查评定。最后，探索实行逆周期的信贷管理模式，经济繁荣时对贷款严格管理，避免低水平重复建设造成的泡沫；经济萧条时实施积极信贷政策，努力引导中小企业以技术升级和结构调整应对危机冲击。

2. *监管当局通过差别化监管政策，对商业银行中小企业信贷实施激励。*制定有针对性的监管措施，完善商业银行对中小企业贷款的激励机制。首先，实施差别化的监管政策，在风险整体可控的条件下，对符合条件的商业银行中小企业金融业务实施差别化的监管政策，强化对中小企业信贷的正向激励。其次，适当提高对中小企业贷款不良比率的容忍度，综合考虑其风险、成本、核销等具体条件，对不良比率实行差异化考核。

参考文献

［1］ 傅艺涵：《对基层央行征信系统功能拓展的现实思考》，《金融经济》(理论版)2011年第1期。

［2］ 李方：《我国中小企业发行企业债券可行性浅析》，《中国商界》2010年第1期。

［3］ 王俊：《福建乡镇企业融资历史考察和资本结构分析》，《中共福建省委党校学报》2006年第11期。

［4］ 経済同友会[2011].「目指すべき政策金融のあり方～規模の適正化とコストの可視化を図る～」.

［5］ 清成忠男[2009].『日本中小企業政策史』有斐閣.

［6］ 小野有人[2007].『新時代の中小企業金融：貸出手法の再構築に向けて』東洋経済新報社.

［7］ 《日本中小企业白皮书》1999—2012各年度。

［8］ 日本中小企业厅：《中小企业状况基本调查》2004—2012各年度。

www.ingramcontent.com/pod-product-compliance
Lightning Source LLC
LaVergne TN
LVHW080806011026
849160LV00015B/1551